Le Président de trop

Edwy Plenel

Le Président de trop

Don Quichotte éditions

www.donquichotte-editions.com

ISBN : 978-2-35949-033-6

Le crieur de journaux, 9

Prologue
L'étrange n'est pas toujours en pays étranger, 21

I. Le journalisme défié, 65

II. La République bafouée, 119

III. La nation humiliée, 221

IV. Le peuple réveillé, 359

Résister, c'est créer, 497

Le crieur de journaux

Dans l'un des détours des *Essais,* Montaigne évoque une mystérieuse peuplade qui, pour ne pas savoir prononcer un seul mot qui est « non », est tombée en définitive servitude. Façon ironique d'introduire un discret hommage au traité de son ami Étienne de la Boétie, *De la servitude volontaire,* insurrection de la liberté contre la soumission[1]. On lui ajoutera plus tard un sous-titre inventif, fort moderne : *Contr'Un*. Contre le Grand Un et le Grand Même qui font les pouvoirs délirants et les peuples souffrants. Depuis Alfred Jarry et son Père Ubu, nous savons que leurs tragédies sont des farces, des catastrophes menées par des pitres.

Cette histoire ancienne est notre actualité. Depuis 2007, notre Grand Un se nomme Nicolas Sarkozy et son Grand Même serait notre identité nationale. Pendant qu'il faisait le pitre en se prenant au sérieux, la souffrance et l'insécurité sociales s'étendaient avec des ricanements de faucheuse, nos oligarques du pouvoir et de l'avoir se gavaient en conjurant leur peur intime de l'avenir, tandis que notre pays devenait comme absent au monde, rendu pitoyable ou misérable par le ridicule de ses dirigeants, leur irresponsabilité et leur inculture.

À mesure que s'approche l'échéance présidentielle de 2012, le tableau est de moins en moins discuté, tant les

1. Étienne de La Boétie, *Le Discours de la servitude volontaire,* texte établi par Pierre Léonard, édition conçue et réalisée par Miguel Abensour, Petite Bibliothèque Payot, 2002.

importants du moment – mais, hélas, d'un moment qui dure depuis si longtemps, trop longtemps – semblent perdre prise sur les événements et vivre enfermés dans une bulle, hors des réalités et des urgences. Le conflit d'intérêts leur tient lieu d'intérêt général, et l'inconscience privée de conscience publique. De faits divers en crise internationale, la démonstration devient impitoyable. À l'été 2010, l'affaire Bettencourt les avait dévoilés en association délictueuse, au carrefour de l'argent et de la politique, d'une politique soumise à l'argent. En ce début de l'année 2011, c'est le soudain réveil démocratique des peuples arabes qui sonne tout ce petit monde à la manière d'un boomerang, mettant à bas ses certitudes aveugles, mettant à nu ses complaisances indignes, mettant au jour ses compromissions coupables.

« Dégage ! », ce pacifique slogan tunisien devenu mordante injonction égyptienne est une victoire inattendue de la francophonie, le Gavroche arabe réveillant la langue que l'Académie française endort. Cette revanche de la rue sur les palais, de la gouaille sur l'ennui, du bonheur sur le malheur, voire même de la beauté sur la laideur est une invite au sursaut pour notre propre peuple. Car c'est à lui qu'il revient de relever le défi du désastre français que fut cette présidence, aboutissement d'un long et lent renoncement démocratique, dont elle hérita avec voracité et qu'elle prolongea en l'aggravant.

Oui, à lui, le peuple, dans cette invention improbable qui fait ces refondations qu'on nomme révolution, ce mot qu'a terni un siècle de feu et de sang, le XXe, alors qu'il avait été, au XIXe siècle, synonyme de pain et de paix, de justice et de liberté. À lui parce qu'il est temps d'accomplir la promesse d'une République démocratique et sociale, inscrite au fronton de notre constitution depuis 1946, après un siècle de luttes pour en faire advenir le principe, mais démentie dans les faits, inachevée depuis l'origine et désormais minée par la contre-réforme d'un pouvoir soumis aux intérêts d'une minorité de privilégiés.

Le peuple, donc, parce que, s'il ne s'en mêle pas, s'il ne s'en charge pas lui-même, s'il ne se rassemble pas pour dire son bon droit, la routine, l'habitude et la lassitude auront raison de ses attentes. À trop déléguer son pouvoir, le peuple finit par le perdre, dans le maquis des petits calculs et des grands renoncements. La leçon infligée depuis mai 2007 ne fut-elle pas, également, le spectacle désolant des hésitations et précautions, des frilosités et accommodements de nombre de ceux qui prétendent parler en son nom, au nom de ce peuple théoriquement souverain ?

À mesure que se défait la gloriole de cette présidence, les protagonistes de ce moment de désarroi aimeraient faire oublier combien fut copieuse la liste de ces volontaires en servitude qui se sont empressés de dire oui au Grand Un présidentiel, alors même qu'ils se prétendaient figures de la gauche socialiste, de la liberté académique ou de l'indépendance médiatique. Aussi dérisoire soit-elle, cette petite cohorte aura eu l'importance de sa traîtrise, reniement de ses engagements, convictions ou professions : un symbole de la corruption de l'esprit public avec ce zèle joyeux des convertis, acharnés à perdre leur passé en même temps qu'eux-mêmes.

Du journalisme comme chien de garde

Sur cette voie, aussi incertaine que nécessaire, d'un sursaut populaire et d'une renaissance démocratique, ce livre voudrait aider au cheminement collectif. À ses discussions et réflexions, créations et inventions. Rassemblant en un seul volume les textes, articles et chroniques que j'ai consacrés à cette présidence, à son avènement puis à son gouvernement, il témoigne d'un entêtement et d'une cohérence. Entêtement à ne pas se laisser séduire par ce miroir aux alouettes d'un pouvoir réduit à la personne qui l'incarne. Cohérence d'une critique informée et argumentée de ce présidentialisme dont les séductions perverses sont autant d'abandons professionnels.

Car ce « non » qui nous a animés ne fut pas ponctuel ou éphémère, mais d'instinct autant que de conviction. Un non qui allait au-delà du désaccord. Un non de principe. Un non de survie. Cet ouvrage explique pourquoi. Livre de journaliste, il témoigne de cette alerte que fut, bien avant l'élection de 2007, la sourde normalisation des rédactions impulsée par le clan du futur Président, au croisement des mondes médiatique et économique. C'est donc en connaissance de cause que, témoins d'indépendances éditoriales malmenées et acteurs de batailles perdues dans la presse quotidienne (au *Monde,* puis à *Libération*), nous créâmes à quelques-uns Mediapart[1].

Pour résister. Pour leur échapper en les mettant à distance. Pour inventer avec la liberté des francs-tireurs. Issu de cette aventure de presse, d'indépendance aux pouvoirs, de résistance à l'air du temps et d'invention d'un possible professionnel, ce livre est donc d'abord redevable à toutes celles et tous ceux qui l'ont accompagnée. Depuis sa création, le 16 mars 2008, Mediapart fut un point de ralliement, lanceur d'alertes et carrefour des oppositions. Dans le respect scrupuleux des règles du métier, son équipe n'a eu de cesse d'être au rendez-vous de cette exigence journalistique, qui allie devoir professionnel et mission démocratique : être un « chien de garde » de la démocratie, comme l'énonce le célèbre « arrêt Goodwin » de la Cour européenne des droits de l'homme du 27 mars 1996[2].

Le chien de garde aboie, le marchand de journaux crie. Les alarmes du premier sont les nouvelles du second. À l'heure de l'information surabondante, le journaliste est plus que jamais sommé d'être au rendez-vous de son métier : l'événement non plus comme répétition, mais comme création. L'événement comme surprise, étonnement, révélation, compréhension. À l'opposé des flux répétitifs, moutonniers, suivistes et conformistes. Depuis trois ans,

1. Mediapart a été imaginé en 2007, puis créé par Godefroy Beauvallet, François Bonnet, Gérard Desportes, Laurent Mauduit, Edwy Plenel et Marie-Hélène Smiéjan, tous les six cofondateurs. Depuis son lancement, le 16 mars 2008, jusqu'en ce début de l'année 2011, trente-cinq salariés dont vingt-cinq journalistes sont les coauteurs de cette histoire collective dont le directeur éditorial est François Bonnet.

2. Cf. Vincent Berger, *Jurisprudence de la Cour européenne des droits de l'homme,* Sirey, 11e édition, 2009, pp. 579-582.

par l'enquête, le reportage ou l'analyse, Mediapart s'est efforcé d'être au rendez-vous de cette exigence.

Ancienne gravure traduite dans un graphisme numérique, le logo qui exprima naturellement cette ambition d'une presse sans papier – ni frontière, d'ailleurs – fut un crieur de journaux. Image d'une tradition sauvée dans la modernité, ce petit bonhomme était une madeleine proustienne : hommage à une autre aventure d'indépendance et de liberté qui a profondément marqué notre génération, celle de la maison d'édition créée à l'enseigne de son propre nom par François Maspero et dont un crieur de presse fut d'emblée l'emblème[1]. C'était en 1958, en pleine guerre d'Algérie, dans un moment de grave crise politique qui vit la fin d'une République et la renaissance de ce césarisme français qui, hélas, nous occupe encore.

Libraire, Maspero se fit éditeur selon une morale dreyfusarde qui exigeait d'énoncer les vérités dérangeantes et dissonantes. Sa première collection, qui plaçait ces éditions sous le signe de l'insoumission et de l'indocilité, se nommait « Cahiers libres », en explicite filiation des « Cahiers de la Quinzaine » créés par Charles Péguy, ce dreyfusard aussi inclassable qu'incontrôlable. Péguy qui, dans l'article manifeste du premier numéro desdits « Cahiers », en 1900, se propose de « dire bêtement la vérité bête, ennuyeusement la vérité ennuyeuse, tristement la vérité triste ».

Au risque de paraître ennuyeux ou tristes, nous nous sommes essayés à dire les vérités, toutes les vérités de fait, sans lesquelles il n'y a pas de débat d'opinion véritable et élevé, fussent-elles bêtes, tristes, ennuyeuses, embêtantes, dérangeantes. Ce sont elles que ce livre commente et prolonge, au rythme des événements et de leurs révélations. Symbole d'intégrité, de droiture et de rigueur, François Maspero, en lançant ses « Cahiers libres », avait ajouté cette autre citation de Péguy l'ombrageux : « Ces "Cahiers" auront contre eux les salauds de tous les partis. » Notre

1. Cf. *François Maspero et les paysages humains*, À plus d'un titre/La Fosse aux ours, 2009.

surprise, au contraire, fut de nous découvrir bien des amis, venus de partout ou sans étiquette, qui communiaient dans la même exigence de vérité et le même désir d'élévation.

Vertus de l'antisarkozysme

« Nous pensions alors qu'un pays vaut souvent ce que vaut sa presse. Et s'il est vrai que les journaux sont la voix d'une nation, nous étions décidés, à notre place et pour notre faible part, à élever ce pays en élevant son langage. » Écrivant ces phrases le 31 août 1944, aux premiers jours de *Combat,* quotidien national issu de la Résistance, Albert Camus entendait restaurer « cette responsabilité du journaliste devant le public ». « Qu'est-ce qu'un journaliste ? », demandait-il dans l'éditorial suivant, du 1er septembre 1944, où il expliquait pourquoi « toute réforme morale de la presse serait vaine si elle ne s'accompagnait pas de mesures propres à garantir aux journaux une indépendance réelle vis-à-vis du capital ». Et de donner cette réponse, qui n'est simple qu'en apparence : « C'est un homme qui d'abord est censé avoir des idées[1]. »

Parfois qualifié sans jugement de primaire, façon de le congédier après avoir rendu les armes face à son entêtement, notre antisarkozysme dérange tous ceux qui voudraient en récolter les fruits sans avoir pris soin de ses arbres. L'antisarkozysme, disent-ils, ne ferait ni une politique ni un programme. À première vue, comment leur donner tort ? En apparence, la critique, qui juge et commente, ne crée ni n'agit. Mais, pour en revenir à Camus, elle donne des idées. Et celles-là sont précieuses pour créer, agir et faire, demain.

Un « journalisme critique » qui serait « un journalisme d'idées », plaide encore Camus dans un autre éditorial de *Combat,* du 8 septembre 1944. Combat professionnel, la critique du sarkozysme n'est donc pas une impasse vaine :

1. Cf. *Camus à* Combat, édition établie par Jacqueline Lévi-Valensi, Cahiers Albert Camus VIII, Gallimard, 2002.

elle nourrit les idées d'une alternative véritable, soit le contraire de ces alternances où droite et gauche ont fini par cohabiter, au point non seulement de perdre leurs repères mais, surtout, de perdre le peuple. De ce point de vue, cette présidence, comme toute épreuve, fut un bienfait : elle nous a révélés à nous-mêmes.

Au spectacle, ici largement reconstitué, des excès de ce pouvoir, entre privatisation de la République et publicisation de la personne présidentielle, appropriation privative du bien commun et couronnement public d'une personne privée, il fallut bien s'interroger. Rencontre d'institutions dangereuses et d'un individu excessif, l'élection de 2007 obligeait à envisager d'autres accidents, d'autres dérives, d'autres abîmes. Nous ne subissions pas seulement la politique d'un clan et les abus d'un personnage, nous subissions aussi l'excessif pouvoir que leur donne la place qu'ils avaient conquise et dont leurs prédécesseurs, plus discrets parce que plus modérantistes sans doute, avaient largement profité.

Moment d'abaissement et d'égarement, le sarkozysme nous montre ainsi ce dont nous sommes responsables, nous, les citoyens de ce pays-ci. Ce dont nous nous sommes trop longtemps accommodés. Ce que nous avons trop longtemps toléré. Ce à quoi nous nous sommes trop longtemps habitués. Cette réalité-là s'appelle le présidentialisme. Et ce livre en montre la décrépitude avancée sous un Président de trop : un Président dont les mensonges disent la vérité du présidentialisme français.

Vices du présidentialisme

Le présidentialisme est au régime présidentiel ce que l'intégrisme est aux religions, ce que l'absolutisme est aux monarchies, ce que le sectarisme est aux convictions. Ce n'est pas le fait qu'il y ait une présidence de la République, c'est que la République soit aux mains du président. Legs du bonapartisme français, ce césarisme qui laïcisa la monarchie de droit divin sur les décombres d'une révolution démocratique trahie et inachevée, notre présidentialisme est un régime d'exception devenue la norme. Une norme, qui plus est, dont l'excès n'a cessé de s'étendre depuis que, dans les années 1980, François Mitterrand a transformé la présidence en fortin de résistance aux déroutes électorales.

On le sait, les tragédies qui font l'histoire se répètent en farces. Ce n'est pas toujours un progrès, loin s'en faut, tant le tragique peut élever des conditions qui, autrement, se vautreraient dans le comique. Il est aussi des farces tragiques, et notre système en est la preuve. Né d'une guerre civile, cette décolonisation aussi tardive que dramatique devenue traumatisme d'une nation qui se vivait en empire, ce présidentialisme a fini par symboliser une politique guerrière. Une politique entendue comme une bataille incessante, avec alliés et ennemis, ralliés et vaincus, affidés et corrompus, traîtres et soumis. En somme, une politique primitive, violente ou sournoise, sans franchise ni transparence, manœuvrière et intéressée, où, sauf exception rare, les idéaux finissent pas se dissoudre en carrières.

La France est une démocratie de faible intensité. Elle en a l'onction, pas la conviction. L'apparence, pas l'essence. Les mots, pas la culture. Condition d'une République sociale, la démocratie véritable est un écosystème qui suppose équilibres, vitalités et pluralités, précautions et participations. Au lieu de quoi, nous vivons au royaume institutionnel des déséquilibres, des soumissions et des unicités, des brutalités et des autoritarismes. Loin d'être minoritaire, ce point de vue est largement partagé au sein même d'une classe politique qui en souffre autant qu'elle en profite. Mais, le plus souvent, c'est un point de vue de circonstance : celui d'opposants ruminant leurs défaites et qui s'empresseront de l'oublier à l'approche d'éventuelles victoires électorales, leur promettant ou leur assurant postes et places.

À chaque revers des oppositions du moment, qu'elles fussent de droite sous la longue présidence de François Mitterrand (1981-1995) ou qu'elles soient de gauche depuis le triple échec socialiste aux présidentielles de 1995, 2002 et 2007, le même constat est dressé, sans appel : prérogatives étendues à l'excès d'un président irresponsable et intouchable, absence de contre-pouvoirs réellement indépendants et vraiment consistants, pouvoir législatif à la merci de l'agenda du pouvoir exécutif, représentation parlementaire soumise aux disciplines des majorités présidentielles, pouvoir judiciaire ravalé au rang d'autorité contrainte dans ses velléités d'indépendance, système médiatique coincé entre l'oligarchie financière et la servitude étatique, etc.

Hélas, à la manière de chevaux sentant le retour à l'étable, courbant l'échine et changeant d'allure, les porte-voix de ces critiques lucides se font, pour la plupart, une raison à l'approche de l'échéance présidentielle. Prétendant à la succession en 2012, le Parti socialiste en a donné une caricaturale illustration, début 2011, en décidant, sans véritable concertation ni consultation militante, de trouver de grandes qualités à la Ve République, tout au plus dépréciée par quelques défauts[1]. Après bien des introspections et des autocritiques, cette gauche née de l'aventure mitterrandienne plutôt que de l'exigence mendésiste en revient toujours à son point de départ, la fin justifiant le moyen : occuper la place plutôt que la transformer, s'approprier cette présidence plutôt que la réfuter.

Ils ont beau avoir appris, à leurs dépens, que la clef de voute du système est la clef de sa corruption, ils préfèrent le conquérir en l'état, en se disant qu'il sera bien temps de le réformer. La tentation est trop forte : depuis un demi-siècle qu'existe ce système organiquement déséquilibré, tous les présidents qui se sont succédés n'ont cessé d'envahir les autres pouvoirs, de les asservir ou de les conquérir, de les réduire ou de les annexer. Un tel pouvoir, si peu limité et partagé, est un pousse-au-crime. Mais ceux qui y cèdent se font complices d'une République discréditée et désaffectée, tant, aux yeux de ses citoyens, elle est

1. Lors d'un « Forum des idées » consacré aux institutions, le 2 février 2011, le Parti socialiste s'est rangé à la « vision raisonnable » proposée par Manuel Valls, rapporteur sur le sujet, laquelle vision fut ainsi résumée par le député de l'Essonne : « Si la Ve République a des défauts, elle a aussi des qualités. »

devenue principauté, de l'oligarchie arrogante et de l'irresponsabilité régnante, de l'entre-soi et de l'entregent. Surtout, ils se font présomptueux, oubliant que ces institutions sont plus fortes qu'eux, puisqu'ils se sont privés, par leur pusillanimité et leurs renoncements, du seul levier disponible : la force du peuple. D'un peuple constituant, mis en branle et au travail pour réinventer son bien commun, la démocratie.

Aurons-nous, enfin, le courage qu'ils n'ont pas, ou plus ? Car, après tout, de cette situation qui s'éternise et nous épuise, nous sommes les premiers comptables. Nous avons laissé et laissons encore faire, spectateurs complaisants du ballet des présidentiables. « La première raison de la servitude volontaire, écrivait La Boétie, c'est l'habitude. » Cette habitude qui nous fait supporter le pouvoir d'un seul comme s'il était notre tout. Qui nous fait le juger grand parce que nous restons à genoux. « Soyez donc résolus à ne plus servir et vous serez libres, poursuivait l'ami de Montaigne. Je ne veux pas que vous le heurtiez, ni que vous l'ébranliez, mais seulement ne le soutenez plus, et vous le verrez, comme un grand colosse dont on dérobe la base, tomber de son propre poids et se briser. »

Puisse ce livre y aider.

Paris, le 8 février 2011.

Prologue

L'étrange n'est pas toujours en pays étranger

D'une élection l'autre

« Ce livre est plus qu'actuel ; il est urgent. Je le publie. V.H. Paris, le 1er octobre 1877. » Ainsi Victor Hugo introduit-il son *Histoire d'un crime*[1], récit minutieux d'un témoin du coup d'État bonapartiste du 2 décembre 1851, commis par le premier président de la République française élu. Vingt-six ans avaient passé, et ladite République tentait péniblement de renaître des catastrophes apportées par ce Second Empire interminable, cet abaissement de la nation et cette brutalisation de la société – la guerre franco-prussienne perdue, l'écrasement sanglant de la Commune de Paris. Mais l'auteur de *Napoléon le Petit*[2], brûlot publié aux premiers temps belges de l'exil et écrit à Bruxelles parallèlement à la déposition du témoin Hugo, craignait l'oubli des leçons apportées par cette épreuve. D'urgence, il lui fallait ancrer chez les républicains cette aversion du bonapartisme, de cette confiscation qui est, toujours, une prévarication.

Le sarkozysme s'est d'emblée présenté comme un coup d'État. Un coup à froid, un coup de main, un coup de

1. Victor Hugo, *Histoire d'un crime. Déposition d'un témoin*, La Fabrique éditions, 2009.

2. Victor Hugo, *Napoléon le Petit*, Actes Sud, coll. « Un endroit où aller », 2007. L'année même de l'élection présidentielle, cette édition, établie par Jean-Marc Hovasse, mit fin à un long et bavard silence : depuis plus de quarante ans, soit depuis les débuts de la Ve République, *Napoléon le Petit* était indisponible en format de poche !

sang. Sur son camp, sa famille, son milieu, avant que ce ne soit sur la France et ses institutions. Il ne s'en cachait pas, cultivant et affichant une hystérisation du langage et de la pratique politiques dans sa marche consulaire au pouvoir. La virulence et la déraison furent d'emblée ses armes, plutôt que la raison et la mesure. Dès 2006, des universitaires, linguistes de métier, le portraituraient en « coq de combat » à travers l'étude de ses innombrables sorties médiatiques, soulignant qu'il « ne contrôle pas nécessairement ses prestations », que « son inconscient affleure dans son discours » et, même, que l'omniprésence du « je » dans ses phrases est inquiétante, au point de leur évoquer un propos « de type orwellien[1] ».

Bien avant 2007, il suffisait donc de savoir écouter et regarder pour comprendre. Le mélange discutable des sphères privée et publique s'offrait déjà en spectacle, le ministre Sarkozy n'hésitant pas à surfer, durant l'été et l'automne 2005, sur un vaudeville intime qui aurait été fatal à d'autres (sa première séparation avec Cécilia, sa deuxième épouse). La même année, il n'avait pas hésité à revendiquer publiquement son retour au ministère de l'Intérieur comme une protection contre des adversaires anonymes, caricaturés en ennemis acharnés à sa perte au point d'ourdir dans l'ombre des complots, auxquels il comptait échapper grâce la vigilance de la police de la République – autrement dit, par un usage privatif de la force publique (dont l'instrumentation de l'affaire Clearstream montrera l'efficacité).

Les campagnes électorales sont souvent oublieuses. Revisiter ce que donnait à voir le Sarkozy d'avant son élection de 2007 est une salutaire mise en garde pour celle de 2012, dont seuls des inconscients pourraient croire qu'elle est jouée d'avance. Un malin hasard m'avait fait, dans ces années 2006 et 2007, chroniqueur belge, au *Soir* de Bruxelles très exactement. La résonance hugolienne était

1. Cf. Louis-Jean Calvet et Jean Véronis, *Combat pour l'Élysée*, Seuil, 2006. Les mêmes auteurs ont publié, après l'élection de Nicolas Sarkozy, *Les Mots de Nicolas Sarkozy*, Seuil, 2008.

comme une invite à, déjà, dire non. Alors mis au ban du journalisme parisien, je croisais la haute figure du grand exilé qui avait fait serment de ne rentrer en France qu'avec le retour de la liberté. Nul besoin de se forcer tant l'écho frappait à la porte, à la manière des esprits convoqués par le même Hugo sous les tables tournantes des îles anglo-normandes.

Ainsi écrivais-je dans *Le Soir* du 12 janvier 2007, à propos de cette façon propre à Nicolas Sarkozy de brusquer la politique, ses codes et ses usages : « Cette irruption partisane d'une rupture hystérique rejoint la crise de légitimité de catégories, qui se vivent comme les élites nationales – économiques, financières, administratives, médiatiques, etc. – et dont le fantasme est, en vérité, oligarchique. Elles ne veulent pas seulement tout avoir, mais aussi tout contrôler. Et que, de leur possession, découle une obéissance. Bref, le cas Sarkozy ne serait qu'anecdotique s'il n'allait pas à la rencontre de la crise française, démocratie malade de l'Europe. »

Depuis, nous avons vu, et nous sommes définitivement prévenus.

1. « La France, tu l'aimes ou tu la quittes ! »

Peut-on quitter la France et continuer à l'aimer ? Trouver asile au *Soir* de Bruxelles sans passer, à Paris, pour un mauvais Français ? L'interrogation – on en conviendra aisément, du moins entre Quiévrechain et Quiévrain – est diablement passéiste et passablement ridicule. Mais si elle vient à l'esprit, en ouverture de cette chronique franco-belge, c'est à force d'avoir croisé cet été, dans notre pré carré hexagonal, des autocollants dont l'injonction indique le chemin de l'exil : « La France, tu l'aimes ou tu la quittes ! » Jusqu'alors monopole de l'extrême droite ou de sa cousine, la droite extrême, la formule circule désormais sans complexe à droite, dans le sillage de l'UMP, depuis que son chef, Nicolas Sarkozy, l'a fait sienne.

C'était en avril de cette année 2006, lors d'une adresse aux nouveaux militants de son parti. « Si certains n'aiment pas la France, qu'ils ne se gênent pas pour la quitter », ont rapporté les agences. Plus alambiquée en apparence, la version écrite du discours ne cède rien sur le fond : « Nous en avons plus qu'assez de devoir en permanence avoir le sentiment de s'excuser d'être Français. D'ailleurs, si certains se sentent gênés d'être en France, je le dis avec un sourire mais aussi avec fermeté, qu'ils ne se gênent pas pour quitter un pays qu'ils n'aiment pas, parce que nous, notre pays, nous l'aimons. »

Le propos ne s'adressait pas qu'aux immigrés, que l'actuel ministre de l'Intérieur rêve de choisir selon son propre étalonnage du vrai patriotisme. Visant tout autant les diverses minorités de Français, dont l'addition fait peut-être une majorité, qui portent un amour passionnément critique à leur pays, d'exigence et d'élévation, la charge relève d'un registre bien peu pacifié. Elle agite la menace d'une guerre civile froide, où resurgit l'épouvantail de l'« anti-France », ce ramassis de Français qui ne seraient pas dignes de la France et mériteraient d'en être sinon exclus, du moins écartés – politiquement, économiquement, médiatiquement, culturellement.

La politique est d'abord un discours. Il n'est nul besoin d'être un sémiologue averti pour entrevoir, dans celui-ci, un appel de mauvais augure à traquer la figure de l'étranger au cœur du national, avant de le clouer au pilori comme xénophile, sans-frontiériste ou francophobe – autant de supposés concepts dont la diffusion récente, y compris dans certaines vulgates intellectuelles, ne laisse pas de surprendre. Et il n'est pas nécessaire d'être un historien chevronné pour se souvenir qu'il y eut des temps où l'amour de la France, du moins d'une France démocratique, humaniste et universaliste, supposât qu'on quitte son territoire pour en sauver l'idée – un exemple, parmi d'autres, pour s'en tenir à une référence dont l'UMP de M. Sarkozy peine à se souvenir : Charles de Gaulle en juin 1940.

Cette dérive idéologique, par le détour du langage, ressemble à la dérive des continents : elle est aussi imperceptible que lourde de catastrophes. Ce n'est certes pas la seule, mais c'est une des illustrations de la profondeur de la crise politique française, dont l'élection présidentielle de 2007 sera à la fois le résultat, le théâtre et l'enjeu. On entend chroniquer ici cette échéance en regardant la France « comme si on n'en était pas », pour suivre le conseil de Charles Péguy, ce patriote internationaliste qui s'en alla mourir en 1914, en croyant combattre « en soldat de la République pour le désarmement général et la dernière des guerres ». Comme quoi l'on peut suivre son pays et se tromper... Du moins Péguy, dans l'erreur, sauvait-il l'antidote au nationalisme, remède à ses illusions et à ses exclusions, à son orgueil et à son aveuglement.

« L'étrange, ajoutait-il, n'est pas toujours en pays étranger. » C'était au tout début du siècle passé, et, à la même époque, un Français immensément curieux du monde vivait ses dernières années d'exilé volontaire en Belgique. Mort en 1905 à Ixelles, cette même ville où le fondateur du *Soir*, Émile Rossel, rendit l'âme dix ans plus tard, Élisée Reclus y fut enterré, selon ses vœux, dans une fosse commune. Auteur d'une *Géographie universelle* qui fit longtemps autorité et composée, au total, de vingt-cinq mille pages d'infinie curiosité pour le monde qui s'unifiait sous ses yeux, ce Reclus-là avait beau être un savant reconnu, il n'en était pas moins un anarchiste entêté. D'où l'exil belge, comme professeur à l'université nouvelle de Bruxelles, scission de l'ULB, où il acheva son dernier grand œuvre, *L'Homme et la Terre*.

C'est dans ce livre posthume qu'on trouve le mot qu'affectionnait Reclus et que nos dictionnaires, trop peu dialecticiens, n'ont toujours pas admis : *régrès*. Pas de progrès sans régrès, assène Reclus. L'histoire n'est jamais écrite, jamais close, jamais univoque, jamais assurée. Sous l'apparente progression des richesses et des puissances, de l'argent et de l'abondance, des certitudes repues et des consciences satisfaites, prenons garde aux régressions qui sont au travail. Mieux : c'est en ayant toujours le souci des régrès qui l'accompagnent qu'on sauvera l'idée même de progrès. Aussi le géographe avertissait-il en historien son lecteur : « l'enchevêtrement infini des faits historiques » cache des « ondulations sans fin », un mouvement incessant « d'action et de réaction » des forces en conflit, dont « la résultante ne peut jamais entraîner l'humanité suivant une ligne droite ».

L'avertissement vaut pour nous[1] : concernant l'élection de 2007, rien n'est définitivement joué, pas même écrit. Et

1. Il valait en 2006, avant l'élection de 2007. Il vaut encore en 2011, avant celle de 2012.

d'ici là, la ligne ne sera pas droite. Dans ce rendez-vous quinzomadaire, on tentera de s'en souvenir, en se rappelant une vieille sagesse humaine à laquelle le journalisme devrait rester fidèle : l'interdiction de prédire l'avenir, édictée par l'*Ancien Testament* afin de préserver les promesses du passé. Aussi résistera-t-on à la mode sondagière qui, confondant la photographie et le cinématographe, tend à assimiler l'instantané au mouvement. C'est ainsi qu'elle sacre M. Sarkozy en leader incontesté de la droite et promeut Ségolène Royal en favorite incontournable de la gauche. Or, ce n'est ni faux ni vrai : une vérité momentanée, pas une vérité intangible.

Si les intéressés l'avaient oublié, cette rentrée aux allures de mise en jambe électorale le leur a rappelé. Avant l'été, ceux qui affirmaient, s'agissant de la gauche, que Ségolène Royal se mettait en difficulté à force de contourner son parti, que Lionel Jospin ne cherchait qu'une occasion pour se mettre sur les rangs et qu'au bout du compte, le choix des socialistes reposerait en grande part sur l'attitude du premier d'entre eux, François Hollande, ceux-là n'étaient pas les plus écoutés. On sait aujourd'hui qu'ils n'avaient pas tort, tout comme ceux qui, concernant la droite, se refusaient à enterrer Jacques Chirac, rehaussé depuis par la crise internationale, à effacer Dominique de Villepin, qui a finalement survécu au CPE et à Clearstream, et à surestimer Nicolas Sarkozy, dont le jeu narcissique d'extrême personnalisation de la politique est toujours gros de fragilités – et de dangers.

Dans les deux cas, nous étions de ces Cassandre. Au risque de déplaire aux deux camps, on poursuivra ici dans cette veine. C'est la loi du genre, le fardeau de la chronique. François Mauriac, auquel on doit la référence en la matière, ce *Bloc-notes* qu'il trimballa dans plusieurs titres de 1952 à 1970[1], s'en tenait à une résolu-

1. Cf. François Mauriac, *Bloc-notes*, coll. Points, 5 tomes, Seuil, 1993. Et aussi : François Mauriac, *D'un bloc-notes à l'autre*, Bartillat, 2004.

tion empruntée à un paradoxe de Mozart, aussi simple à énoncer que difficile à pratiquer : « Rompre avec ce monde tout en y combattant. »

Le Soir, 7 septembre 2006[1]

1. Sauf indications contraires comme, ici, avec le quotidien belge *Le Soir* ou, ailleurs, avec l'hebdomadaire français *Marianne*, tous les textes repris sont d'abord parus sur Mediapart, journal indépendant et participatif d'information en ligne créé le 16 mars 2008.

2. Cette défiance démocratique

C'est un concours de devinettes. Thème : la démocratie française. Enjeu : la présidentielle de 2007. Ce pourrait être aussi, faites votre choix, un refrain, une rengaine ou une comptine... Alors, devinez !

De qui cette mise en garde : « Le gouvernement représentatif devient bientôt le plus corrompu des gouvernements si le peuple cesse d'inspecter ses représentants » ? De Mme Ségolène Royal ? Non, de Mme Manon Roland, communément appelée Mme Roland (1754-1793), influente femme de lettres de l'époque révolutionnaire, dans une lettre du 31 juillet 1791.

De qui cette idée d'instituer un jury national de trois cents citoyens tirés au sort dans les départements et qui aurait pour rôle de surveiller et de juger la représentation nationale ? De Ségolène Royal ? Non, de Pierre Leroux (1797-1871), l'inventeur du mot « socialisme », dans son projet de constitution démocratique et sociale, en 1848.

De qui cet appel insistant à ce que les citoyens « contrôlent, surveillent, jugent les terribles pouvoirs » qui les gouvernent ? De Ségolène Royal ? Non, du philosophe républicain Alain (1868-1951), qui, à la même date du 12 juillet 1930, insistait pour que le citoyen « restât inflexible, inflexible d'esprit, armé de défiance et toujours se tenant dans le doute quant aux projets et aux raisons du chef ».

Et Alain, dont la grande modération ne contrariait pas l'extrême exigence, d'ajouter : « Où est donc la démocratie sinon dans ce troisième pouvoir que la science politique n'a point défini et que j'appelle le Contrôleur ? Ce pouvoir s'est longtemps exercé par révolutions et barricades. Aujourd'hui, c'est par l'interpellation qu'il s'exerce. La démocratie serait, à ce compte, un effort perpétuel des gouvernés contre les abus de pouvoir. »

De qui encore cette idée d'une institution indépendante des assemblées, chargée de se prononcer « sur les abus à corriger et les améliorations à entreprendre dans toutes les parties de l'administration publique », et ayant même le pouvoir de dénoncer les ministres au corps législatif ? De Ségolène Royal ? Non ! De Sieyès (1748-1836), imaginatif architecte de la Constitution de l'an VIII, soit en 1799, pourtant première étape de la confiscation du pouvoir, avec l'utilisation du Consulat. Cette institution, supposée organiser un pouvoir de surveillance des actes des gouvernements et des politiques publiques, s'appelait le Tribunat. Évidemment, dans sa course au pouvoir personnel, Bonaparte fera tout pour la marginaliser.

De qui, enfin, après l'échec de cette invention, cette affirmation que le plein exercice de la souveraineté du peuple requiert la mise en place d'un « conseil permanent d'enquête et d'amélioration », chargé notamment de réviser les institutions publiques ? De Ségolène Royal ? Non, des tout premiers sociétaires de la Société des droits de l'homme et du citoyen, en 1832, dans leur exposé des principes républicains.

Arrêtons là ce concours symbolique, dont l'enjeu véritable est l'explication de texte de la proposition de Ségolène Royal d'instituer des jurys citoyens chargés de commenter, d'évaluer et d'apprécier les politiques publiques, la façon dont elles sont menées comme ceux qui les mènent, le respect des engagements et des promesses comme leur mise en œuvre concrète. D'une taille comprise entre vingt et cent personnes, ces jurys seraient tirés au sort de façon à mélanger les milieux et les origines. En apportant leur « savoir d'usage », ils rénoveraient la démocratie représentative en y ajoutant la dynamique née d'une démocratie participative.

Mais, depuis que la candidate à la candidature socialiste a osé, le dimanche 22 octobre 2006, cette idée, c'est la curée. Une bronca généralisée dont ses rivaux socialistes sont les meilleurs organisateurs, sous le regard complice et amusé de la droite. Que de cris d'orfraie n'a-t-on pas entendus ! Ce serait, selon les variantes, Mao ou Pétain, la révolution culturelle ou la délation généralisée, les gardes rouges, les tribunaux populaires, la terreur, la guillotine, bref le totalitarisme !

Que d'excès et, surtout, que d'ignorance ! Car toutes les citations qui précèdent sont extraites du récent livre de Pierre Rosanvallon, *La Contre-démocratie,* sous-titré *La politique à l'âge de la défiance*[1]. Or, sur un fond d'ancienne réflexion autour d'expériences étrangères de démocratie participative, c'est notamment la lecture de cet ouvrage par l'une de ses conseillères qui a amené Ségolène Royal à lancer un pavé dans notre mare démocratique.

Car ce que montre Rosanvallon en revisitant deux siècles de débats républicains, c'est que, loin d'être contraire aux libertés, cette réflexion sur l'organisation de la défiance citoyenne est l'un des fils égarés de l'espérance démocratique. L'insistante crise du politique, explique le professeur au Collège de France, s'enracine dans la confiscation de la démocratie par les seuls professionnels, élus du suffrage. À cette démocratie moniste, fondée sur l'unique principe de légitimité par le vote, il oppose une conception dualiste où la confiance est sans cesse renouvelée par l'organisation citoyenne de la défiance.

Loin d'être obligatoirement synonyme de suspicion, d'abus, voire de terreur, la défiance est une vertu démocratique. Dans cette « démocratie de surveillance », écrit Rosanvallon, « le but est de veiller à ce que le pouvoir élu reste fidèle à ses engagements, de trouver les moyens permettant de maintenir l'exigence initiale d'un service du bien commun ». Loin d'être contraire à la démocratie, cette « contre-démocratie » augmente en surface et en profondeur le champ démocratique, dans une sorte de jeu des contraires – « la démocratie de la défiance organisée face à la démocratie de la légitimité électorale » – où les pouvoirs issus du suffrage sont confrontés en permanence

1. Seuil, 2006.

à des contre-pouvoirs avertisseurs et contradicteurs, correcteurs et stabilisateurs.

La piste ouverte par Ségolène Royal retrouve donc les traces d'une réflexion oubliée, où nos démocraties à la peine peuvent se ressourcer et se réinventer. Dans une intuition aussi fugace que fulgurante de son *Contrat social* (1762), Jean-Jacques Rousseau (1712-1778) l'avait déjà pressenti, qui distinguait « le simple droit de voter » de tous ces autres droits, « que le gouvernement a toujours grand soin de ne laisser qu'à ses membres » : droits, précisait-il, « d'opiner, de proposer, de diviser, de discuter ». Comment les rendre au peuple des citoyens ? Comment éviter qu'ils deviennent le privilège des élus ?

L'invention de cette démocratie complexe est toujours devant nous. Ne pas s'y résoudre, c'est refuser d'affronter cette question si évidente qu'on ne la pose plus : celle d'un peuple absent, uniquement sollicité lors des scrutins et immédiatement délaissé, au point que les politiques déplorent ensuite son apathie, alors même qu'ils l'ont en partie créée. Les démocraties s'essoufflent aussi de ne plus être exigeantes avec elles-mêmes en se dérobant devant l'impératif qui les requiert, jamais atteint et toujours insatisfait : constituer un peuple introuvable en communauté politique vivante.

À cette aune, les réactions indignées qui ont suivi l'audace de Ségolène Royal ne laissent pas de surprendre. On dirait un syndicat de propriétaires crispé sur ses avantages acquis, un clan aristocratique refusant de perdre ses privilèges et, surtout, une bande d'aveugles marchant au bord d'un précipice. Comme si aucune leçon du séisme électoral de 2002 n'avait été tirée. Comme si le rétablissement de la confiance démocratique n'était pas une urgence.

La confiance ? Le sociologue allemand Georg Simmel (1858-1918) disait qu'elle est « une hypothèse sur une conduite future ». Alors, plutôt que d'expédier sans discussion Ségolène Royal au goulag, faisons l'hypothèse qu'elle a lancé un vrai débat sur la démocratie future.

Le Soir, 3 novembre 2006

3. À quand une nouvelle République ?

La première élection présidentielle française se termina par un coup d'État. C'était il y a bien longtemps, et nous l'avons tant oublié que, depuis bientôt un demi-siècle, en ce pays-ci, le coup d'État est permanent. En 1848, les républicains avaient étonné l'Europe des monarques et des empereurs en instituant un président élu pour quatre ans au suffrage universel, certes masculin mais direct. Hélas, le triomphe de Louis Napoléon transforma l'élection en plébiscite, et le prince-président, déterminé à ne pas respecter la Constitution qui l'empêchait de se représenter, lui régla son compte avec le coup d'État du 2 décembre 1851.

Napoléon III n'a pas manqué de successeurs ni ne manque, aujourd'hui, de candidats à sa succession, si l'on admet que, depuis 1958 et, surtout, 1962, avec l'instauration de l'élection présidentielle au suffrage direct, la République française, cette monarchie républicaine, vit sous un régime bonapartiste dont les travers, bien loin de se réduire, n'ont cessé de s'aggraver. Avant d'embrasser l'année nouvelle (2007), dont personne n'ignore qu'en France elle sera électorale, tant cette échéance domine l'actualité nationale au point de l'étouffer, c'est sur cette réalité que l'on voudrait s'arrêter : l'archaïsme institutionnel français. Ce fait que la France est dotée du « système politique le plus anachronique de l'Union européenne », selon le diagnostic lucide de l'universitaire montpelliérain Paul Alliès, dans *Le Grand Renoncement*[1]. Et que c'est sans doute là, et nulle

1. Textuel, 2007.

part ailleurs, qu'il faut aller chercher la cause de ses soucis.

Il serait temps. Car, de droite à gauche, l'impensé de l'élection à venir est son objet même : la présidence de la République. Les candidat(e)s vont concourir pour un poste qu'en toute logique démocratique ils devraient récuser. Imaginez un pays où un personnage, un seul, a un champ presque illimité d'intervention, son « domaine réservé » étant devenu infiniment extensible, de la Défense nationale et des Affaires étrangères à la politique industrielle, audiovisuelle, éducative, culturelle, etc., sans oublier les Affaires européennes.

Imaginez que cet homme soit publiquement et légalement déclaré irresponsable, doublement irresponsable : politiquement, puisqu'une défaite de son camp aux élections législatives ne saurait l'atteindre ni interrompre son mandat, prolongé alors en « cohabitation » durant laquelle il prépare paisiblement sa revanche ; juridiquement, puisque son élection le place hors d'atteinte de la justice, y compris en tant que citoyen, le droit commun ne lui étant pas applicable, dans une confusion de la fonction et de l'individu qui transforme le pouvoir présidentiel en protection patrimoniale.

Imaginez en d'autres termes un roi abâtardi, mélange anachronique de modernité et de vieillerie, puisque, après tout, la formule « le roi ne peut mal faire » est une maxime de la Charte de 1815, qui, en rétablissant la monarchie française, déduisit l'irresponsabilité du monarque de l'inviolabilité de sa personne. Imaginez que ce roi élu ait aussi étendu ses moyens financiers et matériels, le budget officiel de la présidence française ayant été multiplié par neuf sous le règne du monarque sortant, Jacques Chirac.

Imaginez que, depuis un discret coup d'État en forme de décret estival de son prédécesseur, François Mitterrand, en 1985, ce roi-président dont le pouvoir sans pareil attira les talents, mais aussi les carriéristes et les courtisans, se soit octroyé le droit régalien de nommer, sans rendre compte à quiconque, pas moins de cent soixante-huit responsables, dirigeants ou présidents d'établissements publics dans les secteurs les plus variés, de l'économie à la culture. Aux nominations liées à la vie institutionnelle classique s'ajoutait ainsi une armée d'obligés, de redevables ou de reconnaissants, qui entraînent dans leur sillage autant de convertis.

Ajoutez-y les nominations présidentielles, sans recours ni contestations possibles, à toutes ces commissions *ad hoc* qui elles-mêmes nomment, désignent et promeuvent, sanctionnent ou avalisent, du Conseil supérieur de l'audiovisuel au Conseil constitutionnel. Il suffit de regarder leur composition présente pour voir qu'un long règne permet de construire des citadelles : la droite les domine désormais sans partage. Et les fins de règne sont l'occasion d'un ballet entre postes et sinécures, où les proches se casent et se recasent, comme l'illustre le passage annoncé de Dominique Baudis de la présidence du Conseil supérieur de l'audiovisuel à celle de l'Institut du monde arabe.

Sous ce seul prisme, celui des prébendes en somme, le présidentialisme français dévoile sa forte imprégnation oligarchique. Après tout, même aux États-Unis une commission du Sénat examine les nominations du président, et les nominés doivent venir s'expliquer devant les parlementaires. Ici, des nominations par la grâce d'un homme, des situations à la merci d'un seul, souvent au détriment des compétences et des expériences, mais dans l'accoutumance à cette corruption ordinaire par l'appât de postes aussi lucratifs que peu besogneux.

Imaginez que, non content de tenir une position inexpugnable d'un scrutin l'autre – sept ans hier, cinq ans maintenant, mais sans limitation de mandats[1] – et d'être protégé par ces fidélités que le pouvoir permet d'acheter, ce monarque-président ait en sa faveur l'arme de la loi. Loin de le réduire, l'évolution de la pratique constitutionnelle a en effet accru le présidentialisme de la

1. Depuis la révision constitutionnelle du 23 juillet 2008, le nombre de mandats consécutifs d'un président est limité à deux.

Ve République. Les procédures antiparlementaires ont été banalisées par la gauche mitterrandienne comme par la droite chiraquienne : ordonnances (art. 38), adoption d'un texte sans vote (art. 49.3), question de confiance (art. 49.1), vote bloqué (art. 44.3). L'instauration du quinquennat, puis l'inversion du calendrier électoral en 2002, plaçant l'élection présidentielle avant le renouvellement de l'Assemblée, ont donné le pas à la présidence sur le Parlement.

Bref, imaginez une démocratie où le pouvoir législatif serait dominé par le pouvoir exécutif, qui, de fait, a l'initiative de l'essentiel des lois ; où le nombre de membres des cabinets ministériels serait plus important que celui des députés, ces élus de la nation ne pouvant dès lors rivaliser d'influence avec ces conseillers ; où le parti politique dominant serait écrasé par le président qu'il a fait roi, Mitterrand avant-hier, Chirac hier, Nicolas Sarkozy ou Ségolène Royal demain[1]... En d'autres termes, imaginez une démocratie de basse intensité, dont le principe est ramené à l'élection d'un seul au détriment de la mobilisation de tous. Une démocratie appauvrie, lasse et fatiguée, dont l'accident électoral de 2002 fut le résultat.

Ce pays, c'est évidemment la France. Comme ses voisins, il traverse des difficultés, du chômage à la mondialisation en passant par la panne de l'Europe. Mais il y ajoute une crise spécifique, qui n'en finit pas : une crise de régime. Même quand la question européenne est apparemment en jeu, c'est cette crise qui s'exprime : le « non » référendaire de 2005 était autant un « non » au Président en place, et il l'était d'autant plus que ce Président-là comme son prédécesseur avait joué de l'Europe pour cacher ses propres échecs, impuissances et renoncements.

C'est le paradoxe de l'élection à venir : la question politique essentielle, celle de ce régime et de sa survie, risque d'être d'autant moins posée que l'enjeu du vote est le lieu d'où se nourrit, s'entretient et s'approfondit la crise poli-

1. Ou Dominique Strauss-Kahn après-demain...

tique française. On se consolera à peu de frais en faisant ce vœu de nouvelle année, celui que 2007 soit l'an 1 d'une nouvelle République française, redevenue parlementaire et enfin démocratique.

Le Soir, 29 décembre 2006

4. La grande loterie du bonapartisme

Avec Nicolas Sarkozy, la France croyait avoir élu un président. En quelques jours à peine, elle a découvert un gagnant du loto. De sa nuit victorieuse dans une suite de palace à son escapade méditerranéenne sur un yacht de milliardaire, elle a soudain compris qu'elle n'avait pas seulement changé de tête mais qu'elle était entrée dans une autre époque. Jusqu'alors, en cet Hexagone-là, l'argent posait problème à la politique. Il pouvait l'infiltrer, la séduire, voire la corrompre – et le second septennat de François Mitterrand (1988-1995) tout comme le long règne parisien de Jacques Chirac (1977-1995) l'ont amplement illustré. Mais ce mariage incestueux n'était pas assumé. Il fallait ruser, cacher, biaiser, tromper, mentir, jurer du contraire, protester de son honneur. Beaucoup d'hypocrisie et de faux-semblants, mais comme un tribut obligé à une tradition qui sacralise trop la politique pour la vendre à l'encan.

De Gaulle pouvait certes avoir fait d'un ancien banquier un Premier ministre – Georges Pompidou, qui lui succédera à la présidence – et veiller aux intérêts bien compris du capitalisme national, il n'en tenait pas moins à distance ce petit monde et son principal argument, l'argent. La légende en témoigne, qui dit son exigence tatillonne de payer de sa poche les goûters qu'il offrait à ses petits-enfants au palais de l'Élysée. Avec le sixième président de la Ve République, c'en est fini de ces précautions et de ces prudences. Désormais, l'argent est installé dans la place, sans vergogne.

Dans sa longue marche vers le podium présidentiel, pavée de ressentiments recuits et de revanches macérées, Nicolas Sarkozy a été porté par une petite société de conjurés, une bande d'amis en quelque sorte. Constituée autour de son fief de Neuilly-sur-Seine – ce ghetto de riches dont la paisible insolence illustre notre fracture sociale – et confortée par les attentions qu'il a su lui accorder dans ses ministères – notamment au Budget (1993-1995) et à l'Économie (2004-2005) –, cette amicale clanique a cette particularité de rassembler les milliardaires français. Non pas les intérêts de la bourgeoisie, comme l'on disait autrefois à gauche, mais les appétits voraces des plus grandes fortunes.

Le nouveau Président est leur homme. Non seulement leur ami, mais aussi leur représentant, voire leur obligé. Les gazettes boursières n'hésitent pas à parler, depuis son élection le 6 mai dernier [2007], de « valeurs Sarkozy », jouant à la hausse les groupes qui pourraient profiter de la nouvelle présidence – par exemple, Bolloré (le propriétaire du jet et du yacht de l'escapade maltaise), qui pourrait reprendre TF1 à Bouygues (l'ami le plus proche), qui, lui-même, reprendrait le nucléaire à Areva, etc. Ces spéculations pour joueurs de Monopoly éclairent les particularités de ce capitalisme français, dont le nouveau Président est le fondé de pouvoir : un « capitalisme de la barbichette » – je te tiens, tu me tiens –, comme l'a surnommé récemment un confrère[1], décrivant un système où la concurrence est souvent faussée et très peu libre.

Adossé à une économie très ouverte, accueillante aux flux financiers de la mondialisation, il s'est renforcé en préservant farouchement le pouvoir d'une caste endogamique, dont quelques entremetteurs sont les gardiens incestueux, au risque permanent du conflit d'intérêt. C'est ainsi qu'à l'époque des fonds de pension et des droits des actionnaires s'est paradoxalement reconstitué un capitalisme familial, d'héritiers et de patrimoines – d'où la promesse du candidat à propos de l'impôt sur les suc-

1. Laurent Mauduit, *Petits Conseils*, Stock, 2007.

cessions –, dont les représentants étaient tous autour du Président élu dimanche soir. L'autre paradoxe, à rebours du credo libéral, c'est que ces fortunes se sont construites ou rétablies dans une relation de clientèle avec la politique, ses réseaux et ses intérêts. Nul hasard, de ce point de vue, si le secteur des médias, quels que soient les protagonistes de ce capitalisme, figure toujours en bonne place dans leur portefeuille.

Comme tout pouvoir, celui-ci rencontrera un jour sa part d'ombre, ses secrets et ses remords. Mais, pour l'heure, il a le temps devant lui, ce temps qu'offre une élection incontestable. D'où cette arrogance assumée d'une retraite prétendument monacale qui se transforme en promenade flambeuse de nouveau riche, aux frais des amis. C'est le début d'un berlusconisme à la française, jusque dans ces réflexes culturels où l'argent n'a pas forcément bon goût, s'affichant tape-à-l'œil au point de confondre le luxe et le clinquant. L'anti-intellectualisme est la vulgate d'un tel univers. Car, hier instrument commode et moyen utile, l'argent y est devenu une fin en soi et un but ultime, la mesure de toute chose, de la « vraie » réussite comme du « vrai » pouvoir, avec pour argument un dédain affiché envers la pensée critique et l'idéal rigoureux.

Je laisse aux psychanalystes le soin de décider si cette nouveauté relève, comme on l'écrit ces temps-ci, d'une « droite décomplexée » ou, au contraire, d'une droite qui masque ses anciens complexes sous un appétit insatiable de pouvoir. Mais ce qui est d'ores et déjà certain, c'est que ce radicalement neuf évoque de vieux souvenirs. Cette citation, par exemple : « Quelle misère que cette joie des intérêts et des cupidités s'assouvissant dans l'auge du 2 décembre ! Ma foi, vivons, faisons des affaires, tripotons dans les actions de zinc ou de chemins de fer, gagnons de l'argent ; c'est ignoble, mais c'est excellent ; un scrupule de moins, un louis de plus ; vendons toute notre âme à ce taux ! On court, on se rue, on fait antichambre, on boit toute honte, et si l'on ne peut avoir une concession de chemins en France ou de terrains en Afrique, on demande une place. (...) Partager son ignominie, qu'est-ce que cela leur fait, pourvu qu'ils partagent sa fortune ? »

Il faut bien sûr oublier les excès d'époque – Nicolas Sarkozy n'est apparemment l'auteur d'aucun coup d'État, du moins militaire. Mais il n'est pas inutile, avant l'intronisation du 16 mai, de relire en résonance ce bréviaire républicain qu'est *Napoléon le Petit,* le seul livre belge de Victor Hugo, écrit en 1852 dans les premiers mois bruxellois d'un exil qui allait durer autant que le Second Empire, soit dix-huit ans. Car la nouvelle présidence s'annonce tel un concentré de ce « bonapartisme » que la France a donné aux siens comme au monde entier et, depuis, à la science politique. L'Europe le sait, qui nous regarde et compare : plus monarchique que les monarchies parlementaires, c'est un pouvoir extrêmement personnel que la République française confie, depuis bientôt un demi-siècle, à l'homme qui a gagné ses suffrages. S'il n'est pas absolu, ce pouvoir n'en est pas moins une forteresse, tant il est déséquilibré et omnipotent.

On verra bien si Nicolas Sarkozy réussit à tenir sa promesse de ne faire que deux quinquennats, renonçant à battre les records de Mitterrand (quatorze ans) ou de Chirac (douze ans), voire de Napoléon III ! Mais l'on sait déjà qu'il verra rapidement venir à lui, comme ses prédécesseurs, toutes sortes de volontés et de ralliements, qui exprimeront l'empreinte culturelle de ce bonapartisme sur la vie publique française – toutes ces carrières, tous ces postes, toutes ces fortunes qui dépendent de cette fidélité archaïque à un seul, au pouvoir d'un seul. Est-ce un hasard si, malgré les haines accumulées avec le clan chiraquien, le nouveau Président l'a déjà presque tout entier à son service et si, malgré une campagne droitière sans précédent, il a rallié à lui nombre des courtisans qui accompagnèrent le mitterrandisme finissant, du biographe au beau-frère, en passant par le publicitaire et certains conseillers ?

Pour l'heure, les législatives de juin détiennent la clef de ce pouvoir, de son ampleur et de ses certitudes. On parierait volontiers qu'elles le conforteront, mais les lecteurs du *Soir* en sont témoins : si je ne crois pas m'être trompé en tendance durable, je ne suis pas bon pronostiqueur au jour le jour… En attendant de revisiter, dans une chronique prochaine, l'échec de Ségolène Royal, je m'en console en relisant *Napoléon le Petit*. Et Victor Hugo, l'exilé de Bruxelles, me confie ceci : « La notion du bien et du mal est insoluble au suffrage universel. Il n'est pas donné à un scrutin de faire que le faux soit le vrai et que l'injuste soit le juste. On ne met pas la conscience humaine aux voix. »

Le Soir, 11 mai 2007

5. Ce que l'échec apprend à la gauche

C'est un souvenir, qui me semble très actuel. Une citation, que voici : « L'essentiel, c'est le projet politique, et cette leçon-là demeure. Les personnalités comptent, mais ne nous laissons pas emporter par la compétition des personnes. Ne laissons pas croire que seuls importent les talents, les comportements, les attitudes. Ne traitons pas les idées et les engagements qui les accompagnent, les partis et les groupes qui leur donnent naissance, comme quantité négligeable. Une authentique culture démocratique ne se réduit pas à la sélection d'un(e) candidat(e). C'est le projet, c'est le contrat, c'est la politique qui crée la dynamique. C'est le collectif qui porte l'individuel. »

C'était il y a à peine plus d'un an, une petite éternité pour l'actualité éphémère. Libre de tout engagement professionnel collectif, j'avais alors accepté un travail qu'en d'autres temps j'aurais tenu à distance : un livre de dialogues avec l'un de nos politiques. Pas de langue de bois, pas de réécriture occulte, pas de question interdite : le partenaire joua le jeu à la perfection, et cela donna ce *Devoirs de vérité*[1], livre par lequel François Hollande prenait ses ultimes marques avant une course présidentielle qui, finalement, ne sera qu'indirectement la sienne. Dans son esprit comme dans le mien, plutôt qu'une conversation complice, ce devait être une interpellation argumentée du premier secrétaire d'un parti, le Parti socialiste, qu'en tant

1. Stock, 2006.

que journaliste, fût-ce de gauche, je n'avais guère ménagé lorsqu'il était au pouvoir.

La citation qui précède est le début de sa réponse à ma dernière question. Évoquant l'échéance électorale à venir, je lui avais demandé de réagir à un passage de *La République moderne,* ce livre de 1962 où Pierre Mendès France, figure vertueuse de la gauche française, s'alarmait de « la personnalisation du pouvoir » induite par la Constitution de la Ve République et par l'élection du président au suffrage universel, qui l'avait parachevée. J'ai donc lu à François Hollande cette mise en garde prophétique signée Mendès France : « Choisir un homme sur la seule base de son talent, de ses mérites, de son prestige (ou de son habileté électorale), c'est une abdication de la part du peuple, une renonciation à commander et à contrôler lui-même, c'est une régression par rapport à une évolution que toute l'histoire nous a appris à considérer comme un progrès. »

Tel est le piège tendu à la gauche, depuis toujours, par le présidentialisme des institutions françaises. Le bonapartisme qu'elles consacrent, césarisme des temps modernes, mine en profondeur ses valeurs, corrompt ses réflexes, brouille sa mémoire. Comment réussir à conquérir sans décevoir ce pouvoir forcément personnel, quand toute votre histoire, tout votre héritage, toute votre culture politique, plaide pour le collectif, l'échange et la discussion ? Et comment s'imposer dans une compétition de cette sorte, quand, dans l'imaginaire du moment, ce présidentialisme du politique rejoint l'individualisation des attitudes ? Et réussit ainsi ce tour de force de paraître la modernité même, alors qu'il incarne le plus vieil archaïsme du pouvoir ?

Un temps, avec François Mitterrand, la gauche a cru échapper au piège. Pourfendeur de ce bonapartisme aussi sévère que Mendès France, il avait cependant accepté ce que ce dernier refusait : défier l'adversaire sur son terrain. Hélas, de procureur implacable, il en devint l'avocat madré. Il crut vaincre, par deux fois, en 1981 et en 1988. En réalité, il fut vaincu, et la gauche avec lui. Dès lors, s'agissant de sa culture politique, elle est en effet devenue schizophrène : ce pouvoir personnel, qu'elle avait combattu dans l'opposition, c'était elle désormais. Non contente de s'en accommoder, elle le renforçait, étendant le champ d'intervention du président, augmentant les nominations placées à sa discrétion, consacrant l'immuabilité de son pouvoir avec les cohabitations.

Depuis, la gauche française, en son navire amiral – le Parti socialiste –, est comme une flotte qui aurait largué ses amarres. Elle s'épuise dans une course dont l'esprit lui est foncièrement défavorable. Elle se lance avec un handicap dont elle n'arrive pas à se défaire. Pis, il lui est arrivé d'accroître elle-même la contrainte, tant cette culture présidentialiste l'a imprégnée au point de l'aveugler. C'est ainsi qu'elle a, sous Lionel Jospin, défendu le quinquennat sans imposer une limitation du nombre de mandats, mais, de plus, parié sur une inversion du calendrier électoral qui ne pouvait jouer qu'en sa défaveur. Imaginez en effet, en 2002, des législatives avant la présidentielle : pas un(e) seul(e) candidat(e), mais des centaines ; un parti forcément en ordre de bataille ; des alliances nécessaires en vue de majorités ; bref, un combat collectif dont aurait découlé ensuite la bataille pour l'Élysée.

Au lieu de quoi, comme le redoutait François Hollande, c'est la question des personnes qui l'emporte, des individualités et des ambitions, des écuries et des entourages. Au lieu de quoi, une course au chef, au leader, au charisme, bref, au sauveur, dont le succès électoral cache la dépolitisation intrinsèque. Après le traumatisme de 2002 et l'échec de 2007, le doute n'est plus de mise : culturellement, le bonapartisme est de droite et, quand il s'affiche à gauche, c'est pour mieux faire accepter une politique de droite. Et le mitterrandisme, à cette aune, aura été un cas d'école.

De ce point de vue, les ralliements individuels, complaisances et compliments, sollicités ou obtenus par Nicolas Sarkozy depuis son élection, sont logiques : de Bernard Kouchner à Jean-Pierre Jouyet, en passant par Hubert Védrine, Jacques Attali, Georges-Marc Benamou, Jacques Séguéla, Michel Charasse, Claude Allègre, etc., tous, peu ou prou, ont pour histoire commune le service, voire le culte, du présidentialisme français, sous tous ses autours, indifféremment de gauche ou de droite. Paradoxalement, ces nouveaux courtisans sont crédibles quand ils prétendent ne pas être de nouveaux convertis : ils se contentent de rester fidèles à une pratique du pouvoir qui, jusqu'alors, leur semblait avoir encore de l'avenir à gauche...

On peut gloser indéfiniment sur les causes de la victoire de Nicolas Sarkozy et, donc, de la défaite de Ségolène Royal. Mais, ici, l'on persiste à tenir ce seul fil avec entêtement, celui du pouvoir, de son incarnation et de son imaginaire. Malgré son intuition autour de la démocratie participative, malgré l'évolution du PS sur les institutions, malgré l'éloge d'une VIe République, la candidate socialiste n'a pas eu le temps d'imposer une altérité politique radicale, face à un adversaire qui avait décidé d'habiter jusqu'à l'excès ce personnage symbolique de président-Bonaparte. Mais c'était le bon chemin, et c'est en continuant de l'emprunter que la gauche se retrouvera.

Si l'on en doutait, la façon dont le piège du présidentialisme fonctionne dans la défaite suffirait à nous en convaincre. À entendre certain ex-présidentiable socialiste, ce serait comme si la gauche avait subi une débâcle de ne pas avoir décroché l'Élysée. Ce diagnostic n'est pas seulement défaitiste, créant un climat dépressif qui risque d'être fatal aux législatives prochaines. Il est surtout erroné, tant l'échec de Ségolène Royal fut honorable : reconquérant l'électorat populaire perdu, gagnant le vote des jeunes et des quartiers, elle a réuni, aux deux tours, 2,5 millions de voix de plus que Lionel Jospin en 1995 et réussi à gagner 21 points d'un tour à l'autre, soit une progression équivalente à celle de son adversaire.

Sur ce socle électoral, la gauche peut se redresser. L'ironie de sa défaite, c'est qu'elle est sa chance. L'hyperprésidence que Nicolas Sarkozy impose à grandes enjambées, comme une sorte de coup d'État à froid, n'est pas une fatalité, mais une opportunité. L'occasion de construire une alternative démocratique à l'absolu d'un pouvoir qui rêve de contrôler jusqu'à son opposition. Et de sortir ainsi du piège où la gauche est tombée depuis 1981 : le présidentialisme.

Le Soir, 1er juin 2007

6. Les nouveautés de l'hyperprésidence

Ce sera le mot de la fin : « J'ai été élu pour faire quelque chose sur tout. » Lâché par le nouveau président de la République française, mercredi 20 juin 2007, lors de sa première interview télévisée en direct du palais de l'Élysée, cet aveu d'omnipotence, où égotisme et volontarisme se confondent, tombe à pic pour cette ultime chronique franco-belge. Publiée dans *Le Soir* du 8 septembre 2006, la toute première s'intitulait « L'étrange n'est pas toujours en pays étranger ». Nous voici à la vingt et unième, et c'est peu dire que ces étrangetés-là sont aujourd'hui au rendez-vous, dépassant sans mal nos capacités prédictives. D'ici l'échéance présidentielle, ajoutais-je en 2006, « la ligne ne sera pas droite ». Sur ce plan-là au moins, nous n'aurons pas été déçus : ce fut bien une actualité en contre-pied et, se relisant, le chroniqueur est forcé de reconnaître qu'il s'est parfois laissé surprendre.

Ainsi donc voici un candidat ayant mené une campagne ultra-droitière, n'évitant aucun excès pour séduire l'électorat d'extrême droite, qui, à peine élu président, réussit à débaucher pour son gouvernement plusieurs personnalités emblématiques de la gauche socialiste. Quant à cette dernière, alors même qu'elle pourrait brocarder l'irruption de la téléréalité au cœur du pouvoir avec un Président insatiablement communicant, cas d'école pour la société du spectacle debordienne, elle semble prise au piège d'un vaudeville boulevardier avec la fin du couple Hollande-Royal, en ses versions aussi bien publiques que privées. Et puis, alors qu'elle se résignait à mettre la victoire de

Nicolas Sarkozy au crédit d'une France foncièrement de droite, dans ses valeurs dominantes et dans ses réflexes culturels, voici que le résultat des élections législatives, marquées par un recul parlementaire de la droite et une nette progression du Parti socialiste, rappelle douloureusement à la gauche que la présidentielle était gagnable...

En guise d'épilogue provisoire et pour tenter d'y voir clair dans ce tourbillon, on risque ici sept constats, à débattre et à méditer. Le journalisme n'étant certes pas la prescience du futur, on verra bien s'ils passent l'été.

La France change de régime. Jusqu'au symbole de sa résidence privée – La Lanterne, en bordure du parc de Versailles –, le nouveau Président s'est approprié les pouvoirs dévolus au Premier ministre. Depuis 1958, la Constitution française stipule que le président arbitre et que le Premier ministre gouverne. Depuis le 6 mai 2007, c'en est fini : le Président gouverne et son Premier ministre se contente de mettre en musique l'application de sa politique par les ministres. Certains constitutionnalistes saluent déjà la fin d'une ambiguïté lourde d'irresponsabilité tant le présidentialisme français s'abritait hypocritement derrière la fiction d'un Premier ministre dirigeant l'action d'un gouvernement qui, supposément, « détermine et conduit la politique de la nation » (articles 20 et 21 de la Constitution). On persistera plutôt à s'alarmer d'une concentration des pouvoirs sans équivalent européen. Et ce n'est pas le « statut de l'opposition » promis comme un lot de consolation improvisé, qui suffira à équilibrer ce pouvoir hyperprésidentiel. Comme en témoignent les embarras de la circulation parisienne, y compris piétonne, dès que le Président Sarkozy se déplace, ce n'est plus seulement un pouvoir personnel, c'est déjà une privatisation du pouvoir.

Le modèle, c'est Napoléon III. Tôt rappelé dans cette chronique, *Napoléon le Petit,* le pamphlet belge de Victor Hugo, n'est pas la lecture la plus éclairante – trop vindicatif. On recommande plutôt *Le 18 brumaire de Louis Bonaparte* de Karl Marx, paru en 1852 dans une revue new-yorkaise. Analysant finement l'originalité de ce premier président de la République élu au suffrage universel masculin en 1848 et devenu trois ans plus tard, après un coup d'État et pour dix-huit ans, l'empereur que l'on sait, Marx nous campe un héros « imaginant sans cesse des surprises » afin de « garder les yeux du public fixés sur lui », un chef obligé « de faire exécuter chaque jour un coup d'État en miniature », un aventurier habile qui « ne s'appuyait sur aucun principe et n'éprouvait aucun scrupule, mais promit de donner au pays ce qu'il souhaitait : un homme ». La résonance n'est pas polémique : Napoléon III a incarné une modernisation autoritaire, où se rejoignaient parti de l'ordre et parti de la réforme, dont l'entourage du nouveau Président a, ces dernières années, entretenu la nostalgie. En 1990, le gaulliste Philippe Séguin, dont un proche, Henri Guaino, est désormais le conseiller spécial de Nicolas Sarkozy, le réhabilitait avec *Louis Napoléon le Grand*[1]. Et en 1997, Alain Minc, l'empressé visiteur du soir du nouveau Président, n'était pas en reste avec *Louis Napoléon revisité*[2].

Le mariage du souverainisme et du libéralisme. Henri Guaino n'a jamais été un Européen convaincu, pas plus que le Premier ministre François Fillon. L'Europe politique leur a toujours paru une chimère dangereuse qui menace la nation, héritage politique selon eux indépassable, alors même que l'Europe est née de la conscience de ses dérives. À première vue, les libéraux, tel Alain Minc justement, qui, économiquement, socialement et fiscalement, ont parié sur le nouveau pouvoir, ne sont pas de cette sensibilité idéologique. Comment expliquer cette apparente contradiction ? On émet ici l'hypothèse que les intérêts sociaux, patronaux et patrimoniaux, dont ils sont les porte-parole, ont aussi parié sur ce pouvoir pour qu'il les protège de la concurrence internationale, dans une énième version de ce libéralisme assisté, sans risque majeur et avec parachute doré, très goûté par la classe dirigeante française. En tout cas, l'Europe ferait bien de prêter attention à ce mariage inédit du souverainisme et

1. Grasset, 1990.
2. Gallimard, 1997.

du libéralisme, tant elle le verra à l'œuvre contre ses trop grandes ambitions, épousant, voire accentuant, un air du temps plus favorable aux États-nations.

Tout bonapartisme est caméléonesque. Des références historiques aux idées programmatiques, la campagne l'avait déjà montré : Nicolas Sarkozy est un bernard-l'hermite qui n'hésite pas à habiter la coquille d'à-côté, prenant possession avec gourmandise de ce qui ne lui appartient pas. Pour l'opposition, ce sera la principale difficulté : ce pouvoir-là tient de l'anguille ou du caméléon, glissant entre les mains ou changeant de couleur, en tout cas ne cessant de s'adapter au terrain adverse. Voire ne se gênant pas pour l'occuper tout simplement, la faiblesse des caractères et la séduction du pouvoir aidant : on l'a bien vu avec ces six membres d'un nouveau gouvernement de trente et un membres, soit un cinquième du total, passés sans transition de la gauche à la droite. Au fond, le rêve du bonapartisme, c'est que, tout comme sa majorité, son opposition soit, elle aussi, présidentielle.

La gauche paye le prix du mitterrandisme. Dans les surprenantes improvisations sarkozystes, il y a du François Mitterrand, surtout celui du septennat de trop, le second (1988-1995). Non seulement ce règne absolu de la communication, de ses stratégies et de ses ruses, afin d'éterniser le pouvoir en lui évitant les conflits, mais cette recherche de têtes d'affiche inédites, de ralliés opportuns transformés en effets d'annonce, de compagnonnages improbables – Bernard Tapie, par exemple. Mais il y a plus encore : par leurs itinéraires individuels, les protagonistes du débauchage sarkozyste révèlent en négatif les ambiguïtés de la gauche de gouvernement, les contradictions internes qu'elle n'a pas résolues, les clarifications qu'elle n'a pas faites. D'une certaine manière, Sarkozy lui rend service : il l'oblige à sortir de ces faux-semblants et à mener jusqu'à son terme l'inventaire, promis mais vite abandonné, d'un mitterrandisme qui ne fut pas forcément l'école de pouvoir la plus vertueuse ni la plus fidèle.

Le mélange privé/public est toujours fatal. Ici, le chroniqueur doit faire son autocritique : arc-bouté sur sa défense professionnelle de l'inviolable frontière public-privé, il n'a pas senti la dimension passionnelle potentiellement dévastatrice de ce qu'il croyait n'être qu'une divergence fonctionnelle, entre une candidate socialiste et un premier secrétaire qui, par ailleurs, vivaient ensemble. On ne peut exclure que les erreurs de campagne, tant de Ségolène Royal que du PS, à travers François Hollande, soient à mettre à ce débit-là : avoir pris le risque d'un mélange, sinon des genres, du moins des registres.

La faiblesse des contre-pouvoirs. Il nous reste à remercier les lecteurs et la rédaction du *Soir,* qui, en nous supportant avec patience, ont non seulement témoigné de l'hospitalité belge, mais souligné l'impérieuse nécessité démocratique de contre-pouvoirs forts. Et je n'en connais pas de meilleur qu'une presse indépendante. Au fait, savez-vous qu'au jour de cette chronique les désormais célèbres images belges de notre Président en conférence de presse post-poutinienne au G8[1] n'ont toujours pas été diffusées dans les journaux télévisés des grandes chaînes françaises ?

Le Soir, 22 juin 2007

1. Lors d'une conférence de presse, tenue le 8 juin 2007, à l'issue d'une rencontre avec Vladimir Poutine lors d'un sommet du G8 à Heiligendamm (Allemagne), Nicolas Sarkozy était apparu dans un état second, hilare, hésitant et cafouillant, que certains commentateurs belges avaient attribué à l'alcool – auquel, pourtant, le président français dit ne jamais toucher. En arrivant devant les journalistes, il avait déclaré : « Je vous demande de bien vouloir excuser mon retard dû à la longueur du dialogue que je viens d'avoir avec M. Poutine. »

7. Un désastre tôt annoncé

Quelques semaines avant l'élection présidentielle de 2007, un groupe de jeunes activistes qui avaient créé un réseau informel baptisé « Anti-Sarko » m'a demandé de répondre à trois questions, posées à diverses personnalités hors des partis politiques. La vidéo qui en est résultée a été visionnée sur Internet par plus de trois cent mille personnes[1]. Voici la transcription de cette analyse orale qui remonte à quatre ans mais qui, me semble-t-il, n'a pas pris une ride.

– Pourquoi vous ne voterez pas pour Nicolas Sarkozy en 2007 ?

Ma position, c'est qu'un journaliste n'a pas à dire son vote. En revanche, il peut faire partager son analyse. La mienne, c'est que l'élection de Nicolas Sarkozy à la présidence de la République aggraverait toutes les crises dont souffre notre pays. La crise sociale d'abord, parce qu'il veut donner beaucoup plus à ceux qui ont déjà trop, à l'oligarchie financière, aux grandes fortunes. La crise politique ensuite, parce qu'il veut accentuer un présidentialisme institutionnel qui étouffe à petit feu notre vie démocratique. Et puis la crise internationale, car il a une vision identitaire, communautariste, voire religieuse de la société, celle-là même qui nourrit l'affrontement des cultures et la guerre

1. Cette vidéo peut toujours être visionnée à l'adresse suivante : http://www.dailymotion.com/video/x1eb3z_edwy-plenel-s-engage-contre-sarkozy_people

des civilisations. Pour toutes ces raisons, Nicolas Sarkozy ne serait pas la solution à nos problèmes. Il serait leur aggravation : plus de pouvoir personnel, plus d'inégalité sociale, plus de désordre mondial.

– Quel danger représente selon vous Nicolas Sarkozy ?

Lui-même ! Son principal ennemi, c'est lui-même. Et le principal danger, c'est la rencontre de ce personnage et des institutions de la Ve République. Nicolas Sarkozy, tout le monde le dit, tout le monde le sait, a une vision guerrière et égocentrique de la politique. On est avec lui ou contre lui, on est son obligé ou son ennemi. Il n'y a pas d'entre-deux. Il hystérise la politique, il met en crise, il met en tension ce qui est le conflit démocratique normal. Or nous savons que nos institutions, cette présidence de la République qu'il brigue, sont potentiellement dangereuses. Nous savons qu'elles donnent des pouvoirs sans équivalent dans aucune autre démocratie, même l'américaine, au président élu. Nous savons surtout que l'Élysée, c'est un bunker, et qu'une fois élu on est indéboulonnable. Les exemples de François Mitterrand – quatorze ans –, de Jacques Chirac – douze ans –, sont là pour nous le montrer. Alors, c'est la rencontre de ce personnage, qui met en crise, en tension, la politique, et de ces institutions si peu démocratiques – et qu'il faut changer, qu'il faut radicalement changer ! –, c'est cette rencontre-là qui est potentiellement dangereuse.

– Que dire à ceux qui hésitent encore à voter Nicolas Sarkozy ?

Je ne cherche pas à les convaincre, j'aimerais juste leur faire partager mon témoignage. En tant que journaliste, je peux témoigner du fait que Nicolas Sarkozy n'a pas une vision très pluraliste de la vie médiatique. Je peux témoigner du fait que la normalisation, l'uniformisation du paysage médiatique était pour lui un enjeu avant cette campagne électorale. Je peux témoigner du fait que toute sa politique sert à imposer un agenda en réduisant l'indépendance des journalistes. Et je peux, encore une fois, en témoigner en rappelant ce qui est arrivé à notre pays au moment de Clichy-sous-Bois [le décès par électrocution de deux jeunes, Zyed et Bouna, suivi d'émeutes à l'automne 2005[1]], où au fond un mensonge d'État est passé dans les médias, pendant une semaine, le temps que ce déni de réalité soit ressenti comme une telle injustice qu'il mette le feu à l'herbe déjà sèche de nos banlieues.

Donc voilà ce que je voudrais leur dire : que la démocratie, c'est un bien précieux, que nous vivons des temps difficiles, compliqués, qu'il faudrait prendre le temps de s'écouter, prendre le temps de faire revivre cette démocratie, prendre le temps d'intégrer à cette démocratie les classes populaires, qui sont de plus en plus marginalisées, dans toute leur diversité, dans toutes leurs origines. Que, face à cela, il n'y a pas de raccourci, et que ce raccourci que leur propose Nicolas Sarkozy est une illusion.

Anti-Sarko, 8 mars 2007

1. Cf. Jean-Pierre Mignard et Emmanuel Tordjman, *L'affaire Clichy*, entretien réalisé par Edwy Plenel, Stock, 2006.

I

Le journalisme défié

Le refus de la servitude

François Mitterrand disait aimer les livres et m'a longtemps écouté, du moins au téléphone[1]. Loin de lui en vouloir, je continue de faire grand cas de certains de ses écrits, notamment *Le Coup d'État permanent,* dont je regrette qu'il ne se soit pas révélé meilleur lecteur de son propre livre, tant il lui fut infidèle, une fois au pouvoir[2]. Superbe pamphlet paru en 1964, auquel le bonapartisme sarkozyen a redonné une seconde jeunesse, *Le Coup d'État permanent* évoquait la façon dont la Ve République gaullienne s'est empressée de réhabiliter l'outrage au président de la République. Tombé depuis en désuétude, ce délit est aujourd'hui bien en cour, l'actuel occupant de l'Élysée ne se privant pas d'y avoir recours. « Une subtile mutation des rapports entre celui qui gouverne et ceux qui sont gouvernés s'opère sous nos yeux, écrivait Mitterrand. Tout acte de gouvernement s'intègre à la raison d'État. L'opposition devient subversion, le citoyen, sujet. Et le chef de l'État, monarque. »

Depuis 2007, nous y fûmes, de nouveau. Mais dans une variante à la fois perfectionnée et décadente, plus perverse et moins noble. À la différence de sa version gaullienne, cette personnalisation accentuée du pouvoir, qui piétine gouvernement, ministres, élus et militants, tandis qu'elle ne connaît que des obligés, des affidés, des courtisans ou

1. Sur ce sujet, voir Edwy Plenel, *Le Journaliste et le Président*, Stock, 2006

2. François Mitterrand, *Le Coup d'État permanent*, Plon, 1964.

des sicaires, ne parle pas à la grandeur du pays mais à la bassesse des hommes. Elle corrompt tout – les principes, les personnes, les usages, les règles. De Jean Sarkozy, l'héritier sauvage, à Carla Bruni, la chanteuse opportune, le message est le même, déjà contenu dans l'ouverture sans programme ni morale à quelques égarés de la gauche : il n'y a d'autre aventure qu'individuelle, sans amarres ni devoirs, sans obligations ni respect.

Les médias, leur usage et leur contrôle, furent ici le vecteur essentiel. C'est par eux que l'on mit en scène le récit qui s'efforça de faire école, de brouiller les repères et d'égarer les citoyens. En ce sens, il faudrait prolonger l'essai de Mitterrand d'un *Coup d'État médiatique permanent*, pour montrer comment l'assaut contre les libertés conquises et les droits acquis s'est doublé d'un vaste enfumage, dont l'enjeu fut le contrôle des imaginaires et des représentations. Ainsi Carla Bruni-Sarkozy minauda partout, jusqu'à *Libération* hélas[1], pour susurrer qu'après tout, gauche et droite, ça ne veut plus dire grand-chose, et que, de toute façon, elle est elle-même une ignorante, de gauche bien sûr, avant de confier, deux ans plus tard, au *Parisien* cette fois[2], qu'elle ne l'était plus, de gauche, du moins en France.

Ce mélange des sphères publique et privée, où les fantasmes projetés sur la seconde servent de cure de jouvence pour la première, n'est pas seulement révulsant. Il y a plus : sans doute amenée à croître dans la perspective de 2012, cette mise en scène très politique de la chanteuse nous dit que tout se vaut, que rien n'a d'importance, qu'aucun principe n'appelle de fidélité, que tous les engagements sont réversibles. Pendant que Mme Sarkozy-Bruni s'affichait ou se répandait, l'essentiel était entrepris, dont elle s'efforçait de nous distraire.

1. Le 22 juin 2008, *Libération* publiait une interview de l'épouse de Nicolas Sarkozy, laquelle fut pour l'occasion reçue dans les locaux du quotidien.

2. Le 31 janvier 2011, *Le Parisien* publiait une interview de celle qui est désormais promue, sur le site de l'Élysée, « Première Dame » de France, statut inconnu de nos usages républicains.

Pour notre profession, les métiers de l'information, ce fut une épreuve de vérité, entre presse d'industrie – presse soumise à des industries qui lui sont étrangères – et journalisme de gouvernement – journalisme épousant sans trop de distance ou de recul l'agenda élyséen. Foncièrement ingrat puisque d'abord courtisan, ce journalisme de cour, attiré tel un papillon par les ors et les lumières du pouvoir – politique ou financier, d'État ou d'argent –, saura changer de maîtres s'il le faut, pour survivre. Négocier ses retournements. Justifier ses compromis. Épouser les désirs de contrôle et de soumissions qui ne sont pas le propre de cette présidence ni de sa famille politique, mais que sa variante hypertrophiée aura libérés et exacerbés.

Car ce journalisme d'en haut, que n'intéresse guère la société d'en bas, ce journalisme de grand personnage qui ne connaît d'autre vérité que celle du pouvoir, du pouvoir conquis, à conquérir ou à conserver, rencontre l'illibéralisme politique français, dont la question médiatique est le marqueur évident. Sur la longue durée, celle qui façonne les mentalités et les cultures, la France politique a un problème spécifique avec le journalisme. C'est, en quelque sorte, une gêne rentrée face à ce métier qui, ayant pour matière première l'événement, sa survenue et son intelligibilité, est forcément une indiscipline en puissance, un désordre en jachère, un encombrement incontrôlable. Du moins s'il remplit sa mission véritable. D'où mille stratégies pour l'en éloigner. Pour l'attraper, le cajoler, l'amadouer, le neutraliser et l'asservir.

Faute d'écosystème démocratique mettant à l'abri le journalisme des tentations et des soumissions, garantissant l'indépendance des rédactions, élargissant le droit fondamental à l'information, évitant les mains mises financières et industrielles qui érodent, fragilisent et corrompent, protégeant les médias des incursions et dépendances du pouvoir étatique, il n'est dès lors qu'une attitude : le refus. Ce n'est pas prétention hautaine, mais simple précaution. Et c'est souvent la leçon douloureuse de l'expérience.

Ainsi la jurisprudence Genestar, ce patron de *Paris Match* débarqué pour crime de lèse-majesté, en 2006, avant même l'élection présidentielle, restera-t-elle comme la marque de cette présidence sur le journalisme. Et au-delà, puisque le pouvoir personnel tient partout, y compris aux siens, le même langage : on est avec moi ou contre moi, il n'y a pas d'entre-deux, nulle échappatoire. Alain Genestar l'a fort bien décrit dans un émouvant récit, *Expulsion*[1], où ce modéré écrivait ceci, qui n'était pas réjouissant : « Pour la première fois de ma vie, mon pays n'était plus le mien. Je m'y sentais étranger. La France devenait Sarkoland et nous, des exclus. »

1. Alain Genestar, *Expulsion*, Grasset, 2008.

1. Le journalisme au défi du sarkozysme

Tout est résumé à la page 44 de *L'Aube le soir ou la nuit*[1], ce portrait de Nicolas Sarkozy en candidat par Yasmina Reza, paru à l'automne 2007. Voici ce que la dramaturge écrit : « Quelques jours plus tard, le même Laurent me dira que la réalité n'a aucune importance. Il n'y a que la perception qui compte. » Laurent, c'est Laurent Solly, alors directeur adjoint de la campagne du futur président de la République et, depuis, recasé dans les hautes sphères de TF1, la chaîne de télévision du groupe Bouygues. Quant à cette confidence, elle est un terrible défi lancé à la face du journalisme, dont l'actualité vient encore d'être illustrée par la conférence de presse élyséenne du mardi 8 janvier 2008, où l'on a vu des journalistes rire au spectacle de leur humiliation par un Président maître des questions autant que des réponses.

Car notre matière première, à nous, journalistes, c'est justement la réalité : la déchiffrer, la connaître, la questionner, l'expliquer, la découvrir, etc. C'est même l'unique raison d'être de cette profession, puisque, pour le reste, à savoir l'opinion, le jugement, le commentaire, le point de vue, etc., ce n'est aucunement notre privilège, mais la liberté de tout citoyen. En revanche, arpenter le réel, aller à sa rencontre, le replacer dans son contexte et son histoire, faire entendre sa complexité et sa diversité, vérifier, recouper, préciser, rectifier, c'est là un métier où la compétence et l'expérience professionnelles rejoignent

1. Flammarion, 2007.

une nécessité démocratique : pour se forger un jugement pertinent, mieux vaut être bien informé.

Or, depuis sept mois, l'hyperprésidence sarkozyste a choisi un registre exactement opposé, celui de l'irréalité. Son écrivain public, Henri Guaino, rédacteur des discours présidentiels, l'a théorisé : il faut « raconter une histoire » aux Français. Peu importe qu'elle soit vraie, voire même crédible, l'important c'est qu'elle fonctionne le temps d'une séquence, à la manière d'un bon scénario. Dans un livre, Christian Salmon a rappelé ce que ces techniques politiques du *storytelling* devaient aux usages du marketing[1]. Il s'agit bien de caser un produit, quitte à vendre du rêve ou du vent. D'où l'importance, ici, du verbe, qui en vient à détrôner l'action.

Le Président parle bien plus qu'il n'agit, et ses discours sont le semblant du faire. S'il assume sans embarras ne pas en être l'auteur, laissant sa plume officielle les commenter publiquement, c'est qu'ils n'ont qu'une importance relative. Ce n'est pas tant leur contenu qui importe que l'impression qu'ils donnent. Ils ne sont utiles que dans la mesure où ils garantissent le mouvement, créent l'agitation, suscitent l'exégèse. Si le sarkozysme semble insaisissable, au point d'ajouter à l'absence criante de contre-pouvoir une cannibalisation et une tétanisation de l'opposition parlementaire, c'est parce que son moteur est la déréalisation.

Depuis quelques mois, les Français semblent transformés en spectateurs d'un roman présidentiel. Oui, un roman, autrement dit une fiction, et ce n'est pas un hasard si sa dimension sentimentale finit par s'afficher autant que son ambition politique. Nul hasard non plus si, à l'écoute des successives péroraisons présidentielles, on finit par se dire que les mots n'y ont plus de sens véritable, que les références y sont réversibles, que les valeurs y sont interchangeables. Comme s'il ne s'agissait plus que de leurres, entre appâts politiques et hameçons médiatiques. Tête-à-queue que les hommages aux figures historiques du

1. *Storytelling*, La Découverte, 2007.

socialisme, suivies par l'étalage gourmand d'envies de luxe, de richesse et de possession – imagine-t-on Jean Jaurès, Léon Blum ou Guy Môquet « bling bling » ?

Couper-coller encore que les refrains sur la moralisation du capitalisme financier, quand, à l'évidence, il trône au cœur du pouvoir, de ses relais amicaux et de ses soutiens médiatiques, des intérêts qu'il défend et des clientèles qu'il sert. Court-circuit enfin que cette « politique de civilisation » d'abord revendiquée comme une invention présidentielle, alors qu'il s'agissait d'une citation cachée, et finalement assumée comme une référence à l'œuvre d'Edgar Morin, figure intellectuelle de la gauche. Car c'est dans l'histoire du socialisme et de son aspiration, certes déçue mais maintenue, « à plus de communauté, de fraternité et de liberté » que le sociologue enracine cet horizon d'espérance. Mieux encore, parmi les buts de cette politique réinventée telle qu'il l'a théorisée dans un livre[1], Morin énonce cet impératif fort éloigné de l'actuel narcissisme élyséen : « Moraliser (contre l'irresponsabilité et l'égocentrisme). »

Ce tourbillon est fait pour désorienter – l'opinion, l'adversaire, les médias –, et il y réussit souvent. Dès lors, on voit bien qu'au-delà de sensibilités partisanes, politiques ou philosophiques, une responsabilité particulière incombe au journalisme français face à ce pouvoir sans partage qui ne connaît d'autres limites que lui-même. Si ses discours nous submergent, si son agenda nous obnubile, si son imaginaire nous envahit, ceux qui nous lisent, nous regardent ou nous écoutent seront littéralement perdus. Égarés devant ce spectacle en essuie-glace, où tout s'efface, tout s'oublie, tout se vaut.

Un confrère vient paisiblement d'illustrer le travail qui nous attend. Dans *Sommes-nous des paresseux*[2] *?*, Guillaume Duval, rédacteur en chef d'*Alternatives économiques*, a repris, pour les démonter une à une en trente questions, les affirmations péremptoires que la parole

1. *Pour une politique de civilisation*, Arléa, 1997.
2. Seuil, 2008.

sarkozyste a réussi à imposer dans le débat public. Allez-y voir et vous verrez que, du « travailler plus pour gagner plus » au « ministère de l'Immigration et de l'Identité nationale », c'est bien une fiction, donc des illusions mensongères, que l'on tente aujourd'hui d'imposer face à la réalité et à ses vérités dérangeantes.

Le journalisme, ce pourrait être modestement cela : défendre le réel, sa connaissance et son investigation, contre l'irréalité des démagogies et des idéologies.

8 janvier 2008[1]

1. Mis en ligne le 8 janvier 2008 sur le pré-site du « Projet Mediapart », cet article fut republié le jour du lancement du journal indépendant numérique Mediapart, le 16 mars 2008.

2. Au pays du journalisme de gouvernement

De la servitude volontaire, le cri de liberté d'Étienne de La Boétie (1530-1563), fut par la suite sous-titré *Contr'Un*. Autrement dit contre toutes ces unicités dominatrices qui refusent, combattent, épuisent et détruisent nos pluralités, diversités, oppositions et contradictions. Du vivant de l'ami de Montaigne, leur malfaisance était concentrée dans le principe monarchique de droit divin, sous le joug duquel, entre temporel et spirituel, l'ordinaire humanité s'était accoutumée à courber l'échine. Il faudra quelques siècles pour que l'étonnement solitaire de La Boétie devant cette accoutumance à la servitude nous paraisse une évidence.

En faudra-t-il autant pour que, dans ce pays-ci, journalistes et citoyens, journalistes citoyens, citoyens journalistes, nous sortions de notre torpeur soumise ? Car dans quelle autre supposée grande démocratie assiste-t-on à un spectacle aussi indigne démocratiquement et indigent politiquement que celui qu'offre, régulièrement, la communication présidentielle ? Dans aucun autre pays comparable, une émission sur mesure comme celle du jeudi soir 24 avril au palais de l'Élysée n'est envisageable. À l'étranger, du moins l'étranger de vieille culture démocratique, le plus souvent, quand ils veulent s'exprimer, les responsables politiques soit se rendent dans les émissions existantes, acceptant d'aller ainsi sur le terrain des journalistes, soit tiennent des conférences de presse dignes de ce nom, avec relance des questions et droit de suite. On me citera sans doute de rares exceptions. Mais justement, ce sont des exceptions.

En France, c'est la norme qui est scandaleuse. De François Mitterrand à Nicolas Sarkozy, en passant par Jacques Chirac, le président choisit son moment, ses interviewers, ses chaînes, son lieu, son décor, son public. Et le journalisme est sommé de suivre. Ou plutôt accepte de suivre. Car que se passerait-il si la profession, dans un sursaut de dignité, affirmait unanimement qu'elle refusait ce jeu faussé qui, de plus, la discrédite ? Si elle défendait pied à pied les principes constitutionnels sur lesquels se fonde sa légitimité citoyenne : liberté, indépendance, pluralisme de la presse ? Si elle exigeait des conférences de presse présidentielles régulières, dont les règles ne seraient aucunement fixées par les communicants du chef de l'État ? Si elle refusait toute émission télévisuelle *ad hoc*, forcément imaginée pour servir l'agenda de communication présidentiel, où tout est fait pour éviter l'accident, l'imprévu, la question qui fâche, le moment difficile, la contradiction trop insistante ?

Il faudra bien qu'un jour, en France, notre profession regarde en face le mal que le présidentialisme lui a fait. Comment il l'a abîmée et corrompue, la séduisant pour mieux la réduire, l'attirant pour mieux l'endormir. Les difficultés actuelles du métier ne sont pas seulement économiques : la morale, l'éthique, la vertu y ont leur part – ou plutôt leur dégradation, voire leur absence. Comment trouver normal, par exemple, que le responsable d'une radio privée, propriété d'un groupe médiatique dominant, Lagardère, soit en même temps celui d'une télévision publique, celle du Sénat ? Que nos sénateurs, droite et gauche confondues, assurent en la personne de Jean-Pierre Elkabbach la présence à demeure auprès de l'une des deux assemblées parlementaires d'un représentant dévoué des intérêts d'un industriel est un évident mélange des genres entre public et privé[1]. Sans même parler des

1. Jean-Pierre Elkabbach fut président de la chaîne parlementaire Public Sénat de 1999 à 2009, soit trois mandats. Pendant ces dix années, il fut en même temps salarié du groupe Lagardère et, notamment, président d'Europe 1 de 2005 à 2008.

règles qu'à l'inverse on impose, au nom de l'intérêt général, à tout fonctionnaire afin d'éviter le cumul d'un emploi public et d'une activité privée.

Comment des interdits aussi évidents ont-ils pu sauter ? Comment ne pas comprendre qu'en les tolérant professionnellement, nous – je veux dire, nous, les journalistes – faisons le lit de ce que, par ailleurs, nous critiquons : les mélanges des genres entre les milieux politiques et le monde des affaires, entre information et communication, entre journalistes et financiers ? Mais il y a plus encore. La corruption du journalisme français par le présidentialisme, ses complaisances et ses courtisaneries, ses prébendes et ses récompenses, en aggrave les anciens travers, cette tendance à préférer l'opinion aux faits, l'éditorial à l'enquête, le commentaire à la découverte, le conformisme à la dissidence, la facilité à la rigueur, etc. Comme si la vraie légitimité du journaliste était à conquérir dans sa relation avec le pouvoir, quels qu'en soient les atours, plutôt qu'avec les citoyens.

Or ce journalisme de gouvernement est un vieil héritage qui lie le Grand Un monarchique d'hier au Grand Un présidentiel d'aujourd'hui. Au détour d'une promenade parisienne, on peut en trouver le résumé symbolique. C'est une église, et c'est une tombe. L'église, c'est Saint-Germain l'Auxerrois, à Paris, qui fut longtemps l'église des rois de France, avant la construction de Versailles. Ce souvenir en fait un lieu de culte prisé des beaux quartiers, notamment pour les mariages. Juste à côté du Louvre et de sa Cour carrée, en se rendant dans la partie la plus ancienne de l'église, celle qui a la taille d'une chapelle – c'est à droite, en entrant –, on s'imagine marcher sur les traces de Louis XIII ou du jeune Louis XIV. Dans la travée centrale, entre les deux grilles de métal, une tombe, la seule du lieu, attire le regard. Et, en s'approchant plus près pour lire le texte de la pierre tombale, on s'aperçoit que c'est celle du… « père du journalisme français ».

Pour l'éternité, Théophraste Renaudot (1586-1653), l'inventeur en 1631 de *La Gazette*, gît donc dans ce lieu qui incarne doublement le Grand Un de la servitude volontaire, à la fois monarchique et divin – de monarchie de droit divin. La Révolution ne s'y était pas trompée qui déconfessionnalisa Saint-Germain l'Auxerrois, devenue pendant quelque temps un commissariat de police. Le supposé père du journalisme français dort donc d'un sommeil éternel au cœur du pouvoir absolu… De fait, *La Gazette* reste l'incarnation du journalisme de gouvernement, sage et raisonnable, jamais insolent, toujours officieux, relais de la parole officielle, à tel point que Richelieu et Louis XIII ne se privaient pas, sinon d'y écrire, du moins d'y faire passer les seules informations qui les arrangeaient.

La résonance peut encore se prolonger en dessinant un triangle symbolique. *La Gazette* de Renaudot, médecin et humaniste éminemment inventif, est parue par privilège royal. Ce privilège, il ne l'obtint pas par ses seuls talents, qui étaient incontestables, mais autant par sa proximité avec l'homme de l'ombre du pouvoir d'alors, le plus proche conseiller de Richelieu. Il se nommait François Leclerc du Tremblay (1577-1638) et ce moine capucin nous a légué deux expressions, l'une très courante – éminence grise –, l'autre plus désuète – père Joseph. Dit couramment le père Joseph, François Leclerc du Tremblay fut aussi surnommé l'éminence grise du Cardinal Richelieu, double allusion à la robe de bure des capucins et au titre d'éminence réservé aux cardinaux. Éminence grise ou père Joseph, c'est le même métier de pouvoir qui, ici, est résumé : conseiller dans l'ombre, rester à la manœuvre, organiser des réseaux, construire de l'influence, recruter des soutiens, assurer des fidélités. Autrement dit, le père Joseph était l'incarnation avant l'heure du *spin doctor* des politiques, conseiller en communication, en image, en opinion, en sondage, en réputation, en clientèle.

Le triangle diabolique de notre défaite professionnelle est ainsi tracé : à un angle, le pouvoir (ici, Louis XIII et son Premier ministre de fait, Richelieu) ; au deuxième, le conseiller en communication (ici, le père Joseph et éminence grise) ; au troisième, le journaliste de gouvernement (notre Théophraste Renaudot, le « père du journalisme français »). A ce triangle du renoncement, on opposera l'image, plus mediapartienne, du cercle : cercles qui se recoupent et se croisent, cercle des collaborateurs du journal, cercle des contributeurs du club, cercle des journalistes, cercle des lecteurs, cercle des abonnés, cercle des curieux, cercles sans angles, sans angles morts surtout, sans coins ni recoins, tous cercles ouverts.

Quant à Théophraste Renaudot, laissons-le dormir en paix. Une paix bien préservée puisque son lieu de sépulture n'est jamais mentionné, même pas sur le site du Musée qui lui est consacré à Loudun (Vienne), sa ville natale. Et c'est à une promenade sans but, au hasard de l'inspiration, que je dois de l'avoir trouvé. Journalisme et flânerie font bon ménage, tant leurs principes sont semblables : pas de programme imposé, pas de voyage organisé, pas de guide officiel.

25 avril 2008

3. L'affaire « Charlie Hebdo » ou la caricature de l'époque

D'abord les faits, dans leur simplicité[1]. Le dessinateur Siné, qui va sur ses quatre-vingts ans, est une figure d'un genre, voire d'un art fort noble qu'ont souvent illustré les

1. Symbolique de la relation entretenue par les médias dominants avec le pouvoir exécutif durant les premiers temps de la présidence de Nicolas Sarkozy, la mésaventure de Siné, commentée à chaud dans cet article et dans le suivant, a connu un double épilogue judiciaire qui a entièrement donné raison au dessinateur. Dans un jugement rendu le 30 novembre 2010, le tribunal de grande instance de Paris a condamné la société éditrice de *Charlie Hebdo* pour rupture abusive du contrat qui la liait depuis seize ans avec le caricaturiste Siné. Le tribunal a considéré qu'« il ne peut être prétendu que les termes de la chronique de Maurice Sinet (publiée le 2 juillet 2008 et dans laquelle le dessinateur raillait l'arrivisme de Jean Sarkozy) sont antisémites, ni que celui-ci a commis une faute en les écrivant ». D'autant, précise le jugement, que la chronique avait été soumise à la relecture du directeur de la publication, Philippe Val. La société éditrice devra donc verser 40 000 euros de dommages et intérêts à Siné. Le dessinateur avait déjà gagné en 2009 le procès que lui avait intenté la Licra devant le tribunal de Lyon : Siné avait été relaxé, le tribunal jugeant qu'il n'avait pas incité à la haine raciale. « Maurice Sinet ne fait qu'user de sa liberté d'expression », avaient conclu les magistrats lyonnais qui ajoutaient : « La liberté d'expression l'emporte sur le respect des croyances surtout dans le style de la satire, un genre qui se situe dans l'exagération et l'outrance. » Ces décisions de justice sont conformes à la position prise d'emblée par Mediapart, à contre-courant de la majorité des médias. Depuis, Philippe Val, le licencieur de Siné, a quitté la direction de *Charlie Hebdo* pour celle de France Inter dans le cadre de la réforme de l'audiovisuel public qui accorde les pleins pouvoirs de nomination de ses patrons au seul président de la République.

libertaires dans la presse française – il suffit de se souvenir de *L'Assiette au beurre* où, au début du siècle dernier, figuraient des dessins d'un artiste aussi talentueux que Félix Vallotton qui choquaient le bourgeois. Engagé, radical, excessif, athée militant et antimilitariste de toujours, Siné, au-delà de ses convictions que l'on partage ou non, est l'auteur d'une œuvre qui a son style, sa cohérence, ses fidélités et son authenticité.

Il fut du premier *Charlie Hebdo* comme du second, reparu au début des années 1990 et aujourd'hui dirigé par Philippe Val. Il ne se contente pas d'y dessiner mais y tient une sorte de blog de caricaturiste qui mêle textes et dessins, coups de gueule et coups de crayon. Le tout dans la manière caractéristique de cette école de dessinateurs de presse qui, dans le climat radical des années 1960-1970, bouscula les bienséances du bon goût officiel et du savoir-vivre bourgeois. C'est ainsi que, dans le numéro du 2 juillet de l'hebdomadaire, on a pu lire sous sa plume : « Jean Sarkozy, digne fils de son paternel et déjà conseiller général UMP, est sorti presque sous les applaudissements de son procès en correctionnelle pour délit de fuite en scooter. Le parquet (encore lui !) a même demandé sa relaxe ! Il faut dire que le plaignant est arabe ! Ce n'est pas tout : il vient de déclarer vouloir se convertir au judaïsme avant d'épouser sa fiancée, juive, et héritière des fondateurs de Darty. Il fera du chemin dans la vie, ce petit ! »

Il fallut attendre une semaine pour que ce texte, qui semble n'avoir pas créé d'émoi ni juste avant ni immédiatement après sa publication dans *Charlie*, devienne l'enjeu d'une polémique qui, depuis, n'a cessé d'enfler. Sommé de s'excuser par la direction de l'hebdomadaire, Siné accepte de signer un texte dont Marianne2, sous la plume d'Anna Borrel, puis Rue89, sous la plume d'Augustin Scalbert, ont dévoilé le contenu. Le voici : « Mon édito de la semaine dernière sur Jean Sarkozy a suscité beaucoup de réactions. Je me suis fait traiter d'antisémite sur RTL et on m'a même rapproché de cette ordure de Konk [dessinateur au *Monde* dans les années 1970, progressivement passé à l'extrême droite]. Mes amis de *Charlie* se sont émus. J'ai relu... Bon, c'est vrai que ça pouvait être mal interprété... Je voulais dénoncer l'imbécillité de se convertir à une religion quelle qu'elle soit et, par ailleurs, la fascination de la famille Sarkozy pour le fric. J'ai synthétisé mon propos et au final, il en est resté ce qui peut être analysé comme un raccourci ambigu et condamnable. Je m'excuse auprès de ceux qui l'ont compris comme tel. »

La mise au point est claire. Avant de s'excuser, Siné explique qu'il a conscience des raccourcis douteux que pouvait susciter sa sortie contre Jean Sarkozy qui semblait tracer une chaîne de causalité plutôt nauséabonde : volonté acharnée de réussir + conversion opportune au judaïsme + mariage avec une riche héritière juive. Où l'on pouvait lire, en effet, en filigrane l'association calomnieuse, dont l'antisémitisme a toujours fait commerce, entre ambition, argent et judaïsme. Entre texte et contexte, rédaction et réception, Siné était donc prêt à admettre qu'il avait été léger, rapide ou calamiteux (au choix) et qu'on risquait de mal le lire, bref de comprendre de travers.

Le problème, c'est que cette mise au point, plutôt exceptionnelle sous la plume d'un caricaturiste radical qui en a fait des bien pires, n'est jamais parue. Apprenant que son texte serait accompagné d'un autre, signé « La rédaction », où il serait « unanimement » réprouvé par les autres collaborateurs de *Charlie*, Siné se rétracte et refuse de s'excuser. Or cette unanimité aurait été un peu forcée, si l'on en croit, du moins, le chroniqueur littéraire Michel Polac, qui s'est publiquement solidarisé avec Siné. Quant au texte, toujours révélé par Marianne2 puis Rue89, il sonnait comme un verdict : « Nous sommes habitués aux fantaisies de Siné. C'est le charme du personnage, mais la dernière ne nous a pas fait rire du tout. Nous la réprouvons unanimement, et sommes ravis qu'il en fasse autant. (...) Les atteintes à nos valeurs communes n'ont pas leur place dans le journal. »

La suite est connue : puisqu'il ne s'excuse plus, pour Philippe Val, son directeur, Siné n'a plus sa place à *Charlie*, ce lien établi sous sa plume, à partir d'une « fausse rumeur », écrit-il, entre conversion au judaïsme et réussite sociale n'étant « ni acceptable ni défendable devant un tribunal ». On comprend alors que, durant ce psychodrame, *Charlie* s'agitait sous la menace d'une plainte judiciaire de Jean Sarkozy, le fils aîné du président de la République. C'est la première surprise de cette affaire, inquiétante pour ce qu'elle dit du climat de dégradation de nos valeurs professionnelles qui gagne les rédactions.

Il est en effet connu, et d'ailleurs inscrit dans notre jurisprudence, que le directeur d'un journal est le premier responsable de ce qui s'y publie, avant même ses rédacteurs. Il est donc peu courant, à tout le moins, de voir un directeur de journal se séparer brutalement d'un collaborateur sous la menace d'un éventuel procès visant un article qu'il a laissé paraître et qu'il est donc, juridiquement, censé assumer. C'est comme si une vieille protection conquise par la profession sautait sous nos yeux dans le lieu le plus impensable, le journal dont l'excès et l'outrance sont la marque de fabrique.

Tout comme, hier, on comprit que même le directeur d'un journal sans animosité particulière pour Nicolas Sarkozy, voire ami puisque son propriétaire revendique sa fraternité avec ce dernier, *Paris Match* en l'occurrence, pouvait être remercié pour crime de lèse future majesté présidentielle. Dans ce climat d'hystérie où le sarkozysme sévit autant qu'il fascine, tétanise autant qu'il affole, on doit donc comprendre que le courroux élyséen ne laissera personne à l'abri, ni les rédactions, que leur directeur peut lâcher au premier dérapage et à la première menace d'un procès, ni leurs directeurs eux-mêmes, qui seront à leur tour remerciés, démis ou déstabilisés s'ils défendent publiquement leurs rédactions, préférant s'expliquer en interne.

Mais, c'est là l'affaire de *Charlie* et de son équipe, et nous n'avons pas de raison de nous en mêler plus avant. Reste le fond du dossier : le procès en antisémitisme fait à Siné. Lequel Siné avait écrit, quelques semaines plus tôt, dans le même *Charlie Hebdo*, ceci dont, cette fois, les musulmans faisaient les frais : « J'avoue que, de plus en plus, les musulmans m'insupportent et que, plus je croise les femmes voilées qui prolifèrent dans mon quartier, plus j'ai envie de leur botter violemment le cul ! » Or l'attaque, qui visait indistinctement une religion et ses adeptes, ne semble pas avoir suscité de polémique, ni de procès en islamophobie, encore moins de demande d'excuses.

On peut, légitimement, ne pas goûter ce registre ni ce style – c'est mon cas –, mais il ne saurait être dissocié du lieu où il s'exprime, un journal qui a fait de la caricature, de l'excès et de l'insolence sa marque. On peut d'autant moins dissocier les éventuels débordements de Siné de l'identité particulière de *Charlie* que c'est ce même raisonnement qui a abouti à la relaxe de l'hebdomadaire dans l'affaire des caricatures de Mahomet. Le jugement rendu le 22 mars 2007 par la dix-septième chambre du tribunal de grande instance de Paris ne se contentait pas de défendre, conformément à notre jurisprudence, le droit à l'outrance du caricaturiste. Il allait au-delà, considérant qu'un des dessins était en effet outrageant pour les musulmans au-delà du tolérable, mais qu'il fallait l'apprécier dans le contexte éditorial d'ensemble de l'hebdomadaire.

Ainsi, après avoir rappelé que « toute caricature s'analyse en un portrait qui s'affranchit du bon goût pour remplir une fonction parodique » et que « le genre littéraire de la caricature, bien que délibérément provocant, participe à ce titre à la liberté d'expression et de communication des pensées et des opinions », le tribunal s'arrêtait au seul dessin légalement discutable, selon lui, car laissant « clairement entendre que cette violence terroriste serait inhérente à la religion musulmane ». Et il concluait, justifiant ainsi la relaxe de l'hebdomadaire qui était poursuivi pour « injures publiques » par l'association de la Mosquée de Paris et l'Union des organisations islamiques de France : « Attendu qu'ainsi, en dépit du caractère choquant, voire blessant, de cette caricature pour la sensibilité des musulmans, le contexte et les circonstances de sa publication dans le journal *Charlie Hebdo* apparaissent exclusifs de toute volonté délibérée d'offenser directement et gratuitement l'ensemble des musulmans ; que les limites admissibles de la liberté d'expression n'ont donc pas été dépassées. »

La liberté du caricaturiste suppose le droit à l'excès. Et ne vaut-elle pas quand le caricaturiste écrit, au détour d'un article illustré se présentant sous forme manuscrite, ce qu'il aurait pu traduire en dessin ? En clair, rapporté au contexte (*Charlie Hebdo*), le texte de Siné n'est-il pas aussi tolérable, malgré son ambiguïté, que le dessin finalement relaxé par la justice alors qu'il était offensant pour les adeptes de l'islam, quels qu'ils soient ? Et comment ne pas s'interroger sur cette prompte tendance à criminaliser sous le label infamant d'antisémite tous ceux dont l'engagement pour la cause palestinienne est notoirement connu, le sociologue Edgar Morin hier, le caricaturiste Siné aujourd'hui, alors même que se banalise sous les plumes distinguées de certains écrivains – par exemple chez Richard Millet – une forme de xénophobie de salon dont arabes, noirs et musulmans sont les premières cibles ?

Autant de questions pour inviter à déplacer le débat : les blagues discutables ou douteuses seraient-elles autorisées dans tous les cas de figure, sauf quand il s'agit de Nicolas Sarkozy et de sa famille ? Comment ne pas rapprocher sinon l'affolement, du moins la précipitation du directeur de *Charlie* du climat de tension créé par un président de la République qui a redonné vie aux procédures pour outrage, n'hésitant pas à utiliser sa fonction pour défendre son image, au point de poursuivre des publicités ou des tee-shirts ?

C'est tout l'enjeu de cette affaire : *Charlie* est l'héritier d'une tradition, qui fut aussi incarnée par *Hara Kiri,* le journal « bête et méchant », celle de l'insolence limite et de la provocation gratuite. Tous les divers tenants de l'ordre, qu'il soit religieux, idéologique, moral, étatique, militaire, sexuel, n'ont jamais supporté ce désordre, justement. Un désordre souvent de mauvais goût, frôlant le dérapage sans distinction de cibles puisque les religions, la catholique en premier lieu, mais aussi le féminisme, les homosexuels, les Corses, les militaires, les policiers, les politiques au sens le plus large, furent des cibles récurrentes du premier *Charlie* où le génial Reiser ne faisait pas dans la dentelle.

Serait-ce devenu aujourd'hui insupportable sous cette présidence-là ? Quelles excuses urgentes et quelles menaces procédurales auraient appelé des « unes » comme celle-ci, concernant les Juifs et les Arabes, provocatrice au troisième degré : « Un bicot lèche le cul d'un youpin » dit le texte qu'illustre un dessin dont le premier protagoniste lance : « Alors, on fait la paix ? », tandis que le second lui répond : « Continue, on verra après ! ». Ou encore des « unes » comme celle-là, brocardant la religion catholique : « Les curés se battent... Achevons-les ! » Sans même parler de ces autres « unes », impitoyables avec nos présidents et nos présidentiables d'hier et d'avant-hier et, plus largement, notre personnel politique, voire le principe démocratique de l'élection, sans oublier notre sacro-saint héritage bonapartiste : « A dégueulé » titre tel numéro de *Charlie*, illustré par un électeur bavant au-dessus d'une urne ; « On n'a pas le choix » titre le journal satirique en 1981, avec un dessin montrant des toilettes d'où émerge une main brandissant un bulletin « Mitterrand » ; « Ça sent la pisse », précédé du surtitre « Campagne électorale », montre un aréopage de politiciens – Mitterrand, Chirac, Barre, Giscard, Marchais – pataugeant dans une marre d'urine[1].

Quels qu'en soient les soubassements internes – vieux désaccords politiques, conflits de générations... –, la démesure de l'affaire qui ébranle *Charlie Hebdo* témoigne d'un climat plus général où la presse, même la plus provocatrice, la plus outrancière, la plus insolente, en vient à prendre peur d'elle-même. À se retenir et à se contenir, à intérioriser et à précéder la normalisation souhaitée en haut lieu. Cette présidence qui, toute honte démocratique bue, revendique de pouvoir non seulement nommer elle-même les patrons de l'audiovisuel public, mais aussi de faire et de défaire les programmes, d'édicter le bon goût,

1. Toutes ces « unes » de *Charlie Hebdo* sont consultables à l'adresse suivante : http://palladio.free.fr/harakiri/ChH/index01.html

de fixer la morale correcte, use et abuse de son statut intouchable pour faire reculer les dissidences, les outrances, les insolences. Or c'est sur cette frontière-là que se jouent toujours les libertés : non pas dans le confort des situations acquises, consensuelles et conformistes, mais dans la défense du droit d'expression de ceux qui le débordent et l'excèdent, voire en abusent.

« Je préfère l'excès de caricatures à l'absence de caricatures » : cette phrase fut lue au procès de *Charlie Hebdo*, en février 2007. Elle figurait dans la lettre de soutien adressée au tribunal par l'un des candidats à l'élection présidentielle, Nicolas Sarkozy. Autre candidat, François Bayrou avait défendu à la même barre « la liberté d'être acide ». Aujourd'hui, dans sa boulimie de puissance, l'un contredit sa parole quand l'autre, dans son effort d'opposition, s'efforce d'y rester fidèle.

18 juillet 2008

4. La vérité des faits contre la folie des opinions

C'est la folie de l'été, et cela ne présage rien de bon. De tribunes en points de vue, de pétitions en excommunications, de réquisitoires en plaidoyers, l'affaire *Charlie Hebdo* semble devenue la discorde majeure du moment. Il y a deux semaines, Mediapart avait tenté de sauver un peu de rationalité pour, à la fois, rendre intelligible cette histoire, la remettre à sa juste place et enrayer le déchaînement des passions. L'article s'intitulait « L'affaire "Charlie Hebdo" ou la caricature de l'époque » et, depuis, c'est peu dire que de constater combien la réalité a dépassé nos craintes. Le licenciement du dessinateur et chroniqueur Siné par Philippe Val, directeur de l'hebdomadaire, au motif d'une phrase publiée sur la soif de réussite de Jean Sarkozy, appuyée par l'évocation de son éventuelle conversion au judaïsme pour épouser sa fiancée, héritière des fondateurs de la chaîne Darty, a désormais échappé à ses premiers protagonistes – l'équipe de *Charlie Hebdo*. C'est devenu l'Affaire du moment, très parisienne et fort violente, devant laquelle chacun est sommé de choisir son camp, sans qu'on lui donne les moyens de s'informer avant de se prononcer.

Ce retournement a vraiment commencé avec un point de vue de Bernard-Henri Lévy, publié dans *Le Monde* le 21 juillet 2008, trois jours après notre propre article. Selon une stratégie offensive rodée depuis l'irruption sauvage des « Nouveaux philosophes » à la fin des années 1970, BHL sonnait la charge sans nuances ni précautions, assimilant le dessinateur à « l'antisémitisme le plus rance » dans un propos qui frappait large, dénonçant en tant que ses complices « l'islamo-gauchisme » en général et le philosophe Alain Badiou en particulier. Le titre de l'article en suggérait clairement l'enjeu politique : « De quoi Siné est-il le nom ? » est un décalque de l'intitulé de l'essai consacré, fin 2007, par Badiou à la critique du sarkozysme, *De quoi Sarkozy est-il le nom ?*[1]. Quatre jours plus tard, le 25 juillet, dans un unanimisme inhabituel, c'était au tour du *Figaro* et de *Libération* de prendre le relais.

Dans les colonnes du quotidien de droite, l'éditorialiste Alexandre Adler, après avoir affirmé que Siné présente « les Juifs comme les maîtres de l'argent et de la société française », appelait solennellement nos concitoyens à faire de cette affaire « un test en grandeur réelle de la santé de notre corps politique » en manifestant, « au-delà des clivages politiques traditionnels », l'« horreur » et le « mépris » qu'elle leur inspire. Auparavant, il s'était interrogé sur « la haine antisarkozyste » en ces termes : « Un homme, Nicolas Sarkozy, proclame, sans cesse, qu'il est une opportunité pour une France qui peut se secouer de la rancœur petite-bourgeoise de la corporation et de l'éloge de la paresse, et voici que les antisémites, comme un essaim de mouches, s'en prennent à sa personne, ou, le cas échéant, à celle de son fils. »

Pour finir, Adler comparait Philippe Val, pour sa « trempe », au Zola de l'affaire Dreyfus – le célèbre « J'accuse », paru dans *L'Aurore* le 13 janvier 1898 – et décernait aux « pétitionnaires semi-trotskystes en faveur de l'éternel stalinien Siné » un brevet de déshonneur : ils ont, selon lui, « la bassesse de Drumont, de Maurras ou de Bernanos », façon de les renvoyer à l'extrême droite en associant pêle-mêle Édouard Drumont (1844-1917), l'auteur de *La France juive*, Charles Maurras (1868-1952), le fondateur de l'Action Française, et Georges Bernanos (1888-1948), qui rompit avec celle-ci, soutint les Républicains espagnols et refusa la Collaboration pétainiste, mais continua, après-guerre, de se dire antisémite. Le même jour,

1. Lignes, 2007.

Laurent Joffrin, directeur de *Libération*[1], quotidien classé à gauche, choisissait, pour dénoncer Siné et ses soutiens, les mêmes références que l'éditorialiste du *Figaro*, à une exception près : Bernanos était remplacé par Robert Brasillach (1909-1945), écrivain collaborateur fusillé à la Libération.

Sans les citer précisément – ce que ne faisaient pas plus BHL et Adler –, Joffrin rendait son verdict : « On dit que les écrits de Siné ne sont pas antisémites ? Quelle blague ! Le polémiste lourdingue associe dans la même phrase le Juif, l'argent et le pouvoir, en expliquant que l'alliance avec le premier vous donnera les deux autres... Si ce cliché n'est pas antisémite, alors les écrits de Drumont, de Maurras, et de Brasillach, ne le sont pas non plus. » Dès la première phrase, le directeur de *Libération* avait désigné la cible de son courroux, au-delà du caricaturiste lui-même : « Les bataillons quelque peu cacochymes de l'extrême gauche "antisioniste" ». La suite de l'article se voulait une réflexion opposant ce condamnable « antisémitisme de gauche » à la critique légitime de l'islamisme, laquelle débouchait elle-même sur un dérapage, dont nous reparlerons : « Attaquer une religion n'est pas attaquer une race. [...] On choisit sa religion, on ne choisit pas sa race. [...] Le fait d'être juif n'est pas un choix. » Sur le site du quotidien, le mot race a, depuis, été remplacé par celui de communauté, pour la première occurrence, et par celui d'origine pour la seconde – Joffrin ayant juste admis que « l'apparition du mot race dans un texte antiraciste n'est pas heureuse ».

Quelques jours plus tard, éditorialistes et commentateurs étaient rejoints par des voix plus officielles. Le 28 juillet 2008, la ministre de la Culture et de la Communication, Christine Albanel, faisait savoir son soutien à Philippe Val, assurant dans un communiqué que « le dessin et les propos de Siné renvoient à des clichés et caricatures d'un autre temps que l'on aimerait voir disparaître à jamais », sans que l'on comprenne à quel dessin

1. Laurent Joffrin a quitté la direction de *Libération* début 2011, pour rejoindre celle du *Nouvel Observateur*.

elle faisait allusion puisque la polémique a pour seul point de départ quelques lignes écrites d'une chronique manuscrite. Le même jour, le Conseil représentatif des institutions juives de France (Crif) assurait de sa solidarité le directeur de *Charlie Hebdo* « dont la décision fait l'objet d'une véritable campagne de haine ». Le lendemain, la Ligue internationale contre le racisme et l'antisémitisme (Licra), dont le président, Patrick Gaubert, ancien membre du cabinet de Charles Pasqua au ministère de l'Intérieur (1993-1995), est, depuis 2004, député UMP au Parlement européen, annonçait son intention de poursuivre en justice Siné, qualifiant ses propos de « poncifs de l'antisémitisme le plus éhonté ».

Deux jours plus tard, le 31 juillet, une spectaculaire tribune du *Monde* élargissait de façon significative le cercle des défenseurs de Philippe Val et des procureurs de Siné. Elle élargissait aussi l'objet même du procès, campant le dessinateur en récidiviste « des propos homophobes, antisémites et racistes » avec le rappel d'autres dérapages verbaux ou écrits de Siné, l'un en 1982 sur les ondes de la radio Carbone 14 – « Je suis antisémite et je n'ai plus peur de l'avouer » –, l'autre de 1997 à propos de la GayPride – « Les gousses et les fiottes qui clament à tue-tête leur fierté d'en être me hérissent un peu les poils du cul » –, le troisième de 1997 également, à propos des harkis – « Traîtres à leur patrie, ils ne méritent que le mépris ! ». En réalité, écrivent les vingt pétitionnaires, c'est « ce qu'a écrit et dit Siné depuis trente ans » qui est en cause et « le seul tort de Philippe Val aura été de supporter ce qui, en réalité, n'était plus supportable depuis longtemps ».

L'originalité de ce texte est qu'outre les BHL et Adler précédemment cités, ses dix-huit autres signataires représentent la gauche dans sa diversité plurielle, d'appartenances ou d'itinéraires, à l'exception de l'extrême. Le PS est représenté par le maire de Paris, Bertrand Delanoë, et par le sénateur Robert Badinter ; le PCF par Jean-Claude Gayssot, vice-président de la région Languedoc-Roussillon et, surtout, auteur de la loi de 1990 qui tend à réprimer « tout propos raciste, antisémite ou xénophobe » ; les

Verts par la sénatrice Dominique Voynet. De plus, les relais ou soutiens sociétaux de la gauche de gouvernement y sont incarnés par SOS-Racisme, via son président, Dominique Sopo, et par des intellectuels connus pour leurs fidélités à cette famille – la metteuse en scène Ariane Mnouchkine, l'historienne Élisabeth Roudinesco, les écrivains Hélène Cixous et Fred Vargas. Enfin, les signatures emblématiques d'Elie Wiesel, prix Nobel de la paix, et de Claude Lanzmann, auteur du film *Shoah*, ajoutent au poids de ce texte.

Voici donc où nous en sommes, stupéfaits ou perdus, égarés ou divisés, en tout cas passés en un mois d'une étincelle à un incendie : des lignes de Siné sur Sarkozy fils parues le 2 juillet à un aussi vaste que violent règlement de compte au sein de la gauche, d'une gauche contre une autre, acharnée à traquer – sous les masques divers de l'antisionisme, de l'anticapitalisme, de l'anticonformisme, de la provocation et de la caricature, du gauchisme ou du trotskysme – un « antisémitisme de gauche », danger à ce point immédiat que le directeur du *Nouvel Observateur*, Jean Daniel, s'en est emparé dans son dernier éditorial, pour à la fois le relativiser et le condamner. Au-delà des convictions de chacun sur l'affaire elle-même et sans négliger aucunement l'enjeu symbolique de l'antisémitisme, on peut douter que la gauche socialiste, déjà bien atteinte par ses divisions et ses impuissances, aura gagné à la mise au centre de ses préoccupations de cette polémique, alors même que le pays est toujours en panne d'une opposition digne de ce nom à la politique concrète du pouvoir sarkozyste.

D'autant moins que ce tsunami parti d'une vaguelette est une machine à produire de la confusion. Il semble avoir tout emporté sur son passage, tout ce qui pourrait rendre intelligible cette histoire : le respect des faits, l'exercice de la raison, la compréhension des contextes, la mise en perspective, la précision et la rigueur. C'est ce que l'on voudrait ici démontrer en s'essayant au décryptage. Car, dans ce déluge de tribunes accusatrices, on ne sait plus ce qu'a écrit exactement Siné, ni pourquoi ni comment est né le conflit avec Val. Ainsi, on écrit qu'à travers ce dernier, il faut soutenir *Charlie Hebdo*, mais on ne dit pas que, dans le dernier numéro de l'hebdomadaire, paru le 30 juillet, son fondateur, Cavanna, et son rédacteur en chef adjoint, le dessinateur Charb, n'épousent pas le parti pris du directeur.

Le premier, Cavanna, écrit : « L'affaire se réduit à cela : une plaisanterie, certes dangereuse mais occasionnelle de Siné, une erreur d'appréciation de Val. Une gaminerie, une bouffée de panique. Pas de quoi fouetter un chat. » Et, comble du paradoxe, Cavanna d'inviter Siné le licencié à revenir – mais comment puisque Philippe Val exclut ce scénario ? – plutôt que de jouer les martyrs « d'un malentendu monté en mayonnaise ». Quant à Charb, il écrit ceci, qui paraît à mille lieues de ce qu'on a lu plus haut : « Tous les protagonistes de cette histoire ont dû sérieusement merder (moi aussi) à un moment donné pour que le débat, qui s'est élargi à toute la France, tourne autour de l'antisémitisme de Siné. L'est-il, ne l'est-il pas ? À *Charlie*, personne n'a eu à répondre à cette question et personne n'a dit que Siné était antisémite (y compris ceux qui ne peuvent pas blairer ses chroniques), parce que ça n'a jamais été le sujet du débat. Aurait-on travaillé durant seize ans avec un antisémite ? Moi, non. Une phrase – la phrase, désormais – dans une chronique pouvait être mal interprétée par des gens de bonne foi (quelques-uns) et instrumentalisée contre *Charlie* par des gens de mauvaise foi (plus nombreux). [...] Le débat en interne à *Charlie* était : la phrase de Siné pouvait-elle paraître ambiguë à certains ? C'est tout. Il s'agissait de lever une ambiguïté, pas d'accrocher le panneau « antisémite » autour du cou de Siné. »

Ces citations nous rappellent utilement les particularités de la scène sur laquelle se joue ce petit théâtre de la cruauté : un journal. Un journal, c'est-à-dire le lieu par excellence de la liberté d'expression, d'information et d'opinion – de son libre exercice, de son pluralisme préservé et, surtout, de son élaboration collective. Un journal qui, par conséquent, en tant que collectif rédactionnel, ne saurait se réduire à son seul directeur. Charb y insiste :

Siné est depuis le premier jour de l'aventure du second *Charlie Hebdo*. Et il n'aurait pas travaillé durant seize ans à côté d'un antisémite. Les dérapages opportunément exhumés par les détracteurs du caricaturiste étaient aussi publics que connus dans l'équipe, sans que jusque-là on y trouve à redire. Loin de nier les plus spectaculaires d'entre eux, notamment cette désastreuse tirade antisémite de 1982, nocturne, alcoolisée et radiophonique, pour laquelle il sera condamné sur instance de la Licra, Siné s'en est soit excusé soit expliqué. De plus, rien dans ses engagements publics ne permet de l'assimiler à la récurrente mouvance rouge-brune, spectaculairement incarnée par la dérive de Dieudonné, passé de l'antifascisme militant au lepénisme criant. Enfin son ultime chronique, non publiée, pour *Charlie Hebdo* tout comme ses droits de réponse à *Libération* montrent qu'il rejette par avance les solidarités nauséabondes que pourraient lui valoir les résonances douteuses de sa phrase initiale, point de départ du conflit.

Un journal, donc, mais surtout un journal satirique, outrancier, provocateur, choquant, blasphématoire, etc. Au-delà du cas spécifique de Siné, dont le trait de dessinateur est plus généreux, voire tendre, que ne sont ses paroles ou ses écrits, on peut – c'est mon cas – ne guère supporter les registres misogynes, homophobes, antireligieux, xénophobes, racistes, sur lesquels surfent, peu ou prou, avec plus ou moins de talent, plus ou moins de légèreté, les humoristes et caricaturistes de nos gauloiseries hexagonales – écrites, mais aussi radiophoniques, télévisuelles ou théâtreuses. Mais, sauf à céder à une police de l'humour et de la caricature, qui imposerait sa bienséance bornée et son conformisme bêta aux insolents, aux malséants et aux mal-pensants, tout authentique défenseur des libertés démocratiques doit ici raisonner comme le libéral Tocqueville, au mitan du XIXe siècle, à propos de la jeune et excessive presse américaine : « Il n'y a pas de milieu entre la servitude et la licence de la presse... Pour recueillir les biens inestimables qu'assure la liberté de la presse, il faut savoir se soumettre aux maux inévitables qu'elle fait naître. » Cela signifie-t-il, pour autant, qu'il n'y a jamais de limites, ni lois, ni règles ? Évidemment, non. Mais elles font droit – comme l'a justement rappelé le procès gagné par *Charlie Hebdo* dans l'affaire des caricatures de Mahomet dont l'une d'elles assimilait indistinctement les musulmans à la violence – à des circonstances atténuantes, à des excuses de contexte, à des nuances d'expression.

Même à cette aune, celle non pas de nos avis subjectifs mais de la jurisprudence objective, il n'est aucunement certain que, dans ce cas d'espèce, Siné serait condamné. Ce n'est pas, en tout cas, l'avis, sur son blog, d'un magistrat qui a longtemps requis, comme procureur parisien, sur des délits de presse, Philippe Bilger, ni d'un confrère plutôt pondéré du *Nouvel Observateur*, François Reynaert. Car il faut bien en revenir au corps du délit, aujourd'hui noyé sous les attendus, idéologiques ou historiques. Les détracteurs de Siné soit oublient de le citer, se contentant de le résumer par l'association scandaleuse des mots « juifs » et « argent » – ce qui est leur interprétation et non sa citation –, soit sortent leurs vieux dossiers à la manière d'un casier judiciaire – ce qui témoigne d'une vision vengeresse plutôt que d'un examen serein. La phrase exacte de la chronique de Siné qui est au cœur de la polémique est celle-ci : « [Jean Sarkozy] vient de déclarer vouloir se convertir au judaïsme avant d'épouser sa fiancée, juive, et héritière des fondateurs de Darty. Il fera du chemin dans la vie, ce petit. » On devine, et nous l'avons écrit, ce que peut suggérer de façon subliminale cette association de la conversion au judaïsme, de l'envie de réussir et du mariage avec une héritière. Mais la justice peut-elle condamner le subliminal, qui renvoie aux mauvaises pensées ou aux idées malfaisantes des lecteurs, quand, en vérité, elle est saisie de l'explicite ? Et quand l'auteur assure qu'il aurait écrit la même chose s'il s'agissait de la conversion du même jeune homme pressé à n'importe quelle autre religion ?

Surtout, que dire alors des phrases suivantes, publiée une semaine avant la chronique de Siné dans le quotidien *Libération* ? Il s'agit d'un article de Christophe Ayad et

Antoine Guiral, intitulé « Sarkozy comme chez lui en Israël » et paru le 23 juin 2008. Après une évocation des liens familiaux de Nicolas Sarkozy, catholique non pratiquant, avec le judaïsme, on y lit : « Patrick Gaubert, président de la Licra et ami de Nicolas Sarkozy, assure n'avoir jamais parlé de ces questions avec lui. "Nous partions parfois en vacances ensemble avec une bande de copains juifs, mais ne parlions jamais de religion." Il remarque qu'aujourd'hui, le fils de Nicolas Sarkozy, Jean, vient de se fiancer avec une juive, héritière des fondateurs de Darty, et envisagerait de se convertir au judaïsme pour l'épouser. "Dans cette famille, on se souvient finalement d'où l'on vient", s'amuse-t-il. » Nous sommes donc devant ce paradoxe que la probable source d'inspiration de Siné n'est autre que cette propagation par le président de la Licra, qui pourtant entend maintenant le poursuivre en justice, d'une information qui est présentée aujourd'hui comme une rumeur et que le caricaturiste s'est contenté de reprendre sans pratiquement y ajouter un mot, sauf ce commentaire : « Il fera du chemin dans la vie, ce petit. »

On doit à Delfeil de Ton, chroniqueur au *Nouvel Observateur*, figure du premier *Charlie Hebdo* et ardent défenseur de Siné, le premier rappel de ce chassé-croisé qui ajoute à la folie de cette histoire. On lui doit aussi une mise au point sur un réquisitoire contre le « propalestinien » Siné du défunt Pierre Desproges, brusquement convoqué comme témoin à charge, dont il apparaît qu'il s'agissait d'un des procès pour rire de la vieille émission de France Inter, « Les flagrants délires », parodie de la justice expéditive des flagrants délits. « On peut rire de tout, mais pas avec n'importe qui », avait coutume de dire Desproges soulignant ainsi que la disqualification de l'outrance langagière en dérapage douteux dépend du contexte, de l'émetteur comme du récepteur, de ce qui accompagne et contredit, etc., bref de tout ce qui constitue, s'agissant d'un journal, une identité éditoriale. Il est, après tout, permis d'avoir toutes sortes de raisons de conviction, d'opinion ou d'idéologie pour vouer aux gémonies Siné. Mais un minimum d'honnêteté intellectuelle devrait faire admettre qu'en le jugeant, on juge forcément ce qu'il représente : la liberté de caricaturer, donc la liberté elle-même car, s'il n'est pas de liberté sans limites, il n'en est pas non plus sans excès – ce qu'a fort bien rappelé, dans *Le Monde*, l'écrivain Jean-Marie Laclavetine.

Impossible dès lors d'ignorer ce fait que nombre de dessinateurs, qui souvent n'ont rien de gauchistes altermondialistes, soutiennent leur confrère, de Plantu à Tardi, en passant par Wiaz, Geluck, Pétillon, Got, Willem, Faujour, Tignous, Thouron et d'autres. De même que les quelque neuf mille signataires de la pétition en faveur du caricaturiste comprennent nombre de figures dont l'engagement contre le racisme et l'antisémitisme n'est guère discutable. Mais, hélas, dans l'un de ces emballements irrationnels qui – je pourrais en témoigner – n'ont pas toujours servi l'honneur de la presse, le temps des plaidoiries semble déjà dépassé et le verdict déjà rendu par les procureurs eux-mêmes. « On a tout fait à l'intérieur de *Charlie* pour qu'il n'y ait pas de procès, or à l'extérieur, Siné est condamné pour antisémitisme sans même avoir été jugé », confiait ainsi Charb à l'AFP le 1er août, confirmant au passage ce que Mediapart avait indiqué, à savoir que le déclencheur de la crise était la menace d'un procès du fils du président de la République.

C'est cette démesure que l'on voudrait interroger, pour finir. Non seulement, comme nous avons tenté de le démontrer, elle est indifférente aux vérités de fait, leur préférant les folies d'opinion, mais, de plus, elle laisse parfois entrevoir, comme des lapsus, une vision de l'humanité fort éloignée de l'universalisme dont elle se réclame. Il n'est tout de même pas indifférent qu'au début du XXIe siècle, le directeur supposément éduqué et cultivé d'un quotidien respectable puisse écrire au fil de la plume, c'est-à-dire comme il le pense spontanément : Un, que l'on ne choisit pas sa race, Deux, que l'on ne choisit pas d'être juif. Ce n'est pas seulement ignorer le b.a.ba, fort bien rappelé sur Mediapart par Thomas Heams, à savoir que les races n'existent pas et qu'évidemment, il n'y a pas de race juive, mais c'est aussi ne rien comprendre ni ne rien connaître de l'histoire juive elle-même, de la religion et des cultures qui y sont associées, de leur diversité et de leur complexité.

Renvoyant tel un miroir le lieu commun du racisme, l'énoncé catégorique de cette fixité identitaire est à rebours de tous les acquis d'une culture progressiste ouverte au monde et aux autres. Dès lors, la chasse à l'antisémite subliminal, potentiel ou imaginaire, masque une régression vers l'identitaire, le clos, le fermé, l'immuable, l'enraciné. C'est la diabolique ruse de cette folle histoire : la dénonciation d'un antisémitisme ancien, que revitaliserait l'ombre portée du conflit israélo-palestinien, rend aveugle à l'émergence d'un nouveau racisme, aussi banalisé que théorisé, qui voit dans le brassage, le mélange et le métissage, le symbole même de la perdition et de la dégradation d'identités fantasmées, qu'elles soient nationales ou communautaires. Un racisme dont, évidemment, non seulement l'immigration contemporaine, maghrébine ou africaine, mais tout simplement les Français issus de notre empire colonial et de ses confettis résiduels, sont les premières victimes, dans l'ordinaire de notre indifférence collective.

L'antisémitisme ne sera jamais une affaire classée, tant sa longue généalogie appelle une durable vigilance, tant la mémoire du génocide doit continuer de nous alerter sur le possible surgissement de la barbarie au cœur de la civilisation. Et il n'est pas niable que ses relents émergent parfois aux recoins de solidarités ignares ou grossières avec la cause palestinienne. Mais il n'est pas niable non plus que la fixation exacerbée sur le seul antisémitisme, au risque de l'aveuglement sur d'autres racismes, sert des dispositifs qui, loin d'apaiser les passions, les attisent au service d'une cause qui recouvre les théories les moins raisonnables des néoconservateurs américains et des faucons israéliens. Dès lors, la peur devient la seule conseillère d'une fuite en avant dans le conflit, la guerre, l'abîme.

Dans une récente réponse aux attaques dont il est l'objet, Alain Badiou a fort clairement démonté cette mécanique. La criminalisation répétée, sous l'accusation infamante d'antisémitisme, des défenseurs estimables et respectables de la cause palestinienne – cause dont la diplomatie mondiale s'accorde à dire qu'elle a le droit pour elle mais lui en refuse toujours la réalité – fait partie de cette stratégie qui n'est rien moins qu'une politique du pire. Le sociologue Edgar Morin en a été honteusement victime et s'en est expliqué dans un essai, *Le Monde moderne et la question juive*[1]. Tout comme le philosophe Daniel Bensaïd qui a consacré à l'antisémitisme et à l'antisionisme tout un chapitre de son récent livre fort péguyste de réponse à Bernard-Henri Lévy, *Un nouveau théologien B.-H. Lévy*[2]. Tous deux sont juifs, de culture, d'histoire, de famille, et en connaissent l'ancestral prix de persécutions, mais ils se refusent à en faire une clôture ou une crispation identitaires. Tous deux, évidemment, ont signé la pétition de soutien à Siné.

3 août 2008

1. Seuil, 2006.
2. Lignes, 2007.

5. Lettre ouverte aux États généraux de la presse écrite

Nous sommes journalistes. Notre métier est l'information, c'est-à-dire la libre enquête sur tous les faits qui conditionnent la vie publique. C'est un travail qui nous oblige, car il est au cœur d'un enjeu qui nous dépasse : la démocratie[1].

Les droits et devoirs de notre profession ne sont pas un privilège, mais une responsabilité envers les citoyens. La déclaration qui vaut charte déontologique pour les journalistes européens l'énonce clairement : « La responsabilité des journalistes vis-à-vis du public prime toute autre responsabilité, en particulier à l'égard de leurs employeurs et des pouvoirs publics. » Tout simplement parce que les journalistes sont à la fois dépositaires, instruments et gardiens d'une liberté qui ne leur appartient pas : « Le droit à l'information, à la libre expression et à la critique est une des libertés fondamentales de l'être humain, rappelle le même texte, adopté en 1971 à Munich par nos fédérations et organisations professionnelles. De ce droit public à connaître les faits et les opinions procède l'ensemble des devoirs et des droits des journalistes. »

Nous sommes journalistes, et nous ne comprenons pas ce que divers représentants de notre profession sont en

1. Directeur éditorial de Mediapart, François Bonnet est coauteur de cet article d'octobre 2008. Invité à participer aux États généraux (présidentiels) de la presse, il n'y restera pas plus d'un quart d'heure, après avoir défendu sans succès les positions ici exprimées, pourtant conformes à la plus élémentaire exigence démocratique.

train de laisser faire. Nous ne comprenons pas comment l'avenir de notre métier peut être confié à une procédure qui est la négation même des principes que nous venons d'évoquer. Nous voulons parler de ces États généraux de la presse, initiés, convoqués et organisés par le président de la République française dont les quatre groupes de travail commencent aujourd'hui à se réunir.

Les États généraux qui, en 1789, abolirent les privilèges, adoptèrent la déclaration des droits de l'homme et instituèrent une assemblée constituante, étaient autrement démocratiques, transparents et pluralistes que la caricature qui nous est aujourd'hui proposée. « La publicité de la vie politique est la sauvegarde du peuple », affirmait en août 1789 Jean-Sylvain Bailly, président du tiers état et premier maire de Paris, résumant d'une phrase cet enjeu crucial où la liberté de la presse garantit celle des citoyens. Citant cette sentence dans son *Histoire des médias*[1], l'historien et praticien des médias Jean-Noël Jeanneney ajoute ce commentaire : « Il ne suffit pas de dire que désormais la souveraineté ne tombe plus d'en haut, et qu'elle procède du peuple ; il faut que tout se fasse en public, sous le regard attentif et sévère des citoyens. » De fait, en 1789, les États généraux donnèrent lieu à l'expression publique de revendications par les cahiers de doléances, à la désignation pluraliste de représentants par l'élection de députés, à la confrontation transparente des opinions dans des assemblées ouvertes, à l'élaboration patiente de consensus légitimes sanctionnés par des votes.

Faut-il avoir perdu confiance en nous-mêmes, en l'ambition de notre métier et en l'exigence démocratique qui le fonde, pour accepter de cautionner, à plus de deux siècles de distance, une mise en scène où tous ces principes sont piétinés ? Sous couvert de république, la procédure est monarchique. C'est le président de la République qui, seul, décide, choisit, arbitre. Ainsi le pouvoir exécutif, en son expression à la fois la plus symbolique et la plus sommaire, s'arroge sans partage le droit de décider ce qui

1. Seuil, 1990.

sera bon pour ceux qui, dans ce pays, font profession d'informer.

Il s'agit de « ma proposition », a insisté Nicolas Sarkozy dans son discours d'ouverture, le 2 octobre 2008. Le « comité de pilotage », dont il a désigné seul les quatre membres sans aucun critère transparent ni procédure publique, sera coordonné par « mon cabinet », a-t-il ajouté, ne citant qu'ensuite, et donc dans une explicite soumission hiérarchique, la ministre de la Culture et de la Communication ainsi que la direction du développement des médias qui dépend du Premier ministre. Ce comité est chargé de lui faire des « propositions » qui, a-t-il précisé, « tiendront compte [des] suggestions » des professionnels, formule aussi vague dans l'énoncé que souple dans l'exécution. Mais, au final, c'est lui et lui seul qui fera le tri : « J'écouterai et je tiendrai compte de ce qui sera dit. » On a connu engagement plus contraignant.

De cette régression stupéfiante – le pouvoir s'arrogeant la maîtrise du contre-pouvoir –, tout le reste découle. Désignés par privilège présidentiel, les quatre « pilotes » choisissent de façon régalienne les membres de leurs groupes de travail. Quant à l'organisation des travaux, ni règle précise, ni transparence codifiée, encore moins de procédure claire ou d'ordre du jour précis : l'opacité règne, avec son cortège d'arrière-pensées, de manœuvres et de clientèles, d'intérêts et de réseaux. Un secteur économique qui représente pas moins de quatre cent mille emplois voit donc la réflexion sur son avenir confiée à une poignée d'experts arbitrairement sélectionnés par le Prince du moment, lequel Président a pourtant maintes fois démontré le peu de cas qu'il faisait de l'indépendance des journalistes et de la liberté de la presse.

Que des États généraux d'une presse minée par la crise et ébranlée par le numérique soient une excellente initiative, c'est une évidence. Que le discours introductif de Nicolas Sarkozy contienne des pistes intéressantes, c'est même possible. Mais l'on ne saurait être journaliste et accepter des États généraux qui non seulement ne sont pas organisés par la profession elle-même, mais qui, de plus, ne respectent aucun formalisme démocratique. De même que l'on ne saurait prendre pour argent comptant un simple discours présidentiel quand notre métier nous apprend à distinguer communication et information, en confrontant les mots aux actes. Journalistes, nous pouvons d'autant moins accorder notre confiance à cette procédure incertaine quand nous savons ce qui l'a précédée.

D'abord, le feuilleton de la réforme de l'audiovisuel public : service rendu en sous-main aux opérateurs privés qui réclament le monopole des ressources publicitaires ; commission parlementaire bafouée par le rejet présidentiel de ses propositions les plus consensuelles ; annonce unilatérale de la désignation des futurs dirigeants par le seul président de la République, confondant ainsi le service du public et celui de l'État pour mieux réduire l'autonomie conquise, depuis 1981, par les rédactions et les salariés qui les entourent.

Ensuite, le rapport préparatoire confié par Nicolas Sarkozy à une élue parisienne du parti présidentiel, l'UMP Danièle Giazzi, sur « Les médias et le numérique » : les quelques propositions pertinentes y sont accessoires par rapport à son objectif essentiel qui est de dérégulation et de concentration, porte ouverte à une régression accentuée d'un pluralisme médiatique déjà bien mis à mal.

Enfin, le rôle occulte assumé, en toute vergogne, par l'officieux conseiller du Président, particulièrement en ces matières médiatiques, Alain Minc : sa dernière sortie haineuse contre Mediapart en particulier et le journalisme en général montre en quelle estime il tient la liberté de la presse[1], alors même qu'il gagne sa vie en conseillant des opérateurs financiers directement intéressés à ce que décidera ce Président qu'il conseille également, dans le secret

1. Le 8 octobre 2008, dans l'émission « Parlons Net » de France Info, Alain Minc s'en était violemment pris à Mediapart. Qualifiant notre modèle économique d'« absurde », il avait ajouté que notre « modèle d'indépendance » le rendait « assez inquiet pour la démocratie française ».

de leurs conciliabules, sans rendre compte à quiconque et dans un mélange des genres stupéfiant.

Autant de raisons pour en appeler à la raison d'être de notre profession. Accepter des prétendus États généraux ainsi conçus, c'est forcément acquiescer à un marché de dupes. C'est surtout renier nos valeurs professionnelles et nos principes démocratiques, au risque d'accentuer le discrédit du journalisme dans l'opinion et d'aggraver ainsi une crise de confiance qui est au cœur des difficultés de la presse. Nous en appelons donc à toute la profession, à tous les métiers de la presse et de l'information, à toutes les organisations syndicales et professionnelles, pour les inviter à choisir une autre voie, en imposant de véritables États généraux de la presse, organisés par la profession elle-même, avec des assemblées délibératives, des délégués élus, des doléances recueillies, selon une authentique procédure démocratique, c'est-à-dire publique.

Ne pas le faire, céder à l'appétit des intérêts particuliers et aux sirènes du pouvoir présidentiel, ce serait trahir la promesse démocratique qui nous légitime professionnellement, aussi essentielle pour nos concitoyens que celle qui, par le suffrage, légitime le chef de l'État. « Le principe de la liberté de la presse n'est pas moins essentiel, n'est pas moins sacré que le principe du suffrage universel, rappelait Victor Hugo, dans un discours à l'Assemblée constituante de 1848. Ce sont les deux côtés du même fait. Ces deux principes s'appellent et se complètent réciproquement. La liberté de la presse à côté du suffrage universel, c'est la pensée de tous éclairant le gouvernement de tous. Attenter à l'une, c'est attenter à l'autre. »

13 octobre 2008

6. D'urgence, défendre la liberté de la presse

Comment promouvoir une liberté au lointain si on ne la défend pas au plus près ? Cette question est au cœur de la soirée organisée, lundi soir 24 novembre 2008, à Paris, au Théâtre national de la Colline, par Reporters sans frontières et Mediapart, en défense d'une presse libre et indépendante. Fondée à Montpellier, au milieu des années 1980, l'association RSF est devenue un symbole mondial de la défense intransigeante de la liberté d'expression, du droit à l'information et de la profession de journaliste. Mais, sauf à passer pour des donneurs de leçons, on ne saurait mener à bien ce combat sans être exemplaires ici même. Toute régression de la liberté de l'information en Europe, où l'État de droit se veut la règle, est une bonne manière faite à tous les régimes qui n'en ont cure. Or, à la faveur d'une crise industrielle doublée d'une crise professionnelle, cette liberté est aujourd'hui l'objet en France d'une offensive systématique qui vise à l'amoindrir et à la soumettre.

Le point de départ symbolique de cette soirée, ce sont évidemment ces prétendus États généraux de la presse actuellement organisés par la présidence de la République française, dont le titulaire assure encore pour quelques semaines la présidence de l'Union européenne. Notre étonnement commun est la deuxième raison du rapprochement de Mediapart et RSF pour l'organisation de cette soirée en forme de protestation. Comment accepter ce renversement des valeurs où le pouvoir s'arroge une mainmise sur le contre-pouvoir ? Comment l'admettre quand l'article 10 de la Convention européenne des droits de l'homme condamne explicitement l'ingérence des pouvoirs publics ? « Toute personne, stipule-t-il, a droit à la liberté d'expression. Ce droit comprend la liberté d'opinion et la liberté de recevoir ou de communiquer des informations ou des idées sans qu'il puisse y avoir ingérence d'autorités publiques et sans considération de frontière. » Comme le dit ironiquement l'un des nombreux témoins qui participeront à notre manifestation, Caroline Fourest, c'est un peu comme si l'on demandait au pape Benoît XVI d'organiser des États généraux de la laïcité.

Ces faux États généraux mettent en scène, sans grande précaution, une soumission du paysage médiatique aux volontés du pouvoir. Les ressorts de cette normalisation sont affichés sans vergogne, avec pour objectif explicite la réduction de l'indépendance conquise par les journalistes. C'est d'abord la maîtrise de l'agenda médiatique par l'imposition permanente du calendrier présidentiel, de sa communication immédiate et de ses apparences fabriquées – à tel point que certaine presse courtisane en vient, dans un climat orwellien, à devancer les désirs du pouvoir en modifiant les photographies qui le représentent. C'est ensuite le contrôle des responsables de médias et de rédactions, dont l'épisode de *Paris Match* en 2006 avec le renvoi brutal d'Alain Genestar fut l'anticipation – cet enjeu est clairement au centre de la réforme de l'audiovisuel public qui, avec la nomination solitairement présidentielle des dirigeants, annonce la fin de l'esprit de service public, remplacé par l'annexion par l'Élysée d'une télévision et d'une radio d'État.

C'est enfin la mainmise générale des amis milliardaires de cette présidence sur l'ensemble du paysage médiatique, dans un mélange des genres et des activités où l'information devient monnaie d'échange avec le pouvoir exécutif – l'objectif clairement affiché par l'Élysée est d'accroître la marge de manœuvre de ces acteurs financiers en faisant sauter nombre de verrous protecteurs du pluralisme et empêcheurs de concentration. Le libéralisme économique ici revendiqué est l'antithèse d'un libéralisme politique. Profitant de la crise économique et, plus largement, des incertitudes d'une époque de transition, pour renforcer un État fort, sécuritaire et policier, où même les écrits sont désormais criminalisés, ce pouvoir défend âprement les intérêts égoïstement privés de ses amis tout en privatisant à son seul profit l'expression publique. De ce point de vue, et par-delà des particularités nationales qui différencient les itinéraires de MM. Berlusconi et Sarkozy, les situations française et italienne ne sont pas éloignées : les deux dirigeants entendent se mêler directement des programmes de l'audiovisuel public, confortent sa concurrence privée pour affaiblir son influence, expriment clairement leur désir de réduire l'autonomie de ses rédactions.

La brutale réactivation par Nicolas Sarkozy de l'offense au président de la République, disposition de la loi de 1881 sur la liberté de la presse tombée en désuétude depuis le mandat de Georges Pompidou (1969-1974), illustre ce retour en arrière où la liberté d'expression est désignée comme une menace pour l'ordre en place. Ces trente dernières années, alors même que l'Europe promouvait ce droit individuel, pilier d'une liberté collective, face aux pays qui le piétinaient, il était de plus en plus entendu que la puissance du pouvoir appelait la libre critique, sans contrainte ni entrave. C'est ainsi que, dans sa jurisprudence sur l'article 10, la Cour européenne de Strasbourg précisait clairement : « Les limites de la critique admissible sont plus larges à l'égard d'un homme politique que d'un simple particulier : à la différence du second, le premier s'expose inévitablement et consciemment à un contrôle attentif de ses faits et gestes tant par les journalistes que par la masse des citoyens ; il doit, par conséquent, montrer une plus grande tolérance. »

De poupées vaudoues moqueuses à une inoffensive pancarte protestataire, en passant par d'irrévérencieux tee-shirts, nous sommes désormais fort loin de cette tolérance, et nous aurions bien tort, par-delà leur ridicule, de ne pas prendre au sérieux ces alertes. Tout comme la diabolisation d'Internet par l'actuel pouvoir, de son expression indocile et de sa richesse imprévisible, son désir manifeste de le surveiller, voire de le censurer, ces épisodes judiciaires expriment sans fard une crainte de la liberté qui porte atteinte aux principes fondamentaux de notre droit et de notre démocratie. L'enjeu est évidemment de contrôle : contrôler l'information, éviter ses surprises, empêcher ses révélations. Nous aurions également tort de croire que ces efforts autoritaires seront toujours vains. Il arrive, même dans nos démocraties apparemment surinformées, que la vérité se perde et que le mensonge s'impose. Après tout, n'est-ce pas, pour les journalistes que nous sommes, la grande et amère leçon de la présidence de George W. Bush qui a vu, après le 11 septembre 2001, un mensonge d'État devenir mensonge médiatique et entraîner avec lui l'opinion américaine dans un soutien aveugle à une guerre désastreuse ?

Tel est le principal message de notre soirée : un cri d'alarme en direction du public, de l'opinion, des lecteurs, des élus, des intellectuels, des citoyens. Ce qui se joue actuellement n'est pas une bataille corporatiste où ne seraient en jeu que les avantages ou le sort d'une profession particulière. Car le journalisme n'a d'autre légitimité que l'impérieuse nécessité d'une information rigoureuse et pluraliste pour permettre aux citoyens d'être libres de leurs choix et autonomes dans leur réflexion.

C'est cet impératif que la normalisation en cours met en péril. Elle profite de la crise profonde de nos métiers, liée à la révolution industrielle que symbolise l'avènement numérique mais également imbriquée, en France, à un profond malaise démocratique. Que cette crise appelle des réponses nouvelles, des échanges professionnels, des solutions concertées, c'est l'évidence. Mais certainement pas en échange d'une servitude nouvelle et d'une régression démocratique.

En acceptant l'actuelle procédure présidentielle, par insigne faiblesse, aussi bien économique que morale, la presse dominante s'engage dans une impasse où elle croit se sauver en se perdant. Car c'est son mandat démocratique qu'elle renie, mandat qui devrait être le socle de la relation de confiance avec ses lecteurs.

24 novembre 2008

7. Liberté de l'information et sursaut démocratique

Et si nous faisions un rêve ? C'était sans doute l'invite la plus originale et la plus enthousiasmante de la grande journée sociale du jeudi 29 janvier 2009 : « Rêve générale ». Création du collectif « Utopiste debout », cet autocollant résume nos attentes, face à la double régression, sociale et démocratique, qu'incarne, au-delà du personnage présidentiel, le sarkozysme comme vision du monde et pratique du pouvoir.

Oui, faisons un rêve. Imaginons, par exemple, un pays doté d'un acte fondateur sur la liberté de l'information, imposant à tout détenteur d'une parcelle d'autorité publique de répondre aux curiosités des citoyens, aux questions des journalistes, aux investigations des médias, et les contraignant à dévoiler tout document administratif nécessaire à l'information du public. Imaginons un président et une majorité qui, loin de s'effrayer d'un tel libéralisme politique, décident de l'accentuer, en proclamant que « la transparence est prioritaire ».

Imaginons encore un pays assez vigilant pour s'inquiéter des conflits d'intérêt qui pourraient nuire à la crédibilité et à l'honnêteté des politiques publiques. Imaginons un pays où les procédures publiques de nominations à d'importantes fonctions d'État supposeraient de répondre à des dizaines de questions indiscrètes, exigeraient de faire la clarté sur d'éventuels liens de sujétion, empêcheraient que la femme d'un ministre des Affaires étrangères prenne la direction de l'audiovisuel extérieur, ne toléreraient pas que la sœur du chef du lobby des industriels du numérique soit en charge de ce secteur au gouvernement.

Imaginons enfin un pays où le chef de l'État, aussi puissant soit-il, ne pourrait se dérober aux questions des journalistes et aux interpellations des parlementaires. Imaginons un pays dont la presse, confrontée, fût-ce avec retard, à des mensonges officiels, à des manipulations évidentes et à des désinformations avérées, serait impitoyable avec le pouvoir exécutif, n'imaginerait pas une seconde de se réunir docilement sous l'égide d'une présidence qui a fait du contrôle de l'agenda médiatique son ressort principal. Une presse qui oserait encore moins se compromettre, pour bénéficier d'aides publiques, avec un pouvoir qui considère que tout service rendu appelle un retour sur investissement.

Imaginons donc un pays où l'esprit public ne serait pas corrompu, où les contre-pouvoirs ne seraient pas affaiblis, où le pouvoir législatif ne serait pas humilié, où le pouvoir judiciaire ne serait pas soumis. Sans doute ce pays vertueux n'existe-t-il pas dans sa perfection, même si tout ce que l'on vient ici d'énumérer évoque les récents épisodes du sursaut démocratique aux États-Unis.

Au moins, Barack Obama, dans l'espérance qu'il a soulevée de par le monde et qui a réveillé les fondamentaux de la démocratie américaine, nous indique-t-il ce chemin pour le XXIe siècle : ne pas oublier que les démocraties sont mortelles, savoir qu'elles peuvent être mises en péril par leurs démons internes, prendre conscience des dérives totalitaires qui, sous l'effet des peurs, des crises, des paniques, et de leurs instrumentations, peuvent les corrompre.

Le retournement américain incarné par Obama, malgré les doutes des experts avisés, suivistes et conformes, s'enracine dans cette lucidité renouvelée, née du côtoiement de ces gouffres sous l'aussi dangereuse que catastrophique présidence Bush. Notre chance, en France, c'est justement ce décalage d'une rive à l'autre de l'Atlantique qui nous évitera, sans doute, de descendre aussi bas.

Il arrive en effet à la droite française une mésaventure semblable à celle de la gauche de 1981 : arrivée au pouvoir après Margaret Thatcher et Ronald Reagan, la gauche qui avait porté François Mitterrand s'est retrouvée à contre-courant de l'époque, de ses idéologies dominantes et de ses vainqueurs arrogants. Sur fond de débâcle du communisme russe, les ultralibéraux de la révolution conservatrice allaient imposer leur rythme et leur politique aux deux décennies à venir, tandis que le logiciel politique de l'union de la gauche était pris à contre-pied, offrant le spectacle toujours désespérant de conversions opportunes, de revirements et de reniements.

Aujourd'hui, selon un contretemps similaire, Nicolas Sarkozy est brutalement vieilli, ringardisé par l'irruption de Barack Obama[1]. La rupture promise a soudain perdu tous ses atours, ramenée à un archaïsme sans âge, mélange d'autoritarisme, de clientélisme et d'égocentrisme, alliage de conformisme et d'opportunisme, bricolage d'improvisation et de communication. Que l'opposition soit divisée, y compris à l'intérieur de son parti principal, n'empêche pas le pays profond de ressentir, dès lors, la force de ce rêve démocratique.

À gauche, au centre, voire dans une partie de la droite, silencieusement parfois, confusément sans doute, spontanément souvent, on sent ce travail d'un autre imaginaire politique, contre cette hyperprésidence d'un egoprésident. Oui, imaginer enfin une république nouvelle et véritable, une république qui ne s'acharnerait pas à étouffer la démocratie qui la légitime en se livrant au pouvoir d'un seul, à ses caprices et à ses foucades, à ses courtisans et à ses obligés, à ses virulences et à ses inconsciences.

C'est ici qu'intervient la question, posée avec entêtement par Mediapart depuis que nous existons, de la liberté de l'information. De notre position de principe sur les États généraux présidentiels de la presse aux réunions publiques du Théâtre de la Colline et du Théâtre du Rond-Point organisées avec RSF, en passant par notre « Appel de la

1. Le contraste entre l'attitude de Barack Obama et celle de Nicolas Sarkozy face au surgissement de la révolution démocratique arabe, début 2011, a confirmé cette analyse, deux ans après.

Colline » qui leur donnait sens, nous n'avons cessé de dire qu'il ne s'agissait pas d'un sujet corporatiste, mais d'un enjeu démocratique.

Le sort fait à la liberté de l'information, sur tous supports, à sa protection, son respect et son élargissement, est un marqueur de vitalité ou de régression démocratiques. Et ce révélateur est aussi un levier, tant cette prise de conscience oblige à repenser la démocratie, à contester des pratiques qui la confisquent, à revendiquer sa radicalité transformatrice, à reprendre le flambeau de l'égalité et de la fraternité – ce qu'a excellemment développé Pierre Rosanvallon lors de notre deuxième réunion publique.

Pour ceux qui ne renoncent pas au bonheur, crise sociale et crise démocratique sont imbriquées, tant répondre à l'une suppose de faire face à l'autre. Ce faisant s'ouvrent dès lors des sentes de résistance qui frayent des chemins d'espérance. Il n'y a pas d'autre leçon à retenir des États généraux de la presse écrite, comme l'a déjà expliqué François Bonnet, directeur éditorial de Mediapart : on gagne toujours à lutter. Bien qu'ignoré par les journaux qui tendaient leur sébile au monarque, le refus net et clair de Mediapart a tracé des limites à ne pas franchir, ébauché un rapport de force dans la profession, empêché des concessions trop importantes. Mais on aurait tort de s'en tenir à ce constat : contraint et obligé, ce recul présidentiel cache un piège et une manœuvre.

Le piège, c'est cette manne d'argent public, pour l'essentiel destinée, à l'heure du TGV numérique, aux diligences d'une presse écrite enkystée dans ses retards et ses lourdeurs, à l'instar de la sidérurgie d'hier. Il n'est pas certain que cette dépendance accrue de l'État renforce la confiance des lecteurs dans une presse généraliste qui, depuis longtemps, déçoit leurs attentes et leurs exigences en termes d'offre éditoriale. Dans quelques mois, quelques années, il faudra faire le bilan de l'usage et de l'utilité de ces aides, aux dispositifs quelque peu obscurs sinon opaques, quand se seront accumulés plans sociaux et plans de cession, recapitalisations et acquisitions, pertes cumulées et journalistes sacrifiés.

Loin de repenser l'économie de la presse écrite à l'heure de la troisième révolution industrielle, ces États généraux, à l'exception de la reprise des positions défendues par Mediapart et Rue89 sur le statut de la presse en ligne, n'ont fait que parer au plus pressé selon les méthodes d'avant-hier : la subvention publique de la presse la plus aidée d'Europe et la plus chère pour le lecteur, sans aucune remise en cause des pratiques patronales qui ont aggravé la crise du secteur.

Quant à la manœuvre, elle se résume d'un mot : division. La question démocratique en général et la liberté de l'information en particulier ne sauraient se diviser. Le recul présidentiel sur la presse écrite, dans l'espoir sinon d'une complaisance, du moins d'une reconnaissance, va de pair avec l'offensive du pouvoir sur l'audiovisuel, public et privé. De la servilité du CSA à la mise au pas de l'audiovisuel extérieur, traduit par un plan social sans précédent à RFI, en passant par la soumission recherchée de France Télévisions, de ses dirigeants comme de ses programmes, sans compter les facilités financières et réglementaires accordées aux opérateurs privés, qui oserait nier que nous sommes témoins d'une grossière régression démocratique ?

Contrairement à ce qu'on nous reproche parfois, Nicolas Sarkozy, dont Laurent Mauduit a brillamment dévoilé le modèle régressif en le portraiturant en mièvre copie de Napoléon III, ne nous obsède pas. Notre souci, aujourd'hui comme hier ou demain, c'est la démocratie, aussi bien politique que sociale. Son réveil, son extension, sa promesse. On se souvient que Karl Marx, chroniquant le coup d'État bonapartiste de 1851, avait prolongé la phrase de Hegel sur les événements historiques qui « surviennent pour ainsi dire deux fois » : « Il a oublié d'ajouter : une fois comme grande tragédie et la fois d'après comme misérable farce. »

Le sarkozysme, dans notre aussi longue que déprimante généalogie bonapartiste, ajoute une troisième fois, entre caricature et ridicule. Mais l'on y retrouve, exacerbées et hystérisées, les postures anciennes qu'autorisent ces institutions, les nôtres, si peu démocratiques dans leur esprit comme dans leur pratique.

Écoutez, par exemple, ces présidents élus, ses prédécesseurs qui, au détour d'une confidence, dévoilent leur mépris pour le peuple[1] : « Les Français sont des veaux » (Charles de Gaulle à son gendre Alain de Boissieu, 1968) ; « Il suffit de regarder vivre les Français pour prendre conscience de leur inaptitude naturelle profonde à accepter d'être gouvernés » (Georges Pompidou, *Le Nœud gordien*, 1974) ; « Les Français sont grognons. Ils se plaignent comme s'ils étaient à Calcutta » (François Mitterrand, cité par la presse, 1992).

Écoutez aussi, et non sans sourire, cet autre prédécesseur décrire un monde de pouvoir qui, loin d'avoir disparu sous sa présidence, s'est prolongé au point de s'épanouir sans vergogne sous celle de son successeur : « Peu à peu, des clans parisianistes ont pris le contrôle des leviers de commande de l'État, réduisant toute initiative à un effet d'annonce, la soumettant à l'appréciation des sondages, voire de la mode. D'où une dictature sournoise de l'émotion, dans une atmosphère de cour ou de Bas-Empire, aggravée par une dérive monarchique dans le fonctionnement des institutions » (Jacques Chirac, *La France pour tous*, 1994).

« Toute révolution, écrivait encore Marx à propos des révolutions démocratiques du XIXe siècle, nées de rassemblements fraternels et ripailleurs, a besoin d'une question de banquet. Le suffrage universel, c'est la question de banquet de la nouvelle révolution. » Et si la liberté de l'information était, aujourd'hui, la question de banquet qui annonce le sursaut démocratique dont notre pays a urgemment besoin ? La réponse ne dépend que de nous, de nous tous.

30 janvier 2009

1. Toutes les citations qui suivent sont extraites de *Paroles de Présidents*, recueil de citations des présidents de la République française de Louis Napoléon Bonaparte à Jacques Chirac, présenté par Jean Lacouture, Dalloz, 2007.

II

La République bafouée

La conviction démocratique

Jusqu'au tournant de 1989-1991, ils étaient contraints de se retenir. Face au bloc soviétique, la démocratie était leur étendard, et, fût-elle inaccomplie ou imparfaite, il leur fallait sauver les apparences, s'en réclamer et, officiellement, la défendre, voire la promouvoir. Depuis, les masques sont tombés. Ils ne l'aiment vraiment pas, craignant ce peuple qui la légitime, redoutant ce régime de « n'importe qui » qu'elle est par essence : le droit pour tout un chacun de se mêler des affaires publiques, de s'exprimer, de voter, de candidater, voire de gouverner, sans privilège qui fasse le tri, ni de naissance, ni de fortune, ni de diplôme.

On a ainsi trop peu prêté attention à un livre paru en janvier 1995 et, donc, écrit en 1994, soit cinq ans après la chute du mur, trois ans après celle de l'URSS. *L'Ivresse démocratique*, ouvrage d'Alain Minc[1], l'admirateur de Napoléon III – son *Louis Napoléon revisité* suivra un an plus tard, en 1996[2] –, le conseiller du prince, le concierge de l'oligarchie, annonçait le programme, sans gêne ni précaution. Méfiance envers la justice indépendante, défiance à l'égard du journalisme libre : deux univers dérangeants qu'il faut réduire et soumettre afin de faire place nette pour un pouvoir sans contre-pouvoirs.

1. Alain Minc, *L'Ivresse démocratique*, Gallimard, 1995.
2. Alain Minc, *Louis Napoléon revisité,* Gallimard, 1996.

« Le peuple souverain, écrit alors Minc, s'est effacé au profit de son double, l'opinion souveraine. Le plus classique des contre-pouvoirs, le média, est devenu un quatrième pouvoir et parfois joue même au premier. Le droit s'est affirmé en surplomb de la société, et le juge, son bras séculier, s'est allié à l'opinion et aux médias. » Du constat découlait l'objectif, formulé à l'époque à destination d'Édouard Balladur sous forme d'une « Lettre ouverte au nouveau président de la République » qui concluait ce réquisitoire contre l'impétuosité démocratique. Un coup d'État, tout simplement. Un coup d'État à froid que, dans cet art de la litote qui masque, dans ces milieux, une grande violence, Alain Minc qualifiait de « nouveau 1958 silencieux ».

Soit, insistait-il, vous considérez « ces phénomènes » (la liberté du journalisme, l'indépendance de la justice) comme « de simples péripéties » alors « la révolution suivra son cours » avec à l'horizon un avenir « sombre » résumé dans ce mot-valise, « populisme », qui dit, tout simplement, leur peur du peuple. Soit, et c'était là sa recommandation, mise en pratique douze ans plus tard, « vous conduirez un nouveau 1958 silencieux, vous réussirez la synthèse entre la République consulaire qui occupe les institutions et la démocratie d'opinion qui conquiert les écrans ». « Ne laissez pas, monsieur le Président, concluait Minc, l'habitude et la routine triompher : le risque est trop grand pour vous, pour nous, pour la démocratie. L'histoire vous a placé où vous êtes avec un devoir principal : dominer l'ivresse démocratique qui nous guette et qui, insidieusement, commence à s'emparer de nos esprits. Aidez-nous à nous défendre de nous-mêmes. »

On ne saurait être plus clair. Ici, démocratie est un mot vidé de son sens : on s'en réclame pour mieux la contraindre et la dévitaliser. Hier horizon d'un Ouest essentialisé par la guerre froide face à l'Est totalitaire, la démocratie devient une menace, une ivresse, un excès, un débordement, maintenant que le capitalisme, son marché et sa finance ont unifié le monde. Le mérite d'Alain Minc, avec cet aplomb et cette morgue propres aux serviteurs de maisons de maître, est d'énoncer brutalement ce qui, d'ordinaire, se murmure comme un secret d'initié. C'est cette haine de la démocratie tôt diagnostiquée par Jacques Rancière[1] que le sarkozysme a donné à voir. Non pas celle d'un homme en particulier mais celle du monde qui l'a investi de ses intérêts oligarchiques, d'appropriation rapace des richesses et du pouvoir qui y conduit.

« Une démocratie saine ne peut se passer d'élites, rappelait Emmanuel Todd, dans *Après la démocratie*, écrit aux premiers mois de cette présidence[2]. On peut même dire que ce qui sépare la démocratie du populisme, c'est l'acceptation de la nécessité d'une élite en laquelle il a confiance. » Mais, avec la financiarisation de l'économie et la présidentialisation de la politique, ces élites sont devenues oligarchies, dissociées de ce qui, hier, les légitimait et les ancrait dans la société. L'advenue de Nicolas Sarkozy et du petit monde affairiste qui l'entoure est la résultante de cette rupture et de cette déconnection. Son verticalisme et son autoritarisme, ses refrains policiers et justiciers, ses discours guerriers, sont l'inévitable accompagnement d'une politique manifestement à rebours de l'intérêt général et au bénéfice d'intérêts particuliers.

Et c'est ainsi que ce monde de prétention et d'appropriation nous devient insupportable, à la manière, soulignait Todd, de la noblesse de 1789 : « Il ne justifie plus ses privilèges par un service rendu à la nation. » Ce fut l'insigne mérite du sarkozysme : nous faire redécouvrir la vitalité de l'espérance démocratique. La nécessité de cette exigence radicale.

1. Jacques Rancière, *La Haine de la démocratie*, La Fabrique éditions, 2005.
2. Emmanuel Todd, *Après la démocratie*, Gallimard, 2008.

1. Dire non à ce coup d'État permanent

Les prises de conscience appellent souvent des inventions de vocabulaire. S'il ne lui a pas été fidèle, une fois installé à l'Élysée, la formule de François Mitterrand sur *Le Coup d'État permanent*, titre de son pamphlet de 1964, résume d'une image tous les dangers potentiels de la Constitution de la Ve République. On lui prête, au moment de quitter le pouvoir qu'il aura occupé plus longtemps qu'aucun autre (1981-1995), cette formule : « Ces institutions étaient dangereuses avant moi, elles le resteront après. » Plutôt que l'aveu d'impuissance – ces institutions auront résisté à une alternance qui, contrairement au programme sur lequel la gauche fut élue, n'a pas su les transformer en profondeur –, c'est la mise en garde qui, ici, importe et qu'auraient bien fait de méditer tous les ralliés de gauche au récent chantier constitutionnel de 2008 : pour limiter ce danger intrinsèque, la pratique du pouvoir est décisive.

De ce point de vue, on ne saurait reprocher à Nicolas Sarkozy d'avoir caché son jeu. D'emblée, dès les premières heures, il a imposé son hyperprésidence. Immodestement, je dois confesser avoir lancé cette expression au soir et au lendemain de son intronisation, le 16 mai 2007, lors de l'émission de Frédéric Taddeï sur France 3, « Ce soir ou jamais », puis, le 17, dans le journal de la mi-journée de France Culture. Hyperprésidence, disais-je alors, de même que l'on a pu qualifier, à la suite d'Hubert Védrine, la politique américaine sous la présidence Bush d'hyperpuissance : une puissance sans contrepoids, accentuant le déséquilibre d'une époque déjà incertaine et dangereuse. L'hyperprésidence, c'est cela : un coup d'État à froid qui accentue les déséquilibres et, donc, les risques et les dérives.

Dans une symbolique évoquant une gestion à la fois physique et psychologique des territoires, le nouveau président, à peine élu et pas encore intronisé, signifia à son camp sa manière de faire et son projet d'avenir : en annexant sans ménagement le pavillon de la Lanterne à Versailles, officielle résidence des Premiers ministres, il disait que son pouvoir serait sans partage. Durant les mois qui précédèrent et qui suivirent l'annonce du chantier constitutionnel, en juillet 2007, on le constata à loisir : en apparence le même, le régime avait en réalité changé, sans coup férir. Quand l'article 5 de la Constitution place le président de la République en position d'« arbitrage », quand les articles 20 et 21 de la Constitution donnent au gouvernement la détermination et la conduite de « la politique de la nation », et au Premier ministre la direction de « l'action du gouvernement », Nicolas Sarkozy renversait brutalement les rôles.

Il fut trop peu souligné, à l'époque, que l'immédiate pratique sarkozyste du pouvoir appliquait fidèlement les principes d'une autre Constitution, bien peu démocratique puisque née d'un coup d'État bien réel. Le précédent mérite d'être médité puisqu'il s'agit de la Constitution du 14 janvier 1852 alors que, son putsch réussi, l'encore président de la République, Louis Napoléon Bonaparte, accélérait sa marche vers le second Empire. L'article 3 de cette Constitution édictée sur les ruines de la République stipule : « Le président de la République gouverne au moyen des ministres, du Conseil d'État, du Sénat et du Corps législatif. » Gouverne au moyen... Et l'article 13 d'enfoncer le clou : « Les ministres ne dépendent que du chef de l'État. »

Le Premier ministre devenu collaborateur et le gouvernement ravalé au rôle d'exécutant, désormais l'Élysée allait explicitement présider et gouverner, décider et agir, légiférer et parler, nommer et négocier, tout régenter sans filtre ni frein, hors de tout contrôle et de tout équilibre. L'Élysée ? C'est-à-dire un lieu d'exception dans la République, hors de toute culture administrative régulière, hors de toute procédure réglementaire, hors de tout contrôle extérieur. Un lieu dont le chef, une fois élu, est, institutionnellement et juridiquement, irresponsable, donc incontrôlable. Un lieu dont les résidents sont des obligés ou des courtisans, ne connaissant qu'un seul maître, ne dépendant que de son bon plaisir et n'exprimant que son bon vouloir.

On connaît l'argument démagogique qui a servi d'alibi à ce putsch institutionnel si voyant mais peu commenté, sauf peut-être dans les tourments intimes du Premier ministre, François Fillon : foin d'hypocrisie, faisons tomber les masques et présidons ouvertement comme nos prédécesseurs ont, en réalité, gouverné, tout en prétendant le contraire et en protestant de leur respect de la Constitution ! Pour objecter, il suffit de penser à la pertinente mise en garde de François Mitterrand : la dérive de ces institutions fondamentalement dangereuses n'est pas la même selon que l'on en revendique la lettre ou qu'à l'inverse, on en change l'esprit. Dans un cas, on garde la main sur l'embrayage ; dans l'autre, on lâche les freins. Du constat invoqué d'hypocrisie, on pouvait tout aussi bien déduire une inflexion inverse : non pas vers une concentration accrue des pouvoirs à l'Élysée, symbolisée par ce fait, sans précédent y compris sous de Gaulle, de voir les collaborateurs directs du Président s'exprimer comme des ministres face auxquels ils revendiquent leur prééminence, mais plutôt vers une parlementarisation du système, réduisant l'autonomie d'action de la présidence.

La ruse redoutable fut évidemment de présenter le chantier ouvert avec la création du comité présidé par Édouard Balladur comme l'intention de renforcer les pouvoirs du Parlement. Chacun, s'il est de bonne foi, peut le constater aujourd'hui : de ce qui, dans les propositions de ce comité, allait vraiment et concrètement dans ce sens, d'un parlementarisme accru et d'une opposition reconnue, rien ou presque rien n'a été retenu dans la version finale de la révision constitutionnelle. Ni l'interdiction du cumul des mandats, ni le contrôle effectif du Parlement sur les nominations présidentielles, ni la création d'un statut de l'opposition parlementaire, ni la réforme du Sénat dont le mode de scrutin archaïque, éternellement favorable à la droite, est au contraire renforcé.

L'essentiel était ailleurs, dans toutes les accentuations, y compris symboliques avec le droit de parole qui lui sera accordé, de la prééminence du chef de l'État sur les assemblées. Les tractations, débauchages et marchandages de dernière minute, loin de toute construction sereine d'une majorité d'idées, ont bien montré de quoi il retournait : l'emporter, coûte que coûte, hors de tout débat de fond et non sans malmener, voire mépriser, ce symbole démocratique qu'est un changement de la loi fondamentale dont on oublie, au passage, qu'il devrait être l'affaire du peuple constituant.

Robert Badinter, qui n'a pas la réputation d'un opposant borné, encore moins d'un constitutionnaliste superficiel, l'a fort bien résumé, dans une tribune au *Monde*[1], qui – autre temps, autre ligne – ne s'en est guère inspiré. Constatant « l'hyperpuissance du président », « mal profond » dont souffrent nos institutions au point que « la séparation des pouvoirs n'est plus qu'apparence » et que, « de surcroît, ce pouvoir sans pareil n'est assorti d'aucune responsabilité », l'ex-garde des Sceaux et ancien président du Conseil constitutionnel conclut que ce projet de révision « ne réduit pas les pouvoirs du président » mais « les accroît en lui permettant de s'adresser directement aux parlementaires réunis en Congrès ».

« Le Président, poursuit-il, présentera un bilan flatteur de son action et fera acclamer par sa majorité son programme de gouvernement. Le Premier ministre comme chef de la majorité parlementaire disparaît. Le renforcement des prérogatives du Parlement, premier objectif de la révision selon le Président, est un leurre en termes de pou-

1. « Non à l'hyperprésidence », par Robert Badinter, *Le Monde*, 20 et 21 juillet 2008.

voir réel. Tant que le Président sera le chef incontesté de la majorité à l'Assemblée, le Palais-Bourbon demeurera une annexe du palais de l'Élysée. “Cy veut le Roi, cy fait la loi”, l'axiome de l'Ancien Régime demeure la règle sous la Ve République. »

Déjà armé du quinquennat et d'un calendrier électoral qui soumet l'élection des députés aux effets de l'élection du président, l'occupant de l'Élysée est le chef réel de la majorité parlementaire. Toutes les apparentes garanties offertes à l'opposition ne sont donc que peccadilles par rapport à ce fait, incontournable : d'autant plus assuré de sa mainmise sur le Parlement que le mode d'élection des sénateurs lui assure une majorité pérenne au Sénat, le président peut sans risque s'offrir une opposition de sa majesté, qui sera d'autant plus reconnue et respectée qu'elle sera respectueuse et consentante. C'est l'autre impensé de cette manœuvre, dont l'exécution fut parfaite : corrompre l'esprit d'opposition, comme l'on corrompt un métal pour l'éroder.

La clarté d'un Robert Badinter est évidemment éclipsée par la confusion d'un Jack Lang qui, comme c'était prévisible, confirme dans *Libération* du 21 juillet 2008 sa capitulation tout en se proclamant « opposant déterminé » et, mieux encore, en dénonçant « l'irresponsabilité illimitée du chef de l'État », irresponsabilité que son vote favorable va pourtant renforcer. Preuve que l'héritage du mitterrandisme, comme d'ailleurs celui du gaullisme, n'est pas univoque, entre principiels et opportunistes, hommes de conviction et hommes de pouvoir, cette division fut le ressort essentiel de l'offensive élyséenne. Depuis l'ouverture sans principes, à gauche comme au centre, où l'on vit des opposants déclarés à Nicolas Sarkozy pendant la campagne en devenir sans explication cohérente les plus zélés thuriféraires après son élection, c'est l'arme la plus efficace du nouveau régime.

Ajoutée au contrôle ou à l'instrumentation des médias, l'annexion de l'opposition, par flatteries, séductions ou prébendes, est l'assurance-vie de cette hyperprésidence. Face à un pouvoir si présent et si pesant, le devoir d'opposition, absolument vital à l'exercice démocratique qui suppose la confrontation et le choix, exige la clarté, voire la simplicité, d'expression comme d'orientation. Or tout est fait pour discréditer par avance cette attitude et créer la confusion, brouiller les frontières, masquer les intentions. La manœuvre sur l'audiovisuel public n'en fut-elle pas une illustration flagrante ?

On lance l'idée de supprimer la publicité, en soulignant qu'elle vient de la gauche qui ne l'a pas mise en œuvre ; on crée une commission de réflexion ouverte aux professionnels et à l'opposition, mais en laissant vite entendre que ses propositions n'engageront pas le chef de l'État qui n'en fera qu'à sa tête ; et, après avoir montré une grande sollicitude pour les opérateurs privés de l'audiovisuel qui bénéficieront de la manne publicitaire ainsi dégagée, on dévoile, brusquement, l'arrière-pensée de ce chambardement : nommer directement les patrons de la télévision et de la radio publiques, dans un retour caricatural au contrôle direct du temps de l'ORTF.

Avec la révision constitutionnelle, il en est allé de même : ce ne fut que navigation à la godille, grands principes proclamés et belles intentions récitées, pour mieux revenir au point de départ, le renforcement du présidentialisme. Et les constitutionnalistes naïfs qui se sont prêtés sincèrement à ce jeu, pensant l'infléchir, devraient méditer la leçon : il ne faut jamais prendre au mot un pouvoir aussi démagogique et manœuvrier ; il ne faut le juger que sur ses actes et sur leurs conséquences.

À quelque chose malheur est bon, dit le proverbe. Reste, en l'occurrence, à inventer tous ensemble ce « quelque chose ». L'opposition, et le Parti socialiste au premier chef, devra s'interroger sur la façon dont son présidentialisme foncier, celui-là même qui l'embarrasse de rivalités individuelles, l'a encombrée, gênée ou tétanisée. Le PS se refuse toujours à faire le pari franc d'une reconquête du pouvoir dont l'argument serait une extension et une renaissance démocratiques par la remise en cause, explicitement programmée, systématiquement organisée et largement discutée, de l'hyperpouvoir présidentiel. Il relativise cette question institutionnelle alors même qu'elle n'est pas sans rapport avec la question sociale, tant une gauche présidentialiste est une gauche sans autre identité que le pouvoir d'État, éloignée ou distante des intérêts particuliers qu'historiquement, elle était supposée porter – intérêts de classe, intérêts des opprimés, intérêts des dominés, intérêts des travailleurs, etc.

Dans l'immédiat, le constat ne fait pas de doute. Jamais, sous la Ve République, un président n'aura eu tant de pouvoirs concentrés entre ses seules mains. Le passage au quinquennat et les conséquences, désastreuses pour l'équilibre démocratique, de l'inversion du calendrier en 2002 ont déjà été évoqués, tout comme le travail systématique de corruption ou de séduction des oppositions et des résistances. À ces verrous politiques et institutionnels que l'actuelle révision va conforter et solidifier s'ajoutent d'autres garanties de puissance, autrement décisives : jamais un président de la République n'aura eu des liens si intimes, d'intérêts et de réseaux partagés, avec le monde de l'argent, celui des grandes fortunes financières et des entrepreneurs côtoyant la puissance publique.

Enfin, couronnant le tout, puisque les mêmes protagonistes s'y retrouvent – contrôle présidentiel, financiers intéressés et gauche retournée –, jamais une présidence ne se sera sentie autant chez elle dans l'univers médiatique, pourtant si divers, au point qu'une presse en difficulté, oubliant tout principe d'indépendance, se précipite dans ses bras pour quémander son sauvetage lors d'États généraux inventés et contrôlés par l'Élysée. Restait l'autonomie chèrement conquise du service public, et elle est remise en cause. Reste la liberté indocile d'internet, et elle est montrée du doigt, déjà surveillée, bientôt contrôlée au prétexte de la réguler.

Il suffit d'un peu de mémoire pour savoir que ce tableau n'est pas caricatural. L'État fortement policier du gaullisme présidentiel n'empêchait pas ce pouvoir, bien avant 1968, de faire face à des oppositions, politiques, sociales, voire sénatoriales sous la présidence de Gaston Monnerville, et bien sûr électorales dès le ballottage de 1965. À l'époque,

L'Express et *Le Nouvel Observateur*, pour ne prendre que ces deux titres, étaient des hebdomadaires clairement d'opposition, ce dont on peut légitimement douter aujourd'hui. Les présidences de Georges Pompidou et Valéry Giscard d'Estaing furent l'une celle de l'après-68, avec ses contestations aussi rampantes que générales, l'autre celle de l'affrontement avec l'Union de la gauche, dont la dynamique électorale épousait les attentes populaires. Quant à François Mitterrand et Jacques Chirac, par-delà leurs habiletés, ils durent présider sous la contrainte, économique pour l'un, cohabitationniste pour l'autre, cédant l'un à un monde d'argent – Bernard Tapie ministre, l'aurait-on oublié ? – qui n'était ni sa famille ni son camp, l'autre à une gauche puis à une droite qui, toutes deux, le rangeaient, selon les mots malheureux de Lionel Jospin, parmi les figures vieillies, usées et fatiguées.

Dans le paysage vers lequel s'avance Nicolas Sarkozy, il n'y a apparemment aucun de ces obstacles. L'opposition est inaudible, bien qu'elle s'exprime abondamment, et divisée, au risque du trouble et de la confusion. Les dirigeants des médias et les puissances d'argent sont, dans leur grande masse, de son côté, par nécessité ou par opportunisme. Malmenée mais enrégimentée, la droite suit, vaille que vaille. Évidemment, il y a la réalité, et ce n'est pas un mince obstacle : de la politique étrangère à la politique économique, en passant par le pouvoir d'achat, la question du nucléaire ou le moral des armées, le bilan d'un an de cette présidence est non seulement discutable, voire inquiétant si l'on s'en tient à la seule question de l'immigration, mais plus largement maigre, désordonné, incohérent ou inconscient.

Or, c'est cet inévitable choc à venir avec l'impitoyable réalité que l'actuel verrouillage veut contenir, retarder ou maîtriser. C'est une raison supplémentaire de dire non. Non à l'hyperprésidence. Non au coup d'État permanent.

21 juillet 2008

2. La République n'est pas une courtisane

Il y aurait donc une *présidente*, là où nous pensions avoir élu un Président. C'est l'hebdomadaire *Le Point* qui nous l'apprenait, faisant commerce des bonnes feuilles de *Carla et Nicolas*[1], ce récit autorisé des amours élyséennes de Carla Bruni-Sarkozy. Or, à la page 39 de cette chronique officieuse, puisque nourrie des confidences de la récente épousée, on trouve ceci : « Avant le dîner du réveillon, Carla et Rachida se promènent dans les appartements privés de l'Élysée. Elles traversent la chambre à coucher. À la vue du lit, la chanteuse se penche vers la ministre qu'elle connaît depuis peu et lance, mi-sérieuse, mi-ironique : "Tu aurais bien aimé l'occuper, n'est-ce pas ?" Cette pique jette un froid. »

La même semaine, *L'Express* nous apprenait qu'une favorite ne l'était plus : Rachida Dati, garde des Sceaux de son état, peut donc lire la chronique de son irréversible déclin dans les gazettes moutonnières qui, hier encore, la portaient au pinacle. Cette même Rachida que *Le Point* montre humiliée par la nouvelle reine, laquelle, à peine épousée après l'avoir rencontré, de son propre aveu, lors d'un rendez-vous arrangé, se fait dans *Carla et Nicolas* la propagandiste empressée de son Roi Soleil, racontant sa beauté, son intelligence, sa grandeur, ses – je cite – « cinq ou six cerveaux parfaitement irrigués ».

1. Yves Azéroual et Valérie Bénaïm, *Carla et Nicolas : la véritable histoire*, Éditions du Moment, 2008.

Ainsi donc nous en serions réduits à cela : à la course au lit présidentiel, aux dérisoires compétitions envieuses, aux noces du sexe et du pouvoir, à la déchéance du politique dans l'anecdotique et de l'idéologie dans l'intime. Réduits non seulement à la domination d'une présidence elle-même abaissée, par elle-même rabaissée comme en témoigne à peu près toute la presse étrangère, mais surtout condamnés à le savoir, à subir le spectacle de cette soumission, à le voir étalé et revendiqué.

La version livresque du *Nous Deux* présidentiel confirme cependant que tout stratagème de pure communication, aussi puissant et dévastateur soit-il, atteint rapidement ses limites, consubstantielles à l'impuissance politique dont il témoigne. L'élégance jouée n'empêche pas la vulgarité de percer, comme l'illustre à la façon d'un lapsus cette sortie devant la couche présidentielle. La sincérité affichée ne réussit pas à masquer les ficelles des communicants, avec l'omniprésence de Pierre Charon, conseiller de l'ombre et de ses plaisirs, promu chaperon de la nouvelle élue.

Tout cela n'est qu'une mise en scène calculée, comme le furent – le livre le raconte – l'escapade française à Disneyland ou le dévoilement brésilien du vrai père de Carla Bruni. Tout cela n'a qu'un objectif, qui est de diversion, dans la double acception du mot : nous divertir plaisamment pour nous détourner de l'essentiel – la politique de régression sociale, économique, judiciaire, policière, diplomatique, médiatique, démocratique qui est la marque de cette présidence. Mais, aux ruses habituelles déjà pratiquées sous d'autres pouvoirs, de gauche comprise, cette communication sarkozyste ajoute une dégradation supplémentaire, celle de l'image que nous nous faisons de nous-mêmes, nous c'est-à-dire ce pays-ci et ceux qui l'habitent.

Dans *La Société de cour*, un essai devenu classique tardivement publié en France, en 1974[1], le sociologue allemand Norbert Elias dévoilait les mécanismes qui, dans des

1. Norbert Elias, *La Société de cour*, Flammarion, 1993.

sociétés organisées autour d'un pouvoir personnalisé et sacralisé, naturalisent la soumission afin de la reproduire à la manière d'une évidence. Le premier est l'alliance de la distance et de la proximité : sous l'apparence d'un rapprochement, en l'occurrence spatial dans les lieux aristocratiques entre maîtres et domestiques, c'est en fait une distance sociale qui ne cesse de se conforter et de s'instituer. Le deuxième est la réduction de l'identité à l'apparence : le paraître fait l'être, le semblant fait la réalité, l'atour fait le rang. Le troisième est le paradoxe de la supériorité dans la soumission : c'est en acceptant sa domestication par le souverain que tout aristocrate admis à la cour réussira à préserver la distance qui le sépare des autres postulants.

Une proximité feinte qui cache le dédain social, une apparence jouée qui trompe sur la réalité, une soumission intériorisée qui nourrit un appétit de domination... En feuilletant nos magazines la semaine passée, j'ai repensé au tableau brossé par Elias. Faut-il donc que nous soyons tombés bien bas pour subir ce spectacle d'un autre âge d'une société de cour abâtardie et décadente, mêlant le dérisoire au ridicule. Ce spectacle nous rabaisse, nous dégrade et nous souille, car, après tout, c'est de la République qu'il s'agit. Et la République n'est pas une courtisane.

Marianne, 11 juin 2008

3. La Légion d'honneur de Monsieur Courbet

Dans le débat sur la révision constitutionnelle, certains ne comprennent pas que l'on se positionne, comme ce fut notre cas, non seulement par rapport au contenu apparent de la réforme, mais aussi par rapport à la pratique réelle du pouvoir de celui qui la promeut. Je pense pourtant que c'est la seule démarche réaliste, voire même pragmatique. Avant d'y revenir plus avant, démonstration en forme de promenade avec Gustave Courbet et de détour par la Légion d'honneur.

Dans notre république monarchique, les promotions de la Légion d'honneur sont toujours instructives. Ainsi, au chapitre de la privatisation accélérée du pouvoir, rejoignant les records de ses prédécesseurs, voire les dépassant si l'on tient compte du rythme de cette appropriation, il n'a pas été suffisamment remarqué que Nicolas Sarkozy, à l'occasion de la fête nationale et sur son contingent présidentiel, a fait chevalier de la Légion d'honneur une magistrate aux affaires familiales du tribunal de Nanterre, Nicole Choubrac. Tout comme il distingua Ingrid Betancourt. Mais l'acte de bravoure de cette magistrate est sans commune mesure avec celui de l'ex-otage franco-colombienne : elle a prononcé dans son bureau le divorce des époux Sarkozy, Nicolas et Cécilia, en octobre 2007 ! D'un divorce à un mariage, on trouve dans la même promotion, élevé au rang d'officier, le publicitaire Jacques Séguéla qui organisa, peu de temps après cette séparation, le dîner en forme de « blind date » (dixit l'intéressée), autrement dit de rendez-vous arrangé, où le président de la République commença son idylle avec Carla Bruni.

Il est des Légions d'honneur fort respectables. Des décorations qui distinguent l'abnégation du service public, l'engagement dans la Résistance, les servitudes militaires, les œuvres artistiques, le dévouement et la bravoure, la rectitude et la droiture, la reconnaissance d'une injustice, les dettes de mémoire. Mais ce n'est pas faire injure à ceux-là que de s'interroger sur le dévoiement, profitant à d'autres, de ces justes reconnaissances et distinctions en colifichets et boutonnières offerts aux courtisans, obligés et serviteurs, non pas de la République comme bien collectif mais de la seule personne qui, un temps, parfois bien long, la préside. Évidemment, ce détournement n'est pas propre au présidentialisme, et un essai[1] subtil d'Olivier Ihl a su interroger cette originale persistance de l'esprit d'Ancien Régime au sein de la République depuis sa renaissance véritable, avec la IIIe du nom. Mais le présidentialisme accentue et amplifie indiscutablement sa dimension privative, à la mesure de l'inévitable diffusion d'un esprit de cour.

Dans l'ample promotion du récent 14 juillet, on déniche donc des égarés, oublieux des règles de distance et d'indépendance qui, en théorie, fondent et légitiment leur identité professionnelle. L'intellectuel supposément critique et le journaliste supposément libre ne devraient-ils pas s'entêter à refuser ces distinctions étatiques qui les annexent, les apprivoisent et les circonviennent ? On connaît l'habituelle moquerie des rédactions indociles : le pire, ce n'est pas de recevoir la Légion d'honneur, c'est de la mériter. Ainsi donc, en ce quarantième anniversaire de mai 1968, deux décorés témoignent d'une conversion à l'ordre existant à rebours de leurs foucades juvéniles : Blandine Kriegel, déjà promue commandeur, soit le troisième grade, et André Glucksmann, promu officier sous Sarkozy après être entré dans la carrière légionnaire en

1. *Le Mérite et la République. Essai sur la société des émules*, Gallimard, 2007.

1995, sous Chirac et Juppé. Quant à notre métier, chaque fournée égrène quelques noms symbolisant sa prise en otage. On remarque, cette fois, ceux de Ruth Elkrief, nommée chevalier au titre de ses « vingt-trois ans d'activités professionnelles », ou de Philippe Reinhard, qui l'an dernier tenait à expliquer *La Politique pour les nuls*[1]. Sans compter un transfuge, dont le récent passage dans la presse fut précédé d'un rapport peu amène pour la Toile commandé par l'actuel président de la République : Denis Olivennes, nouveau patron du *Nouvel Observateur* après avoir été celui de la FNAC.

En ces temps parfois résignés, où l'accommodement devient une vertu et le refus un sectarisme, mon entêtement à voir dans ces petites faiblesses de grands abandons paraîtra sans doute excessif. Pour ma défense, je veux rappeler l'attitude, sur cette question précise de la Légion d'honneur, d'un artiste que, cette année, la France officielle a célébré avec éclat : Gustave Courbet – l'exposition est actuellement à Montpellier après Paris. Le 22 juin 1870, soit dans les toutes dernières semaines du Second Empire, paraît le décret officiel attribuant la Légion d'honneur au peintre. Le 23 juin, par une lettre ouverte[2] au ministre des Beaux-arts, publiée dans *Le Siècle*, Courbet refuse catégoriquement.

J'en retiens deux passages, en forme d'envois aux récents journalistes décorés et à leurs imitateurs de demain. D'abord, la fin du brouillon daté du 22 juin 1870 : « M. le rédacteur, en terminant cette petite profession de foi, permettez-moi cette réflexion : si le hasard vous appelait à la foire d'Ornans, vous observeriez que tous les plus beaux moutons de la foire sont marqués d'un coup de craie rouge sur le dos. Les gens naïfs et bien intentionnés qui ignorent les lois de l'agriculture et des arts s'imaginent, dans leur simplicité et leur candeur pastorale, que

1. First Éditions, 2007.
2. Un petit éditeur élégant a publié en 2007 non seulement ce texte, mais aussi les brouillons qui l'avaient précédé : Gustave Courbet, *Lettre au ministre des Beaux-arts*, L'Échoppe, Paris.

c'est un hommage qu'on rend à leur beauté. Mais, hélas ! Ils ne savent pas que le boucher les a marqués pour les tuer !!!! »

Ensuite, la superbe chute de la version définitive, publiée par *Le Siècle* : « Souffrez donc, M. le ministre, que je décline l'honneur que vous avez cru me faire. J'ai cinquante ans et j'ai toujours vécu libre. Laissez-moi terminer mon existence libre : quand je serai mort, il faudra qu'on dise de moi : celui-là n'a jamais appartenu à aucune école, à aucune église, à aucune institution, à aucune académie, surtout à aucun régime, si ce n'est celui de la liberté. »

On le sait : avec Courbet, ce n'était pas paroles en l'air. Quelques mois plus tard, il fut de la Commune de Paris, élu du sixième arrondissement, et le paya du prix fort, emprisonné, réprouvé et exilé. Intègrement fidèle, jusqu'au bout, à la promesse qu'il s'était faite, en 1848, autre année de belle espérance avant les basses trahisons : « Dans notre société si bien civilisée, il faut que je mène une vie de sauvage. Il faut que je m'affranchisse même des gouvernements. Le peuple jouit de mes sympathies. »

Aujourd'hui encore, Courbet le sauvage nous aide à vivre, à aimer et à lutter, quand tant de ses contemporains décorés, promus et flattés par leur époque ont sombré dans un juste oubli. Alors, oui, bonjour M. Courbet !

24 juillet 2008

4. Carla à l'Élysée, la République privatisée

D'accord, ce n'est pas une affaire. Juste une énième exaspération républicaine. Provoquée par deux faits anecdotiques mais bavards, deux images fabriquées pour être des symboles, au croisement du public et du privé, et qui, me semble-t-il, témoignent de l'impensé de cette présidence : une privatisation sans vergogne de la chose publique. C'est l'histoire d'un cadeau et d'un cliché.

Lundi 28 juillet 2008, le dernier conseil des ministres s'est terminé par une visite de la nouvelle épouse du président de la République, mannequin devenue chanteuse, venue offrir et dédicacer son tout dernier album aux membres du gouvernement. Devenus relais soumis d'une campagne promotionnelle, nos ministres s'en sont donc allés rejoindre leurs diverses pauses vacancières ledit album sous le bras, via la cour de l'Élysée, poussant pour certain(e)s le zèle courtisan jusqu'à le recommander au public devant les caméras et les micros des journalistes, rassemblés devant le palais présidentiel.

Le lendemain, mardi 29 juillet, le magazine américain *Vanity Fair* mettait en ligne le long reportage qui fait sa « cover », un portrait, entre enquête et entretien, de la même Carla Bruni. Le sous-titre en dit le registre : « Liberté, égalité, nudité ! » Version people chic, papier glacé et pauses glamour, l'opération de communication est parfaite, accompagnée de photographies signées d'une référence, Annie Leibovitz. Or l'un de ces clichés – au double sens du terme, prosaïque et imagé, tant l'académisme formel y étouffe l'éventuelle provocation – montre l'épouse de Nicolas Sarkozy posant dans une superbe robe rouge sur le toit de l'Élysée.

Lieu de la République, bien collectif par conséquent et asile provisoire de ses occupants, l'Élysée devient sur cette image le marchepied symbolique que l'heureuse élue transforme en piédestal de sa soif de notoriété et de sa quête de pouvoir. Sous leur apparence de bonne manière ou d'élégance jouée, l'offrande du CD comme la photo sur le toit me semblent bien plus obscènes et vulgaires que les réalités classées par le bon goût conformiste sous ces mêmes catégories, l'obscénité et la vulgarité.

Car, dans ces deux gestes, je lis qu'ils se comportent comme si la République leur appartenait. Qu'ils y font leur promotion comme d'autres leur commerce et leurs affaires. Qu'elle n'est plus que l'instrument de leur aventure personnelle, amoureuse ou carriériste, sentimentale ou affairiste, joueuse ou cynique. Que l'active publicisation du privé n'est ici que l'envers d'une impatiente privatisation du public. Et, évidemment, comment ne pas penser, en résonance, à cette fête impériale, avide de fortunes et de réussites, de plaisirs et de conquêtes, qui accompagna les injustices sociales et les libertés défaites du Second Empire ?

L'endroit, l'Élysée, y invite qui ne devint la résidence éphémère du président de la République qu'en 1848, accueillant celui qui allait être, pour le bonheur des classes dirigeantes, le fossoyeur de la IIe République, Louis Napoléon Bonaparte. La résonance touche aussi le mélange public-privé : bientôt installé aux Tuileries, Napoléon III fit de l'Élysée le refuge de sa fiancée, Eugénie de Montijo, future impératrice Eugénie dont l'influence sur le règne impérial reste matière à amples exégèses. Enfin, ce règne-là fut aussi celui des courtisanes, à tel point qu'un site pieusement consacré à sa réhabilitation n'hésite pas à mettre l'âge d'or des demi-mondaines à son crédit.

Un jour peut-être des historien(ne)s ajouteront à la grande *Histoire des femmes en Occident*[1], dirigée par

1. Perrin, coll. « Tempus », 2002.

Georges Duby et Michelle Perrot – et surtout à son tome IV, consacré au XIXe siècle, et dirigé, lui, par Michelle Perrot et Geneviève Fraisse –, des développements sur notre basse époque où, de Cécilia à Carla, des modèles féminins aussi rabâchés, entre liberté contrainte et soumission rebelle, ingénue et vamp, mère rêvée et fine courtisane, nous sont imposés par un pouvoir qui lui-même est un cliché masculin, d'appropriation, de possession et de domination. L'hypothèse mériterait plus ample démonstration. Je me risque cependant à suggérer que ce pouvoir-là, dans l'inconscient de sa violence symbolique, exprime un ardent désir de défaite du féminisme, de ses authentiques libertés et de ses indociles autonomies.

Mais il est temps d'arrêter cette récidive dans le crime de lèse-bonapartisme, tant cette lignée politique n'a jamais été tendre avec l'espèce journalistique. Au cimetière du Père-Lachaise, à Paris, une tombe quelque peu sulfureuse en témoigne. C'est celle du jeune Victor Noir, rédacteur de *La Marseillaise*, journal anti-bonapartiste, mort à vingt-deux ans, le 10 janvier 1870, tué d'un coup de pistolet tiré par Pierre Bonaparte, cousin de Napoléon III. Il est vrai que *La Marseillaise* évoque d'autres clichés féminins, républicains ceux-là. Mais on ne se refait pas : je préfère la flamme peinte en 1830 par Delacroix pour saluer les journées de juillet – nos Trois Glorieuses –, cette « Liberté guidant le peuple », marchant le sein nu sur une barricade, à cette beauté figée, aussi rouge vêtue soit-elle, posée sur le palais présidentiel.

30 juillet 2008

5. Contre les oligarques, l'exigence démocratique

De la Corse à l'Afghanistan, de la police à l'armée, de la recherche aux prisons, voire du sort des riches à celui des pauvres – la liste n'est pas exhaustive –, la chronique politique de cette rentrée donne une actualité féroce à un essai trop peu salué lors de sa parution, il y a trois ans. *La Haine de la démocratie*, du philosophe Jacques Rancière, a paru en septembre 2005, à l'enseigne de La Fabrique, maison d'édition qui fête aujourd'hui ses dix ans. Pour cet anniversaire, Éric Hazan, leur fondateur qui associe radicalité politique, poétique parisienne et passé médical, a choisi le patronage d'un défunt confrère, Jean-Paul Marat. Oui, Marat (1743-1793), cet autre journaliste emblématique de la Révolution française avec Camille Desmoulins, les deux plumes, dans leur vive opposition politique comme dans leur commun sort funeste, portant haut l'étendard des possibles de l'événement révolutionnaire.

Le catalogue adressé ces jours-ci aux rédactions par La Fabrique porte en exergue cette citation de Marat : « Le plus grand malheur qui puisse arriver à un État libre, où le prince est puissant et entreprenant, c'est qu'il n'y ait ni discussions publiques, ni effervescence, ni partis. Tout est perdu quand le peuple devient de sang-froid et que, sans s'inquiéter de la conservation de ses droits, il ne prend plus de part aux affaires : au lieu qu'on voit la liberté sortir sans cesse des feux de la sédition. » Le propos est extrait de *Chaînes de l'esclavage*, le principal ouvrage de théorie politique publié par cet autre médecin bien avant qu'il ne devienne journaliste et fonde, en septembre 1789, *L'Ami du peuple* : c'était en 1774, à Londres, et *Chains of Slavery*, qui témoigne de la radicalité perdue du libéralisme politique originel, parut d'abord en anglais, sans nom d'auteur, la version française ne voyant le jour qu'en 1793.

Sa thèse principale était que le pouvoir émane du peuple souverain mais que ceux qui en ont la charge ne cessent de vouloir l'en déposséder. Et la thèse de l'essai subversif de Rancière est que, loin d'être une vieillerie remisée par des décennies républicaines et démocratiques, ce constat est plus que jamais pertinent. Son point de départ était un étonnement faussement naïf devant la bavarde méfiance exprimée sans vergogne par bon nombre d'experts peu ou prou autoproclamés, conseillers du prince ou intellectuels de cour, envers la démocratie, ses excès, ses débordements, ses impatiences, son irresponsabilité, son inculture, son inexpérience, etc.

La force vive du propos de Rancière était de rappeler qu'au contraire, potentiel « pouvoir de n'importe qui », hors de tout privilège de naissance, de fortune ou de diplôme, la démocratie est toujours et encore un scandale permanent, celui d'une promesse inachevée, celle d'un régime où la représentation de la volonté générale serait radicalement dissociée de celle des intérêts particuliers, évitant ainsi « le pire des gouvernements » : « le gouvernement, écrit le philosophe, de ceux qui aiment le pouvoir et sont adroits à s'en emparer » ; « l'accaparement de la chose publique par une solide alliance de l'oligarchie étatique et de l'oligarchie économique ».

À ceux qui douteraient de la portée pratique de cette alarme théorique, on objectera ce simple enchaînement de faits, glanés dans l'actualité politique des derniers jours, aussi démonstratifs que l'avaient été la photographie d'une ex-top-modèle haut perchée sur le toit du palais de l'Élysée ou l'inventaire en forme de vidéothèque d'une certaine vulgarité d'État.

Ainsi donc, lundi 1er septembre 2008, un haut fonctionnaire de police est brutalement démis de ses fonctions parce que le parc de la résidence privée d'un ami du président de la République a été brièvement envahi par quelques manifestants pacifiques. Interrogé le lendemain sur cette sanction aussi prompte que disproportionnée, le Premier ministre ose cette réponse : « Le gouvernement décide des fonctions des hauts fonctionnaires et ne rend pas de comptes sur ces questions. » Le jour même où le policier est démis, une géographe apprend sans avertissement qu'elle est limogée de son poste de directrice du département sciences humaines et sociales du CNRS, annonce suivie des démissions solidaires de nombre de directeurs adjoints des départements scientifiques tant cette mesure brutalise le légitime esprit d'indépendance de la recherche.

Pendant que ces serviteurs de l'intérêt général voient leur carrière valser au gré d'intérêts mesquinement privés ou d'arrière-pensées idéologiques, un homme d'affaires à l'itinéraire discutable et aux méthodes peu regardantes, Bernard Tapie donc, s'enrichit de deniers publics grâce à une justice taillée sur mesure par son ami Président et balaye les légitimes curiosités parlementaires sur ce cadeau inespéré d'une formule bien dans son style qui est aussi celui de notre basse époque : « J'en ai rien à foutre, c'est un problème entre l'État et l'État, qu'il se démerde tout seul. »

Loin de ce tapage, dans cette discrétion indiscrète qui convient au monde du renseignement, le fichier Edvige, surgi par simple décret – donc hors de tout débat public – au *Journal officiel* du 1er juillet, se met en place, avec l'ambition de ficher toutes les personnes âgées de plus de treize ans susceptibles de porter atteinte à l'ordre public, formulation aussi vague que menaçante qui permet de s'en prendre aux opinions, engagements et activités politiques, associatives ou syndicales, surtout si elles ne conviennent pas aux vulgates dominantes et consensuelles du moment.

Mais si nos propres secrets ne valent guère pour les nouveaux services de renseignements, centralisés au plus près de la présidence, ils s'imposent plus que jamais à l'exercice normal de nos curiosités démocratiques, y compris quand il s'agit d'une question aussi peu anodine que le sort de nos armées et la vie de leurs soldats : la grande muette est de retour, très communicante mais peu informative sur les formes de l'engagement français en Afghanistan, multipliant les démentis face à la presse qui pose les questions dérangeantes qu'oublient de poser les parlementaires, tant ils semblent résignés à l'inanité de leur pouvoir de contrôle.

On opposera sans doute à ces notations plus ou moins marginales l'importante affaire de la semaine, celle du RSA, le revenu de solidarité active, symbole de l'ouverture politique et idéologique du pouvoir. Lequel RSA, sous couvert de les aider, divise un peu plus les pauvres entre eux, faisant de l'inactivité une tare sociale et des démunis des profiteurs de RMI, tandis qu'il met à ponction des classes moyennes déjà pressurées, dont les contributions ne tombent pas sous la protection du bouclier fiscal, lequel favorise une minorité de nantis.

Lundi, les vrais riches pouvaient continuer de rêver d'une avantageuse réforme de l'ISF, évoquée par la gaffeuse mais peut-être anticipatrice ministre de l'Économie, tandis que, le vendredi précédent, ces exclus parmi les pauvres que sont les détenus ordinaires, délinquants de besoin, s'entendaient dire par l'enceinte garde des Sceaux, de visite à la maison d'arrêt de Metz-Queuleu, en réponse à leur protestation sur la promiscuité : « Tenez-vous à carreau, et vous serez chez vous, libre, avec une chambre et des toilettes séparées. La prison, ce n'est pas l'hôtel ! »

Et, puisque, Marat aidant, la jeunesse du journalisme dans ses initiales promesses était au prétexte de cet article, comment ne pas contempler avec stupéfaction ces États généraux annoncés de la presse dont l'organisation injurie l'idée subvertie qui porta les cahiers de doléances et accoucha d'une révolution démocratique : des États généraux donc, conçus en secrète confidence par une proche collaboratrice de l'hyperprésident omnipotent et auxquels, malgré tout, accourt la presse supposée indépendante tandis qu'un journal du soir s'étonne de l'interventionnisme du rallié ministre des Affaires étrangères dont, toute précaution balayée, la compagne gouverne désormais les voix de la France vers le monde. Sans parler des vocations aussi opportunistes qu'empressées que suscite dans notre profession déjà bien atteinte l'annonce de la nomination par le prince lui-même, et lui seul, des divers patrons de l'audiovisuel public, une fois votée la loi qui financièrement l'asséchera pour mieux enrichir la chaîne privée de son plus ancien et plus rentable ami, Martin Bouygues, lequel profite de cette amitié pour tenter d'empêcher l'entrée d'un nouvel acteur, moins docile, plus indépendant, sur le marché de la téléphonie mobile.

Des fonctionnaires qui valsent au gré des humeurs et des clientèles, un gouvernement qui n'a pas de comptes à rendre, des affairistes qui font leur marché dans les allées du pouvoir, des citoyens dont les opinions sont potentiellement suspectes dès treize ans, des aventures militaires sur lesquelles nous n'avons aucune prise, l'impudence grossière de la richesse et du pouvoir, la privatisation sans alibi ni fard de l'exécutif, le mépris assumé envers des pauvres sommés de ne plus se plaindre de leur sort, de ne s'en prendre qu'à eux-mêmes et de remercier la société de toutes ses bontés, l'arrogance revendiquée des amis du Prince, assurés de passe-droits, faveurs et prébendes… Le tableau est à peine noirci. Sous le vernis des discours d'opportunité et des postures d'ouverture, n'est-ce pas ce spectacle, de haine sociale et d'indifférence démocratique, d'égoïsme et d'avidité, qui se donne à voir sous nos yeux, hélas plus attristés que révoltés ?

Un spectacle qui, pourtant, appelle une réponse radicale, dont la traduction politique reste une page vierge, mais dont l'évidence nous semble criante. Réponse que formulait ainsi, dans l'essai précité, Jacques Rancière : « La démocratie n'est ni cette forme de gouvernement qui permet à l'oligarchie de régner au nom du peuple, ni cette forme de société que règle le pouvoir de la marchandise. Elle est l'action qui sans cesse arrache aux gouvernements oligarchiques le monopole de la vie publique et à la richesse la toute-puissance sur nos vies. Elle est la puissance qui doit, aujourd'hui plus que jamais, se battre contre la confusion de ces pouvoirs en une seule et même loi de la domination. »

4 septembre 2008

6. L'offense faite à la République

Toujours inachevée, la République se construit ou se défend dans des combats symboliques. Demain, nous nous souviendrons donc que le citoyen Hervé Eon, chômeur de cinquante-six ans et habitant de Laval, en Mayenne, en a crânement assumé la charge, rempart symbolique face à la razzia indécemment privative du sarkozysme sur nos institutions et notre vie publique. Et, lecteurs de journaux, nous nous en souviendrons d'autant plus qu'on persécute cet estimable citoyen par l'instrument de la loi sur la liberté de la presse, en l'espèce détournée de son contexte et de son esprit.

Hervé Eon est cet homme solitaire qui, le 28 août 2008, sur le parcours du cortège présidentiel, a brandi une ironique pancarte portant une simple citation de l'auguste petit personnage de passage : « Casse-toi pov'con. » Le 6 novembre, il a donc été reconnu coupable d'offense au président de la République et condamné à une amende de 30 euros avec sursis, à laquelle s'ajoutent 90 euros de droit de procédure exigibles de tout condamné pour un délit, réduits à 75 s'il les acquitte dans les trente jours. Ainsi en a décidé le tribunal correctionnel de Laval, dans un jugement mi-figue mi-raisin qui a au moins le mérite de brader les exigences serviles du parquet, lequel n'avait pas hésité à requérir une amende de 1 000 euros.

Pourtant l'offense à la République que constituait le prononcé de cette même phrase, au Salon de l'agriculture, par Nicolas Sarkozy, face à un autre citoyen qui refusait de lui serrer la main n'a fait l'objet d'aucune poursuite d'un quelconque procureur. Irresponsable pénalement, le président peut insulter ou injurier à loisir tant, par un fait accompli constitutionnel, il ne risque rien, placé hors d'atteinte des magistrats pendant la durée de son mandat. Cette inégalité de situation rend d'autant plus contestables la multiplication, sous cette présidence, des procédures présidentielles visant l'insolence, la raillerie ou la satire, de tee-shirts irrévérencieux à une poupée vaudou moqueuse, en passant par cette inoffensive pancarte.

Nicolas Sarkozy a donc ressorti du placard judiciaire où notre maturité démocratique l'avait relégué depuis plus de trente ans l'article 26 de la loi du 29 juillet 1881 sur la liberté de la presse. Au titre des « délits contre la chose publique », il sanctionne « l'offense au président de la République ». Ce délit est déjà une curieuse exception dans cette bonne loi républicaine : il ne souffre en effet aucune excuse ou preuve, à la différence de l'injure, qui peut être excusée en cas de provocation, ou de la diffamation, qui peut être couverte soit par la bonne foi soit par l'offre de vérité. Mais surtout son énoncé en 1881 se rapporte à une pratique institutionnelle à mille lieues de l'actuelle : c'était alors la chose publique que l'on protégeait au travers d'un président sans pouvoir, et aucunement la personne présidentielle, aujourd'hui totalement identifiée à une fonction aussi puissante qu'écrasante et extensive.

Sur son blog, devenu le lieu de la résistance judiciaire aux abus du pouvoir, Me Eolas a le premier souligné le « vrai problème de droit » que pose la réactivation de ce délit. « À occuper le devant de la scène, écrit-il, le président est devenu la proie des critiques les plus vives. Dans un pays où la liberté d'expression est reconnue comme un des droits les plus précieux de l'homme, comment peut-on faire bon ménage avec un délit qui punit toute offense, quelle qu'elle soit et sans possibilité d'excuse ? » Et cet avocat internaute de rappeler que la Cour européenne des droits de l'homme de Strasbourg avait donné le coup de grâce au délit d'offense à chef d'État étranger, aboli en 2004, en condamnant la France qui, en l'appliquant, tendait à « porter atteinte à la liberté d'expression », sans qu'aucun « besoin social impérieux » ne justifie cette restriction.

Ce qui valait pour les chefs d'État étrangers vaut évidemment pour le nôtre : la véritable grandeur des puissants est d'accepter la satire et la moquerie ; et le rôle équitable de la loi est de rétablir l'équilibre en faveur des misérables qui, souvent, n'ont d'autre arme que l'ironie pour se défendre. L'orgueil mal placé de l'actuel tenant du poste nous abaisse et nous ridiculise. Il nous vieillit déjà : seuls De Gaulle (cinq fois) et Pompidou (une seule fois) avaient fait engager des poursuites pour offense. Dans *Le Coup d'État permanent*, François Mitterrand cite deux jugements drolatiques, remontant aux années 1960, condamnant l'un le citoyen Vicari pour un « hou hou » crié sur le passage présidentiel et l'autre le citoyen Castaing pour avoir crié « à la retraite ! » dans les mêmes circonstances.

En matière d'humour – mais la rubrique n'est pas exclusive –, le tenant de la prétendue rupture n'est qu'une vieillerie persistante – et tant pis s'il se sent offensé, bien au contraire.

Marianne, 15 novembre 2008

7. Déjà trois coups d'État à froid

Déjà trois, en moins de deux ans. Trois coups d'État à froid, réussis sans coup férir : institutionnel, médiatique, financier. Et un quatrième, judiciaire, qui se profile. Oui, des coups d'État, c'est-à-dire des ruptures profondes qui vont bien au-delà de la seule persistance des travers auxquels nous a habitués la Ve République, plus ou moins tempérés par la culture, la modération ou les précautions de ses présidents successifs.

Coup d'État institutionnel, et ce fut, à l'été 2008, la réforme de la Constitution dont chacun peut voir, aujourd'hui, que loin d'augmenter les pouvoirs du Parlement, elle a accru ceux du président de la République, désormais seul gouvernant, ayant ravalé Premier ministre et ministres au rang d'exécutants. Coup d'État médiatique, et ce fut ensuite la réforme de l'audiovisuel public dont l'enjeu caché était bien la mainmise directe de l'Élysée sur les dirigeants de radios et de télévisions, dans le but de réduire l'indépendance et l'irrévérence de leurs rédactions et de leurs programmes.

Coup d'État financier enfin, et ce fut, tout récemment, l'achèvement du feuilleton des Caisses d'épargne, offrant en somme à l'actuelle présidence de la République sa propre banque. Reste à venir, en 2009, le coup d'État judiciaire, annoncé dès janvier, à l'heure des vœux présidentiels où la figure indocile du juge d'instruction fut pendue haut et court. Et c'est sans compter le coup d'État territorial qui s'annonce avec le rapport Balladur, défaisant depuis Paris et l'Élysée les liens sociaux assurés par des départements et des régions majoritairement contrôlés par la gauche. Alors même que la crise sociale grandissante appellerait, à l'évidence, d'autres urgences.

L'institutionnel avait été annoncé dès les premiers jours de la présidence, en mai 2007, quand Nicolas Sarkozy ignora d'emblée, les rendant de fait caduques, les dispositions de la Constitution de 1958 selon lesquelles le président arbitre et le Premier ministre gouverne, le gouvernement étant même supposé déterminer et conduire la politique de la nation (articles 20 et 21). Sous couvert de mettre fin à une hypocrisie, la France changeait silencieusement de régime, adoptant les usages de la Constitution du 14 janvier 1852, celle d'après le coup d'État militaire du futur Napoléon III : « Le président de la République gouverne au moyen des ministres... Il a seul l'initiative des lois... Les ministres ne dépendent que du chef de l'État. » Un an plus tard, le coup de force était confirmé en Congrès à Versailles, avec le soutien du socialiste Jack Lang qui se lamente trop tard du « gâchis » auquel conduit inéluctablement la réforme qu'il a pourtant activement cautionnée, puis soutenue.

Jusque dans la profession de journaliste, hélas, le coup d'État médiatique a lui aussi suscité des vocations d'idiots utiles et de ralliés opportuns, troquant le leurre publicitaire contre la soumission politique (pour l'audiovisuel) ou bien modérant leurs critiques dans l'espoir de subventions (pour la presse écrite). Tandis que la présidence joue avec les identités des futurs nommés de l'audiovisuel public comme s'il s'agissait de ses hochets, lançant au grand vent de la rumeur des noms de journalistes divers, chacun peut prendre la mesure de la violence symbolique de cette mise au pas à travers le cas de Radio France. L'actuel tenant du poste, Jean-Paul Cluzel, n'est pourtant pas un opposant. Il a seulement le triple tort d'être un ami d'Alain Juppé avec, par conséquent, un itinéraire plutôt chiraquien, d'assumer de façon militante son homosexualité en s'affichant pour l'association Act Up et d'être plutôt libéral, donc relativement tolérant, dans sa tutelle des programmes des ondes publiques.

Sans élégance envers l'intéressé ni égard pour les personnels, le couperet élyséen est publiquement tombé avant le terme officiel du mandat du président de Radio France. Toujours zélé, l'entourage du Prince rapporte complaisamment les bouillantes colères présidentielles à l'endroit du disgracié, littéralement qualifié de « fou » si l'on en croit *Le Canard enchaîné*. Imperturbable, le Conseil supérieur de l'audiovisuel (CSA) n'y trouve rien à redire, et d'autant moins qu'il valide l'extrême domination médiatique du pouvoir, favorisée par la non prise en compte de l'abondante expression élyséenne, Président et conseillers confondus, qui s'ajoute aux deux tiers de temps de parole déjà attribués au gouvernement et à la majorité. Quand l'on entend dire que l'opposition socialiste est inaudible dans l'opinion, s'il est vrai que c'est en partie par sa faute, il n'en faut pas moins faire preuve d'équanimité : c'est aussi parce que tout est fait pour qu'on l'entende le moins possible...

Quant au coup d'État financier, on ne prendra pas la peine de le détailler tant Mediapart fut, sous la plume de Laurent Mauduit, en tête de ses chroniqueurs. Depuis plus d'un an, nous annonçons, décrivons et racontons sur ce site le désastre des Caisses d'épargne à la faveur duquel l'Élysée a, ce mois-ci, imposé ses conditions, son dispositif et ses hommes, faisant du nouvel ensemble constitué avec les Banques populaires un établissement dont l'état-major ne pourra rien refuser à Nicolas Sarkozy.

La désormais deuxième banque française n'a pas été placée sous contrôle public, mais mise sous dépendance élyséenne – seuls des sophistes pourraient prétendre qu'il s'agit de la même réalité. Pis, l'homme, François Pérol, qui en devient le dirigeant par la grâce du Prince fut, depuis les toutes premières aventures qui ont conduit aux pertes abyssales que l'on sait, le conseiller, le consultant ou le référent de ceux qui sont les premiers responsables de cette catastrophe, aussi bien dans ses fonctions publiques à Bercy ou à l'Élysée que, entre ces deux moments, dans son rôle privé de banquier d'affaires chez Rothschild.

Tout cela est public, tout cela est évident, mais tout cela passe. Ces conflits d'intérêt, ces mélanges des genres, ces entorses à l'éthique, bref, ce non-respect général des formes et des règles qui accompagne cette soif de domination, ne rencontrent aucun obstacle sérieux. C'est l'enseignement principal de la dernière séquence : les déjà faibles et fragiles garde-fous admis par nos institutions si peu pluralistes ont rendu les armes, piteusement. Ainsi le Conseil constitutionnel, en présence de l'ancien président Jacques Chirac et dans le secret aussi habituel qu'archaïque de ses délibérations, a-t-il validé le coup d'État médiatique, s'offrant même le luxe de supprimer une des rares garanties, introduite par les parlementaires.

Quant à la Commission de la déontologie de la fonction publique, l'une de ces autorités administratives indépendantes supposées pallier l'insuffisance démocratique de nos pratiques institutionnelles, elle s'est reniée elle-même, donnant son feu vert au coup d'État financier par la voix de son seul président, Olivier Fouquet, qui n'a pas trouvé à redire au cas personnel de François Pérol tout en affirmant benoîtement qu'il n'en connaissait rien. Rendant en l'espèce des services plutôt que de servir l'intérêt général, ce conseiller d'État a aggravé son cas en jugeant inutile de réunir la commission dont il a la charge et d'y entendre l'impétrant pour en savoir plus.

On est d'autant plus tenté d'évoquer son homonymie avec un surintendant des finances de Louis XIV, Nicolas Fouquet (1615-1680), que l'emblème de cette famille, visible au château de Vaux-le-Vicomte, était... un écureuil, accompagné de cette devise latine : *Quo non ascendet* ? (Jusqu'où ne montera-t-il pas ?). Mais la comparaison trouve vite ses limites : au moins Fouquet protégeait-il les libertins rebelles à la monarchie absolutiste, ce qui accélérera sa disgrâce – il est mort dans l'oubliette d'une forteresse alpine.

Hélas, notre époque n'a même pas inventé ses Fouquet véritables, libres commis d'État, flamboyants et dispendieux au point de faire ombrage au monarque. Pour l'heure, à de rares exceptions sans conséquence, on ne maugrée qu'en secret. Par intérêt, par crainte ou par lassitude, l'on suit, pour l'essentiel, dans les milieux d'argent ou d'autorité, ce Prince que, par ailleurs, l'on méprise et brocarde en privé. Mais, et ce seul fait devrait nous alarmer tant la démocratie est l'antithèse de la peur, on le redoute – et cela suffit à créer des vocations de discipline et d'obéissance.

Nulle surprise, en conséquence, si la liste des renoncements, reniements et abandons qui auront permis ces abus de pouvoir est déjà longue, et loin d'être close. Nul doute que l'offensive, déjà largement entamée, contre l'indépendance de la justice en offrira de nouveaux exemples. Vouloir supprimer le juge d'instruction sans rendre sa liberté au parquet, c'est évidemment un marché de dupes, fort bien illustré dans l'échange offert par Mediapart entre l'un des talentueux magistrats dévoués à Nicolas Sarkozy, le procureur de Paris Jean-Claude Marin, et ceux de ses collègues qui lui ont répondu.

Cette réforme annoncée traduit la vision instrumentale de la justice qui anime cette présidence – « La justice se rend en son nom », celui du président, édictait déjà l'article 7 de la Constitution de 1852, imposée par un prince Napoléon encore président de la République. Et, là encore, rien de caché ni de mystérieux : le spectacle est public, comme l'a amplement illustré l'immense service rendu à l'affairiste Bernard Tapie, prestement délesté fin 2007 d'une justice publique moins accommodante, moins généreuse et moins rapide qu'une justice privée arrangée sur mesure.

De même, tandis que la débâcle stupéfiante du procès en appel d'Yvan Colonna malmène rétroactivement les forfanteries policières d'un ancien ministre de l'Intérieur aujourd'hui à l'Élysée, on annonce pour septembre et octobre 2009 le procès des faux listings Clearstream. Or, au mépris des autres parties civiles, le traitement judiciaire de cette affaire fut totalement soumis à l'agenda partisan de Nicolas Sarkozy aux fins de discréditer son rival à droite, Dominique de Villepin. Ne s'est-il pas élégamment vanté de vouloir pendre ce dernier « à un croc de boucher », au point de laisser écrire sans la démentir cette menace qui relève d'un parler totalitaire plutôt que démocratique ?

Si l'opinion s'est gaussée à raison du rétablissement par le même Président de poursuites désuètes pour offense au président de la République (article 26 de la loi de 1881 sur la liberté de la presse), elle a moins remarqué le retour à un usage discrétionnaire de la grâce présidentielle, dont a discrètement bénéficié le détenu Jean-Charles Marchiani, « barbouze » à l'ancienne manière devenu préfet sous Charles Pasqua et condamné à de la prison ferme pour trafic d'influence. Tout comme elle ne s'est guère arrêtée au contrôle par un magistrat zélé, Philippe Courroye, du parquet le plus sensible, celui de Nanterre : son ressort couvre à la fois les sièges sociaux des principales entreprises françaises et le département, les Hauts-de-Seine, qui abrite les fiefs originaires du Président comme de son clan.

Alors que ce pouvoir ne cesse d'agiter la menace d'actions violentes venues de la gauche radicale, au point d'aller plus vite que la musique en inventant précipitamment des terroristes de TGV – c'est l'affaire de Tarnac dont Mediapart a narré les incohérences –, il faudrait encore évoquer la rapide et discrète constitution d'un unique service de renseignement intérieur, fusionnant dans l'opacité RG et DST sous la ferme houlette d'un policier de confiance, Bernard Squarcini, fidèle parmi les fidèles d'un Président auquel il doit l'épanouissement de sa carrière. Mais l'énumération des actes, décisions, nominations, etc., par lesquels ce pouvoir réduit l'autonomie de tout ce qui peut l'entraver ne sera jamais complète, tant il les accumule, les multiplie et les dissimule, gardant ce cap avec un entêtement vorace malgré l'impopularité qui l'assaille.

L'avenir n'est jamais écrit. Aussi est-il possible que l'outrance de ce pouvoir soit sa perdition. Mais ne lui faisons pas le cadeau de le mésestimer : si cette présidence fonce ainsi, au risque de l'accident, c'est qu'elle pense pouvoir atteindre un point de non-retour, au-delà duquel ses opposants n'auront plus prise. Pour le comprendre et, du coup, prendre la mesure de notre éventuel malheur, il suffit de relire Montesquieu (1689-1755) : « Pour qu'on ne puisse abuser du pouvoir, il faut que, par la disposition des choses, le pouvoir arrête le pouvoir. » Dans *De l'Esprit des lois* (1748), ce célèbre énoncé survient quand cette figure des Lumières aborde la question de la liberté politique, de ce qui la fonde en théorie et de ce qui l'assure en pratique. Le point de départ est de bon sens, et sa formulation est également passée à la postérité : « Tout homme qui a du pouvoir est porté à en abuser ; il va jusqu'à ce qu'il trouve des limites. »

La question nous est donc posée : quelles limites saurons-nous imposer au permanent abus du pouvoir du sarkozysme ? Il faut que notre vie publique soit tombée bien bas pour que ces évidences, ébauchées il y a plus de deux siècles et demi sous la monarchie, résonnent comme des audaces face au spectacle que nous avons sous les yeux : un pouvoir à la première personne du singulier, s'occupant de tout et s'en complimentant sans cesse, régentant le pays comme sa petite entreprise, dominant son monde comme son petit personnel. Un pouvoir qui semble n'avoir d'autre fin que lui-même et d'autre faim que son assouvissement narcissique. Un pouvoir qui entend que rien ne l'arrête, ne connaissant ni scrupules ni égards, ne pratiquant ni précaution ni modération.

7 mars 2009

8. L'Élysée contre la démocratie

Ce qui distingue la présidence de Nicolas Sarkozy de celles qui l'ont précédée, par-delà une commune personnalisation du pouvoir propre à la Ve République, c'est de n'avoir aucun sens des limites, des empêchements et des entraves que toute démocratie authentique, vivante et consciente impose au pouvoir exécutif. Ce Président-là se vante même, au nom de la rupture promise et de l'efficacité attendue, de n'avoir guère de considération pour tout ce qui le bloque, le freine ou le ralentit. À lui, le mouvement et l'action, quels qu'ils soient ; aux autres, à tous les autres, le conservatisme et l'immobilisme. Ce faisant, cette présidence nous habitue à une pensée antidémocratique, et c'est son coup d'État essentiel, le plus inquiétant dans l'immédiat, le plus dangereux pour l'avenir.

Car s'il est un principe au cœur de l'idée démocratique, de son espérance toujours recommencée et de son idéal toujours inachevé, c'est justement que le pouvoir doit être empêché et limité, partagé et divisé, équilibré et contraint. Des pouvoirs qui arrêtent le pouvoir, des contre-pouvoirs extérieurs au pouvoir, des parlementaires qui font librement la loi, des services publics qui assument leur autonomie, des médias qui revendiquent leur indépendance, des autorités de contrôle qui défendent leurs prérogatives, etc. À tel point que Benjamin Constant (1767-1830), ce démocrate injustement décrié, évoquant les « abus naturels du pouvoir exécutif[1] »,

1. Cf. Benjamin Constant, *Écrits politiques*, Folio essais, 1997. Et aussi Tzvetan Todorov, *Benjamin Constant : la passion démocratique*, Hachette littératures, 1997.

s'efforçait de préciser les indispensables « moyens de répression contre le pouvoir exécutif ». Oui, de répression.

Ce principe va bien au-delà de la seule séparation des pouvoirs exécutif, législatif et judiciaire. Il introduit l'idée que l'équilibre naît du conflit, que la légitimité suppose la contradiction, que l'opposition est nécessaire à la puissance, que la majorité se grandit du respect de la minorité et que, par conséquent, les actes solitaires du pouvoir exécutif doivent toujours être contrôlés, évalués, discutés par d'autres.

C'est en ce sens que la démocratie politique est une complexité épanouissante qui élève la nation tout entière en laissant ouverte la promesse initiale d'un régime accessible à tous, sans privilèges de naissance, de fortune ou de diplôme. Elle ne saurait se réduire à la domination d'une petite cohorte d'experts, s'accordant solitairement les prérogatives de la compétence et de la connaissance afin d'en monopoliser l'exercice à l'ombre de la présidence qu'ils servent et courtisent.

Tous les pouvoirs qui s'acharnent à simplifier et à appauvrir la démocratie, en la ramenant à la promotion d'un seul, sont au fond nostalgiques de l'absolutisme, de ses privilèges et de ses hiérarchies. Évoquant ces républiques où « toute la puissance y est une », Montesquieu (1689-1755) ajoutait : « Aussi, les princes qui ont voulu se rendre despotiques ont-ils toujours commencé par réunir en leur personne toutes les magistratures[1]. » À cette aune, celle des principes aussi fondateurs qu'élémentaires de notre pensée politique, le fantasme d'omniscience et d'omnipotence qui anime cette hyperprésidence bafoue l'idéal démocratique.

C'est là, en son ressort politique plutôt qu'en d'insondables mystères psychologiques, qu'il faut chercher la portée du comportement de ce Président-là : brutalité du verbe, refus de la confrontation, peur des foules, mépris des opposants, agitation permanente, communication

1. Cf. Montesquieu, *De l'esprit des lois*, 2 tomes, GF Flammarion, 1993 et 1999.

étouffante, indifférence à la vérité, propension au mensonge. De ce point de vue, au-delà des règlements de compte d'un cancre des beaux quartiers avec la méritocratie des diplômes, le mépris ouvertement affiché pour l'indépendance du savoir et la liberté de la recherche induit une pédagogie politique désastreuse, celle d'un pouvoir émancipé de toute tutelle, de toute autorité, de toute discipline, bref, de tout respect.

Le sarkozysme brutalise la politique à mesure qu'il dévitalise la démocratie. Loin de tenir vraiment compte des oppositions qu'il rencontre, il se contente de gagner du temps ou de faire diversion, mais jamais ne renonce à son ambition première : étendre son pouvoir, affaiblir les résistances, augmenter sa puissance. Au risque de l'impopularité immédiate, sans ménager un gouvernement littéralement carbonisé, il ne change pas de direction ni d'obsession, s'acharnant à araser tous les espaces d'autonomie qui pourraient échapper à son emprise.

À l'abri du bunker institutionnel dont l'Élysée est le siège, il ferme méthodiquement toutes les issues en vue du rendez-vous qu'il s'est fixé, celui de la réélection en 2012, où, quoiqu'il en dise, il compte bien réussir un coup imparable. On ne comprend pas autrement cette permanente pédagogie de l'affrontement, mise en scène presque physique d'un fonctionnement au rapport de force, entre domination proclamée et crainte diffusée, qui ruine les bénéfices éphémères de concertations scénarisées.

Évidemment, cette stratégie est risquée. Mais l'opposition aurait bien tort de parier sur ce risque. En 2004, à la veille des élections américaines qui offrirent un second mandat à George W. Bush, le futur prix Nobel d'économie Paul Krugman n'hésitait pas à qualifier de « pouvoir révolutionnaire » cette administration néoconservatrice qui refusait « les règles que le reste de la population tient pour acquises » et ne reconnaissait pas « la légitimité du système en place ». Dans une mise en garde adressée aux journalistes, Krugman ajoutait : « Un pouvoir révolutionnaire a une idée claire de ses desseins et avancera n'importe quel argument lui permettant de les atteindre.

Inutile de supposer que ses justifications répondent en elles-mêmes à une quelconque logique.[1] »

Le tourbillon Sarkozy est de la même espèce. Si c'est aux yeux de beaucoup de nos concitoyens une catastrophe politique, ce n'en est pas moins sa force essentielle. Car, à la différence des journalistes qui le chroniquent ou des opposants qui le critiquent, il est bien décidé à ne pas respecter les anciennes règles du jeu. En introduction de *L'Amérique dérape,* recueil de ses chroniques du *New York Times,* Paul Krugman donnait ainsi de multiples exemples de mensonges avérés, de conflits d'intérêts, d'abus de pouvoir et de volonté d'hégémonie dont les équivalents français d'aujourd'hui ne sont pas difficiles à trouver – du moins sur Mediapart.

Aussi, tout comme George W. Bush et son entourage d'apprentis-sorciers s'emparant du 11-Septembre à la manière d'une divine surprise, Nicolas Sarkozy ne cesse-t-il de rechercher « sa » crise régénératrice, dopant et adjuvant qui lui permettront de rebattre les cartes, de manipuler l'imaginaire collectif et d'hystériser l'affrontement avec ses adversaires. Ministre, il le démontra fin 2005 avec les émeutes de banlieues provoquées par l'affaire de Clichy-sous-Bois[2], tout comme, Président, il ébaucha un temps cette diversion en mettant en avant le champ de bataille afghan.

Non, rien n'arrêtera cette présidence si l'on ne commence pas par prendre la juste mesure de sa nouveauté, qui inclut sa propension à affaiblir la démocratie. Tous ceux qui se rassurent facilement, mettant sur le compte d'excès personnels l'accentuation de travers préexistants, loupent des rendez-vous immédiats qui sont autant d'occa-

1. Paul Krugman, *L'Amérique dérape*, Flammarion, 2004.

2. Les immédiats mensonges de Nicolas Sarkozy, alors ministre de l'Intérieur, sur les circonstances du décès de deux jeunes, morts électrocutés alors qu'ils étaient poursuivis par des policiers, provoquèrent la tension qui conduisit aux émeutes spontanées dans les banlieues. Cf. Jean-Pierre Mignard et Emmanuel Tordjman, *L'Affaire Clichy*, Stock, 2006.

sions manquées pour l'avenir. Ne pas s'opposer résolument maintenant, dans l'illusion que cette cavalcade solitaire s'épuisera d'elle-même, laissant tomber le pouvoir qu'elle détient comme un fruit mûr, c'est laisser à ce pouvoir l'apparente maîtrise des événements, de leur agenda et de leur récit.

Or il s'agit là de son carburant essentiel : l'imprévu et l'inattendu, la crise diplomatique aussi bien que le fait divers, plus gravement l'attentat comme la guerre, sont au ressort d'une présidence dont la peur est le fond de commerce. Aussi est-elle infatigablement à l'affût d'un ennemi qui la légitimera, la motivera et la grandira.

Résolument « présentiste », pour reprendre une formule de l'historien François Hartog[1], le sarkozysme fonctionne en effet à l'événement immédiat, à son instrumentation rapide et à sa mise en scène forcenée. C'est aussi pourquoi il est extrêmement oublieux, passant sans transition d'une marotte à l'autre – qu'en est-il, déjà, du Grenelle de l'environnement (balayé par la crise économique), de l'Union de la Méditerranée (éclipsée par la guerre de Gaza) ou des États généraux de la presse (à peine clos et déjà en jachère) ? Qu'en reste-t-il de stable, de cohérent ou de durable ? Vu du pouvoir, peu importe tant cette façon apparemment brouillonne de gouverner donne le tournis, sème le trouble, égare l'opinion, préempte le débat public et, évidemment, déstabilise une opposition qui ne réussit pas à imposer son propre agenda.

La recette n'est certes pas nouvelle, mais on ne soulignera jamais assez qu'elle exclut les ingrédients qui fondent une véritable culture démocratique : des procédures clairement définies, des modes de délibération stables, des règles du jeu connues de tous, des temps de réflexion et de concertation. Nul hasard si la meilleure description de cette façon de gouverner renvoie, historiquement, à un pouvoir né d'un crime contre la démocratie, celui de Napoléon III, « imaginant sans cesse des surprises » afin

1. François Hartog, *Régimes d'historicité. Présentisme et expériences du temps*, Seuil, coll. « La librairie du XXe siècle », 2003.

de « garder les yeux du public fixés sur lui » et faisant « exécuter chaque jour un coup d'État en miniature » tant il « ne s'appuyait sur aucun principe et n'éprouvait aucun scrupule » – c'est de Karl Marx, mais son contemporain Victor Hugo a écrit à peu près la même chose[1].

On l'entend dire, sourdement : « Tout cela finira mal... » Mais est-on certain que la catastrophe annoncée ne sera pas pour nous tous, et pas seulement pour ce pouvoir fou de lui-même ? Car, entre-temps, auront eu lieu des dommages considérables. Ainsi de la corruption de l'esprit public qui, sous cette présidence, exacerbe sans vergogne la culture d'irresponsabilité diffusée, depuis le sommet de l'État, par des institutions dévitalisées au bénéfice d'un chef d'État intouchable. L'affaire Pérol en est le dernier épisode, ô combien significatif[2].

Qu'il s'agisse de l'État et de sa haute administration ou du capitalisme et de ses grandes entreprises, le message de cette présidence est identique : la compétence ne se légitime qu'auprès d'elle seule, de ses intérêts et de ses ambitions, de ses réseaux et de ses clientèles, de ses envies et de ses appétits. On aurait évidemment tort de nier que ce pouvoir sait s'entourer : l'alliage du talent et de l'ambition ne déteste pas les raccourcis de carrière. Mais il est une faute plus dommageable et plus dangereuse que l'incompétence : une compétence devenue irresponsable, échappant à tout contrôle. Si l'on ne rend compte qu'à un seul, qui vous promeut et vous protège, tout est désormais permis – sauf de lui déplaire.

Dès lors, ce monde protégé, confit d'entre soi parce que replié autour d'un seul, se sent autorisé à libérer son inconscient de violence sociale, d'égoïsme et d'injustice. La sortie du publicitaire et marieur Jacques Séguéla sur la

1. Cf. Karl Marx, *Le 18 Brumaire de Louis Bonaparte*, ouvrage écrit en 1852, comme celui de Victor Hugo, *Napoléon le Petit*.

2. Il s'agit du feuilleton de la crise des Caisses d'Épargne, provisoirement conclu par leur fusion avec les Banques populaires, avec à leur tête François Pérol, ancien conseiller de Nicolas Sarkozy. Sur Mediapart, Laurent Mauduit en fut le chroniqueur vigilant.

Rolex, dont la privation signifierait une vie ratée, est une parole d'époque, de basse époque.

Tout comme divers faits récents, qui auraient dû émouvoir, disent une décadence des comportements professionnels : l'excessive augmentation en pleine crise économique d'un ancien ministre reconverti en contrôleur des marchés financiers ; le cumul jusque dans le monde des casinos de positions d'administrateurs de sociétés avec la responsabilité de l'audiovisuel extérieur de la France ; l'assimilation d'un journaliste devenu directeur d'un quotidien d'information à un membre du gouvernement...

Sous ce pouvoir, la vertu, la simple vertu, semble une rareté. Du coup, s'y conformer est un sursaut de liberté et l'exiger devient une révolte légitime. Pourtant, cet idéal, que cyniques et corrompus tiennent pour un gros mot, n'est pas à l'origine un concept radical, porté au bout des piques révolutionnaires. On le trouvait déjà, au mitan du XVIIIe siècle, sous la plume du modéré Montesquieu, exceptionnellement écrit en lettres capitales. C'est au tout début de *L'Esprit des lois*, dans le chapitre « Du principe de la démocratie » : « Il ne faut pas beaucoup de probité, pour qu'un gouvernement monarchique ou un gouvernement despotique se maintiennent ou se soutiennent. [...] Mais, dans un État populaire, il faut un ressort de plus, qui est la vertu. »

Car, dans un tel gouvernement, précise-t-il, « celui qui fait exécuter les lois sent qu'il y est soumis lui-même, et qu'il en portera le poids ». Ici, la vertu n'est évidemment pas la morale. C'est simplement cette conscience qu'en démocratie, les parties et le tout sont indissociables, les manquements d'un seul suffisant à ébranler l'ensemble. « Lorsque cette vertu cesse, poursuivait Montesquieu, l'ambition entre dans les cœurs qui peuvent la recevoir, et l'avarice entre dans tous. Les désirs changent d'objet : ce qu'on aimait, on ne l'aime plus. On était libre avec les lois, on veut être libre contre elles. Chaque citoyen est comme un esclave échappé de la maison de son maître. »

La vertu républicaine : tel est le bien commun qu'ordinairement, cette présidence piétine. Et tel est le défi qu'elle lance à tous les citoyens de ce pays. Car le pouvoir personnel, ce n'est pas la dérive d'un seul ; c'est l'abdication de tous. C'est l'acceptation, active ou tacite, bruyante ou silencieuse, par la cohorte de représentants et de dirigeants, de cadres et d'élus, d'exécutants et de législateurs, de fonctionnaires et de parlementaires, de soutiens empressés comme d'opposants supposés, bref, par cette foule de responsables et de citoyens qui donnent corps et sens à l'État et à la nation, de cette négation même de la promesse démocratique : la privatisation de la République.

9 mars 2009

9. Au royaume du secret défense

Cette histoire montre ce qui nous menace : l'inattention, l'indifférence, le manque de vigilance. Car elle nous avait échappé alors qu'il n'y a pas plus évidente illustration de notre propos, tout ce que l'on entend souligner ici y étant concentré : la régression démocratique, le coup en douce et le passage en force, la contre-réforme agressive et le démenti des promesses, les privilèges d'État et le mépris des libertés, les clientèles protégées et les abus légalisés, etc.

Jusqu'à sa mention, lundi 9 mars 2009, sur le blog du socialiste Jean-Louis Bianco, nous n'avions pas remarqué, et nous n'étions pas les seuls, ce nouveau coup d'État à froid. Pourtant il avait déjà fait l'objet, le 24 février, d'une forte alerte, sur son blog là aussi, du magistrat Dominique Barella, ancien président de l'Union syndicale des magistrats, suivie le 27 février de dépêches d'agences répercutant les communiqués de protestation venus de cette organisation majoritaire ainsi que du Syndicat de la magistrature, dont la protestation est consultable en ligne.

Cependant, ces réactions opportunes furent elles-mêmes tardives puisque le corps du délit a été déposé à l'Assemblée nationale le 29 octobre 2008. Il est à l'examen de la commission de la défense nationale depuis le 19 novembre 2008, de la commission des lois depuis le 4 février et de la commission des Affaires étrangères depuis le 18 février. Pourtant, jusqu'à cette mise en garde venue d'un magistrat attentif, aucun signe, aucune information, aucune protestation publique d'un parlementaire de l'opposition. Et l'on s'étonne que, parfois, l'opinion se demande où est passée la gauche.

Heureusement, celle-ci se réveille, enfin. Mardi 10 mars, alors que le Parti socialiste validait son livre noir des atteintes aux libertés, dévoilé par Mediapart, son bureau national diffusait un communiqué de protestation. Car cette affaire est immensément grave. Au détour du traditionnel projet de loi de programmation militaire 2009-2014, présenté par le ministre de la Défense, Hervé Morin, le gouvernement a discrètement glissé un chapitre VI intitulé « Dispositions relatives au secret de la défense nationale ». Son objectif ? Élargir démesurément le champ d'application du secret défense et limiter sévèrement les pouvoirs d'enquête des juges d'instruction, ces magistrats trop curieux et trop indépendants dont, depuis, la disparition a été exigée par Nicolas Sarkozy.

Ce projet étend tout à la fois la notion, le territoire et la protection du secret défense. Trois verrous supplémentaires, donc. Le premier se fait par la substitution, dans les textes en vigueur sur le secret défense, du mot « information » au mot « renseignement ». Le concept d'« informations », « plus générique » selon l'exposé des motifs du projet de loi, ce qui, ici, signifie plus large et plus flou, va donc remplacer la notion, plus précise et plus limitative, de « renseignements ». Mieux encore, elle sera complétée par la protection des « réseaux informatiques ». Bref, si ce projet est adopté en l'état, le secret défense protégera ce que l'État, et lui seul, entendra par « informations, réseaux informatiques » relevant de cette protection.

Le deuxième verrou est encore plus stupéfiant, car il franchit allègrement la frontière qui, en théorie, sépare les administrations publiques des entreprises privées. Si ce projet de loi passe[1], un simple décret désignera les lieux classés secret défense – décision par conséquent du seul pouvoir exécutif –, lesquels lieux seront désormais

1. Il a été adapté le 16 juin 2009 par l'Assemblée nationale, puis, sans modification, par le Sénat. Le secret défense est étendu par l'article 12 de cette loi de programmation militaire.

entendus de façon extensive. Non seulement des critères aussi généraux que les « installations » ou leurs « activités » seront retenus, mais surtout ils incluront également des endroits « susceptibles d'abriter des éléments classifiés » parmi lesquels, outre des « services administratifs sensibles », « certains locaux d'entreprises privées intervenant dans le domaine de la recherche et de la défense ».

Autrement dit, le secret défense étatique pourra demain s'appliquer aux sièges de Dassault, de Lagardère, de Matra, de Thalès, de Sagem, de toutes les entreprises qui fabriquent, vendent et exportent des armements. Dorénavant, le secret défense pourra non seulement protéger des lieux relevant explicitement de la Défense nationale mais aussi des lieux « susceptibles » d'abriter des informations classifiées, dont l'établissement de la liste relèvera du bon vouloir de l'exécutif, des intérêts qu'il entend protéger, des industriels auxquels il est lié, des services qu'il veut rendre et des amis qu'il souhaite aider.

Le troisième verrou entend parachever le crime, en privant la justice de toute possibilité crédible et efficace d'investigation sur cet immense territoire qui, nous le savons bien, inclut le monde des commissions occultes, des manœuvres opaques, des espionnages abusifs, des intimidations privées, des chantages industriels, des enrichissements indus, des évasions fiscales, bref de toutes les corruptions qui minent sourdement la République. Si ce projet est adopté en l'état, tout magistrat qui entendra perquisitionner un des « lieux » ainsi classifiés devra d'abord multiplier des démarches aussi ubuesques que voyantes qui rendront vaine l'opération avant même qu'elle n'ait eu lieu. En d'autres termes, il devra à la fois prévenir, se justifier, demander l'autorisation, se faire accompagner et agir sous le contrôle d'un gardien officiel du secret défense.

Plus précisément, les nouvelles dispositions proposées entendent encadrer le « déroulement des perquisitions réalisées dans les lieux sensibles, déclarés à la Commission consultative du secret de la Défense nationale, dans des lieux neutres où sont découverts incidemment des éléments classifiés couverts par le secret de la Défense nationale ou dans les lieux classifiés ». Jusqu'à aujourd'hui, un magistrat qui voulait perquisitionner dans de tels endroits n'avait aucune démarche préalable à faire, il se contentait d'agir en vertu des pouvoirs qui sont les siens, saisissait les documents qui lui paraissaient utiles à son enquête et, s'ils étaient classifiés, demandait leur déclassification au gouvernement. Ce dernier saisissait alors la Commission consultative, laquelle ne rendait qu'un avis... consultatif, lequel n'était pas forcément contraignant pour le pouvoir.

Bref, c'était déjà un chemin de croix. Figure de l'indépendance et de l'intégrité judiciaires, le juge Renaud Van Ruymbeke en sait quelque chose. Ce magistrat spécialisé dans les grands dossiers financiers a ainsi dû conclure par un non-lieu son instruction sur l'affaire des frégates de Taiwan car son enquête s'est fracassée sur le mur du secret défense. Mais au moins arrivait-il à des juges de saisir des documents indûment protégés – par exemple, avec un zèle qui, alors, n'était pas pour déplaire à Nicolas Sarkozy, les deux magistrats instructeurs de l'affaire Clearstream ne s'en sont pas privés.

Avec l'actuel projet, c'en sera définitivement fini de ces curiosités judiciaires. Son objectif, comme l'explique très clairement l'exposé des motifs, est « d'éviter les atteintes au secret de la Défense nationale résultant d'une prise de connaissance d'éléments classifiés par un magistrat ou par un enquêteur, qui n'ont pas qualité pour en connaître ». Au passage, c'est un argument totalement spécieux puisque, jusqu'ici, aucun magistrat ni aucun enquêteur n'a été mis en cause pour violation du secret défense.

Par conséquent, au nom de ce raisonnement sans fondement, à l'avenir et si ce texte passe, « une perquisition ne pourra se dérouler dans un lieu classifié qu'après sa déclassification aux fins de perquisition par l'autorité administrative ». Vous avez bien lu : d'une part, le magistrat devra au préalable demander la déclassification ; d'autre part, c'est le pouvoir exécutif qui en décidera seul, sans avoir à s'en justifier, en l'espèce juge et partie puisqu'il a lui-même délimité le périmètre du secret. Désormais, au risque de la nullité de sa procédure, tout magistrat dont la curiosité voudrait s'étendre à cet univers protégé devra suivre un mode d'emploi tatillon et, surtout, fort peu discret. Il ne pourra plus bénéficier de l'effet de surprise, il ne pourra plus se contenter de prévenir ses seuls enquêteurs, il ne pourra plus agir sur place en maître de ses investigations.

S'agissant des lieux « susceptibles d'abriter des éléments couverts par le secret de la Défense nationale », voici ce que prévoit le texte soumis au Parlement : « La perquisition ne peut être effectuée qu'en vertu d'une décision écrite et motivée qui indique la nature de l'infraction ou des infractions sur lesquelles portent les investigations, les raisons justifiant la perquisition et l'objet de celle-ci. Le magistrat transmet cette décision au président de la Commission consultative du secret de la Défense nationale. [...] Seul le président de la Commission consultative du secret de la Défense nationale, son représentant et, s'il y a lieu, les personnes qui l'assistent peuvent prendre connaissance d'éléments classifiés découverts. Le magistrat ne peut saisir, parmi les éléments classifiés, que ceux relatifs aux infractions sur lesquelles portent les investigations. »

S'agissant des lieux explicitement « classifiés au titre du secret de la Défense nationale », le texte ajoute une contrainte supplémentaire, celle de l'autorisation préalable : « La perquisition doit être précédée d'une décision de déclassification temporaire aux fins de perquisition et ne peut être entreprise que dans les limites de la déclassification ainsi décidée. » Volontairement vague, ce qui laisse envisager toute la gamme de l'arbitraire, le projet précise que cette décision de déclassification relève de « l'autorité administrative compétente », laquelle peut aussi bien ne pas donner suite à la demande ou, si elle l'accepte, l'encadrer dans le temps et la limiter dans l'espace.

On l'aura compris : ce texte entend ériger une barrière infranchissable face aux légitimes curiosités de la justice, des magistrats qui l'exercent et des policiers qui enquêtent. Les perquisitions seront soit impossibles soit vaines. Surtout, un immense territoire étatique, mais également privé, risque de se trouver hors d'atteinte de la justice, donc de la loi et du droit. Comme le résume fort bien Jean-Louis Bianco, « ce « cavalier » législatif, s'il est adopté en l'état, créera des citadelles hors droit, dont l'impunité sera assurée ». « Ce projet, ajoute-t-il, s'inscrit dans la droite ligne de la volonté du chef de l'État de dépénaliser le droit des affaires et de supprimer le juge d'instruction pour confier les enquêtes pénales à un parquet de plus en plus dépendant de l'exécutif. »

Ce n'est évidemment pas le secret défense que le pouvoir entend ici protéger, mais bien son usage abusif qu'il entend renforcer au bénéfice du secret d'État entendu au sens le plus large possible. Ce projet de loi est totalement cohérent avec l'opération déjà réussie, depuis 2007, de fusion des services de renseignement intérieur, RG et DST, qui a ainsi créé un immense service d'espionnage dont la mission s'exerce à l'intérieur de nos frontières et à l'endroit de nos concitoyens, lequel service, ses activités, ses personnels, ses informations et ses fichiers sont d'ores et déjà placés à l'abri du secret défense.

Évidemment, les avocats du pouvoir invoqueront les précautions prises par le recours à la Commission consultative du secret de la Défense nationale. Mais nous sommes là au cœur d'une grande hypocrisie qui souligne combien les avancées autoritaires du pouvoir actuel auront été facilitées par les faiblesses, naïvetés et timidités des pouvoirs précédents, notamment de gauche. Cette commission est en effet l'une de ces « autorités administratives indépendantes » – en vérité bien peu indépendantes du pouvoir exécutif qui les nomme, les installe et les parraine –, dont la multiplication ces dernières années a servi d'apparente démocratisation des pratiques étatiques, en lieu et place d'un authentique contrôle au service des citoyens.

Dès qu'il s'agit de sujets sensibles (secret, écoutes, fichiers), elles sont composées de la même façon : un président, un vice-président, voire un membre, tous hauts fonctionnaires, choisis par l'Élysée et nommés par... le président de la République et lui seul ; un député et un sénateur, nommés par les présidents de chacune des assemblées. Ces deux parlementaires ont évidemment bien d'autres contraintes, ce qui laisse aux fonctionnaires précités la maîtrise opérationnelle de ces commissions. En somme, c'est l'État qui nomme et qui contrôle ses contrôleurs. De fait, ces commissions – et j'ai pu le mesurer en tant que plaignant dans l'affaire des écoutes téléphoniques... de l'Élysée – se comportent bien plus en gardiennes des secrets de l'État que des libertés des citoyens. Rien de surprenant à cela quand on y retrouve très souvent d'anciens préfets, fonctionnellement habitués à défendre le pouvoir exécutif, même quand il abuse, ne serait-ce que par obéissance administrative, plutôt que portés à soutenir les citoyens quand ils protestent, s'indignent, réclament, etc.

Nommé en 2005, l'actuel président de la Commission consultative du secret de la Défense nationale est évidemment un ancien préfet, tout comme son secrétaire général. Son prédécesseur, de 1999 à 2005, Pierre Lelong, était un ancien ministre et député gaulliste qui cumula un temps cette fonction avec celle de président de la Commission spécialisée des marchés d'armement (1997-2004) – cumul qui, à lui seul, éclaire ce dont il s'agit ici, dans un pays qui, hélas, peut se vanter d'être, selon les années, le troisième ou le quatrième marchand d'armes mondial. Pour preuve de la haute estime dans laquelle le pouvoir exécutif tient ces commissions supposées indépendantes, le site officiel du Premier ministre présentait encore, ce mercredi 11 mars 2009, celle qui nous concerne dans sa composition de 2004, ce que rectifiait heureusement le portail de l'administration française.

Ce projet qui, jusqu'alors, avançait l'air de rien, dans le silence et l'indifférence, est digne du Patriot Act américain, adopté sous le choc du 11 Septembre, qui marqua une régression des libertés aux États-Unis. Lesquels États-Unis bénéficient pourtant, depuis 1967, du Freedom of Information Act (FOIA) permettant un large accès des citoyens américains, et donc des journalistes, à des informations étatiques qui sont toujours hors d'atteinte en France et qui, si ce texte passe, le seront encore plus demain. Est-il besoin de souligner qu'à peine installé à la

Maison Blanche, Barack Obama a exigé que l'application du FOIA soit désormais plus transparente, plus ouverte et plus facile, face aux entraves multipliées durant l'administration Bush ?

Aussitôt élu, le nouveau Président américain a donc commencé par respecter ses promesses électorales. Ce n'est pas le cas du Président français, en ce domaine comme en d'autres. Car la section française de l'ONG Transparency International, qui mène un combat entêté contre la corruption dans nos démocraties, avait notamment interrogé le candidat Sarkozy sur le secret défense. Leur question était excellente, appuyée sur la conviction, étayée par des comparaisons internationales, que la France est la démocratie qui a la pratique la plus extensive du secret défense, doublée d'une absence de contrôle indépendant de cette classification et d'une incapacité de la justice à faire plier sur cette question face au pouvoir exécutif.

Voici donc la question de TI France, fort bien argumentée et très éloignée de ce que veut imposer aujourd'hui le pouvoir : « L'importance de la procédure de déclassification de documents liés au secret défense a été récemment illustrée avec l'affaire des frégates de Taiwan. Pourtant, la Commission consultative du secret de la Défense nationale, qui est une autorité administrative indépendante, ne rend que des avis consultatifs au ministre qui la saisit. Pour conférer plus d'autorité à cette procédure et éviter le soupçon du manque d'indépendance, TI France propose, dans une première étape, de transformer la Commission en une instance décisionnelle, et de mieux distinguer les informations qui relèvent effectivement du secret défense de celles qui ne le méritent pas. Si vous êtes élu, seriez-vous d'accord pour transformer la CCSDN en une instance de décision et pour réformer la procédure de classification dans le sens d'un plus grand respect du droit des citoyens à l'information ? »

Et voici la réponse du candidat Nicolas Sarkozy, le 26 mars 2007 : « C'est une question délicate. La modernité de notre démocratie devrait conduire à aller plutôt dans votre sens. C'est pourquoi je suis ouvert sur cette question. Cela étant, je constate qu'aujourd'hui la Commission consultative du secret de la Défense nationale propose assez souvent le déclassement des documents et surtout que le gouvernement suit toujours son avis. En l'état actuel des choses, je ne vois donc pas de raison de changer les règles. » On imagine sans mal réponse plus enthousiaste, mais nous venons quand même de lire qu'il n'y avait « pas de raison de changer » les règles que le même homme, une fois élu, entend bien changer, au mépris de ses engagements.

Cette histoire emblématique nous confirme que le sarkozysme n'est pas un pouvoir anecdotique, que résumerait l'agitation de celui qui l'incarne. C'est un pouvoir de régression systématique qui se barricade en vue de durer. Et qui le fait habilement, en tentant d'endormir son opposition et de chloroformer l'opinion. Ainsi, pour justifier tout ce que l'on vient ici de résumer, l'exposé des motifs du projet de loi ose-t-il affirmer que ces dispositions « sont directement inspirées des textes existants pour les médecins, avocats, notaires ou avoués, destinés à protéger les droits de la défense, le secret professionnel et médical ou encore le secret des sources des journalistes, tout en assurant un déroulement optimal des investigations judiciaires ».

Il s'agirait donc de protéger les secrets de l'État au même titre que l'on protégerait les secrets de certains citoyens, à raison de leur profession particulière. Or c'est ce raisonnement-là qui est, profondément, d'essence non démocratique. Comme si les droits du pouvoir exécutif pouvaient être assimilés à ceux d'un individu. Comme si l'on pouvait mettre sur le même plan la protection des libertés des citoyens (le droit d'informer, le droit de se défendre, le droit de se soigner, le droit à l'intimité privée, le droit au secret professionnel) et la protection des pouvoirs de l'État, plus essentiellement des pouvoirs de contrainte et secret, de police et de défense, d'intrusion et de domination d'un État qui, d'ordinaire, rend si peu ou si mal compte de ses manquements.

Au passage, le projet de loi soumis aux parlementaires précise les peines prévues pour ceux qui auraient facilité l'accès aux lieux « secret défense » à une personne non qualifiée : sept ans d'emprisonnement et 100 000 euros d'amende. Et pour la personne bénéficiaire de cet accès interdit, cinq ans d'emprisonnement et 75 000 euros d'amende. Par comparaison, les peines maximales prévues dans le code pénal pour avoir porté atteinte à l'intimité de la vie privée d'autrui sont d'un an d'emprisonnement et de 45 000 euros d'amende. En somme, deux poids, deux mesures, selon qu'il s'agit de défendre l'État ou de protéger les citoyens.

11 mars 2009

10. L'assaut contre nos libertés

Le sarkozysme est comme ce grand magasin dont la publicité, dans le temps, promettait qu'il s'y passerait « tous les jours quelque chose ». Cet activisme n'est pas seulement sa marque de fabrique, c'est aussi le secret de son pouvoir. Car ce tournis politique, cascade d'initiatives et bousculade de projets, est fait pour nous désorienter. À force, on perd les enjeux, on ne suit plus le film, on ne voit plus passer les balles ; du coup, on se lasse et on se fatigue, bref, on se résigne.

Aussi cette série dont le projet était de remettre en perspective l'action de cette présidence est-elle inévitablement requise par des urgences d'actualité qui viennent illustrer son propos. Si elle les ignorait, elle ne serait pas fidèle à son ambition qui est de saisir ce pouvoir dans sa radicale nouveauté politique.

Tout comme l'épisode de l'élargissement du secret défense, projet qui veut étendre et renforcer l'actuelle chape de plomb sur d'inavouables secrets d'État ou d'affaires, le feuilleton offert cette semaine par le projet de loi « création et Internet » à l'Assemblée nationale vient opportunément conforter notre analyse d'un pouvoir qui réduit nos libertés plutôt qu'il ne les augmente. C'est même un cas d'école, éminemment symbolique des valeurs de violence sociale portées par cette présidence, sorte de culture-réflexe que l'on retrouve dans ses pratiques envers les plus fragiles, les plus démunis ou les moins protégés – des nouvelles victimes de la crise économique aux travailleurs migrants venus de l'étranger, en passant par certaines populations dont la relégation sociale s'inscrit dans l'espace urbain.

Avec ce projet de loi, dit aussi Hadopi, nous sommes en face d'un pouvoir qui, d'une part, refuse une liberté fondamentale et, d'autre part, rogne une liberté individuelle. Il refuse de considérer l'accès à Internet comme un droit égal pour tous, donc comme une liberté fondamentale. Il autorise une sanction contre un citoyen hors de toute autorité judiciaire, puisqu'il autorise des opérateurs privés à priver d'accès numérique, jusque durant une année, les simples suspects de téléchargement illégal, ce qui signifie bafouer la présomption d'innocence et accorder à des acteurs économiques privés un pouvoir qui, en démocratie, ne saurait relever que de la justice publique.

Sur le premier point, la démonstration en fut flagrante, jeudi 12 mars 2009, en séance à l'Assemblée nationale, avec un terrible aveu de la ministre de la Culture et de la Communication, Christine Albanel. L'activisme parlementaire de députés de l'opposition n'y est pas pour rien, et on le souligne d'autant plus que la communication officielle fait tout pour éclipser leur travail. En l'occurrence, et la liste n'est pas exhaustive, les socialistes Patrick Bloche, Didier Mathus et Christian Paul, l'apparenté communiste Jean-Pierre Brard et la Verte Martine Billard ont fort bien rempli le mandat que leur ont confié les électeurs.

Preuve que le trouble, sur ces questions de principe, traverse la majorité, ils ont un temps reçu, avant qu'il ne se ravise sous la pression de la discipline partisane, le renfort d'un député UMP, Patrice Martin-Lalande, fort compétent et dynamique sur toutes les questions touchant à Internet. Défendant des « droits de l'homme numériques » et combattant la « fracture numérique », bref voulant étendre la liberté et l'égalité à l'heure d'une nouvelle révolution industrielle, il proposa un amendement qui défendait un droit d'accès pour tous à Internet. Deux phrases de son amendement en résument l'immense portée : « L'accès à Internet constitue un droit fondamental » ; « Le droit à l'anonymat numérique est reconnu à chaque individu. »

C'est alors que la ministre Albanel répondit ceci, en refusant catégoriquement cet amendement : « L'accès à Internet ne peut être considéré comme un droit fondamental. Certes nous savons bien l'importance qu'Internet revêt dans un grand nombre de secteurs de la vie actuelle, mais je rappelle qu'on peut y avoir accès partout hors de chez soi. Ce serait donc aller trop loin que de considérer l'accès à Internet à son domicile comme un droit fondamental. »

Cette réponse est stupéfiante. C'est un peu comme si, à la fin du XIXe siècle, durant la deuxième révolution industrielle, celle de l'électricité, qui vit le début de l'ère médiatique avec l'invention des rotatives, on avait refusé le libre accès, par la libération de l'impression et de la diffusion, aux journaux. Si l'article premier de la célèbre loi de 1881 sur la liberté de la presse énonce que « l'imprimerie et la librairie sont libres », sans restriction aucune, c'est au nom d'un droit fondamental : la liberté de l'information.

Nous voici à la troisième révolution industrielle, celle qu'incarne le numérique, et une ministre de la République dit que ce libre accès à Internet n'est pas un droit fondamental. Autrement dit, ce ne serait pas un droit pour tous, pas un droit que la puissance publique se doit de garantir à tous.

L'enjeu, ici, n'est pas technologique mais démocratique. Il ne s'agit pas de tuyaux mais de contenus : demain plus encore qu'aujourd'hui, l'information circulera d'abord sur Internet. Refuser ce principe du droit pour tous à Internet, c'est sciemment préparer une société où l'information ne sera pas donnée à tous. Nos sociétés vivent en effet des révolutions concrètes de leurs usages collectifs et individuels qui appellent la définition de nouveaux droits et de nouvelles libertés si l'on ne veut pas qu'au détour de ce chambardement se créent de nouvelles inégalités et se renforcent les anciennes. C'est bien pourquoi l'on a parlé très tôt de « fracture numérique », en écho à la fracture sociale.

Cet épisode montre que le pouvoir actuel tourne le dos à ce défi, indifférent à ces injustices nouvelles et ne saisissant pas l'opportunité d'une révolution technologique pour accroître l'espace démocratique. Il tourne le dos, de plus, à ses propres promesses, et notamment au plan du bref secrétaire d'État au développement de l'économie numérique, Éric Besson.

Le site du plan « France numérique 2012 », dont il a eu la charge, nous annonce encore que le Président et son gouvernement se sont engagés à « permettre à tous les Français d'accéder aux réseaux et aux services numériques ». Engagement que, par sa phrase de refus, Christine Albanel a tout simplement réduit à néant devant les députés.

Le débat qui a suivi, et qu'on peut lire intégralement sur le site de l'Assemblée nationale, a amplement illustré ce gouffre démocratique et social. Didier Mathus, pédagogue, fut le premier à répondre : « Il suffit d'observer la société pour constater que l'accès à Internet devient indispensable à la vie quotidienne, et pas seulement à celle des plus aisés. On voit très bien, en particulier dans le monde rural, que la connexion à Internet est un apport essentiel à la vie quotidienne et que, demain, il ne sera plus possible de s'en passer. Vouloir couper cette connexion constitue une atteinte extrêmement grave aux libertés individuelles mais aussi aux conditions de vie ordinaires de nos concitoyens. »

Puis Martine Billard, pratique, après avoir souligné que nombre d'administrations essentielles (pôle emploi et impôts, par exemple) incitent à faire directement sur Internet les démarches les concernant : « Je rappelle que les droits évoluent en fonction des besoins de la société. Au début du XXe siècle, l'électricité n'était pas un droit essentiel ; dans les campagnes, jusque vers 1950, il y avait beaucoup d'endroits sans accès à l'électricité… Aujourd'hui, tout le monde reconnaît que l'accès à l'électricité est un droit essentiel. Il en est de même de l'accès à l'eau. Internet, à son tour, devient, peu à peu, un droit essentiel pour pouvoir s'insérer dans la société. »

Ensuite, Jean-Pierre Brard, dans la même veine, après avoir rappelé la carrière de Christine Albanel qui, depuis le cabinet élyséen de Jacques Chirac, l'entraîna par le fait du prince à la direction de l'établissement public du château de Versailles durant quatre ans : « À Versailles, du temps de sa splendeur et de la présence de son résident le plus illustre, le Roi Soleil, il n'y avait pas de robinet, et ce n'était pas un droit fondamental que d'avoir l'eau chez soi. Aujourd'hui, chacun considère que c'en est un. »

Enfin, Christian Paul, ironique et incisif : « À une époque où nous aimons tous parler de politique de civilisation, votre laconisme sur la civilisation numérique me surprend, madame la ministre, alors que, historiquement dans notre République, votre ministère est celui des libertés nouvelles, des terres à défricher. C'est comme si vous étiez restée à Versailles..., mais le Versailles d'un autre siècle. Qu'y a-t-il d'essentiel dans cet amendement ? L'idée que depuis les années 1970, depuis une trentaine d'années, nous sommes entrés progressivement dans la civilisation numérique, quittant peu à peu la civilisation industrielle, et qu'il faut en tirer les conséquences dans le domaine de la vie privée comme celui de la vie de la cité numérique. Cela passe par la reconnaissance de droits. Actuellement, la liberté de communication s'appelle droit d'accès à Internet. Or porter atteinte à la liberté de communication, c'est porter atteinte à un droit fondamental. Ce n'est pas une simple commodité de la vie quotidienne. »

Si l'on s'attarde sur ces citations, c'est parce que, dans le camp d'en face, il n'y avait pas d'autre argument que le refus obtus de tout nouveau droit. À tel point qu'un député de la majorité de droite, contestant cette notion de droit fondamental, eut ce cri du cœur : « Il n'existe pas de droit fondamental à l'eau et à l'électricité !... Quel maire ici présent accorde le droit fondamental à l'eau et à l'électricité ? On n'a jamais vu ça ! Vous nous faites perdre notre temps ! » On croirait lire des débats d'un autre âge, à l'orée de la conquête, si longue, si difficile, des premiers droits sociaux. Ce que Jean-Pierre Brard ne manqua pas de souligner par des sorties moqueuses, répliquant à son collègue député : « Il y avait les affameurs, maintenant nous avons les assoiffeurs ! » Hélas, courageux mais pas téméraire, le député UMP Martin-Lalande retira son amendement, que reprit l'opposition et qui sera rejeté par 46 voix contre 11.

Le deuxième aspect du projet, l'atteinte à une liberté individuelle après le refus de fonder un droit égal pour tous, confirme cette perception d'un pouvoir radicalement indifférent aux enjeux sociaux d'une loi égale pour tous. Car la disposition introduite est une régression qui renvoie à l'attitude des pires majorités conservatrices. Sous couvert de défendre le droit moral des créateurs, il s'agit en fait de barricader la propriété contre la liberté, d'opposer la première à la seconde, de défendre les privilèges de l'une contre les menaces de l'autre. Sur ce sujet, ses fondements politiques et ses enjeux philosophiques, on trouvera sur le site Amendement138.net un argumentaire fort détaillé qui bouscule nombre de fausses évidences actuelles, montrant que la propriété qui est ici défendue n'est pas celle des créateurs mais celle des gros industriels et des grands commerçants, à seule fin, au résultat, « d'exproprier les artistes ». Or, l'intitulé de ce site renvoie à un amendement adopté le 24 septembre 2008 par le Parlement européen, à une très forte majorité (88 % : 573 pour, 74 contre). Lequel amendement ridiculise la prétention moderniste du gouvernement français, le renvoyant à un archaïsme aussi régressif que caricatural.

Soutenu notamment par Daniel Cohn-Bendit et Catherine Trautmann, cet amendement défend les droits fondamentaux des « utilisateurs finaux » que sont les internautes, c'est-à-dire potentiellement chacun(e) d'entre nous : « Aucune restriction aux droits et libertés fondamentales des utilisateurs finaux ne doit être prise sans décision préalable de l'autorité judiciaire en application notamment de l'article 11 de la Charte des droits fondamentaux, sauf en cas de menace à la sécurité publique où la décision judiciaire peut intervenir postérieurement. » Autrement dit autoriser, comme le prévoit le projet Hadopi, un opérateur commercial à autoritairement, sans aucune décision de justice ni donc de recours, priver de connexion un internaute est, selon le Parlement européen, un déni de droit.

La Charte des droits fondamentaux de l'Union européenne dispose en effet, en son article 11 que « toute personne a droit à la liberté d'expression. Ce droit comprend la liberté d'opinion et la liberté de recevoir ou de communiquer des informations ou des idées sans qu'il puisse y avoir ingérence d'autorités publiques, et sans considération de frontières ». En ce domaine des libertés fondamentales, la France de Nicolas Sarkozy, on le voit bien, avance à reculons. Et l'Europe d'ailleurs, qui sur ce plan nous a plutôt tirés vers le haut grâce à la Cour européenne des droits de l'homme de Strasbourg, n'en revient pas.

Ainsi quand, le 4 octobre 2008, Nicolas Sarkozy est intervenu afin que la Commission européenne ne reprenne pas l'amendement 138 voté par le Parlement européen, il a reçu en retour une petite leçon de savoir-vivre démocratique, par la bouche du porte-parole de la Commission, Martin Selmayr : « La Commission européenne respecte cette décision démocratique du Parlement européen. De notre avis, cet amendement est une importante réaffirmation des principes fondamentaux de l'ordre juridique de l'Union européenne, notamment des droits fondamentaux des citoyens. »

La France se place donc dans la posture peu enviable de lanterne rouge de l'Europe en matière d'invention dans le domaine des libertés fondamentales. Certes, comparé à d'autres comme le droit au travail, au logement ou à la santé, nous sommes là devant des libertés qui peuvent sembler un luxe – se connecter, s'informer, communiquer, etc. Pourtant, au détour des débats comme des dispositions, apparaît sans fard ni masque une vision clivée du social, de nantis satisfaits de leur bien-être face à des manants réclamant à leurs yeux le superflu.

En l'espèce, d'où notre insistance, le superflu c'est non seulement l'information en général mais sa vitalité particulière sur Internet, un univers où l'indépendance d'esprit et l'indocilité citoyenne peuvent encore, et c'est heureux, s'exprimer et se diffuser sans contraintes.

13 mars 2009

11. L'affaire Coupat nous concerne tous

Tarnac est un petit village de Corrèze, avec à peine trois centaines d'habitants, situé sur les versants du plateau de Millevaches. Tarnac est aussi le premier nom d'une affaire d'État qui ébranle les principes fondateurs de notre droit et dont le pouvoir actuel porte la responsabilité. Un jour viendra où ce point de vue, encore minoritaire, semblera une évidence.

Dans l'immédiat et pour l'opinion moyenne, l'affaire de Tarnac reste l'histoire d'un groupe de jeunes anarchistes radicaux, entre doux rêveurs et extrémistes illuminés. Constitués en communauté autonome dans ce coin perdu du Limousin, ils sont soupçonnés par les policiers de la Direction centrale du renseignement intérieur (DCRI) d'être les auteurs d'au moins un sabotage sur une ligne TGV de la SNCF. Arrêtés lors d'une opération très médiatisée, ils sont neuf à avoir été mis en examen, dans le cadre de la législation contre le terrorisme. Un seul est toujours en détention provisoire depuis le 15 novembre 2008, Julien Coupat, accusé de « direction d'une association de malfaiteurs et dégradations en relation avec une entreprise terroriste[1] ».

Tandis que leurs défenseurs clament que le dossier est vide, le pouvoir, justice et police à l'unisson, de la ministre de l'Intérieur au procureur de la République en passant par le patron de la DCRI, assure qu'il n'en est rien. Deux

1. Julien Coupat a été mis en liberté et placé sous contrôle judiciaire le 28 mai 2009.

discours contradictoires dont l'affrontement n'a, pour l'heure, guère mobilisé les partis et les consciences. Le plus souvent, ce feuilleton est suivi de loin, comme une histoire qui se dénouera d'elle-même avec le temps. Comme un dossier qui ne mettrait en jeu rien d'essentiel, de central ou d'urgent. Comme une affaire marginale en somme, située en lisière des grands débats et des graves questions, tout comme les jeunes concernés avaient choisi de se placer en marge de l'ordre dominant et de vivre à l'écart de la société urbaine, industrielle et marchande.

Il n'en est rien, et c'est ce que l'on voudrait plaider ici : l'affaire de Tarnac nous concerne tous. Parce que son déroulement met en péril plusieurs principes démocratiques vitaux : la présomption d'innocence, les libertés d'opinion et d'expression, voire, au-delà, la liberté de conscience, c'est-à-dire le libre choix des valeurs qui conduisent une existence. Et elle nous concerne d'autant plus si nous ne partageons pas les positions idéologiques ou les engagements militants de ceux qu'elle met en cause. Car, à quoi bon défendre des principes, des droits et des libertés, si l'on ne s'en soucie pas quand ils sont piétinés, transgressés ou ignorés, au prétexte que les victimes de ces abus nous seraient étrangères ? « Qui ne gueule pas la vérité quand il sait la vérité, se fait le complice des menteurs et des faussaires ! » Cette apostrophe de Charles Péguy (1873-1914), au sortir de l'affaire Dreyfus dont il fut l'un des combattants de la première heure, vaut pour tous ceux qui, aujourd'hui, restent indifférents, silencieux et timorés devant le scandale judiciaire et policier que constitue l'affaire de Tarnac, qui vaut à Julien Coupat d'être emprisonné depuis bientôt six mois.

D'une affaire à l'autre, de la haute tragédie d'avant-hier à la farce sinistre de maintenant, les deux histoires n'ont certes pas de commune mesure et sont, par bien des aspects, dissemblables. Mais ce qu'elles mettent en jeu est du même ordre, aussi essentiel, aussi décisif : l'individu contre l'État, les principes contre leur abandon, la vérité contre le mensonge. « Nous disions, poursuivait Péguy dans *Notre jeunesse* en 1910, une seule injustice, un seul crime, une seule illégalité, surtout si elle est officiellement enregistrée, confirmée, une seule injure à l'humanité, une seule injure à la justice et au droit, surtout si elle est universellement, légalement, nationalement, commodément acceptée, un seul crime rompt et suffit à rompre tout le pacte social, tout le contrat social, une seule forfaiture, un seul déshonneur suffit à perdre l'honneur, à déshonorer tout un peuple. »

Tel fut l'enseignement de l'Affaire, qui a transformé le nom du capitaine Alfred Dreyfus en symbole universel : les principes se jouent toujours à échelle d'homme. Non pas d'humanité abstraite, générale et désincarnée, mais d'humanité concrète et solitaire – d'individu tout simplement. Et ils sont encore plus mis à l'épreuve quand, spontanément, tout ou presque, l'éducation que vous avez reçue, les préjugés de votre milieu, les convictions de votre entourage, vous tient à distance de cet homme précis et vous porte à l'indifférence envers son sort particulier. On le sait : il fallut aux premiers dreyfusards vaincre les résistances de ceux qui, à gauche, ne se sentaient pas concernés par les mésaventures d'un militaire discipliné, officier patriote, symbole de l'ordre, juif de surcroît – l'antisémitisme n'étant pas réservé aux seuls réactionnaires.

De même aujourd'hui, s'agissant des neuf de Tarnac, la peur de l'ultragauche, l'épouvantail de l'extrémisme, la crainte de la radicalité sont autant de prétextes à l'immobilisme, au silence et à l'indifférence – particulièrement à gauche. Julien Coupat et ceux qui l'entourent ne font pas mystère de leurs convictions, d'autant moins qu'ils les ont revendiquées dans des écrits publics, notamment ceux de la revue *Tiqqun*, proche du philosophe italien Giorgio Agamben. S'ils refusent de se situer à l'ultragauche, dans ses variantes libertaires et autonomes, affirmant même lui être étrangère, ils affichent des engagements radicaux, associant goût du style et style de vie, inclinations littéraires et causes politiques. La généalogie qu'ils entendent prolonger, interroger et actualiser pourrait aller du blanquisme au situationnisme, et fait pleinement partie de notre histoire politique, sociale et intellectuelle.

On est en droit de ne pas goûter cette radicalité extrême, quelque peu élitiste et esthétique. Et la société est en droit de demander à ceux qui s'en réclament des comptes sur leurs actes dès lors qu'ils choisissent de passer à ce que les anarchistes de la Belle Époque appelaient « la propagande par le fait », laquelle se traduisit à la fin du XIXe siècle par plusieurs attentats meurtriers. Mais nous ne pouvons accepter qu'au prétexte de la dangerosité supposée de leurs idées, on les accuse sans autre preuve que leurs écrits, on les criminalise en vertu de leurs mauvaises pensées, on les soupçonne non pas de ce qu'ils ont réellement fait mais de ce qu'éventuellement, ils auraient pu faire ou penser faire.

Or telle est bien la réalité, la pauvre réalité du dossier policier de Tarnac, désormais largement documentée. Des indices sans doute, des coïncidences probablement, mais pas de preuves matérielles, aucune trace ADN, aucun témoignage crédible. À tel point que le seul témoin accusateur dans le dossier policier est non seulement anonyme (témoignage recueilli sous X), mais que, de plus, sa crédibilité est aujourd'hui sérieusement mise en doute, avec des soupçons sérieux d'affabulation. Le plus important élément à charge, qui fut au point de départ de la surveillance dont ces jeunes firent l'objet et de la suspicion aujourd'hui mise en scène, reste donc un livre, paru en mars 2007, *L'Insurrection qui vient*[1], dont on leur attribue la paternité, ce qu'ils contestent. Si l'on en doutait, l'audition récente de son éditeur, Éric Hazan, des éditions La Fabrique, par la sous-direction de l'anti-terrorisme confirme que les policiers en sont toujours à tourner autour du point de départ de leur enquête.

Un livre où, en effet, l'on trouve une allusion au sabotage de lignes ferroviaires, au détour d'une réflexion sur le « blocage des flux » d'une société étourdie par la vitesse, la circulation et les connexions : « Comment rendre inutili-

1. Comité invisible, *L'Insurrection qui vient*, La Fabrique, 2007.

sable une ligne de TGV, un réseau électrique ? Comment trouver les points faibles des réseaux informatiques, comme brouiller des ondes radios et rendre à la neige le petit écran ? » Mais on y trouve aussi ce passage où la violence est à la fois revendiquée et mise à distance, dans le rêve d'une insurrection inédite contre l'ordre établi : « Il n'y a pas d'insurrection pacifique. Les armes sont nécessaires : il s'agit de tout faire pour en rendre l'usage superflu. Une insurrection est davantage une prise d'armes, une "permanence armée" qu'un passage à la lutte armée. On a tout intérêt à distinguer l'armement de l'usage des armes. [...] Un authentique pacifisme ne peut pas être refus des armes, seulement de leur usage. [...] En vérité, la question pacifiste ne se pose sérieusement que pour qui a le pouvoir de faire feu. »

Ceux qui ont écrit ces lignes se vivent en guerre collective contre l'ordre existant, comme dans toute eschatologie révolutionnaire. Mais qu'ils le pensent ne prouve pas pour autant qu'ils aient basculé dans une guerre véritable où la violence des armes tient lieu d'action politique. L'excès des mots ne prouve pas automatiquement la démesure des actes. Il y avait aussi violent, quoique moins nuancé et moins inspiré, dans *Vers la guerre civile*, ouvrage de l'ultra-gauche maoïste paru en 1969. Deux de ses trois signataires, Alain Geismar et Serge July, ont depuis cheminé en notoriété et respectabilité, ayant fréquenté cabinets ministériels pour l'un (auprès de Claude Allègre) et grands médias pour l'autre (*Libération* hier, RTL aujourd'hui). Ce rappel, non pas pour prédire forcément la même évolution aux auteurs de *L'Insurrection qui vient*, mais pour inviter à garder raison et mesure. Pas plus que *Vers la guerre civile*, le livre *L'Insurrection qui vient* n'a été assigné en justice par la puissance publique. Ni poursuivie ni condamnée, c'est donc une parole que notre démocratie admet et accepte, aussi excessive, audacieuse ou scandaleuse soit-elle.

Sa contestation, sa critique ou sa réfutation, voire sa condamnation, a sa place dans le débat d'idées. Pas dans une enceinte de justice où ces pensées, ces idées et ces écrits seraient tenus pour preuve d'un complot terroriste. Le terrorisme, ce sont des actes. Des faits, des preuves, des crimes factuellement prouvés. Pas des intentions supposées. Pas des gamberges intellectuelles. Pas des divagations théoriques. Or tout le scandale de l'affaire de Tarnac est résumé dans ce fait que, partis de ce livre anonyme pour soupçonner, et donc surveiller ce groupe de jeunes, les policiers n'ont pas réussi à établir la moindre preuve solide ou flagrante du complot qu'ils leur prêtaient. Et ceci malgré l'ampleur des moyens mis en œuvre pour assurer cette longue surveillance, aussi assidue que rapprochée, dont le lointain déclencheur fut un ouvrage paru il y a maintenant deux ans. Comme l'a révélé Mediapart récemment, les enquêteurs en font d'ailleurs l'aveu, courant février, alors que les interpellations sont déjà vieilles de trois mois, en se souhaitant un « jour de chance » car « il nous en faut », au détour d'échanges avec le juge d'instruction.

Dans un État de droit, ce n'est pas aux mis en examen de prouver leur innocence ; c'est à l'accusation de prouver leur culpabilité. Et des constructions intellectuelles bâties a posteriori pour faire tenir un dossier mal ficelé ne font pas des preuves. Sauf dans un État policier, où le droit n'est plus qu'une fiction, une intention ne fait certainement pas une preuve, une pensée dissidente ne fait pas forcément un crime avéré, une insurrection rêvée ne fait pas automatiquement un groupe terroriste. Disproportionnée par rapport à la réalité tangible de l'enquête, la mise en scène policière des arrestations de Tarnac, affichage d'un groupe terroriste menaçant dont Coupat serait le chef, relève dès lors d'une criminalisation judiciaire de ces pensées radicales.

Tout défenseur des libertés fondamentales qui a quelque mémoire des combats fondateurs sait, d'expérience, qu'une telle évolution est alarmante pour l'avenir. L'accepter sans protester, c'est cautionner un engrenage fatal où la raison d'État supplante l'État de droit. C'est ici que l'on retrouve l'affaire Dreyfus, sa genèse et ses enseignements. Elle eut en effet un prologue qui n'est pas sans rappeler notre affaire de Tarnac : le procès dit des Trente, procès de figures de l'anarchisme, dont la mise en scène suivit l'adoption précipitée de lois d'exception, sous le choc des attentats anarchistes. Ces lois furent qualifiées par la suite de « lois scélérates » par les défenseurs des droits de l'homme. Or l'on y retrouve tous les raccourcis judiciaires qu'invoquent les pouvoirs qui utilisent la peur comme levier contre les libertés.

Fin 1893, dans la semaine qui suit l'attentat de l'anarchiste Vaillant dans l'enceinte du Palais-Bourbon, deux lois sont adoptées. L'une, du 18 décembre, introduit le crime d'association de malfaiteurs qui fait passer les responsabilités collectives devant les responsabilités individuelles. L'autre du 12 décembre, modifiant la loi de 1881 sur la presse, introduit l'infraction de provocation au crime contre la sûreté intérieure de l'État ainsi que d'apologie de ce crime, visant ainsi les idées autant que les actes. Suivra, après l'assassinat du président Carnot, la loi du 28 juillet 1894 sur les menées anarchistes qui, dérogatoire du droit commun, vise tout autant la propagande que l'action de ces courants.

À l'instar de la séquence qui, en 2001, mena des attentats du 11 septembre à l'adoption rapide du Patriot Act, cet épisode de notre histoire républicaine illustre l'engrenage habituel de cette « politics of fear » mise en évidence dans le récent débat américain, où l'argument de la peur collective devient une arme contre les libertés individuelles. C'est par le détour tardif de l'affaire Dreyfus – le capitaine est arrêté en octobre 1894, mais le retournement symbolisé par le « J'accuse » d'Émile Zola dans *L'Aurore* attendra janvier 1898 – que les républicains démocrates et sociaux prendront progressivement conscience de ce piège. Car, dans un premier temps, ils se taisent, voire approuvent ces législations d'exception – tout comme la majorité des démocrates aura d'abord soutenu le Patriot Act. Après tout, se disent-ils, ces anarchistes sont des criminels irresponsables qui, par leurs attentats, font la politique du pire. Or le paradoxe, trop souvent oublié, c'est que ce sont ces mêmes anarchistes libertaires qui sauront, les premiers, réveiller les consciences en faveur de Dreyfus, tout simplement parce qu'ils avaient pris la mesure de la régression démocratique en cours, pour en être les cibles et les victimes.

Cette scène inaugurale, ce sera le procès dit des Trente, qui se tient devant la Cour d'assises de la Seine en août 1894. Mêlant politiques et droits communs, militants libertaires et voleurs anarchisants, ce procès met en accusation les idéologues, publicistes et propagandistes de l'anarchie. C'est d'ailleurs à cette occasion, et non pas comme on l'affirme souvent avec l'affaire Dreyfus, qu'émerge le mot « intellectuel », avec son sous-entendu péjoratif. « Nous, les intellectuels, ainsi que nous nommait le président », dira à sa libération Félix Fénéon, principale figure de cette bataille judiciaire dont la stature et les reparties s'imposeront aux audiences, tandis que d'autres inculpés notables, Émile Pouget – le syndicaliste du Père Peinard – ou Paul Reclus – le neveu du grand géographe Élisée Reclus – avaient préféré se réfugier à l'étranger. Des intellectuels dont les idées sont tenues pour criminelles par l'accusation, supposées porter la responsabilité des crimes qu'elles auraient inspirés.

Ce procès se terminera à la mi-août 1894 par une pantalonnade, avec l'acquittement des principaux prévenus. L'attitude de Fénéon, employé au ministère de la Guerre dont la plume se distinguait dans les publications libertaires, y sera pour beaucoup, tant il sut démonter l'accusation, ses illogismes et ses absurdités. Ses répliques aux questions du président, proférées avec une ironie pince-sans-rire, firent événement – et il n'est pas interdit d'en retrouver l'écho dans les réponses détachées de Julien Coupat au juge d'instruction. « Il est établi que vous vous entouriez de Cohen et d'Ortiz », l'interroge le président des assises. Réponse de Fénéon : « Pour entourer quelqu'un, il faut au moins trois personnes. » Tandis qu'une explosion de rires traverse la salle, le président poursuit : « On vous a vu causer avec des anarchistes derrière un réverbère. » Réplique de Fénéon qui, avec sa fine barbiche et sa haute taille, semblait une incarnation française de l'Oncle Sam américain : « Pouvez-vous me dire, monsieur le président, où ça se trouve, derrière un réverbère ? »

Or voici non pas une coïncidence, mais un enchaînement logique : l'avocat de Félix Fénéon n'était autre qu'Edgar Demange qui, avant la fin de la même année 1894, sera le premier avocat d'Alfred Dreyfus. Et l'un des premiers défenseurs publics de Fénéon fut Bernard Lazare, dénonçant immédiatement une arrestation qui « désarme par la monstruosité même de sa sottise ». Ce Bernard Lazare qui sera le premier artisan du combat pour l'innocence de Dreyfus, frappant à toutes les portes, forçant les murs de l'indifférence, bousculant les préjugés du moment. Tout comme le journaliste Félix Fénéon, devenu l'âme de *La Revue blanche* après sa libération, en fera la tribune intellectuelle du dreyfusisme et, plus largement, de toutes les avant-gardes intellectuelles, politiques et artistiques du moment.

De la défense des intellectuels de l'anarchie au réveil démocratique autour de Dreyfus, la continuité n'est pas abstraite mais concrète : les artisans les plus entêtés, les plus entiers, du second combat seront les protagonistes les plus lucides du premier. Du coup, les républicains qui se mobilisèrent pour Dreyfus s'interrogèrent rétroactivement sur leur passivité face aux lois scélérates. C'est ainsi qu'on put lire, en juillet 1898, dans *La Revue blanche*, un article signé « Un juriste » et intitulé « Comment ont été faites les lois scélérates » dont l'auteur n'était autre que le jeune conseiller d'État Léon Blum. « Telle est l'histoire des lois scélérates : il faut bien leur donner ce nom, c'est celui qu'elles garderont dans l'Histoire, écrit-il en conclusion. Elles sont vraiment les lois scélérates de la République. J'ai voulu montrer non seulement qu'elles étaient atroces, ce que tout le monde sait, mais, ce que l'on sait moins, avec quelle précipitation inouïe, ou quelle incohérence absurde, ou quelle passivité honteuse elles avaient été votées. »

Six mois plus tard, en janvier 1899, dans la même *Revue blanche*, c'est au tour de Francis de Pressensé, compagnon de Jean Jaurès et fondateur de la Ligue des droits de l'homme, d'enfoncer le clou, sous le titre « Notre loi des suspects ». Il nous faut méditer ce qui s'énonce alors tant nos temps incertains et troublés ne sont pas à l'abri des mêmes paniques : « La France a connu à plusieurs reprises, au cours de ce siècle, ces paniques, provoquées par certains attentats, savamment exploités par la réaction et qui ont toujours fait payer à la liberté les frais d'une sécurité menteuse. » Et de poursuivre : « Quand un régime promulgue sa loi des suspects, quand il dresse ses tables de proscription, quand il s'abaisse à chercher d'une main fébrile dans l'arsenal des vieilles législations les armes empoisonnées, les armes à deux tranchants de la peine forte et dure, c'est qu'il est atteint dans ses œuvres vives, c'est qu'il se débat contre un mal qui ne pardonne pas, c'est qu'il a perdu non seulement la confiance des peuples, mais toute confiance en soi-même. »

Il faut être aveugle ou s'aveugler volontairement pour ne pas voir que l'actuelle présidence de Nicolas Sarkozy cherche en quelque sorte son 11-Septembre : sa peur fondatrice, cette peur qui la légitimerait, la renforcerait et l'autoriserait. De la mise en avant des jeunes libertaires de Tarnac à la mise en cause récente des bandes banlieusardes, elle est en quête affolée d'un épouvantail protecteur, à l'abri duquel elle pourrait consolider son pouvoir et réduire plus encore les contre-pouvoirs. C'est ainsi que l'on voit resurgir la loi anticasseurs promulguée en 1970, dans le contexte de l'agitation post-soixante-huitarde. Venue au pouvoir en 1981, la gauche fera immédiatement abroger cette loi que le garde des Sceaux, Robert Badinter, qualifiera de « scélérate », convoquant les mânes de Blum et Pressensé et, par conséquent, celles des libertaires Lazare et Fénéon. Or la loi annoncée contre les bandes est un décalque de la loi anticasseurs, près de quarante ans après, exhumant cette même « horreur juridique » (Badinter toujours) : la responsabilité collective, étendue au sens large, en lieu et place de l'individualisation des responsabilités.

L'affaire de Tarnac ne concerne apparemment que neuf jeunes, leurs familles et leurs proches. Elle n'en est pas moins la scène primitive où se joue, pour nous tous, ce théâtre de peurs et de répressions, de libertés menacées et de principes piétinés. S'en emparer, défendre la liberté de Coupat, être solidaire de leurs avocats, ce n'est pas soutenir leurs idées, leurs écrits, leurs engagements. C'est défendre la démocratie contre ce qui la menace en profondeur : non pas la radicalité de ces jeunes, mais la stratégie de la tension qui, face à la crise sociale, à ses révoltes et à ses colères, est aujourd'hui la tentation de cette présidence. Plutôt que de choisir l'apaisement, l'écoute, la discussion, le compromis, la négociation, on la sent jusque dans son langage impatiente d'en découdre, d'affronter, de bousculer, d'ajouter en somme la crise à la crise pour se légitimer autour de valeurs d'ordre, de sécurité et d'autorité. Comme si, par effet de miroir inversé, ce pouvoir appelait de ses vœux cette guerre sociale qu'il prétend combattre en valorisant les anonymes propagandistes de *L'Insurrection qui vient*.

Roman prophétique de la stratégie de la tension italienne des années 1970, *Le Contexte* de Leonardo Sciascia, porté à l'écran par Francesco Rossi sous le titre *Cadavres exquis*[1], raconte l'histoire d'un inspecteur de police qui traque un tueur en série de magistrats, tandis qu'au cœur de l'État, une obscure machination veut l'entraîner loin de cette piste, la bonne pourtant, celle d'un assassin solitaire. En haut lieu, on souhaite qu'il trouve d'autres coupables : un groupe d'innocents collectivement désignés coupables par leurs écrits, par leurs pensées, par leurs idées. C'est ainsi que ce policier intègre, lui-même quelque peu intellectuel, est contraint d'écouter les conseils de son collègue de la « section politique » dont les bureaux, écrit Sciascia, « semblaient une succursale à peine installée d'une bibliothèque de bénédictins : à chaque table, un fonctionnaire plongé dans la lecture d'un livre, d'une brochure, d'une revue ». Et bien sûr, c'est un texte anonyme qui désigne les innocents coupables, selon le policier politique, coupables

1. Cf. Leonardo Sciascia, *Le Contexte*, Folio, 1979. Le roman date de 1971, le film de 1976.

d'autant plus avérés, ajoute-t-il, qu'ils se sont évaporés, ce qui les rend encore plus suspects.

Les écrivains et les poètes sont parfois visionnaires : leurs intuitions disent la réalité avant même qu'elle advienne. Comme s'ils la pressentaient, la devinaient. On comprend dès lors que les pouvoirs faibles se méfient des écrits, les diabolisent ou les redoutent. Ouvert par une suspicion contre un simple livre, le dossier policier de Tarnac révèle par exemple l'intérêt des enquêteurs pour les lectures des mis en examen ou, plutôt, pour les rayonnages de leurs bibliothèques. Parmi les vingt-sept ouvrages saisis chez Julien Coupat, on trouve d'ailleurs un livre fort subversif puisque son auteur est… un journaliste de Mediapart, David Dufresne. *Maintien de l'ordre*[1] – c'est son titre – est paru en 2007. Cette bibliophilie policière n'est pas un fait anecdotique : dans le sursaut autorisé par l'élection de Barack Obama, éditeurs, libraires et bibliothécaires américains partent actuellement en guerre contre l'une des dispositions du Patriot Act qui les oblige, sans en connaître les justifications, à informer le FBI en lui livrant toutes les données personnelles sur leurs lecteurs, clients et usagers. L'échéance de la bataille est au 31 décembre 2009, ces dispositions d'exception expirant si elles ne sont pas prolongées par le Congrès.

En 1972, Leonardo Sciascia, dont la Sicile natale était une métaphore de notre modernité, s'étonnait que son roman ait devancé la réalité italienne – ses assassinats obscurs, ses manœuvres opaques, ses alliances mafieuses. Mais, ajoutait-il, c'était sans doute parce que le pays imaginaire qu'il avait inventé était « un pays où n'avaient plus cours les idées, où les principes – encore proclamés et célébrés – étaient quotidiennement tournés en dérision, où les idéologies étaient réduites à seules fins politiques, (…) un pays où le pouvoir seul comptait ». Un pouvoir, disait-il pour finir, « qui, de plus en plus, prend la forme obscure d'une chaîne de connivences, approximativement la forme de la mafia ».

1. Hachette littératures, 2007.

S'il fut, hélas, prophète, hier, en Italie, mieux vaudrait réussir à lui donner tort, aujourd'hui, en France. C'est pourquoi il importe d'en finir au plus vite avec la mascarade de l'affaire de Tarnac, devenue l'affaire Coupat et l'affaire Hazan.

25 avril 2009

12. Pour un second Serment du Jeu de paume

Le lundi 22 juin 2009 restera comme un jour sombre dans l'histoire de la République française. La prise de parole du président de la République devant le Parlement réuni en Congrès à Versailles est sans précédent démocratique. Si l'on excepte Louis Napoléon Bonaparte, futur Napoléon III dont le coup d'État contre la République guérira longtemps les authentiques républicains du présidentialisme, le seul précédent connu, celui des toutes premières années de la IIIe République, avec Adolphe Thiers en premier président, renvoie à une époque de guerre sociale, encore ensanglantée par le massacre des Communards parisiens – par les Versaillais, justement.

La mise en scène de Versailles parachève symboliquement le coup d'État à froid, cynique et systématique, qui est au moteur de cette présidence. Les casuistes institutionnels qui la justifient, arguant que le pouvoir présidentiel est légitime à s'adresser directement à la représentation nationale, masquent l'enjeu véritable : le problème démocratique français n'est pas que le président ait des pouvoirs, à la manière de son équivalent américain, mais que ce président dispose désormais de pouvoirs pratiquement sans limites, l'extension de ses prérogatives n'ayant été accompagnée d'aucun équilibre, d'aucun contrepoids, d'aucun contre-pouvoir.

La démocratie, depuis les Lumières, c'est le sens des limites : des pouvoirs séparés, limités, équilibrés, balancés, contraints l'un par l'autre, surveillés et contrôlés. En franchissant la frontière principielle qui isolait le président de la République de la représentation nationale, en abolissant cette mise à distance de deux sources de légitimité républicaine, en organisant l'humiliation de députés et sénateurs contraints d'écouter un Président qui se dispense d'entendre leurs réponses ou leurs interpellations, le spectacle versaillais est le sacre d'un homme dans l'abaissement de notre démocratie. C'est la consécration d'une régression démocratique dans le renoncement à l'essence même de l'esprit public : la séparation des pouvoirs.

Depuis son élection, en mai 2007, Nicolas Sarkozy témoigne d'une pratique du pouvoir profondément régressive et archaïque. À la manière de certaines démocraties de basse intensité, qui ont l'excuse d'être encore jeunes et fragiles, où courtisaneries et corruptions tiennent lieu de procédures et de règles, tout semble désormais procéder en France de cette présidence hors limite et hors contrôle. Agendas législatifs, meccanos industriels, échafaudages financiers, médias publics et privés, promotions individuelles, carrières politiques, instructions judiciaires, dispositifs policiers, parti majoritaire, opposition tétanisée, etc. : aucun domaine n'échappe à l'interventionnisme avéré ou au désir d'intervention d'une présidence absolutiste, dominatrice et expansionniste.

Notre indifférence est son meilleur allié. Oubliant que l'histoire est parfois tragique, nous n'arrivons pas à prendre la mesure du danger. Après tout, notre vie publique n'est apparemment pas bouleversée, nos libertés peuvent toujours être défendues et nos médias laissent encore s'exprimer la contestation. Mais qu'en sera-t-il le jour où, face à un péril, une menace, une tension, une panique, un attentat, une guerre, bref un moment de vérité pour notre culture démocratique, ce dispositif méticuleusement construit prouvera son efficacité redoutable ? Ce jour-là il sera trop tard pour s'étonner que le pouvoir présidentiel utilise et exploite sans aucun frein cette crise fondatrice, à la manière de la présidence de George W. Bush au lendemain du 11 Septembre.

C'est donc maintenant qu'il faut réagir. D'autant plus que ce pouvoir qui se veut puissant n'est aucunement majoritaire dans le pays. Après tout, son parti n'a obtenu le soutien que de 11 % des électeurs inscrits au dernier scrutin européen. Près de neuf électeurs sur dix ont refusé de le suivre, soit en s'abstenant pour la majorité, soit en votant contre. L'opinion est d'autant moins dupe de cette omniprésidence qu'elle discerne sans mal la part de démesure qu'y ajoute l'équation personnelle de Nicolas Sarkozy, cet égoprésident, entre narcissisme, égoïsme et égotisme. Mais, pour l'heure, elle est orpheline, sans repère ni héritage : ce pouvoir est d'abord fort de la faiblesse de ses oppositions.

C'est bien pourquoi il s'attache méticuleusement à les affaiblir, soit en cannibalisant leurs thématiques, soit en débauchant leurs individualités, soit en humiliant leurs représentants. Le sarkozysme est à la politique ce que le bernard-l'ermite est aux crustacés : un squatteur sans vergogne, qui poursuit avidement ses intérêts en vidant de leurs contenus les coquilles des autres. Sans rapport de force préconstruit, sans capacité à le tenir à distance, sans lucidité vigilante sur ses intentions cachées, tout interlocuteur d'un pouvoir de ce type reste à sa merci, tant la règle ici est l'absence de règles. Si ses oppositions n'inventent pas leurs propres rythmes, calendriers, initiatives, événements, surprises, etc., elles seront toujours en retard d'une bataille, d'un symbole, d'un imaginaire.

L'opération de Versailles en offre une belle occasion, qu'heureusement plusieurs députés socialistes et républicains ont décidé de saisir, montrant ainsi que l'alerte des européennes n'a pas été inutile. Ce 22 juin 2009 est en effet, à deux jours près, le deux cent vingtième anniversaire du Serment du Jeu de paume, événement fondateur dont la ville de Versailles fut aussi le théâtre. Juin 1789 est le moment où s'enclenche la dynamique démocratique révolutionnaire avec ses divers possibles, dans la tension entre un absolutisme fragile malgré les apparences – et notamment fragilisé par une crise financière qui n'est pas sans écho avec notre présent – et une aspiration confuse, incertaine et improbable à une nouveauté politique.

Sans doute est-ce pécher par optimisme que de penser qu'il pourrait en être de même de nos jours. Mais comment ne pas constater combien la pratique sarkozyste du pouvoir ne fait aucunement l'unanimité dans sa propre famille ainsi qu'en témoignent les réserves explicites et l'absentéisme versaillais de Jacques Chirac, Dominique de Villepin et Jean-Louis Debré ? Car l'avènement de ce possible ne dépend que de nous, citoyens et élus mêlés, dans cet alliage qui, de tout temps, fonde les résistances, entre pessimisme de l'intelligence et optimisme de la volonté. Il faut y insister et le répéter : faisant semblant de profiter des circonstances, le sarkozysme n'est fort que de nos silences, que de nos faiblesses, que de nos absences.

Tout comme l'éternel empire chinois connut son dernier empereur, Nicolas Sarkozy sera peut-être le dernier président – le Président dont les excès nous obligeront à refonder démocratiquement la république. « La politique consiste à creuser avec force et lenteur des planches dures, elle exige à la fois la passion et le coup d'œil. Il est tout à fait exact, et toute l'expérience historique le confirme, que l'on n'aurait jamais atteint le possible si l'on n'avait toujours et sans cesse dans le monde visé l'impossible » : nul hasard si l'historien Vincent Duclert place cette citation du sociologue Max Weber, dans *Le Savant et le Politique* (1919), au début de son interpellation bienvenue d'une gauche trop peu soucieuse de son histoire et de l'actualité de son passé[1].

« Il n'y a d'histoire que du présent », répétaient à l'envi Lucien Febvre et Marc Bloch, les fondateurs de l'école historique française dite des Annales. La mise en scène de Versailles convoque l'histoire dans le présent. Elle oppose l'héritage monarchique sauvé par le bonapartisme, sous ses avatars césaristes ou présidentialistes, à l'espérance démocratique préservée dans la société, par ses aspira-

1. Vincent Duclert, *La Gauche devant l'histoire*, Seuil, 2009.

tions et ses luttes collectives. Au symbole du château du Roi-Soleil, monarque absolu et divin, il fallait en opposer un autre dans un espace-temps radicalement différent : un autre lieu, un autre moment. Comment dès lors ne pas se saisir du plus évident, cette salle du Jeu de paume à Versailles qui fut le théâtre du premier acte de la sécession républicaine et démocratique française ? C'était d'autant plus l'évidence qu'en ce lieu même s'est joué l'acte de naissance de ce qui est aujourd'hui piétiné et humilié par la mise en scène du pouvoir : l'Assemblée nationale, autrement dit le parlementarisme.

Bref rappel de la séquence. Vieille institution monarchique, précédée par des cahiers de doléances dans les provinces, les États généraux sont convoqués à Versailles le 5 mai 1789, dans la salle de l'Hôtel des Menus-Plaisirs, située sur l'avenue de Paris. Louis XVI les ouvre par un discours convenu, devant tous les députés qui représentent les trois ordres – la noblesse, le clergé et le tiers état. Mais, face à l'urgence de la crise financière, véritable étincelle d'une crise politique et nationale ainsi que l'ont montré François Furet et Denis Richet[1], les représentants, sous l'impulsion notamment du Club breton, décident le 17 juin, à une très forte majorité, de se constituer en « Assemblée nationale », créant ainsi un nouveau pouvoir, indépendant du roi, et inventant définitivement une nouvelle souveraineté.

La riposte ne tarde pas : le 20 juin, les députés de l'Assemblée nationale trouvent porte close, sur ordre du roi, à l'Hôtel des Menus-Plaisirs. C'est alors que, sous la pluie, ils se rendent dans une salle toute proche, celle du Jeu de paume. Immortalisée et glorifiée par le peintre David, la scène marque la rupture avec l'ancien monde politique : à une seule voix contre, l'ensemble des représentants prêtent solennellement serment, affirmant leur « résolution inébranlable » de ne jamais se séparer et de se rassembler partout où les circonstances l'exigent « jusqu'à

1. Cf. François Furet et Denis Richet, *La Révolution française*, Hachette littératures, coll. « Pluriel », 1999.

ce que la Constitution du royaume soit établie et affermie sur des fondements solides », dans le souci de « la régénération de l'ordre public ». Le 20 juin 1789 était un samedi, comme en cette année 2009.

Le mardi 23 juin, Louis XVI tint séance royale des États généraux, tentant de fixer des limites à l'impatience des députés. Enjoints de se séparer, ceux du tiers s'y refuseront. Et seront alors énoncées ces phrases devenues historiques. Bailly, président du tiers état et premier maire de Paris : « La nation assemblée ne peut recevoir d'ordre. » Mirabeau : « Nous ne quitterons nos places que par la force des baïonnettes. » La révolution institutionnelle du tiers sera victorieuse, le roi acceptant le fait accompli en invitant, le 27 juin, clergé et noblesse à se réunir au tiers état. Quelques jours plus tard, l'Assemblée nomme un Comité de constitution, officialisant cet état de fait : par sa résistance, elle était devenue assemblée constituante.

Nous le savons : l'histoire n'est jamais écrite et ne se répète guère, sauf en farce. Mais l'avenir est aussi tissé de cette dialectique entre présent et passé, où un passé trop oublié impose son actualité à un présent sans futur. Raviver le souvenir du Serment du Jeu de paume, c'est ancrer dans l'avenir l'urgence d'une refondation démocratique, débarrassée d'un présidentialisme omnipotent et aveugle, au point d'être mortifère pour la France, son ambition, sa vitalité, son unité.

Tout ici fait signe, y compris cette anecdote bavarde : sous le Second Empire et la domination de Napoléon le Petit, la salle du Jeu de paume de Versailles fut affermée à un fonctionnaire de la Préfecture de police qui y installa un tripot pour les officiers de la garde du château... Tout ici appelle un nouveau Serment, fondateur d'espérance impensable et d'avenir improbable autour de la réhabilitation d'une république authentiquement démocratique et sociale, garantissant cette égalité sans laquelle il n'est ni liberté générale ni fraternité globale.

Les députés qui, à l'initiative du socialiste Daniel Goldberg, ont lancé l'appel à un rassemblement devant le Jeu de paume avant la séance du Congrès évoquent les mânes de

Pierre Mendès France, cet homme d'État qui aura peu gouverné par refus des accommodements ordinaires mais tant compté par exigence d'une éthique républicaine. Les « États généraux pour une république moderne » qu'ils appellent de leurs vœux s'inspirent de cet héritage élevé qui ne dissocie pas la morale et la vérité de l'action politique.

Ici, morale et vérité ne sont pas des mots creux, issus d'une époque révolue, mais bien des exigences extrêmement actuelles, comme le prouve, chaque jour ou presque, la chronique désolée de notre vie publique. Des funérailles d'Omar Bongo, mise en scène d'une Françafrique vénale, à l'affaire de Karachi, scandale d'une France marchande d'armes, en passant par tel emploi fictif révélé ou tel préfet indocile sanctionné, le spectacle ordinaire est celui de la corruption des fonctions, de l'asservissement des hommes et de l'abus du pouvoir.

Éminent conseiller d'État, Christian Vigouroux est l'auteur d'un manuel pédagogique qui, face à l'actuelle dégradation de l'esprit public, semble soudain une invitation à refuser d'ordinaires arrangements et soumissions. Son titre évoque une réalité plutôt malmenée ces temps-ci : *Déontologie des fonctions publiques*[1]. Dès le prologue, ce gardien d'un État qui ne serait ni abaissé ni privatisé confie que son précis « n'est pas un livre de sentiment, c'est un livre de sentinelle ». Et pour illustrer son propos, il exhume cette formidable citation d'Alain, cet enseignant philosophe et républicain : « Penser c'est dire non. Remarquez que le signe du oui est d'un homme qui s'endort ; au contraire le réveil secoue la tête et dit non. Non à quoi ? Au monde, au tyran, au prêcheur ? Ce n'est que l'apparence. En tous ces cas-là, c'est à elle-même que la pensée dit non. Elle rompt l'heureux acquiescement. Elle se sépare d'elle-même. »

Oui, savoir dire non, le premier pas vers la liberté.

22 juin 2009

1. Dalloz, 2006.

13. La corruption de l'esprit public

Pour saisir sur le vif ce que nous devons subir avec cette présidence, entre déshonneur et avilissement, il suffit de regarder une vidéo, récemment mise en ligne et extraite d'un documentaire sur la mémoire de la Résistance[1]. Nous sommes en 2008, au cimetière du maquis des Glières en Haute-Savoie, lieu momentanément requis par Nicolas Sarkozy pour inscrire sa présence dans un univoque roman national, fait de sacrifice et d'héroïsme.

Il suffit d'avoir arpenté une seule fois ce lieu, à la descente d'une randonnée sur le plateau, pour savoir qu'il invite, presque physiquement, au silence et au recueillement. Rien de tel avec l'homme supposé ici représenter la République et les citoyens qui la composent : la sonnerie aux morts terminée, il montre son peu de souci de ce qu'il incarne, de sa fonction publique tout comme de l'imaginaire collectif qu'il vient de convoquer. Rieur, blagueur, léger et superficiel, non sans une certaine vulgarité d'esprit, toute son attitude nous dit combien rien de cela n'a pour lui d'importance véritable ou profonde, hormis l'usage instrumental qu'il vient d'en faire dans la quête d'un bénéfice de propagande.

Pourquoi commencer cette réflexion sur quelques événements récents, de la polémique autour de Frédéric Mitterrand à la promotion éclair de Jean Sarkozy, par ces

1. *Walter, retour en résistance*, un film de Gilles Perret, 2009. Voir le site : www.walterretourenresistance.com

images d'un Président livré à lui-même ? Parce que, s'agissant d'un pouvoir résolument personnel, il n'est pas permis de faire l'impasse sur la personne qui l'incarne : son comportement, ses paroles et ses gestes, l'idée qu'elle se fait de sa fonction, l'image qu'elle en donne, l'usage qu'elle en fait.

Ce n'est pas nouveau, et cette question fut aussi posée sous les présidences précédentes, notamment celles de Valéry Giscard d'Estaing, de François Mitterrand et de Jacques Chirac qui, toutes trois, marquèrent une accentuation de la dimension monarchique de nos institutions. Avec leur actuel successeur, la question devient majeure tant le sarkozysme s'assume comme le stade suprême de notre vieux bonapartisme, revendiquant explicitement une présidentialisation accrue du régime. Un pouvoir sans contre-pouvoirs repose plus que tous les autres sur les règles, usages et principes que s'applique à lui-même celui qui en est le détenteur.

Depuis l'Antiquité et jusqu'à nos Républiques, c'est ce qu'il est convenu d'appeler la vertu. Loin de ressortir à la morale privée, cette vertu publique souligne justement la spécificité de l'espace public comme lieu politique de délibération et de représentation collectives. Or, sous Nicolas Sarkozy, ces distinctions n'ont plus cours. La pédagogie dont le chef de l'État se fait l'infatigable instructeur, par ses propos et ses actes, est celle de l'abolition des limites et des frontières.

D'autres présidents ont abusé de leur pouvoir, nous le savons d'expérience. Mais ils l'ont fait dans une paradoxale conscience qu'ils discréditaient leur fonction, qu'ont illustré leurs ruses, cachotteries ou mensonges. Rien de tel depuis 2007 avec une présidence qui revendique, sans fard, en l'accompagnant d'une brusquerie à la limite de la grossièreté, l'extension infinie de sa domination, de ses réseaux, de ses protégés.

N'est-ce pas le spectacle que ce pouvoir nous a offert sans vergogne, la semaine passée, par-delà le cas particulier de Frédéric Mitterrand qui a fini par éclipser le reste ? On a donc vu un haut fonctionnaire, gardien en théorie de l'État comme bien commun, piétiner allègrement la Constitution, y compris dans sa version révisée de 2008 : secrétaire général de l'Élysée, Claude Guéant a glosé sans gêne aucune sur la durée de vie du Premier ministre actuel, parlant du chef de gouvernement, pourtant comptable devant les Assemblées, comme d'un employé dont il aurait été le supérieur.

On a vu ensuite un jeune homme de vingt-trois ans, sans aucune expérience gestionnaire et entré en politique tout récemment, propulsé aux portes de la présidence de l'Epad, l'établissement public qui gère le trésor immobilier du département le plus riche de France. Imposée depuis l'Élysée sur un territoire où béton a longtemps rimé avec corruption, l'ascension de Jean Sarkozy signifie que la République devient une affaire de famille, la nouvelle oligarchie restaurant le privilège de naissance des aristocraties déchues.

On a vu aussi un ancien magistrat devenu conseiller à la présidence pour les affaires de justice revendiquer haut et fort, en vue que ce soit écrit dans l'ouvrage d'un confrère, sa fonction de deuxième avocat de Nicolas Sarkozy, assurant organiser sa défense privée de partie civile dans l'affaire Clearstream depuis les fonctions publiques où il est supposé servir l'intérêt général. Après la sortie new-yorkaise du chef de l'État sur « les coupables », assumée par son entourage au mépris de la présomption d'innocence, qui ne voit l'extraordinaire transgression ici accomplie, Patrick Ouart intervenant ordinairement dans la marche de la Chancellerie, veillant aux carrières des procureurs et se préoccupant des orientations de l'action publique ?

On a vu enfin ce pouvoir qui, désormais, évite en hélicoptère les ouvriers revenus de ses vaines promesses – ainsi à Gandrange, la même semaine –, imposer, comme s'il s'agissait d'une réforme décisive, la marchandisation des jeux de hasard en ligne : chacun sait qu'il s'agit là d'un cadeau particulier fait aux intérêts financiers qu'il sert sans complexe, ceux de Bouygues notamment, au point de s'opposer depuis l'Élysée à l'arrivée de Free comme quatrième opérateur de téléphonie mobile[1].

La liste pourrait encore s'allonger avec le démembrement des territoires, du Grand Paris à la réforme des collectivités, ou le projet de grand emprunt, paravent d'une abyssale dette financière, ou le maintien d'une politique fiscale inique, favorisant les plus favorisés, ou encore la promotion jusque dans l'enceinte scolaire de l'argent, du gain et du profit comme seules valeurs étalons.

Y compris dans son électorat traditionnel, la prise de conscience grandit d'une fuite en avant d'un pouvoir entêté à privatiser la République pour en détourner l'usage au seul profit des nouveaux oligarques dont il est le fondé de pouvoir. Comme l'a prouvé, *a contrario*, le succès du référendum populaire sur La Poste, il ne tient qu'aux divisions, hésitations ou précautions de l'opposition que ce désaveu ne se traduise pas – pas encore ? – par un sursaut plus ample.

Pas de limite au pouvoir, pas de limite à l'enrichissement, pas de limite à la jouissance, pas de limite à l'accumulation avide et rapide de biens et de plaisirs : tel est donc le message plus que subliminal qui rallie courtisans et courtisanes, ambitieux et carriéristes, convertis et opportunistes, prises de guerre ou otages consentants. N'ayant d'autre repère que lui-même, le sarkozysme des sommets n'est entravé par aucun préjugé, ancrage idéologique ou fidélité partisane.

C'est sa force corruptrice : s'il ignore les idéaux, il sait parler aux intérêts. On ne comprend rien, par exemple, au parcours cavalier de Rachida Dati ou au naufrage attristant de Fadela Amara, à ce mélange d'instrumentalisation politicienne de figures de la diversité et de perdition ministérielle de symboles de l'aventurisme, si l'on ne s'arrête pas au contexte symbolique qui les a fait surgir,

1. Avec le soutien de François Fillon et François Pérol, Xavier Niel, le fondateur de Free, va finalement obtenir cette quatrième licence. Il est devenu, depuis, l'un des trois propriétaires du journal *Le Monde*.

cette ascension d'un homme qui a fait de l'assouvissement de ses désirs son principe cardinal.

Ce qu'il est convenu d'appeler l'ouverture, et qui relève plutôt du débauchage individuel, cette corruption de l'identité de la gauche par une droite omnivore, traduit la même atmosphère délétère. Plus de convictions, seulement des ambitions. Et, par conséquent, plus de dynamiques collectives, seulement des avidités individuelles. L'affect engloutit l'idéal, l'intime gouverne l'apparence, le privé règne sur le public.

Cette même folle semaine, on trouvait de nouvelles preuves de cette corruption de l'esprit public à la lecture des bonnes feuilles du témoignage[1] écrit par Sylvie Brunel, l'ex-épouse d'Éric Besson. Retour de bâton pour ce monde d'égarés qui ne savent plus distinguer intimité privée et enjeux publics, le livre de cette géographe, ancienne présidente d'Action contre la faim, contient un portrait de l'actuel ministre de l'Identité nationale, transfuge socialiste devenu zélé serviteur du sarkozysme, qui est à lui seul un réquisitoire.

Le voici : « Une schizophrénie profonde oppose aujourd'hui l'enfant qu'il a été – éducation parfaite, église, petit costume bleu marine, chaussures bien cirées et cette maîtrise de soi que les curés ont cultivée jusqu'à l'extrême – et l'homme qui a soif de revanche, soif de reconnaissance et de rattrapage, qui s'estime affranchi de tout, au-dessus des lois, agissant exactement comme il l'entend. D'un côté, le "gendre idéal", courtois, poli, austère, que décrivent souvent les magazines ; de l'autre, l'être violent, renfermé, prêt à tout pour surmonter les obstacles qui se mettent en travers de son chemin, et qui, poussé à bout, pourrait tuer s'il ne craignait pas de retourner derrière les barreaux… »

Affranchi de tout, au-dessus des lois, prêt à tout… Serait-ce là, par une plume aussi concernée qu'informée, l'authentique portrait de ce régime ? Si la réponse est positive, on a lieu de craindre pour la République. Nous savons bien, depuis leur acte de naissance dans le

1. *Manuel de guérilla à l'usage des femmes*, Grasset, 2009.

chaudron d'une guerre civile, que les institutions de la Vᵉ République sont potentiellement dangereuses tant elles accordent des pouvoirs d'exception au chef de l'État. Ces dernières décennies, nous ne devons qu'à la relative clémence des temps et à l'aimable modérantisme des présidents de ne pas nous en être vraiment aperçus. Mais demain ? Demain si une crise violente offrait à des gouvernants ayant ce profil-là – affranchis de tout, au-dessus des lois, prêts à tout... – l'occasion d'épanouir leurs penchants individuels sans les freins d'une conscience collective ?

Tel est le contexte général de la polémique autour de cette *Mauvaise Vie* d'écrivain qui a soudain rattrapé le ministre de la Culture[1]. Le neveu de l'ancien président de la République, qui n'avait jamais été engagé politiquement, encore moins militant, est l'inévitable victime collatérale d'une politique qui, à force de mélanger les genres, d'effacer les frontières et d'abolir les limites, ne cesse de creuser le fossé entre la norme – pour la plupart – et l'exception – pour une minorité. En somme, entre le peuple soumis à la loi commune et des élites qui n'en ont cure.

Le piège qui s'est refermé sur Frédéric Mitterrand n'a pas été actionné par quelques ligues de vertu – dont les ouailles votent plutôt à droite –, mais par ce pouvoir lui-même qui adore exploiter les fragilités, les contre-emplois ou les dérives de celles et ceux qu'il débauche, dans une incessante pédagogie de la transgression en politique.

Face à un monde médiatique de nouveau uniforme et conforme, uni dans un réflexe d'entre soi, de solidarité des privilégiés et des éclairés, Mediapart a posé d'emblée la question ici centrale et qui n'est pas morale, mais politique : la contradiction aujourd'hui vécue douloureusement par Frédéric Mitterrand n'était-elle pas d'emblée au cœur des symboles sollicités pour sa nomination ministérielle ?

Jusqu'alors, sa vie professionnelle, son œuvre d'écrivain ou de cinéaste comme son travail d'animateur ou de chroniqueur, n'avaient jamais eu pour fil conducteur la politique comme enjeu public. Rien à voir avec André

1. Cf. Frédéric Mitterrand, *La Mauvaise Vie*, Robert Laffont, 2005.

Malraux qui, tout toxicomane qu'il ait été dans le privé, fut, sa vie entière, de la gauche à la droite, un écrivain engagé. Rien à voir non plus avec Léon Blum qui, publiant en 1907 *Du mariage*, se préoccupait d'une question d'intérêt public – l'institution du couple et la liberté des femmes –, en prenant soin de souligner, par une dédicace à son épouse, qu'il n'y entrait aucune confession.

Tout au contraire, avec Frédéric Mitterrand, c'est l'affectif, l'émotion, l'intime, le secret familial, l'aveu douloureux, bref tout ce matériau privé avec lequel un individu fait œuvre de témoignage ou d'imagination qui sont soudainement convoqués sous les ors de la République. Car, au-delà de son patronyme, c'est bien cet indéniable talent-là, de raconteur d'histoires intimes et de créateur de légendes affectives, qui l'a fait connaître et qui lui vaut, aujourd'hui, d'être propulsé à la tête du ministère de la Culture. Or cette fonction politique, associant dans sa symbolique le bien public à la représentation collective, est supposée, par essence et par principe, être dissociée de la sphère privée.

Vouloir réduire cette légitime interrogation politique à un prurit d'ordre moral, ne pas comprendre qu'il y a là une contradiction qu'a soulignée l'évocation soudaine de son ancienne confession de touriste sexuel, c'est accepter la dépolitisation sur laquelle prolifère ce pouvoir. C'est rendre les armes devant une publicisation du privé qui accompagne la privatisation du public.

C'est, au total, renoncer à défendre avec entêtement l'intégrité de la sphère publique comme bien commun, transcendant les égoïsmes individuels et dépassant les particularismes privés. Et c'est, de plus, promouvoir l'hypocrisie généralisée comme valeur civique : car, après tout, que vient faire l'auteur sincère de *La Mauvaise vie* dans un gouvernement aussi moralement conservateur qui rêve d'internement à vie et de castration chimique, refuse toute excuse sociale à la délinquance et flirte avec une vision génétique de la criminalité ?

Nous voici tombés bien bas. C'est-à-dire fort loin des idéaux de la République. Défenseur acharné du droit des individus, Benjamin Constant (1767-1830) avait donc raison de s'inquiéter avec autant de vigueur de l'avènement d'un régime où « les affections domestiques remplacent les grands intérêts publics » et où, dès lors, chaque individu devient « son propre centre ». « Or, poursuivait-il, quand chaque individu est son propre centre, tous sont isolés. Quand tous sont isolés, il n'y a que de la poussière. Quand l'orage arrive, la poussière est de la fange.[1] »

Trop oublié, malgré les louables efforts de Tzvetan Todorov[2], Benjamin Constant, loin d'être un révolutionnaire, était un authentique libéral, au sens politique du terme de défense des libertés publiques et des droits individuels. Aussi le convoquer dans ce débat, c'est prendre la mesure de la spécificité du sarkozysme qui ne se réduit pas au prolongement des dérives présidentialistes précédentes.

Les aggravant et les dépassant, ce pouvoir enfante une nouvelle réalité politique en exploitant jusqu'à la démesure les potentialités négatives de nos institutions et de notre culture politiques, ce césarisme et ce bonapartisme mortifères. Revendiquée dans des discours rédigés comme autant d'alibis pour cacher le prochain crime, sa véritable rupture est à rebours de ses engagements : elle n'est rien de moins que l'ébranlement de notre socle démocratique et républicain.

Ce qu'il piétine, c'est ce corpus de principes et de valeurs tels qu'ils furent défendus depuis deux siècles et qui, jusqu'alors, nous unissaient dans nos divergences partisanes. Ce qu'il discrédite, c'est cette promotion républicaine, selon le mot de l'historien Claude Nicolet[3], de la politique comme « pédagogie suprême » : du service de la République comme exigence d'élévation collective par l'image de nous-mêmes que nous renvoient nos gouvernants.

1. Benjamin Constant, *Écrits politiques*, Folio, 1997.

2. Tzvetan Todorov, *Benjamin Constant, la passion démocratique*, Hachette, 1997.

3. Claude Nicolet, *L'Idée républicaine en France*, Gallimard, 1982 ; *La République en France*, Seuil, 1992.

À cette aune, l'actuelle pédagogie présidentielle n'est-elle pas un désastre, aussi répétitif qu'insistant ? À l'inverse, voici, par exemple, Charles Renouvier (1815-1903), dont on a pu dire qu'il était au principe de la République et qui a écrit ceci, toujours d'actualité au spectacle clanique donné par l'Élysée : « Il faut se garder de comparer l'État à une famille. »

En 1848, Renouvier fut l'auteur d'un *Manuel républicain de l'homme et du citoyen* qui fit scandale par son exigence morale de justice sociale, résumée d'une formule imagée par une question de l'élève au maître : « Existe-t-il au moins des moyens d'empêcher les riches d'être oisifs et les pauvres d'être mangés par les riches ? » Oui, mangés... Le présentant en 1981, un autre historien, Maurice Agulhon, n'hésitait pas à revendiquer pour la gauche cette élévation morale de la politique loin des faiblesses privées et des fragilités intimes : « Qu'est-ce en effet, essentiellement, que la Gauche, sinon la volonté et l'ambition de moraliser la Politique ? »

Sous ce régime que gouverne l'amoralisme, la question est posée bien au-delà de cette seule famille d'idées qui, elle-même, ne fut pas toujours, une fois au pouvoir, un modèle de vertu. Si le sarkozysme n'est évidemment pas la dictature, il évoque d'autres formes de déchéance, une sorte d'inédite décadence démocratique : cette chute d'une nation par la corruption de son esprit public, de ce qui l'élève collectivement et la promeut à la face du monde. Dans le spectacle avilissant qu'il nous donne, on retrouve la description offerte par Benjamin Constant, face au Premier Empire, de ce qu'il nommait « l'usurpation », « cette contrefaçon de la liberté [qui] réunit tous les maux de l'anarchie et tous ceux de l'esclavage ».

La voici : « Que de ruses, que de violences, que de parjures l'usurpation nécessite ! Comme il faut invoquer des principes qu'on se prépare à fouler aux pieds, prendre des engagements que l'on veut enfreindre, se jouer de la bonne foi des uns, profiter de la faiblesse des autres, éveiller l'avidité là où elle sommeille, enhardir l'injustice là où elle se cache, la dépravation là où elle est timide : mettre, en un mot, toutes les passions coupables comme en serre chaude, pour que la maturité soit plus rapide, et que la moisson soit plus abondante ![1] »

Le vrai visage du sarkozysme n'est guère éloigné de cette description d'une politique usurpatrice. Saurons-nous, le jour venu, dans l'union de nos indignations et de nos refus, renvoyer ce portrait devenu terriblement actuel à un passé définitivement révolu ?

15 octobre 2009

1. Benjamin Constant, *Écrits politiques*, Folio, 1997, p. 187.

III

La nation humiliée

Le souci du monde

On n'aura encore rien dit du sarkozysme si l'on ne se préoccupe pas du monde. La moins commentée des régressions à l'œuvre sous cette présidence est sans doute la plus grave parce que la plus délétère : le décrochage international de la France, cette soudaine perte d'emprise et de repères d'un pays, ou du moins de ses responsables et représentants, sur le grand chambardement mondial, ses crises et ses surprises. Ce pourrait n'être là que conséquence d'un décentrement global où l'Occident en général et l'Europe en particulier ne donnent plus le « la » de l'univers. Mais le sarkozysme y a ajouté, avec persévérance, sa propre cause : cette façon de transformer le monde en problème sans vouloir en résoudre les problèmes, cet entêtement à brandir le monde en souci plutôt que de s'en soucier, cet aveuglement à dresser la France contre les désordres internationaux pour mieux les transformer en peurs, violences et désordres à usage interne.

Péninsule de l'Eurasie jetée sur les océans et mers alentour, la France est un creuset national, tissé de successives vagues de migrations, intérieures et extérieures. Sa prétention à l'universel, pour le meilleur – s'engager auprès du monde, le servir ou l'épouser – ou pour le pire – vouloir le conquérir ou le dominer, bref le soumettre – résulte de cette longue durée migratoire. Politiquement, la France a l'imaginaire d'un pays d'immigration, et c'est bien en ce sens qu'elle est une sorte d'Amérique de l'Europe. Or l'imaginaire du sarkozysme est à l'exact opposé : de mépris et d'oubli du monde, et par conséquent d'oubli de soi-même et de mépris pour nous tous.

« On dit bien vrai qu'un honnête homme, c'est un homme mêlé » : sous cette présidence, le constat de Montaigne, qui écrit ses *Essais* au XVIe siècle sous le choc de la « découverte » américaine, a semblé presque subversif tant la politique menée et l'idéologie déclamée ont revendiqué de fixer l'homme, de l'essentialiser, de l'immobiliser en somme[1]. Claude Lévi-Strauss (1908-2009), qui partit à la rencontre brésilienne de ses *Tristes Tropiques*[2] avec Montaigne sous le bras, a disparu alors que la France était dotée d'un ministère de l'Identité nationale et de l'Immigration, mur symbolique dressé à la face de tous les lointains et de tous les ailleurs, de l'horizon même devenu menace indiscernable.

Deux ans avant l'avènement de cette ignominie, le 13 mai 2005, sous la coupole de l'Académie française, le célèbre ethnologue recevait des mains du président du gouvernement catalan le prix Catalunya, par lequel la Catalogne distingue les pensées du monde. À cette occasion, Lévi-Strauss, jeune homme vert de quatre-vingt-seize ans, prit pour thème de son discours de remerciement un sujet anticipateur : « L'ethnologue devant les identités nationales. » L'assistance put y entendre cette phrase : « J'ai connu une époque où l'identité nationale était le seul principe concevable des relations entre les États. On sait quels désastres en résultèrent. »

Qu'il fut mineur sur l'échelle des catastrophes mondiales n'empêche pas le sarkozysme de cousiner avec ces désastres-là, rejeton farcesque de tragédies meurtrières. Aussi est-ce volontairement que l'on s'arrête, dans cette partie, sur le paysage du monde depuis 2007, ses impatiences et ses douleurs. Parce que c'est aussi notre histoire, elle-même faite du divers et de ses humanités – ainsi, pour

1. Cf. Edwy Plenel, *La Découverte du monde*, Stock, 2002.
2. Claude Lévi-Strauss, *Tristes Tropiques*, Plon, coll. « Terre Humaine », 1955.

ne citer qu'un exemple, la paix du monde, donc aussi la nôtre, se joue au Proche-Orient ; partant, se dissocier du sort des Palestiniens, c'est aggraver le nôtre. Et, surtout, parce que cette présidence s'est acharnée à effacer ce tout-monde qui nous entoure, nous enfermant dans un repli national où le monde n'a plus d'autre forme qu'un fantasme islamiste ou une caricature raciste. Hier, la France se voulait une fresque que le sarkozysme a réduite à une miniature. Symptôme d'un mal qu'il aggrave, il nous a rétrécis, flattant nos aigreurs et nos rancœurs, plutôt que nos curiosités ou nos générosités.

Ce sera sa pire faute, tant il est vrai que nous n'inventerons pas d'avenir, loin des fatalités, injustices et inégalités dont on nous accable, sans repenser notre relation au monde et aux autres. À l'inverse, la politique de la peur est de division et de séparation. Division des hommes, dressés les uns contre les autres en identités, communautés, religions. Séparation des situations, pourtant toutes imbriquées et reliées, interdépendantes et transversales. Nul hasard si Claude Lévi-Strauss prononçait sa mise en garde en s'adressant à la Catalogne, symbole même, jusque dans son martyre pour l'Espagne républicaine, de l'existence et de la vitalité des pluralités nationales. Ne peut-on en effet être catalan et espagnol ? Ne peut-on être espagnol et vivre des identités transfrontalières (le pays catalan est aussi en France), transnationales (l'hispanité s'étend sur d'autres continents), continentales (les régions portent aussi des identités spécifiques dans l'Europe) ?

L'identité est toujours plurielle, toujours tissée de relations avec d'autres peuples, d'autres cultures, d'autres régions, d'autres mondes. Elle ne saurait être d'une seule racine, et quand elle le prétend, c'est qu'elle s'illusionne sur elle-même, se replie et se nécrose. Le constater n'est en aucun cas nier les nations, leur histoire, leurs combats. La pluralité des identités qui les composent n'a jamais empêché les nations de se rassembler, leurs peuples de se réunir, et ceux qui les dirigent d'agir. Mais cette union est d'un autre ordre que l'identité imposée, assignée et figée. Elle est faite d'idéaux partagés, de politiques menées, de buts et d'objectifs à atteindre, qui sont matière mouvante et changeante, au croisement du passé et du présent.

À l'inverse, quand un pouvoir entend s'approprier d'en haut l'identité nationale, sa définition comme sa défense, la simplifier et, partant, la caricaturer, c'est toujours de mauvais augure. C'est qu'il veut faire le tri : exclure, discriminer, dévaloriser. N'en déplaise à l'apprenti sorcier Éric Besson, mercenaire des basses œuvres idéologiques de cette présidence, il y aura toujours plusieurs France en une seule et pluralité d'identités en ce vieux pays. Et les seules politiques véritablement d'émancipation seront celles qui relient ces identités, ces peuples, ces pays. Elles sont de relation, quand celles qui asservissent et oppriment sont d'exclusion.

1. D'outre-mer, l'antidote au sarkozysme

Pour les grands hommes, les enterrements avancent au risque de l'embaumement. Mais, s'agissant d'Aimé Césaire, un silence imposé nous a heureusement évité cette hypocrisie. Aux obsèques nationales qu'il avait décrétées, le président de la République française fut contraint de se taire. Accepté certes par la Martinique, mais privé de discours par son peuple. Présent, mais au même titre que d'autres, un parmi bien d'autres, et surtout muet. Énoncé à la demande de la famille, cet interdit est un acte politique qui n'a pas suffisamment été commenté. Car jamais silence ne fut plus bavard : tout ce qu'incarne, par-delà sa personne, Nicolas Sarkozy est aux antipodes de ce que nous lègue la vie d'Aimé Césaire.

Du bilan positif de la colonisation plaidé par la droite qu'il représente au désastreux discours néocolonial qu'il prononça à Dakar, en passant par l'invention funeste d'un ministère de l'Identité nationale ayant en charge l'immigration, on voit mal ce qu'aurait pu dire ce Président-là devant la dépouille de l'auteur, alors communiste, du célèbre *Discours sur le colonialisme*[1].

On imagine encore moins quel éloge Sarkozy aurait pu faire en 2008 du poète de la négritude – en sa version caribéenne indissociable de la traite esclavagiste –, après avoir affirmé en 2007, au Sénégal, que « le drame de l'Afrique,

1. Aimé Césaire, *Discours sur le colonialisme*, Présence africaine, 1955. La première parution, aux éditions Réclame, remonte à 1950. Aimé Césaire est décédé le 17 avril 2008 à Fort-de-France (Martinique).

c'est que l'homme africain n'est pas assez entré dans l'histoire », au point de rester prisonnier d'un « imaginaire où (...) il n'y a de place ni pour l'aventure humaine, ni pour l'idée de progrès ».

Privé de parole en Martinique, le Président va bientôt se rattraper en France. À deux jours d'une opération de communication télévisuelle que la disparition de Césaire obligea à décaler, il n'est pas inutile de revisiter ce paradoxe d'un grand mort qui, par l'actualité de son message, est le démenti vivant de la politique présidentielle qui a prétendu le célébrer. Quel que fût ensuite le cheminement d'une longue vie, la trace que laisse Césaire dans l'histoire est essentiellement un cri de colère, d'une radicalité fraîche et entière tenue dans l'œuvre fondatrice, concentrée sur une quinzaine d'années, de la fin des années 1930 au début des années 1950. Et c'est ce cri qu'aujourd'hui encore, il nous faut entendre.

Césaire, c'est d'abord la révolte de l'universel contre l'Occident qui le trahit. Contre une Europe qui se trahit elle-même. Contre une civilisation qui se fait barbarie. Contre une culture qui se déshonore. Souvenons-nous de ce passage inoubliable du *Cahier d'un retour au pays natal*, première œuvre, datée de 1939, dans la certitude lucide de l'avènement de la catastrophe :

> Au bout du petit matin, le vent de jadis qui s'élève, des fidélités trahies, du devoir incertain qui se dérobe et cet autre petit matin d'Europe...
> Partir.
> Comme il y a des hommes-hyènes et des hommes-panthères, je serais un homme-juif
> Un homme-cafre
> Un homme-hindou-de-Calcutta
> Un homme-de-Harlem-qui-ne-vote-pas
> L'homme-famine, l'homme-insulte, l'homme-torture on pouvait à n'importe quel moment le saisir le rouer de coups le tuer – parfaitement le tuer – sans avoir de compte à rendre à personne sans avoir d'excuse à présenter à personne
> Un homme-juif
> Un homme-pogrom

Un chiot
Un mendigot

Cette prescience du poète fait honte à bien des écrits repus, aveugles et satisfaits de certaines élites tricolores d'alors. Elle est toujours là, insistante et résistante, en 1941, dès le premier numéro de *Tropiques*, la revue créée à Fort-de-France par Aimé Césaire, son épouse Suzanne et René Ménil. Au milieu de ce numéro, comme si c'en était le message secret, on trouve un *Charles Péguy* par Aimé Césaire où le Martiniquais sauve la France d'elle-même, en dressant la figure du dreyfusard patriote contre l'État français vichyssois.

Lire Césaire aujourd'hui, c'est donc prendre la mesure de l'extrême actualité du refus du colonialisme, comme une sorte de boussole pour nos temps troublés et incertains. Qu'est-ce qui était en jeu alors et qui l'est encore, sinon l'humanisme, l'universalisme et le souci du monde ? L'humanisme, à l'évidence, dans le combat contre la torture, symbole ultime de l'ordinaire des traitements inhumains et dégradants ; l'universalisme dans l'affirmation que « la » civilisation ne saurait revendiquer des certificats de naissance, mais doit toujours conquérir des diplômes de présence, à l'examen des peuples et de leurs droits ; le souci du monde, enfin, dans la compréhension que l'injustice et l'inégalité là-bas compromet et corrompt la justice et l'égalité ici, avec l'intelligence prophétique de l'internationalisation et de l'interdépendance des défis nationaux.

« L'humanisme vrai – l'humanisme à la mesure du monde » : tel est le programme que revendique le Césaire du *Discours sur le colonialisme*, en 1950. « Où veux-je en venir ? demande-t-il. À cette idée : que nul ne colonise innocemment, que nul non plus ne colonise impunément , qu'une nation qui colonise, qu'une civilisation qui justifie la colonisation – donc la force – est déjà une civilisation malade, une civilisation moralement atteinte, qui, irrésistiblement, de conséquence en conséquence, de reniement en reniement, appelle son Hitler, je veux dire son châtiment. Colonisation : tête de pont dans une civilisation de la barbarie d'où, à n'importe quel moment, peut déboucher la négation pure et simple de la civilisation. »

Difficile donc d'affadir ce grand mort. Pour ceux que ces mots d'hier choqueraient aujourd'hui, qu'ils n'oublient pas que l'œuvre maîtresse d'Hannah Arendt, *Les Origines du totalitarisme*[1], ne dit pas autre chose en faisant de l'impérialisme, peu ou prou colonial, un maillon essentiel de la chaîne fatale. Et si, loin de paraître dérisoires, ils n'ont rien perdu de leur force, c'est bien parce qu'ils résonnent dans notre présent, de l'Irak à l'Afghanistan avec, au cœur de cette nouvelle croisade civilisatrice, cette banalisation et cette officialisation nord-américaines de la torture qui dit, d'emblée, la perdition de cette aventure. Or cet aveu public n'a guère troublé la conscience de Nicolas Sarkozy qui, dans sa solitude, vient de décider d'entraîner plus encore la France dans le bourbier afghan, en reniant ses propres engagements de campagne.

Loin de tourner une page, la mort de Césaire nous invite à lire et relire les pages d'un monde tissé par les autres et les ailleurs. Autrement dit d'un Tout-Monde, selon le néologisme créolisé inventé par Édouard Glissant... Car ce mort est d'autant plus encombrant qu'il se survit. Ici, la négritude fait écran, tant la version caribéenne de ce moment n'est pas tout à fait assimilable à son pendant africain qui, avec Senghor, prit figure officielle. Des Antilles, ce chaudron du monde globalisé depuis 1492 et la « découverte » de Christophe Colomb, nous vient la promesse inaugurale du métissage, cette subversion des identités closes, fermées et repliées.

Et ce qu'à cette aune, le Césaire de la négritude n'aura pas totalement accompli, dans le moment historique daté qui fut le sien, d'autres Antillais s'en chargeront, qui le prolongent et le dépassent, dans une fidèle infidélité. Leur avant-garde est déjà présente, au premier Congrès interna-

1. Hannah Arendt, *Les Origines du totalitarisme*, Gallimard, 2002, coll. « Quarto ». La première édition américaine de cet ouvrage date de 1951.

tional des écrivains et artistes noirs, qui se tient à la Sorbonne du 19 au 22 septembre 1956 : dans la délégation martiniquaise, outre Césaire, il y a Frantz Fanon et Édouard Glissant. Le premier a alors trente et un ans, le second vingt-huit ans.

Psychiatre, Fanon n'est pas encore connu pour son engagement aux côtés du FLN dans la guerre d'indépendance algérienne, auquel il ne survivra pas, fauché en 1961 par un cancer. Mais il est l'auteur de l'impérissable *Peau noire, masques blancs* (1952), réquisitoire contre les aliénations identitaires.

« Il ne faut pas essayer de fixer l'homme, puisque son destin est d'être lâché », lance-t-il en conclusion, dans un démenti cinglant à toutes les identités racines qui prétendent essentialiser les peuples et les nations, indépendamment de leur présence concrète au monde : « Je n'ai pas le droit de me laisser engluer par les déterminations du passé. Je ne suis pas esclave de l'esclavage qui déshumanisa mes pères. »

Il reviendra à Édouard Glissant, le survivant, d'avoir épanoui cette insurrection de la raison que fut l'anticolonialisme en une pensée du monde. En témoigne une œuvre infinie, avec la créolisation pour sésame. Là encore, on ne peut oublier les radicalités politiques où l'invention poétique s'origine. Prix Renaudot en 1958 pour *La Lézarde* – choix qui n'était pas sans signification politique après le coup gaullien du mois de mai précédent –, la biographie de Glissant témoigne des occasions manquées dont le gaullisme d'État porte la responsabilité, dans cette crispation nationale qui accompagna la fin de l'Empire. En juillet 1961, le paisible Front antillo-guyanais qui plaidait une autonomie des confettis coloniaux et dont Glissant était l'un des animateurs fut dissous, ses dirigeants policièrement persécutés et lui-même assigné à résidence en métropole.

La France n'a toujours pas reconnu à sa mesure l'un des plus grands écrivains contemporains de langue française, auquel les universités américaines se sont empressées d'offrir un refuge. C'est évidemment qu'il dérange, tout comme le souvenir du jeune Césaire fait encore désordre. Mais, avec Glissant, c'est un trouble persistant à l'ordre sarkozyen. *Le Discours sur le colonialisme* a en effet son équivalent contemporain, aussi discrètement publié, autant promis à la postérité.

Paru en septembre 2007[1], *Quand les murs tombent*, œuvre commune d'Édouard Glissant et de Patrick Chamoiseau, est un réquisitoire aussi subtil qu'implacable contre le ministère de l'Identité nationale, ce qu'il dit, signifie et prépare. Voici ses derniers mots : « ... une protestation contre ce mur-ministère qui tente de nous accommoder au pire, de nous habituer peu à peu à l'insupportable, de nous mener à fréquenter, en silence et jusqu'au risque de la complicité, l'inadmissible. Tout le contraire de la beauté. »

Sous le choc de sa rencontre avec Césaire, à l'époque de *Tropiques* et de *Vichy*, André Breton écrira, accompagné par le crayon d'André Masson, *Martinique charmeuse de serpents* (1948). De Césaire à Glissant, il ne serait pas incongru d'inventer, de nos jours, une Martinique éveilleuse du monde. Tant la France de l'Hexagone, dans sa difficulté d'être, aurait utilement à apprendre de ce qui se crée, se fraye et se mêle, au lointain transatlantique, sur cette jetée de terre volcanique.

22 avril 2008

1. Aux éditions Galaade.

2. Fausse grandeur, vrai déclin

On connaît le refrain : les promesses n'engagent que ceux qui les écoutent. Et l'on connaît aussi le culot monstre de l'actuel président de la République, capable de défendre avec la même ardeur démagogique une politique inverse de celle qu'il a promise aux Français pour se faire élire. Dans ce registre, s'agissant de la politique étrangère, Nicolas Sarkozy n'aura pas fait dans la demi-mesure.

De l'adoubement du colonel Kadhafi au sauvetage de la Françafrique, le récent voyage dans la Tunisie de Ben Ali[1] n'est que la dernière marche d'une rapide dégringolade, des grandes valeurs proclamées pendant la campagne électorale aux petits accommodements généralisés de l'exercice du pouvoir. Mais, au-delà du constat qui, désormais, relève de l'évidence, l'analyse de cette volte-face reste à faire. Car elle dit bien plus qu'un simple opportunisme politicien.

Le 28 février 2007, alors candidat, Nicolas Sarkozy prononçait au Méridien Montparnasse, à Paris, un discours en forme de manifeste novateur sur la politique étrangère. Son propos annonçait la préemption, dont le débauchage de Bernard Kouchner allait être le symbole, du thème des droits de l'homme, de leur universalité sans partage et de la nécessaire rupture avec la realpolitik.

On pouvait y relever cette fanfaronnade : « Ceux qui se disent adeptes de la realpolitik ne sont pas si réalistes que

1. Nicolas Sarkozy s'est rendu en Tunisie les 28 et 29 avril 2008. Il y a fait l'éloge des « progrès » de ce pays sous la dictature de Ben Ali, renversée depuis, le 14 janvier 2011, par le peuple tunisien.

cela. Ils cantonnent l'action diplomatique à un effort pour ne rien changer à la réalité du monde. La stabilité est leur mot d'ordre. L'immobilisme leur obsession. » Après la défense des intérêts nationaux, le deuxième « grand objectif » de cette nouvelle politique étrangère serait donc de « promouvoir les libertés et les droits de l'homme sur la scène internationale », étant entendu que les deux ambitions devaient aller de pair puisque la France éternelle louée par Nicolas Sarkozy, ou ses bardes préférés tel Max Gallo, est par essence pays de l'universel, des droits et des lumières.

Tunisie, Libye, Tchad, Gabon, Arabie Saoudite, Russie, Chine, etc. : nous sommes désormais déniaisés, si d'aventure nous avons cru ces belles paroles. Nicolas Sarkozy s'est rendu à Carthage comme d'autres à Canossa, délivrant devant l'autocrate président Ben Ali son nouveau credo diplomatique : au nom de quoi lui-même en particulier et la France en général s'érigeraient-ils « en donneur de leçons » ? D'ailleurs, si « tout n'est pas parfait » ici et là dans le monde, « tout n'est pas parfait en France non plus ». Après l'absolu des droits de l'homme, un relativisme tenant du lieu commun. Le commentaire général, par la voix de l'opposition et sous la plume de confrères, c'est d'assimiler cette évolution à un retour à l'ordre chiraquien, à son immobilisme et à son pragmatisme.

Sarkozy comme Chirac ? La comparaison est tentante et pas totalement fausse. Mais elle est aussi facile et, à vrai dire, un peu fainéante. Car, dans ce cas, il faudrait dire aussi Sarkozy comme Mitterrand, du moins celui du second septennat (1988-1995) qui fut plus soucieux des équilibres anciens que des nouveautés déstabilisatrices, au point d'être aveugle, en retard ou en décalage, face à quelques urgences, de la Yougoslavie au Rwanda, en passant par l'effondrement de l'Union soviétique.

Comparer l'actuel président à François Mitterrand est évidemment un exercice osé, qui a ses limites. Mais c'est ici un détour rhétorique pour souligner les limites de l'assimilation, en politique étrangère, du sarkozysme au chiraquisme. Si l'on ramène et réduit ce présent présidentiel à son passé récent, on ne se préoccupe pas de le penser dans sa spécificité. En somme, c'est circuler, il n'y a rien à voir, que de l'éternité politicienne et de l'opportunisme foncier. Rien à voir, rien à comprendre, rien de neuf, vraiment ?

On voudrait, ici, avancer l'hypothèse inverse. Cette politique étrangère de gribouille, qui avance dans la plus grande inefficacité au risque permanent du discrédit, nous semble une politique affolée et paniquée. Une politique qui sue la peur, l'inquiétude et l'angoisse. Comme si le monde lui échappait et la menaçait, encombré de périls, de dangers et de pièges. C'est ainsi qu'il faut comprendre son désordre apparent et son cynisme assumé : toute digue est la bienvenue, même peu crédible ; toutes les alliances sont souhaitables, même peu recommandables ; tous les pactes sont possibles, même diaboliques.

Car l'essentiel, c'est de survivre à la menace, cette menace qu'il faut combattre au-dedans et au-dehors. Au-dehors, c'est en Afghanistan, où Nicolas Sarkozy entend faire « la guerre », selon ses propres mots, « à Al-Qaida et aux talibans ». Au-dedans, c'est l'immigration, avec ses cohortes d'allogènes musulmans, qu'il faut enrayer, contrôler, retenir, épurer, trier, blanchir, de façon à sauver une identité nationale menacée.

L'impensé de cette politique étrangère et qui ne permet pas de l'assimiler aux deux précédentes, c'est la peur de l'Autre, de l'Autre musulman évidemment, d'une altérité menaçante identifiée à l'Islam réduit à sa caricature islamiste et terroriste. Tout comme les administrations américaines aveugles, on donnera donc la main aux régimes policiers qui font le lit des islamistes, par leur manque de démocratie, leur appétit de corruption, leur absence de vertu, au prétexte qu'ils sont la seule barrière contre ce danger imminent. Mais en y ajoutant, dans le cas français, une crispation autour d'un passé colonial toujours mal digéré, de grandeur perdue et d'Empire déchu.

En ce sens, la realpolitik de Tunis va de pair avec le discours de Dakar, tout comme les refrains idéologiques sur la grandeur française cachent l'angoisse fantasmée du déclin. Ceux qui s'époumonent sur la grandeur sont souvent ceux qui ne savent pas en inventer de nouvelles, moins dominatrices, plus civilisatrices.

Jusqu'alors, de Mitterrand à Chirac, les apparences étaient encore sauves. Avec Sarkozy, nous avons clairement la politique étrangère non pas d'un grand pays, sûr de lui, de sa propre histoire et de son rapport au monde, mais celle d'une nation qui n'arrive pas à s'inventer la nouvelle relation qu'appelle un monde où sa place n'est plus donnée, acquise ou héritée.

Cette voie existe pourtant, et la France n'est pas mal placée pour la frayer, comme nous l'a rappelé la mort d'Aimé Césaire, avec sa diversité issue d'une histoire mêlée. Une France qui a cette particularité de brasser, dans ses héritages, fussent-ils douloureux, la très grande pluralité du monde, des cultures et des religions. Paradoxalement, si la nouvelle présidence a souhaité l'afficher symboliquement dans la composition de l'équipe gouvernementale, elle tourne le dos à cette pluralité dans la politique concrète qu'elle promeut à la face du monde.

Car si elle vit avec, comme l'on dit faire avec – accepter un état de fait –, elle ne comprend pas ce qu'elle implique, notamment face à l'actuelle politique de l'hyperpuissance américaine et à ses conséquences désastreuses. La politique étrangère de l'actuel pouvoir s'est arrêtée à une image, comme bloquée mentalement : celle de deux avions, de deux tours, des corps qui tombent, des tours qui s'effondrent. Le 11 septembre 2001 est le cliché des régressions actuelles : l'événement fondateur des politiques qui parient sur la peur, construisent autour d'elle, agissent en la cultivant.

On ne pense pas cet événement, sa généalogie, ses causalités, son contexte, on se contente de le rappeler, de le proclamer, de le mettre en scène, comme un présent éternel. Si vous ne voulez pas que cela vous arrive, alors, acceptez la guerre en Afghanistan, justifiez l'occupation de l'Irak, autorisez l'usage de la torture, légitimez les régimes dictatoriaux, surveillez vos immigrés arabo-musulmans, etc. Dans cette vulgate, le 11 Septembre n'ouvre pas la réflexion, il clôt la discussion.

On comprend mieux, dès lors, pourquoi la comparaison des diplomaties sarkozyste et chiraquienne loupe l'essentiel. Car s'il y eut bien un enjeu historique sur lequel le tandem constitué par Jacques Chirac et Dominique de Villepin ne s'est pas trompé, c'est celui de l'après-11 Septembre. Certes, à l'image des kantiens de Charles Péguy, ils avaient les mains pures, mais ils n'avaient pas de mains ; autrement dit, ils parlaient fort sans pouvoir peser lourd.

Mais, sur le fond, la position qu'ils ont prise, à laquelle le gros de l'opinion française s'est alors identifié, était lucide sur la complexité et la fragilité du monde, le danger des aventures impériales, le piège d'un choc des civilisations, le risque de ressembler à l'adversaire qu'on prétendait combattre, le péril d'une perdition morale, etc. Or c'est ce débat sur le sens, la portée et la postérité des attentats de 2001 qui continue de traverser gauche et droite, les partageant de l'intérieur et expliquant, en grande part, au-delà des ambitions individuelles, les mouvements sismiques de l'une à l'autre dont témoigne l'ouverture sarkozyste.

La presse fut aussi ébranlée par cette épreuve, et sans doute comprendra-t-on un jour que la crise du *Monde*, par exemple, ne s'est pas nouée seulement sur des enjeux économiques, mais aussi sur un clivage éditorial autour de l'après-11 Septembre. *Le Monde* où, les normalisations économiques et éditoriales ayant fait leur œuvre de concert, on a pu lire, la semaine passée, sous la plume de son nouveau directeur, Éric Fottorino[1], ce compliment stupéfiant d'irréalité : « Il est à porter au crédit du Président d'avoir réinstallé la France dans le concert des nations. D'avoir en particulier réchauffé la relation avec les États-Unis,

1. Il ne l'est plus depuis février 2011. Après avoir présidé en 2010 à la vente du *Monde* à un trio d'actionnaires extérieurs aux métiers de la presse, Éric Fottorino a été débarqué sans ménagement du *Monde* et de sa direction par les nouveaux propriétaires.

rompant avec une posture française anti-américaine stérile et anachronique... »

Autrement dit, si l'on en croit le seul journal français vraiment connu à l'étranger, l'erreur qu'il fallait effacer au plus vite était justement la seule véritable audace dont on peut créditer la diplomatie chiraquienne, audace en l'occurrence doublée de lucidité. Quant à ce crédit accordé à Nicolas Sarkozy d'un retour de la France dans le concert des nations hâtivement ramené à l'alignement sur la pire politique américaine, celle d'une administration dont on ne répétera jamais assez qu'elle assume sans honte aucune la généralisation de la torture, on se dit que le « journalisme de gouvernement » évoqué par ailleurs sur Mediapart nous étonnera toujours.

1er mai 2008

3. Cette guerre afghane n'est pas la nôtre

Nicolas Sarkozy tient enfin sa guerre. Et c'est une catastrophe annoncée. Cette guerre contre le terrorisme, dont l'Afghanistan serait le théâtre décisif, il l'a cherchée, voulue, souhaitée. Au point de renier sa parole devant les électeurs et de rompre avec la politique de son prédécesseur. Au point, surtout, de faire basculer la France dans un engrenage qu'elle avait su éviter sous Jacques Chirac : celui d'une guerre des civilisations au prétexte d'une guerre contre le terrorisme. Celui d'une guerre où la France, comme les États-Unis avec George W. Bush, risque non seulement de perdre la face, mais l'honneur.

La guerre ou la paix, ce n'est pas un mince enjeu. En cette matière, Nicolas Sarkozy a fait preuve d'inconstance et d'irresponsabilité. Qu'on en juge... Le 26 avril 2007, à quelques jours de l'élection, le futur président, interrogé par France 2 sur la question afghane, faisait la réponse suivante, sans barguigner : « La présence à long terme des troupes françaises à cet endroit du monde ne me semble pas décisive. » Mais ne faut-il pas rester « pour empêcher le retour des talibans au pouvoir », lui demande-t-on ? Réponse, dénuée d'ambiguïté : « Le président de la République [Jacques Chirac, auquel il va bientôt succéder] a pris la décision de rapatrier nos forces spéciales et un certain nombre d'éléments. C'est une politique que je poursuivrai. Et, de toute manière, si vous regardez l'histoire du monde, aucune armée étrangère n'a réussi dans un pays qui n'était pas le sien.

Aucune ! Quelle que soit l'époque, quel que soit le lieu ! »

Huit mois plus tard, le 22 décembre 2007, Nicolas Sarkozy faisait une visite éclair à Kaboul pour dire aux soldats français qu'il leur fallait gagner cette guerre, rester durablement en Afghanistan, empêcher que ce pays ne devienne « un État terroriste ». Puis, au printemps 2008, il prit seul la décision, annoncée à Londres au mépris du Parlement français et de l'Europe continentale, non seulement d'augmenter la présence militaire française mais aussi de déployer nos troupes au-delà de Kaboul, dans des zones d'affrontement armé avec les forces dites talibanes.

Aucun fait nouveau n'a justifié ce brusque revirement, sinon la confirmation que l'intervention occidentale en Afghanistan, sous l'égide d'une OTAN à direction américaine et bien éloignée de l'Atlantique Nord qui lui vaut son sigle, est un fiasco aussi bien humanitaire (victimes civiles des bavures collatérales) que militaire (les talibans n'ont cessé de se renforcer) dans un des pays les plus misérables du globe.

Ce revirement est un alignement – sur la politique du pire. Nicolas Sarkozy a simplement cédé à l'injonction d'une administration américaine confrontée à son propre fiasco et à la mauvaise humeur de son partenaire canadien qui, début 2008, conditionnait la poursuite de son engagement en Afghanistan à la montée en puissance d'autres forces alliées. Jusqu'alors, le mandat confié à la Force internationale d'assistance à la sécurité (FIAS), instituée par l'ONU en décembre 2001 mais passée sous commandement de l'OTAN deux ans plus tard, était diversement interprété par les principaux pays engagés. Tandis que les États-Unis, la Grande-Bretagne et le Canada, lui donnaient une traduction offensive, l'Allemagne, l'Italie et l'Espagne privilégiaient l'assistance aux autorités civiles et militaires afghanes. En clair, certains pays étaient en guerre, d'autres non – et jusqu'à la rupture introduite sans explication ni débat par son nouveau Président, la France faisait partie du second groupe.

Au lieu de saisir l'opportunité de la demande étatsunienne, utile aveu de faiblesse, pour obtenir une révision en profondeur de la gestion de la crise afghane, révision qu'appellent toutes les études indépendantes, aussi bien européennes qu'américaines, tant l'échec est assuré, Nicolas Sarkozy a choisi la pire des solutions : s'engager dans le même bourbier où, depuis bientôt sept ans, s'enlisent les forces du Pentagone, tout comme les forces soviétiques s'étaient précédemment enlisées durant neuf ans (décembre 1979-février 1989), avant de devoir faire retraite piteusement dans une débâcle qui annonçait la chute du Mur et la fin de l'URSS elle-même.

L'embuscade de cet été 2008, fatale pour dix soldats français, est la conséquence directe de cette erreur tragique. La France, qui ne comptait jusqu'alors que 14 morts en Afghanistan, s'engage ainsi sur la voie des trois pays dont les peuples ont déjà payé un lourd tribut à l'opération Enduring Freedom (Liberté immuable) – 583 morts américains, 117 britanniques, 97 canadiens, selon le décompte d'un site indépendant.

Le Président français y a ajouté une surexposition médiatique et une exploitation idéologique de ce tournant, comme si cette guerre devenait l'une de ses armes en politique intérieure. De fait, l'Allemagne et l'Espagne ont déjà perdu une vingtaine de militaires en Afghanistan, la plupart dans des accidents, des attentats et des crashs aériens, sans que leurs dirigeants mettent en scène le sens de leur présence, comme l'a fait Nicolas Sarkozy, de façon si caricaturale et si personnelle. « Ici se joue une part de la liberté du monde », a-t-il déclaré à Kaboul le 20 août, dans le même discours où il prononça le fameux et calamiteux « si c'était à refaire, je le referais », gâchant la gravité du moment par l'indécence d'un politique jouant au militaire pour sa gloriole personnelle. Un combat contre « la barbarie », avait-il déjà dit, lors de sa visite éclair du 22 décembre 2007, une guerre que nous ne pouvons pas nous permettre de perdre, ne cessera-t-il de répéter depuis.

Un combat, renchérit-il le 20 août 2008, « contre des gens pour qui la vie et la dignité n'ont aucun prix ». Et, le lendemain, aux Invalides, devant les cercueils des soldats tués, il s'attarde non sans complaisance sur « la solitude d'un chef de l'État face aux décisions qu'il doit assumer », cherchant en quelque sorte à se grandir d'avoir décidé seul du sort de quelques mortels, avant d'entonner un refrain déjà rodé : « Nous n'avons pas le droit de perdre là-bas. Nous n'avons pas le droit de renoncer à défendre nos valeurs. Nous n'avons pas le droit de laisser les barbares triompher. Car la défaite à l'autre bout du monde se paiera d'une défaite sur le territoire de la République française. »

Cascade d'amalgames simplistes, ce discours qui caricature d'autres hommes en barbares et les voit bientôt à nos portes hexagonales, voire déjà infiltrés, était inédit dans la politique française, sauf à ses marges extrémistes à droite. Il dessine une ligne de fracture nouvelle, y compris dans l'actuelle majorité présidentielle. Ses élus, qui pour beaucoup doivent leurs débuts dans la carrière à Jacques Chirac, savent fort bien que l'attitude gaullienne de ce dernier, en paroles comme en actes, évita de céder à la panique sous le choc des attentats du 11 septembre 2001 et face à leur exploitation par les néoconservateurs de l'administration Bush. C'est maintenant que l'on peut mesurer combien, au-delà des ambitions et des rivalités individuelles, l'ascension de Nicolas Sarkozy à droite portait un enjeu idéologique fort qui était, entre crispation et ouverture, le choix par la France de son rapport au monde dans une époque incertaine et trouble.

En opposition frontale avec les États-Unis sur l'Irak, Jacques Chirac et Dominique de Villepin l'étaient aussi mais de façon moins ouverte sur l'Afghanistan. S'ils ont accompagné le point de départ de l'intervention afghane – une décision de la communauté internationale, via le conseil de sécurité de l'ONU, face au régime de Kaboul, alors taliban, qui refusait toute coopération dans la traque d'Al-Qaida, le réseau organisateur des attentats du 11 Septembre –, ils ont progressivement pris leur distance à mesure qu'à partir de 2003, l'intervention de départ changeait de nature sous l'impulsion américaine. Entre-temps, les États-Unis s'étaient lancés dans la catastrophique aventure irakienne, aussi irresponsable qu'illégale, qui à la fois limitait leur investissement en Afghanistan et ruinait leur crédit auprès des Afghans comme des Pakistanais, et plus généralement du monde musulman.

Fin 2006 et début 2007, dans les mois qui ont précédé l'élection présidentielle, la France annonçait donc le début de son désengagement d'Afghanistan, avec le retrait de ses éléments les plus aguerris, ses forces spéciales. En novembre 2006, au sommet de l'OTAN à Riga, Jacques Chirac avait affirmé que, décidément, la solution n'était pas « exclusivement militaire », plaidant pour une « coopération étroite entre responsables de la sécurité et responsables de l'aide au développement ».

Il avait également réaffirmé que l'alliance atlantique était, à ses yeux, « une structure militaire de défense entre l'Amérique du Nord et l'Europe » et que, par conséquent, « il n'a jamais été question d'étendre l'OTAN à l'Asie ». Cette prise de position se démarquait du projet américain de transformer l'OTAN en force de projection tous azimuts et d'embarquer ainsi les alliés des États-Unis dans toutes leurs aventures impériales – engrenage plus déstabilisateur que constructeur comme l'a illustré le récent épisode géorgien.

Les cyniques, qui survivent en avançant au fil de l'eau, fût-elle saumâtre, aiment souligner que la posture du dernier Chirac, appuyée sur le verbe de Villepin, n'avait pas les moyens concrets de ses belles envolées. Il en reste cependant quelques principes proclamés que l'irresponsabilité sarkozyenne rend plus réalistes que jamais. Quelques principes que, par contraste, l'opposition socialiste n'a jamais su exprimer avec force et unanimité, comme si le nouvel état du monde la paralysait et la désorientait. Cette ligne de conduite peut se résumer ainsi : au lieu de foncer militairement dans le premier piège tendu, il faut raisonner globalement, équitablement et politiquement. Globalement, c'est-à-dire en comprenant que, dans notre monde interdépendant, nombre de grands conflits sont inextricablement liés : par exemple, qu'il ne peut y avoir de solution afghane sans révision irakienne et qu'il ne peut y avoir de stabilisation durable au Moyen-Orient sans solution à l'interminable drame palestinien.

Équitablement, c'est-à-dire en ne donnant plus « le sentiment que les grands principes sont à géométrie variable », ce qui ajoute à « l'incompréhension entre les mondes », pour reprendre ces mots de Jacques Chirac, dans son dernier discours de Président devant la conférence annuelle des ambassadeurs, le 28 août 2006. Comment construire un monde commun, meilleur et stable, en refusant aux autres les droits que l'on revendique pour sa propre nation ? L'embargo américain contre Cuba, l'invasion armée de l'Irak, la construction du Mur israélien sont des actes illégaux, au regard d'un droit véritablement international. Tout comme l'incapacité des Nations unies à imposer dans les faits, y compris par une force d'interposition, la viabilité d'un État palestinien sur le gros des territoires illégalement occupés depuis 1967 par Israël, ruine toute pédagogie onusienne vis-à-vis d'une grande partie des opinions mondiales. De même, comment prétendre enrayer la menace fondamentaliste, depuis le misérable Afghanistan, quand son foyer initial, l'Arabie Saoudite d'où la minuscule secte wahhabite s'est projetée sur le monde musulman, est ménagé, courtisé, enrichi, soutenu et protégé ?

Politiquement enfin, et l'Afghanistan est, de ce point de vue, un cas d'école. Pour le comprendre, il suffit de se reporter à la lettre adressée par Human Rights Watch, en juin 2008, à la conférence de Paris des pays donateurs pour l'Afghanistan. Selon cette ONG américaine, le bon ordre du jour aurait été de « s'occuper des droits des femmes, de la liberté d'expression et de l'impunité ». Loin des visions iréniques d'un pouvoir afghan démocratiquement exemplaire et que l'on devrait défendre à ce titre, elle s'inquiétait de la place et du sort fait à la société civile afghane, et notamment à la Commission afghane indépendante pour les droits humains.

« La conférence de Paris va se dérouler au moment où le gouvernement afghan est de plus en plus impopulaire à cause des abus, de la corruption et du manque de sécurité, déclarait alors Brad Adams, directeur pour l'Asie à Human Rights Watch. Si les donateurs se contentent d'offrir plus de la même chose et ignorent le besoin de réforme systémique, y compris un engagement à accepter d'affronter les seigneurs de guerre et à s'attaquer à l'impunité, alors la situation en Afghanistan ne peut que se détériorer. »

Rappeler que le mouvement taliban est porteur d'une idéologie totalitaire et souligner que le réseau international d'Al-Qaida se greffe sur l'abcès afghan, c'est ne voir qu'une partie de la réalité – et peut-être pas la plus décisive. Il y a une histoire, une culture et une identité afghanes que, depuis 1979, soit depuis bientôt trente ans, la guerre met à l'épreuve, avec son immense cortège de victimes non combattantes. Avec ses clichés qui étouffent la pensée, l'idéologie bien-pensante est ici la pire des conseillères. Hier, après tout, les Soviétiques sont prétendument entrés en Afghanistan au nom de la lutte contre l'obscurantisme, assurant défendre, par exemple, les droits des femmes contre les intégristes religieux. Indépendamment même du jeu d'apprenti sorcier des États-Unis qui, avec l'Arabie saoudite et le Pakistan, firent alors le lit d'Oussama Ben Laden, les troupes de Moscou n'en furent pas moins considérées comme des forces d'occupation illégitimes par la masse du peuple afghan.

Tels sont les principes consensuels qui devraient inspirer une politique étrangère lucide, efficace et maîtrisée, principes que le choix afghan de Nicolas Sarkozy piétine allègrement. Il suffit de relire *Un autre monde*[1], le recueil des divers discours prononcés au nom de la France par Dominique de Villepin dans les tumultes internationaux de l'après-2001 pour prendre la mesure de la fracture qui, aujourd'hui, se creuse. Plutôt qu'une action, faute de puissance propre et, surtout, de dynamique européenne, la position française fut alors une alerte pour demain.

De fait, quand on lit le rapport Baker-Hamilton sur l'Irak, fruit d'une commission bipartisane américaine qui, fin 2006, avança soixante-dix-neuf recommandations qui pourraient inspirer l'après-Bush, on y retrouve la même approche globale et politique, rendant tous ses privilèges à la diplomatie multilatérale au détriment des fuites en

1. L'Herne, 2003.

avant guerrières. Mais, entre-temps, trois années furent perdues et la blessure irakienne ne cicatrisera pas de sitôt.

Prononcé le 28 septembre 2004 à New York, un discours n'a pu figurer dans le recueil villepinien précité. Avant de dire « oui » à l'aventure afghane, les parlementaires UMP feraient bien de le lire ou de le relire, tant c'est une réponse anticipée à l'option sarkozyste. Il s'agit d'un discours de ministre de l'Intérieur, le nouveau poste de Dominique de Villepin après le Quai d'Orsay, dont le thème était la lutte contre le terrorisme. Et voici ce qu'on y lit : « La gravité des circonstances actuelles, la détérioration de la situation internationale comme la perspective d'une nouvelle mutation du terrorisme, nous obligent à faire preuve de responsabilité. Plus que jamais, dans notre lutte contre le terrorisme, nous devons éviter trois pièges. Le premier piège est l'assimilation de la lutte contre le terrorisme à une guerre sans merci. [...] L'appel à la guerre contre le terrorisme me semble risqué parce qu'il donne aux différents groupes terroristes une légitimité et une audience auxquelles ils aspirent. [...] Ce que cherchent depuis le début les principaux responsables d'Al-Qaida, c'est bien d'être singularisés et à ce titre reconnus par l'Amérique. Ben Laden contre Washington, pour des populations démunies et réceptives aux discours fondamentalistes, c'est David contre Goliath. La faiblesse contre la puissance. Piège terrible, dont nous devons sortir au plus vite. En définitive, ce qui se profile derrière les mots « guerre contre le terrorisme », c'est la confirmation d'un choc des civilisations dans lequel certains veulent voir le nouvel aboutissement de l'histoire. Car c'est bien là que les terroristes veulent nous conduire : à une opposition frontale des religions et des cultures, dont nous sortirons tous meurtris et brisés. À nous de lutter contre cette vision caricaturale et pessimiste, qui ne tient compte ni de la diversité de l'islam, ni de l'aspiration de l'immense majorité des musulmans à la paix, ni des influences réciproques qui existent depuis des siècles. »

Les deux autres pièges identifiés par Dominique de Villepin étaient « la force seule » et « la peur, qui nous conduirait soit à la fuite en avant, soit au repli sur nous-mêmes ». La France les avait évités. Maintenant nous y sommes et, surtout, nous y serons si le pays, ses élus et ses citoyens laissent faire. Car quelle est cette guerre que Nicolas Sarkozy a solitairement voulue, dont il est en France le premier responsable et dans laquelle la France est engagée sans que son peuple l'ait jamais souverainement décidé ? Quelle est-elle sinon, selon le vocable imposé au monde par les néoconservateurs américains après le 11 septembre 2001, la guerre contre le terrorisme ? Cette guerre, répètent leurs bons élèves, que nous ne pouvons pas perdre. Cette guerre qui serait, à en croire le directeur de *Libération* dans un récent éditorial[1], une « tragique nécessité ». Tragique erreur plutôt que cette guerre aussi aveugle idéologiquement qu'inefficace militairement où l'intelligence se ruine autant que la vérité se perd.

Non, le terrorisme ne se combat pas par la guerre, et c'est, au choix, un mensonge ou une stupidité que de le prétendre. Le terrorisme se combat par le renseignement, l'infiltration, la coopération policière, l'aide économique, les solutions politiques, l'action patiente, la réflexion intellectuelle, la justice, le droit. Depuis qu'avec l'invasion internationalement illégale de l'Irak, le choix inverse a été fait par l'administration Bush, le monde est plus instable, plus dangereux, plus explosif qu'en 2001. Aucune solution durable n'a été apportée à aucun des grands drames où se joue l'avenir du monde, et surtout pas au sort injuste fait au peuple palestinien, cristallisation emblématique de nos impuissances, entre égoïsmes et lâchetés.

1. Le 20 août 2008, Laurent Joffrin, alors directeur de *Libération*, signait un éditorial intitulé « Tragique nécessité » où l'on lisait précisément ceci : « La pire des solutions serait évidemment le retrait. Légitime, à la différence de la guerre irakienne, destinée à répondre par la destruction de ses bases arrière à une attaque meurtrière au cœur du territoire américain, l'intervention en Afghanistan était une tragique nécessité. Qui voudrait offrir, de plus, une retentissante victoire aux fanatiques les plus violents de l'islamisme ? Mais la solution, même si elle suppose une suprématie militaire, ne peut être que politique. »

Faire ce constat, c'est simplement être lucide et raisonnable, à l'instar, par exemple, de l'Américain Francis Fukuyama, ce conservateur guère extrémiste qui rompit avec ses amis néoconservateurs parce que, dit-il, ils ont « une incapacité à reconnaître la réalité ». « Le problème est la guerre elle-même, déclarait-il au *Monde* le 14 janvier 2007. Je pense que le concept fondamental lui-même était erroné. » « La plus grande erreur qu'aient faite les États-Unis, au lendemain des attentats du 11 Septembre, poursuivait-il, a été d'exagérer les enjeux et la menace. À l'époque, il n'y avait sans doute pas plus de deux à trois douzaines de personnes, dans le monde, capables de mener ce genre d'attaques terroristes contre les États-Unis et prêtes à le faire. Le résultat de notre mauvaise gestion a été une sorte de prophétie qui se réalise d'elle-même. »

La prophétie autoréalisatrice est l'arme des pouvoirs dangereux pour leurs propres peuples autant que pour le monde : ils créent ou augmentent la menace qui va, ensuite, les légitimer. C'est ce que fait Sarkozy avec l'Afghanistan, à l'inverse de ce que prônait Dominique de Villepin. Et c'est pourquoi il serait bon qu'on l'en empêche, par la force du vote ou par la pression de l'opinion. La politique de la peur, qui proclame le danger pour mieux l'exploiter, est un engrenage terrible où une démocratie peut perdre son âme. Car elle est aveugle au monde et aux autres – à la nouveauté du premier, à l'humanité des seconds.

La réalité du monde de ce début de siècle est que la population cumulée de l'Amérique du Nord, de l'Union européenne et de l'Australasie (Australie et Nouvelle-Zélande) est de 700 millions d'habitants, soit environ 10 % seulement de la population mondiale, et que les 90 % restants sont désormais « passés du statut d'objets à celui de sujets de l'histoire mondiale ». Rappelant récemment cette évidence dans les colonnes du *Financial Times*, comme l'a opportunément relevé *Courrier international*, l'universitaire singapourien Kishore Mahbubani soulignait l'erreur des penseurs occidentaux qui, dans la foulée de l'effondrement de l'URSS, « ont présumé que l'Occident n'aurait plus jamais à faire de compromis géopolitique, qu'il pourrait imposer ses conditions ». Et de se demander si l'erreur stratégique des États-Unis et de leurs alliés européens n'est pas d'avoir jugé que le principal défi provenait du monde musulman, plutôt que de la Chine, multipliant dès lors les décisions absurdes qui sont autant de cadeaux géopolitiques à « la principale bénéficiaire du 11 Septembre 2001 [qui] a stabilisé son voisinage pendant que les États-Unis regardaient ailleurs ».

Quant à la figure de l'autre, dès qu'on le portraiture en barbare – quelle que soit l'éventuelle vilénie de ses crimes –, on le déshumanise et, ce faisant, on s'apprête soi-même à la barbarie. Comment, de ce point de vue, approuver l'aventure afghane alors qu'elle a derrière elle un lourd passé de négation des valeurs universelles dont nos démocraties se réclament ? Au-delà des bavures militaires – quatre-vingt-dix civils tués dans le bombardement de riposte à l'embuscade fatale aux militaires français –, l'Afghanistan fut le premier terrain d'expérimentation de la nouvelle guerre contre le terrorisme, avec ses prisonniers disparus, ses prisons secrètes et ses tortures systématiques. En mars 2004, alors que d'autres pays prenaient le relais dont l'Irak, mais aussi l'Europe qui accueillit certains de ces trous noirs enfantés par le système né à Guantanamo, une enquête incontestable de Human Rights Watch détaillait sur cinquante-neuf pages les violations des droits les plus élémentaires par l'armée américaine en Afghanistan.

La barbarie consiste à ne pas reconnaître l'humanité des autres, alors que la civilisation est « cette capacité de voir les autres comme autres et pourtant d'admettre en même temps qu'ils sont aussi humains que nous ». Le tranquille rappel de cette évidence, ressassée depuis Montaigne et les célèbres pages sur les cannibales de ses Essais, inspire le nouveau livre de Tzvetan Todorov qui sera en librairie le 15 septembre, une semaine avant le débat parlementaire sur l'Afghanistan. Il s'intitule *La Peur des barbares*[1] et son propos nous servira de conclusion tant

1. Robert Laffont, 2008.

il sonne juste : « La peur des barbares est ce qui risque de nous rendre barbares. Et le mal que nous nous ferons dépassera celui que nous redoutions au départ. L'histoire nous l'enseigne : le remède peut être pire que le mal. Les totalitarismes se sont présentés comme un moyen pour guérir la société bourgeoise de ses défauts ; ils ont engendré un monde plus dangereux que celui qu'ils combattaient. La situation actuelle n'est sans doute pas aussi grave, mais elle reste inquiétante ; il est encore temps de changer d'orientation. »

Il est encore temps, mesdames et messieurs les parlementaires, de dire non.

9 septembre 2008

4. Leçons françaises d'une surprise américaine

Quelques mois après le 11 septembre 2001, Régis Debray s'était moqué de l'esprit de croisade alors en vogue aux États-Unis en jouant avec le rappel ironique de l'édit de Caracalla, empereur romain, né à Lyon en 188, qui, en 212, étendit à tous les hommes libres de l'empire le droit de cité romain afin de faire cesser « chicanes et réclamations ». *L'Édit de Caracalla ou plaidoyer pour des États-Unis d'Occident*[1] se présentait comme la défense d'une Fédération euro-américaine par un défunt haut fonctionnaire français, Debray se chargeant de la réplique à cet ouvrage posthume. Sans doute cet essai témoignait-il de cette propension française à ramener les États-Unis d'Amérique, pour s'en démarquer le plus souvent, à un essentialisme simplificateur qui, par contraste, grandit notre prétention hexagonale à l'universel. Mais, au-delà d'une critique pertinente des aventures impériales d'alors, Debray visait juste sur un autre point : que nous le voulions ou non, empire oblige en effet, nous sommes autant concernés que les citoyens américains eux-mêmes par le sort de l'Amérique.

Si nous en doutions encore, le vote du 4 novembre 2008 en est une nouvelle preuve. Confusément, sur tous les continents, dans toutes les langues, nous sentons bien que l'élection de Barack Obama, loin de nous être étrangère, nous touche et nous implique. Comme si l'espérance qu'il a su insuffler à une majorité d'Américains – *The Audacity of Hope* est le titre de son deuxième livre, paru en 2006,

1. Fayard, 2002.

L'Audace d'espérer[1] – nous atteignait aussi, à la manière des répliques sismiques d'un tremblement de terre, interrogeant nos propres sociétés, alimentant nos réflexions sur le futur, nourrissant nos désirs de changement. Avec la victoire d'Obama, nous sommes en présence d'un événement pur, à la fois impensable hier et imprévisible demain. Pas devant une simple nouvelle faisant les gros titres, mais en face de ce qu'Edgar Morin a appelé « l'événement-sphynx » : entre hasard et nécessité, le surgissement du nouveau, de l'aléatoire, du possible.

Prétendre en prédire le futur serait une charlatanerie. Il suffit déjà bien d'en souligner les potentialités, ces virtualités du présent dont les promesses sont déposées entre nos mains et dont, par conséquent, l'épanouissement dépendra de nos humaines déterminations. De l'élection de Barack Obama à la présidence de ces États-Unis d'Amérique dont l'invention fut cousine et compagne de nos radicalités révolutionnaires, on voudrait donc suggérer ici trois enseignements en forme de résonances françaises à cet ébranlement américain. Trois pistes qui tiennent en trois mots : la démocratie, le monde, l'identité.

Avant les deux autres questions – celle du monde, avec la politique internationale à venir des États-Unis ; celle de l'identité, avec la promotion d'un métis qui se revendique noir à la tête de l'hyperpuissance –, c'est d'abord de l'extraordinaire vitalité de la démocratie américaine dont témoigne cette élection. Comme si, là-bas, le meilleur pouvait rapidement venir effacer le pire. Rien de figé, rien d'immobile, rien de définitif. Loin des carrières éternelles de politiciens usés qui caractérisent notre vie publique, un homme neuf peut donc surgir, s'élancer depuis une authentique expérience professionnelle (en l'espèce, animateur social, avocat et professeur d'université) et, en moins de quinze ans, réussir à monter sur le podium présidentiel. Mais, de plus, il ne surgit pas de nulle part, comme une simple machine à ambition et à communication : son point de départ est un positionnement politique à contre-courant.

1. Presses de la Cité, 2007.

C'est en effet en disant clairement « non » au *mainstream* du moment qu'Obama a véritablement commencé sa marche vers la Maison Blanche. Quand, le 2 octobre 2002, jour où le Congrès vote à la demande de George W. Bush la loi autorisant la guerre en Irak, il prend la parole sur la Federal Plaza de Chicago, Obama n'est encore qu'un élu local de l'État de l'Illinois. « Je suis opposé, dit-il sans barguigner, à une guerre stupide. Une guerre irréfléchie. Une guerre fondée non pas sur la raison mais sur la passion. » Le 16 mars 2003, jour de l'ultimatum de George Bush à Saddam Hussein, il récidive, lors d'une grande manifestation anti-guerre à Chicago. Un an plus tard, lors des élections de novembre 2004, il est élu sénateur – ce sera l'une des rares bonnes surprises dans la défaite pour le camp démocrate.

Tel est son capital politique de départ : le clair refus de ce que beaucoup d'autres démocrates acceptaient, accompagnaient ou toléraient. Ainsi donc les mêmes États-Unis qui ont accru l'insécurité du monde sous la présidence Bush, trahi leurs valeurs en systématisant la torture, alimenté le cauchemar d'un choc des civilisations, etc., nous montrent leur aptitude à rebondir en se contredisant, sans complexe. Mais, après tout, n'est-ce pas le même pays qui, trois ans à peine après l'événement, en 2004, publiait un rapport d'enquête bipartisan sur les attaques du 11 septembre, peu amène sinon sévère pour l'administration Bush ? Et n'est-ce pas le même pays qui, en 2004 toujours, voyait Seymour Hersh, le journaliste d'investigation auquel on doit le réveil de l'opinion, avec la révélation des horreurs d'Abou Ghraib, publier un livre, *Chain of Command*[1], où toute la part d'ombre de la guerre contre le terrorisme était dévoilée ?

Autrement dit, le surgissement de Barack Obama ne témoigne-t-il pas du dynamisme et de la permanence de la culture démocratique américaine, capable toujours de reprendre rapidement le dessus sur les pouvoirs qui tentent de la rogner ? Enquêtes de parlementaires et

1. *Dommages collatéraux*, Folio, 2006.

révélations de journalistes : n'est-ce pas là la preuve de contre-pouvoirs qui fonctionnent, qui s'assument et qui sont, profondément, vécus comme légitimes ? N'est-ce pas la confirmation que la stabilité institutionnelle américaine, avec une Constitution datant de 1787, complétée par une Déclaration des droits en 1791 et prolongée par une Cour suprême dont les délibérations sont autrement transparentes que celles de notre Conseil constitutionnel, conforte et garantit de profonds ressorts démocratiques quand, à l'inverse, nos quinze Constitutions témoignent d'une instabilité dont profite un présidentialisme sans contre-pouvoir où s'assèche et dépérit la vie démocratique ?

Si Obama a finalement été élu président des États-Unis, c'est parce que les contre-pouvoirs ont joué leur rôle d'alarme et de vigie. C'est parce qu'un Paul Krugman a pu descendre de sa chaire d'économie pour chroniquer, dans le *New York Times*, sans pitié et avec clarté, la catastrophe « bushiste ». C'est parce qu'il s'est trouvé aussi des démocrates qui, loin de céder à la « politique de la peur » régnant à la Maison Blanche, ont pleinement assumé leur rôle d'opposants. Il suffit de lire le dernier livre d'Al Gore, *La Raison assiégée*[1], qui évoque une « épouvantable trahison des valeurs américaines » faite d'imposture systématique et d'atteinte à la démocratie, pour prendre la mesure de ce qui nous manque en France, aujourd'hui : une opposition tout simplement. Une opposition qui ne soit pas prisonnière de son passé, une opposition capable de renouveler son héritage comme ses dirigeants. Une opposition qui s'assume, sans complexe ni faiblesse. Et ce qui va avec, une presse qui sache elle aussi s'opposer au pouvoir.

La deuxième résonance concerne évidemment le monde, dont les États-Unis sont l'hyperpuissance solitaire, aussi bien militaire qu'économique. Or l'élection d'Obama survient alors que s'installe la grande crise que l'on sait et dont l'Amérique aura été le laboratoire, tandis que les deux guerres actuellement menées par ses armées, en

1. Seuil, 2008.

Afghanistan et en Irak, sont embourbées ou empêtrées. Bien malin serait celui qui écrirait l'exact scénario que suivra cette présidence, à partir de janvier 2009, sur ces questions, tant les paramètres varient et les conseillers divergent. Aussi faut-il peut-être regarder au-delà, avec cette conscience que nous ne sommes jamais tout à fait contemporains de notre présent et qu'il s'y joue aussi d'autres durées, plus longues et plus essentielles, telles des lames de fond, venues des profondeurs historiques.

Et si l'élection de Barack Obama, à la tête de la puissance centrale de notre monde, en signifiait en vérité le décentrement ? Un décentrement du monde, en écho à ce *Devisement du monde* par lequel Marco Polo confia, au début du XIIIe siècle, sa rencontre émerveillée de l'Orient. Après tout, le monde dont Obama aura en partie la charge est ce monde désorienté dont témoigne l'infinie crise proche et moyen-orientale, un monde désorienté au sens premier du mot : un monde d'Occident qui a perdu son Orient, qui le démonise après l'avoir esthétisé, qui en a d'autant plus peur qu'il ne le reconnaît plus. Un monde d'Occident qui, confusément, sent bien que son règne sans partage se termine et que, sur d'autres continents, d'Afrique, d'Asie et d'Amérique du Sud, émergent des puissances nouvelles, neuves et vives, emmenées par des peuples qui, après avoir été trop longtemps les objets de nos conquêtes et de nos rapines, sont bien décidés désormais à être les sujets actifs de l'histoire, la leur comme la nôtre.

Même si sa politique internationale s'avérait décevante, sans imagination ni audace – ce qu'a laissé craindre sa précautionneuse tournée électorale hors des États-Unis –, l'avènement d'Obama témoigne de ce renversement symbolique : à travers l'élection de ce fils de Kényan, qui, de plus, passa une partie de son enfance en Indonésie et dont le père était un musulman non pratiquant, les États-Unis se dotent d'un Président issu de ce monde qu'hier, l'on disait tiers – le Tiers-Monde. Au moment même où, face à la crise, de grandes démocraties du Sud – l'Inde, le Brésil, l'Afrique du Sud – se concertent pour envisager une gouvernance mondiale qui ne leur soit plus confisquée par les dominants du Nord, c'est donc une histoire d'immigration africaine qui vient au secours de l'Amérique, de ses valeurs et de son moral. Ruse de l'histoire, l'élection d'Obama inscrit, peut-être, au cœur de la puissance du moment l'avènement des nouvelles puissances de demain.

La force vitale des États-Unis d'Amérique est d'être un pays d'immigration qui s'assume comme tel. Notre faiblesse est de continuer de penser l'immigration comme une question exogène alors qu'elle est au cœur de notre histoire, notamment des spécificités de l'identité moderne de la France dans son rapport au monde, construite dans ce rapport colonial où, jusqu'aux années 1950, se rêvait une très grande France sur tous continents et tous océans, cette très grande France exotique sans laquelle, au passage, il n'y aurait jamais eu de France Libre mais seulement une France assimilée aux vaincus de 1945.

Notre étonnement français devant ce retournement américain où un Noir accède à la présidence un demi-siècle seulement après les luttes contre la ségrégation, nous fait un peu trop vite oublier les ségrégations ordinaires et durables, aussi humiliantes, qui étaient au même moment vécues dans nos colonies. Ici, la coïncidence de la victoire d'Obama et de la réunion de Vichy sur l'immigration, où Brice Hortefeux entend enseigner aux migrants, pour leur examen de passage, le « sang impur » de la « Marseillaise », suffit à résumer notre caricatural retard hexagonal.

Confusément, nous savons bien, en Europe, que nous vivons l'achèvement d'un long cycle, commencé en 1492 avec le choc de la rencontre américaine, où l'Occident s'est projeté sur le monde, dans un mélange de violence et de générosité, de curiosité et de rapacité. Cinq siècles plus tard, nous devinons que nous allons devoir durablement composer avec d'autres rapports de force – de richesse, de culture, de langue, de puissance – dont nous ne serons plus les maîtres.

De ce sentiment naissent nos crises d'identité nationale, faute d'une politique réenchantée qui, au lieu de se crisper sur de vieilles volontés de domination, accepte cette donnée de fait pour mieux la dépasser et la subvertir. En finir avec la puissance, ce n'est pas forcément le déclin, loin de là. Ce peut être aussi l'invention d'un nouveau « Nouveau Monde » plus fraternel, plus égalitaire, plus vivable. Et, à l'inverse, la crispation pathologique sur une grandeur perdue risque fort de se révéler le chemin assuré de la décadence.

Troisième et ultime piste, celle de l'identité. Barack Obama n'a pas attendu le désormais fameux discours de Philadelphie, prononcé le 18 mars 2008, pour se mettre au clair sur cette question. Elle est au cœur de son premier livre, son autobiographie parue dès 1995, dont le titre montre bien qu'il ne se dérobait pas : *Dreams from my Father*[1]. « Métissage, y lit-on. En anglais, *miscegenation*. Ce mot est bossu, affreux. Il porte en lui l'annonce d'un résultat monstrueux. » Revendiquant son statut de métis, né d'un père noir kényan et d'une mère blanche américaine, Obama cependant refuse de le réduire à cette dimension biologique. Tout au contraire, il prend tous les héritages, proches ou lointains, grands-parents et demi-sœurs, esclaves ancêtres de son épouse, qui en font ce véritable honnête homme déjà distingué par Montaigne dans *Les Essais*, sous le choc de la rencontre américaine avec la figure de l'Autre – « Tout honnête homme est un homme mêlé ».

De la Race en Amérique[2] : le titre donné à l'édition française du discours de Philadelphie en manque de ce point de vue l'essentiel, dont rend compte à l'inverse le titre donné par Obama lui-même, *Pour une Union plus parfaite*. Car ce discours ne se contente pas de poser clairement la question noire, il évoque aussi, sur le même ton, la question blanche, pensant ensemble « la colère des Noirs » et « la rancœur des Blancs ». Bon connaisseur de l'abondante littérature sur la question raciale, celle-là même qui n'est pas reconnue à sa juste place en France où l'on

1. *Les Rêves de mon père*, Presses de la Cité, 2008.
2. Grasset, 2008.

diabolise encore le Martiniquais Frantz Fanon, l'auteur de *Peau noire, masques blancs,* qui est en revanche enseigné dans toutes les grandes universités américaines, Barack Obama dépasse la notion d'identité telle qu'on l'entend couramment. Il la revendique tout en la subvertissant.

Pour lui, l'identité est une différence qui fait lien. Une diversité qui fait unité. Loin de la vision peu renseignée qui a parfois cours en France sur le « communautarisme » supposé anglo-saxon, Obama pose et promeut l'identité comme une ouverture, plutôt qu'une clôture. Son positionnement est une traduction politique de ce que défend, par l'écriture et la poésie depuis un demi-siècle, cet autre grand Martiniquais, Édouard Glissant qui, comme par hasard, enseigne aux États-Unis depuis vingt ans, faute de chaire en France. Aux identités-racines, copier-coller des dominations coloniales reproduites par des indépendances décevantes, inachevées ou tragiques, Glissant a toujours opposé les identités-relations. À rebours de nos universalismes aussi abstraits qu'écrasants, qui finissent toujours par demander à l'Autre de s'assimiler, autrement dit de renoncer à être autre, Glissant a toujours plaidé que ce que l'humanité a en commun, ce sont ses différences, et non pas son universalité. Ou plutôt que ce sont les différences qui font l'universalité humaine.

Son discours au soir de la victoire l'illustre, qui n'oubliait aucun particularisme tout en les rassemblant : le tour de force d'Obama est de mettre l'identité au cœur de la relation. De ne pas la nier mais de ne pas l'isoler. De faire union avec la diversité. D'inventer une politique du divers, comme les poètes, depuis Victor Segalen, rêvent d'une esthétique du divers. L'esthétique n'est pas évoquée par hasard car la campagne de Barack Obama fut aussi la promotion d'une espérance par l'élégance.

Il suffit de l'écrire pour, immédiatement, prendre conscience, là encore, de notre retard français, immensément manifeste sous la présidence de Nicolas Sarkozy. Retard démocratique, on l'a dit ; retard dans la relation au monde, on l'a souligné ; retard dans le rapport à la diversité issu du passé colonial, on l'a rappelé ; mais retard aussi dans cette pratique hystérisée de la politique dont le pouvoir actuel est le véhicule, pratique faite de violence et de virulence, d'égotisme et de narcissisme, de guerre sociale et d'intolérance démocratique.

5 novembre 2008

5. Un pitre qui ne fait pas rire

Au spectacle de la dernière affaire Dieudonné, stupéfait et sidéré, j'ai eu envie de relire David Rousset. Je venais de regarder sur le Net cette mise en scène clairement antisémite, dans ses symboles, ses allusions et ses sous-entendus. Sur la scène du Zénith, Dieudonné faisait remettre par un assistant portant une sorte de pyjama rayé et arborant l'étoile jaune – un « habit de lumière », fut son commentaire pour décrire cet uniforme de déporté – un « prix de l'infréquentabilité et de l'insolence » au négationniste Robert Faurisson, lequel disait être traité « comme un Palestinien » dans son pays tandis que l'hôte, le primé et le public faisaient chorus autour d'un même adversaire, les « sionistes ». Cette ignominie est évidemment une provocation destinée à faire sauter le verrou de mémoire que constitue le génocide juif en niant la réalité du crime contre l'humanité.

Le visionnage terminé, j'avais peine à croire que cet événement venait de se passer à Paris, en 2008, le 26 décembre précisément, devant une salle comble et un public enthousiaste. Le premier réflexe est d'ignorer ou de relativiser, par précaution médiatique ou prudence politique, tant est explicite la stratégie d'appel au scandale et à la victimisation de l'ancien militant antiraciste des années 1980, devenu le nouvel ami de l'extrême droite lepéniste. Position évidemment intenable : s'il ne faut pas en exagérer démesurément la portée, Jean-Marie Le Pen ayant lui-même fini par le juger « un petit peu choquant », ce Grand Guignol n'en a pas moins eu lieu, dans son ignominie et sa bassesse. Il nous faut donc le regarder en face, s'efforcer de le décrypter et s'appliquer à le réfuter.

Si je me suis d'abord tourné vers David Rousset (1912-1997), c'est par réflexe protecteur. Je voulais retrouver le fil d'une mémoire vive et vigilante, ni figée ni sacralisée, de cet événement imprescriptible : le génocide, c'est-à-dire l'extermination par des humains d'une partie de l'humanité, donc d'une part d'eux-mêmes, simplement parce qu'elle est née, née juive en l'occurrence. Un événement dont l'énigme ne doit jamais nous quitter tant elle nous alerte sur la survenue de la barbarie au cœur des civilisations. Rescapé des camps où il avait été déporté comme résistant, Rousset fut, juste avant Robert Antelme (1917-1990) et Jean Cayrol (1910-2005), le premier des récitants français du crime européen dont le nazisme fut l'instrument. Il le fit en trois maîtres livres parus en cascade, pour ne plus y revenir, silence comblé par une action politique aussi inlassable qu'inclassable, puisqu'à l'extrême gauche du gaullisme. Ce furent d'abord un essai décisif, *L'Univers concentrationnaire* (1946), salué par le prix Renaudot ; puis un faux roman, *Les Jours de notre mort* (1947), vaste fresque documentaire ; et, enfin, une satire réaliste, *Le pitre ne rit pas* (1948).

C'est ce livre que j'ai été chercher, dans la réédition qu'en fit Christian Bourgois, en 1979, quand, concomitamment, sortirent de nos placards à mémoires les fantômes de la collaboration française à la solution finale et surgirent les nouvelles cohortes du négationnisme unissant des égarés de l'ultragauche à des persistants de l'extrême droite. « Une pièce de théâtre. Avec un seul acteur. L'imagination ne joue ici aucun rôle », écrit Rousset en introduction d'un livre construit comme un dossier d'archives, succession de documents, lettres, rapports et notes témoignant de l'épaisseur quotidienne de la barbarie. Le seul acteur, le Pitre, c'est ici l'antisémite ordinaire, dans sa banalité terrifiante et sa prodigieuse abjection. Ce livre devrait être promu manuel scolaire, à l'instar d'une ancienne collection pédagogique intitulée « Textes et documents pour la classe », tant il montre la persécution dans sa froideur et sa quotidienneté, entre brutalité et routine, bureaucratie et voisinage, pillages et dénonciations, exclusions et déportations, minutie et démesure, conformisme et folie, etc.

Introduisant ce recueil de preuves irréfutables, Rousset, avec cette prescience des témoins survivants, nous alertait déjà : « Dans la scène de la grande maîtrise, vous l'entendrez [le pitre] ordonner le meurtre. Mais vous ne verrez pas le meurtre s'accomplir. Le Pitre n'admet pas sa victime. Il refuse la confrontation. Il agit à distance. Ses agents sont des rouages techniques. Ce qui lui importe, c'est la machine à tuer et comment elle fonctionne. » Secret du crime, euphémisation des consignes, effacement des traces : sachant fort bien l'horreur qu'ils commettaient, les bourreaux se sont d'emblée attachés à la cacher, à ne pas seulement tuer des millions d'êtres humains, mais à assassiner préventivement la vérité du crime commis. De ce point de vue, la résonance la plus perverse et abjecte de la soirée antisémite animée par Dieudonné, au Zénith, ce fut ce mot du négationniste Robert Faurisson, se posant en persécuté et disant alors avoir été victime d'un « traitement spécial ». Or c'est exactement cette formule neutre, entre clinique et technique, que les nazis utilisaient pour masquer la réalité de la solution finale.

Récemment publié en français, un texte[1] de Primo Levi (1919-1987), autre grand récitant, italien celui-ci, du génocide, fait écho à la mise en garde de Rousset : les survivants nous ont avertis que le crime contenait, dans sa conception même, sa négation postérieure. C'est en ce sens que le négationnisme contemporain n'est pas une question mineure, anecdotique ou secondaire : il est la prolongation même du crime, sa persistance et son actualisation. Les rescapés, dont aujourd'hui la cohorte s'amenuise chaque jour, le savent d'expérience douloureusement vécue. Tout simplement parce que, longtemps, ils furent pratiquement inaudibles : on les entendait à peine tant ce qu'ils rapportaient dépassait l'entendement.

1. *Feuillets épars*, Robert Laffont, 2008.

Dans « Le difficile chemin de la vérité » – c'est le titre de ce texte conçu comme une intervention à un colloque en 1982 –, Levi rappelle que les survivants se sont d'emblée heurtés aux réticences du public. « Les premières nouvelles concernant les camps d'anéantissement [...] dépeignaient un massacre aux proportions et à la cruauté telles que le public avait tendance à les refuser en raison même de leur énormité, écrit-il. Fait significatif, ce refus avait été largement anticipé par les coupables eux-mêmes ; de nombreux survivants rappellent que les soldats SS s'amusaient à avertir les prisonniers avec cynisme : "Quelle que soit l'issue de la guerre, nous avons gagné le combat : aucun d'entre vous ne sera là pour témoigner, et en admettant qu'il y ait des rescapés, le monde ne les croira pas. Il y aura des soupçons, des discussions, des recherches historiques, mais pas de certitudes, car nous détruirons les preuves avec vous. Et si des preuves subsistent, si certains d'entre vous survivent, les gens considéreront votre témoignage comme trop monstrueux pour être cru, ils allégueront des exagérations de la propagande alliée, et c'est nous qu'ils croiront, pas vous. C'est nous qui dicterons l'histoire". »

De cet héritage inquiet, nous sommes désormais les dépositaires, donc les gardiens. Il dépend de nous aujourd'hui, et des générations qui nous suivront, que les bourreaux ne gagnent pas le combat et ne dictent pas l'histoire. Les survivants s'en vont, un à un ; des mémoires vives cèdent la place à une histoire sans témoins ; dès lors, le risque est grand qu'entre d'officielles commémorations et d'obsessionnelles contestations, se glissent le poison du relativisme et, donc, l'oubli du crime. Car il y a eu, il y a et il y aura encore, hélas, avant, pendant, après, dans une discordance des temporalités et une hétérogénéité des contextes, d'autres crimes, d'autres drames, d'autres persécutions, visant d'autres peuples, faisant d'autres victimes, douleurs aussi essentielles à la mémoire des peuples concernés que l'est le génocide pour les Juifs.

C'est cette réalité qui, inlassablement, nous mettra à l'épreuve, suscitant confusion et régression si nous ne sommes pas capables d'associer, fermement et doublement, la connaissance du passé et la vigilance du présent. En d'autres termes, si nous ne savons pas penser à la fois la singularité du crime commis contre le peuple juif et les spécificités des injustices qui tissent encore le sort du monde ; si nous ne savons pas veiller à ne pas opposer l'une aux autres, ni inversement ; et si nous ne savons pas prendre d'autant mieux la mesure des crimes d'aujourd'hui, de leurs engrenages et de leurs causalités, que nous aurons gardé grand ouvert le livre du génocide, de son histoire précise et documentée, de sa genèse et de sa généalogie.

Concurrence des victimes, comparaison des crimes, affrontement des mémoires : tel est aujourd'hui le terreau d'un recul de la conscience où se glisse le renouveau de l'antisémitisme. Tous les replis identitaires l'alimentent qui, dans leur préférence pour des mondes particuliers plutôt que pour un monde commun, privilégient le semblable au différent. Hémiplégiques, leurs pensées réflexes ne peuvent imaginer qu'un seul crime à la fois, celui qui les arrange, évacuant, relativisant ou niant celui ou ceux qui les dérangent. À chacun sa souffrance, au mépris des autres ! De cette ignorance et de cette indifférence, cultivée et alimentée, les démagogues, artisans de ces grands renfermements qui font leurs aveugles popularités, ont toujours fait leur miel.

Tel est le mécanisme qui, peu ou prou, permet à la négation du génocide de s'implanter sur la misère des banlieues, la solidarité avec la Palestine ou la mémoire des colonisés. Et, ce faisant, loin de les renforcer, d'affaiblir, de pervertir et de dessécher ces causes légitimes. Cet engrenage diabolique rappelle évidemment le « socialisme des imbéciles » évoqué parfois à propos de l'émergence de l'antisémitisme moderne, à la fin du XIXe siècle. L'expression renvoie aux débuts du mouvement ouvrier politiquement organisé quand la prégnance du vieil antijudaïsme chrétien assimilant les Juifs à l'argent nourrit un antisémitisme populaire à variante anticapitaliste. La gauche de l'affaire Dreyfus – car, pour l'essentiel de leurs bataillons, les premiers dreyfusards furent issus de la gauche, socialiste ou libertaire – lui régla momentanément son compte, érigeant le sort d'un officier juif pas vraiment révolutionnaire en symbole de la bataille pour la vérité, la justice et l'humanité.

Plus que jamais, en ces temps de replis identitaires, communautaires ou nationalistes, il nous faut tenir le même cap, avoir la même exigence et, par conséquent, ne rien céder aux antisémites qui se parent des injustices du monde pour recycler leur criminelle camelote. De même que l'héritage européen du génocide juif ne saurait aucunement excuser les injustices commises au Proche-Orient par l'État d'Israël, l'occupation des territoires palestiniens depuis 1967, les violations répétées du droit international, la construction d'un mur de séparation, le maintien des colonies, etc. ; de même, la juste défense du droit des Palestiniens à un État indépendant, souverain et viable, ne saurait en aucun cas servir d'alibi à l'antisémitisme dont nous savons, de longue expérience, qu'il est au noyau dur du racisme. Car l'antisémitisme, y compris dans sa genèse chrétienne, ce fut la chasse éperdue à l'Autre comme proche ou intime, à l'Autre comme soi-même, à l'Autre comme ressemblance. D'où l'obsession antisémite à créer la différence, à la marquer par des signes, à la figer par des caricatures, à la pourchasser dans la phobie du mélange, donc du métissage.

Nul hasard si Pierre Vidal-Naquet (1930-2006), l'historien qui sonna l'alarme sur les négationnistes, s'appliquant à les réfuter et à les démonter, fut aussi de tous les combats de la décolonisation, haute figure de la dénonciation de la torture pendant la guerre d'Algérie. Ce juste savait tenir les deux bouts d'une conscience en perpétuel éveil. Dans *Les Assassins de la mémoire*[1], il indique la voie d'une riposte de raison : ne pas discuter, ne pas tolérer, mais néanmoins expliquer, démasquer, déconstruire, mettre en évidence les faux et les mensonges, savoir argumenter, se soucier de transmettre. « Il ne suffit pas dans

1. Seuil, Coll. Points essais, 1995.

cette affaire d'avoir globalement raison, insistait-il, il faut inlassablement travailler, c'est-à-dire établir les faits non pour ceux qui les connaissent et qui vont disparaître, mais pour ceux qui seront légitimement exigeants sur la qualité de la preuve. Le travail archéologique était inutile en 1945 parce que les ruines fumaient encore et que les témoins criaient, il est devenu indispensable aujourd'hui. »

Formulée en 1987, cette recommandation n'est pas restée sans suite, comme en témoigne l'exceptionnel travail archéologique sur la « Shoah par balles » réalisé en Ukraine par le père Patrick Desbois, qui a donné lieu à une exposition, un film et un livre[1]. À l'heure où l'on réfléchit à la mémoire et à l'histoire de la Shoah à l'école, on ne saurait trop recommander sa diffusion pédagogique tant cette exhumation minutieuse du génocide d'avant les chambres à gaz, dévoilant ses procédés monstrueusement artisanaux, dissipe tous les faux-semblants nés de sa terrible euphémisation postérieure dans un processus industriel.

Vidal-Naquet était intraitable dans son refus de débattre avec des faussaires, position dont témoigne sa cinglante réponse au linguiste américain Noam Chomsky qui, en 1981, commit la faute de préfacer un livre de Faurisson au nom de la liberté d'expression, liberté en l'espèce bien égarée. Mais, pour autant, il ne se satisfait pas d'une posture d'indignation morale qui, refusant la réfutation pédagogique, se contente d'en appeler aux tribunaux pour qu'ils promulguent et sanctionnent un interdit. « La répression judiciaire est une arme dangereuse », écrivait-il, anticipant les polémiques à venir sur le risque de dévoiement d'une justice sommée de dire l'histoire, plutôt que le droit. Pour Vidal-Naquet, et sa leçon reste d'actualité vingt ans après son énoncé, il nous faut « vivre avec Faurisson » tout en combattant ses impostures avec acharnement.

Méditer Vidal-Naquet, c'est trouver la voie d'une riposte qui ne tomberait pas dans le piège de la provocation, celui

1. Patrick Desbois, *Porteur de mémoires : sur les traces de la Shoah par balles*, Michel Lafon, 2007.

des détestations ravivées et des communautés refermées, que nous tend aujourd'hui Dieudonné. « Vivre avec Faurisson ? » demande-t-il, pour répondre ceci : « Toute autre attitude supposerait que nous imposions la vérité historique comme la vérité légale, ce qui est une attitude dangereuse et susceptible d'autres champs d'application. Chacun peut rêver d'une société où les Faurisson seraient impensables, et même essayer de travailler à sa réalisation, mais ils existent comme le mal existe, autour de nous, et en nous. [...] Toute société a ses sectes et ses délirants. Les châtier ne servirait à rien qu'à en multiplier l'espèce. Il en est de ces personnages comme de la police ou des espions. Une fois qu'on les a identifiés, mieux vaut les surveiller ou les circonscrire. [...] Il faut certes prendre son parti que ce monde comporte des Faurisson comme il comporte des maquereaux et des sociétés de films pornographiques. Mais il ne peut être question de lui laisser le terrain. »

Conformément aux recommandations de ce précis de résistance, le dernier scandale de Dieudonné appelle donc une réfutation sur le terrain même où il prétend prendre racine : la question noire et la question palestinienne. Le pire serait de laisser à cet agent provocateur ne serait-ce qu'une parcelle d'identification légitime à ces deux causes. Car, en l'espèce, ce nouveau Pitre est aussi un ignorant, infidèle à son propre passé et inculte sur sa propre histoire. « Dans l'ordinaire, par l'éclat du rire vous admettez le clown, vous lui accordez une sympathie de reconnaissance, écrivait David Rousset. Aujourd'hui, par le rire, vous refuserez l'acteur. Vous le chasserez du monde. C'est que lui-même est un pitre qui ne rit pas. » On rira donc de ce pitre qui ne fait plus rire. On rira en montrant que, loin d'inventer sa propre liberté, Dieudonné prolonge sa servitude, prisonnier des pensées qui oppriment, divisent et excluent. Rousset, toujours : « Le Pitre exècre les maîtres et n'aspire qu'à se confondre avec leur prestige : ce sont ses dieux clandestins. Il hait l'esclave de toute la fureur de sa propre servitude. Il croit férocement aux privilèges qui lui épuisent le sang. Sa révolte est l'impuissance de sa servilité. »

On rappellera donc que l'article premier du Code Noir édicté par Louis XIV en 1685, monument d'infamie négrière, associe d'emblée Juifs et Noirs dans le malheur, commençant par exiger que soient « chassés » des îles caraïbes où l'esclavage est la règle « tous les Juifs qui y ont établi leur résidence » en tant qu'« ennemis déclarés du nom chrétien ». Mais, surtout, on invitera tous les enseignants, tous les partis, toutes les associations à enseigner, diffuser et répandre les écrits d'une haute figure noire, symbole de la lutte anticoloniale, le Martiniquais Frantz Fanon. Fanon, psychiatre de métier, dont le premier livre, *Peau noire, masques blancs* est un manifeste radical contre tous les racismes, leurs avatars et leurs atours.

On y lit notamment ceci qui, pour toute la part d'Afrique et d'Antilles constitutive de notre histoire et de notre peuple, est un antidote aux « dieudonneries » : « C'est mon professeur de philosophie, d'origine antillaise, qui me le rappelait un jour : « Quand vous entendez dire du mal des Juifs, dressez l'oreille, on parle de vous. » Et je pensais qu'il avait raison universellement, entendant par là que j'étais responsable, dans mon corps et dans mon âme, du sort réservé à mon frère. Depuis lors, j'ai compris qu'il voulait simplement dire : un antisémite est forcément négrophobe. » Au-delà de cet avertissement dénué d'ambiguïté, il faudrait faire connaître largement les pages conclusives de cet essai, paru en 1952, véritable ode au refus des identités closes, comme des ressentiments ressassés et des haines recuites.

« N'ai-je donc pas sur cette terre autre chose à faire qu'à venger les Noirs du XVIIe siècle ? demande Fanon. [...] Je n'ai pas le droit, moi homme de couleur, de rechercher en quoi ma race est supérieure ou inférieure à une autre race. Je n'ai pas le droit, moi homme de couleur, de souhaiter la cristallisation chez le Blanc d'une culpabilité envers le passé de ma race. [...] Je n'ai pas le droit de me laisser ancrer. [...] Je n'ai pas le droit de me laisser engluer par les déterminations du passé. Je ne suis pas esclave de l'esclavage qui déshumanisa mes pères. [...] Il ne faut pas essayer de fixer l'homme, puisque son destin est d'être lâché. [...] Moi, l'homme de couleur, je ne veux qu'une chose : Que jamais l'instrument ne domine l'homme. Que cesse à jamais l'asservissement de l'homme par l'homme. C'est-à-dire de moi par un autre. Qu'il me soit permis de découvrir et de vouloir l'homme, où qu'il se trouve. Le nègre n'est pas. Pas plus que le Blanc. »

Cette profession de foi n'est pas sans postérité, au cœur même de l'histoire qui l'inspire. Tout comme Aimé Césaire, Frantz Fanon fut du premier Congrès des écrivains et artistes noirs, tenu à Paris en 1956. Un peu plus jeune qu'eux, le poète de la créolisation, Édouard Glissant, était là, lui aussi. Or, deux semaines exactement avant le scandale du Zénith, Glissant était le maître d'une cérémonie qui en est l'exact démenti et qui, hélas, n'a rencontré aucun écho médiatique. Fondateur de l'Institut du Tout-Monde, Glissant a institué un prix littéraire annuel, le prix Carbet, décerné par un jury international illustrant ces identités-relations qu'il oppose aux identités-racines. Cette année, ce prix, d'habitude remis aux Antilles, était décerné en Ile-de-France, le 12 décembre. Or le choix du jury a été d'associer, dans la même distinction, Simone Schwarz-Bart et, à titre posthume, son époux, André Schwarz-Bart, disparu en 2006 en Guadeloupe, sa terre d'élection.

Cette double reconnaissance, comme l'expliquent les attendus du jury du prix Carbet, liait indissolublement deux œuvres littéraires croisant deux mémoires solidaires, juive et noire, celle d'André, auteur du *Dernier des justes* (1959), et celle de Simone, auteur de *Pluie et vent sur Télumée Miracle* (1979). Évoquant « ce monde où la Shoah et l'esclavage avaient meurtri le grand songe d'une possible fraternité », le jury souligne que « le génie d'André Schwarz-Bart a été de comprendre que les souffrances doivent être solidaires si l'on voulait changer l'ordre de la cruauté, de comprendre qu'il fallait convertir les souffrances en expérience pour convertir le cercle des récriminations et des repentances, de comprendre qu'il n'y avait pas de monopole des souffrances et d'adopter sans réserve la Guadeloupe de Simone Schwarz-Bart comme un lieu de réflexion sur l'histoire du monde ».

Et le jury de ce prix Carbet 2008 de saluer *Le Dernier des justes*[1], œuvre pionnière du martyr juif, comme « un inclassable monument de la question humaine, monument juif, monument guadeloupéen, monument d'expression d'un tout-monde ouvert à toutes les rédemptions ». Un pays, la France, qui dispose de telles richesses intérieures, promesses de fraternité, devrait savoir mieux faire que réclamer des juges contre Dieudonné et ses semblables. Il devrait par exemple faire de l'audiovisuel public lié à l'outre-mer, notamment la chaîne télévisée France O diffusée dans l'Hexagone, un haut lieu de promotion d'une diversité porteuse non pas d'un message de haine et de peur, mais d'une réconciliation de toutes nos différences avec notre commune humanité.

Sur ce service public là, on aurait pu entendre également l'actuel ambassadeur de la Palestine à l'Unesco, Elias Sanbar, écrivain lui-même et traducteur en français de l'œuvre du grand poète disparu cet été, Mahmoud Darwich (1941-2008). Car Sanbar et Darwich furent les initiateurs, en 2001, d'un appel signé par quatorze intellectuels arabes contre la tenue à Beyrouth d'une conférence intitulée « Révisionnisme et sionisme », organisée par deux officines négationnistes néo-nazies. « Nous, intellectuels arabes, sommes indignés par cette entreprise antisémite, affirmait cet appel, aussi sobre que catégorique. Nous alertons à ce sujet les opinions publiques libanaise et arabes et appelons les autorités compétentes du Liban à interdire la tenue à Beyrouth de cette manifestation inadmissible. »

Parmi les autres signataires figuraient l'universitaire Edward Saïd (Palestine), le poète Adonis (Liban), l'historien Mohammed Harbi (Algérie), l'éditeur Farouk Mardam-Bey (Syrie), etc. Alors ambassadeur d'Israël en France, l'historien Elie Barnavi salua cet appel comme un

1. Seuil, 1959.

événement, en ajoutant : « Je ne m'offrirai pas le ridicule de remercier les signataires du manifeste. Ils ne l'ont pas fait pour nous juifs. Ils l'ont fait pour eux-mêmes, pour l'honneur de leur pays et de la nation arabe. Mais je ne puis m'empêcher d'éprouver un sentiment de gratitude. Car, ce faisant, ils ont affirmé, au-delà de l'adversité présente, l'inéluctabilité de notre réconciliation future. Ils ont simplement redit notre commune humanité. »

À l'heure des bombardements sur Gaza et, donc, d'une nouvelle course à l'abîme du conflit israélo-palestinien, ces mots peuvent paraître dérisoires. Ils sont au contraire essentiels, à la manière d'un pare-feu protecteur. Car rien ne serait plus dangereux, aux deux pôles extrêmes de radicalisation de ses enjeux, que l'instrumentation de ce conflit dans notre paysage national. La diabolisation des « barbares » (identifiés aux Arabes et aux Noirs) tout comme celle des « sionistes » (pour dire les Juifs) sont deux ressorts de haines et de violences qui s'entretiennent. Il nous faut d'autant plus y prendre garde que ce serait se voiler la face que d'ignorer l'émergence d'un antisémitisme du ghetto, selon l'impeccable démonstration récente du sociologue Didier Lapeyronnie[1].

« La focalisation sur les Juifs est l'envers de l'absence de politique ou de l'absence de sens : elle est une demande d'antisémitisme politique, comme une sorte de demande folle de sens et d'intégration, a-t-il constaté durant son enquête de terrain sur le cocktail explosif que constitue l'alliage de la ségrégation, de la violence et de la pauvreté dans certains quartiers déshérités. [...] Si je ne suis rien, les Juifs sont tout, si je suis exclu, les Juifs sont intégrés, si je suis pauvre, ils sont riches, si je suis méconnu, ils sont reconnus, si je suis méchant, ils sont gentils, si je suis dépourvu de communauté, ils en ont une, si je suis impuissant, ils sont puissants... Au fond, ils concentrent tout le sens et assèchent toutes les possibilités de donner une signification à une situation vécue. « Les Juifs, il y en a partout... C'est bien ça le problème ! », conclut Sofiane.

1. *Ghetto urbain*, Robert Laffont, 2008.

Il devient donc inutile de chercher à se transformer ou de chercher à changer la société, il devient inutile de revendiquer ou d'agir. Il devient inutile de penser. L'antisémitisme résout tous les problèmes : il suffit d'inverser les polarités. S'ils n'étaient pas partout, je ne serais pas nulle part ! »

Constat où l'on retrouve la formule de David Rousset, qualifiant la révolte de l'antisémite d'impuissance de servilité. Les réponses durables sont évidemment politiques et sociales, tant cette régression se glisse dans un espace de vide politique et de crise sociale. Mais on ne saurait les attendre sans commencer par répondre consciencieusement à cet antisémitisme de l'ignorance, pour le réduire avant qu'il ne prenne racine. À ce pitre qui ne rit pas et ne fait pas rire, opposons les rires de fraternités réinventées et réenchantées. Le rire, par exemple, de Germaine Tillion, résistante et déportée, inlassable combattante, qui nous a quittés en 2008 et qui, en 2002, écrivait ceci : « La fraternité est la loi humaine, le racisme une monstruosité. Mais, attention, si vous ne luttez pas contre la misère, si vous laissez des gens mourir de solitude, ils peuvent devenir un jour la proie du racisme. Je n'admets pas que tous les gens qui sont en France, qui sont français quand ils le veulent et s'ils le veulent, soient mis à la porte. »

Écrites sous le choc de la présence de l'extrême droite au second tour de l'élection présidentielle de 2002, ces lignes parues dans *L'Humanité* furent titrées par Germaine Tillion, en résonance complice avec son ami David Rousset : « Le pitre ne rit pas ».

31 décembre 2008

6. Palestine, où se joue la paix du monde

Une ombre gâche la fête, et elle se nomme Gaza. Après trois semaines d'une guerre israélienne écrasante contre le minuscule territoire palestinien, guerre dont les populations et les infrastructures civiles payent le prix le plus lourd dans une infinie disproportion des forces – mille trois cents morts palestiniens, treize victimes israéliennes –, comment éviter ce sentiment d'irréalité qui nous a saisis le jour de l'intronisation du quarante-quatrième président des États-Unis ?

Sur notre grand-livre d'images médiatiques, une Amérique toute à sa joie, rassemblée et réunifiée, apaisée et enthousiaste, remplaçait soudainement le spectacle de la désolation palestinienne, immeubles éventrés, cadavres d'enfants, foules désespérées. Comme si l'immense espérance du 20 janvier 2009, cette arrivée à la Maison Blanche du président le plus improbable de l'histoire américaine, pouvait, d'un coup de baguette magique, faire oublier l'angoissante inquiétude qui l'a précédée, cette alarme sur la course à l'abîme d'Israël qui, sous l'apparence immédiate d'une force victorieuse, met en péril son existence durable, court à la perte de ses valeurs morales et entraîne le monde dans une guerre sans fin.

On se permettra donc de jouer les trouble-fête, et de rappeler à Barack Obama qu'en Palestine se joue la paix du monde et qu'en cette matière comme en cette région, les États-Unis ont une responsabilité géopolitique éminente qui, seule, peut faire la décision – jusqu'alors pour le pire, hélas, plus souvent que pour le meilleur. Car seul un journalisme zappeur, chroniqueur oublieux d'une succession d'événements isolés, sans histoire ni genèse, sans liens d'intelligibilité ni contextes de pertinence, pourrait se permettre de ne pas évoquer en résonance ces deux événements, déjà imbriqués par la chronologie même de la guerre de Gaza, cessez-le-feu opportun compris : la guerre désastreuse d'Israël, la marche triomphale d'Obama.

Pour deux raisons objectives : l'alliance historique qui lie l'État d'Israël aux États-Unis d'Amérique ; la dynamique décisive qui a porté Barack Obama à la présidence. La première a constamment été assumée et revendiquée par Obama lui-même. Dans son livre programmatique issu de sa campagne électorale, *Change, We Can Believe In*[1], Israël est placé juste après l'Otan dans l'énumération de ces alliés avec lesquels l'Amérique devra « raffermir ses relations ». L'engagement pris est d'un classicisme sans failles ni nuances : « Soutenir notre allié Israël. Barack Obama manifestera, à la Maison Blanche, un engagement intransigeant en faveur de la sécurité d'Israël. Il renforcera et approfondira les relations sur les questions de défense entre nos deux pays, isolera les groupes terroristes comme le Hamas, identifiera les sources de leur financement, réaffirmera le droit d'Israël à se défendre contre toutes les menaces et rappellera le droit inconditionnel à la sécurité d'Israël. Afin d'instaurer une paix durable, Barack Obama mettra tout son poids dans la recherche d'une solution permettant la cohabitation de deux États : Israël, vivant en paix dans des frontières sûres, et un État palestinien viable. »

Dans ce chapitre intitulé « Reconstruire le leadership de l'Amérique » et sous-titré « Rétablir notre position dans le monde », c'est la seule mention de la question palestinienne, ainsi devenue simple codicille à la sécurité d'Israël. Que de silences et d'impasses ! L'existence d'un mouvement national palestinien, au même titre que le mouvement national juif – le sionisme avec ses diverses variantes, y compris d'extrême droite, tout comme la politique palesti-

1. *Le changement, nous pouvons y croire*, Odile Jacob, 2009.

nienne a les siennes, du Fatah au Hamas ; la légitime revendication, portée depuis près d'un siècle par ce mouvement national, d'obtenir cette normalité qui fait les communautés de citoyens – un peuple, une nation, un État ; l'injustice flagrante et toujours béante de l'occupation des territoires palestiniens par Israël depuis 1967, tout comme les nombreuses résolutions de l'Onu restées lettre morte au bénéfice d'Israël : rien de tout cela n'est évoqué, ne serait-ce que de façon subliminale, par cet engagement écrit d'Obama.

La Palestine semble un point aveugle de la vision du monde de ce nouveau président qui s'est pourtant promis de réconcilier en profondeur l'Amérique avec la planète. Un président, de plus, qui, dans son itinéraire intellectuel, ne fut pas sans connaître la personne et l'œuvre d'Edward Said (1935-2003), cette figure de la Palestine en Amérique dont la voix fait aujourd'hui cruellement défaut et qui n'aurait sans doute pas manqué de l'interpeller sur le sujet. Obama n'évoque jamais en tant que telle la question palestinienne, avec ses spécificités et ses particularités. Sur ce sujet, il joue la réserve, l'absence ou la prudence. S'il mentionne le dialogue nécessaire avec l'Iran, le retrait des troupes d'Irak, la consolidation de l'engagement en Afghanistan, etc., jamais il ne souligne que le fait de laisser en souffrance la revendication palestinienne ne fait qu'aggraver les déséquilibres du monde, tant cette injustice flagrante en augmente les dangers potentiels par le ressort du ressentiment, entre souffrance et radicalisation, colère et haine. Tout au plus, dans un récent entretien au magazine *Time*, mentionne-t-il avec d'infinies précautions son projet de « tenter de consolider certains progrès en cours, du moins en termes de dialogue, dans le conflit israélo-palestinien ».

Le silence du président élu, ces dernières semaines, face aux événements de Gaza n'était donc pas de circonstance : il vient de loin, comme si Obama s'était résigné par avance à la dimension inextricable du conflit israélo-palestinien ou comme s'il retenait sa parole, quitte à la rendre banale, tant qu'il n'aura pas su inventer une nouvelle voie vers la paix, décisive et efficace. Faisant le pari de l'espérance, on a déjà écrit ici que son élection marquait la victoire de l'imprévisible. Aussi veut-on bien croire que de discrètes révisions sont en cours, que les ouvertures promises en direction de l'Iran annoncent un nouveau jeu diplomatique et que ce politique à la fois pragmatique et visionnaire couvre d'un silence rusé des intuitions surprenantes. Mais s'il est trop tôt pour conclure, il est grand temps d'alerter : si Obama renonce, attend ou tergiverse sur le dossier palestinien, il prend le risque de perpétuer la machine infernale qui s'est emballée depuis le 11 septembre 2001 et contre laquelle il s'est dressé, ancrant sa future campagne dans un « non » aussi catégorique que fondateur, proféré dès 2002 lors d'une mobilisation anti-guerre d'Irak à Chicago.

Les urgences intérieures de la crise économique et de ses dégâts sociaux ne sauraient faire oublier que la politique extérieure fut au moteur de la différence et de la dissonance Obama, notamment dans son propre camp face à une Hillary Clinton, alors jugée plus conformiste et plus suiviste, mais plus encore dans l'espoir universel que son élection a suscité de par le monde. Faisant de son itinéraire métissé, où se mêlent question noire et immigration africaine, une arme plutôt qu'un handicap, il s'est voulu porteur d'une réconciliation de l'Amérique avec elle-même par la reconnaissance des humanités dans leur diversité et leur pluralité. Or l'opération « Plomb durci » est l'exact contraire de cette démarche, démenti catégorique de la philosophie qui traverse les discours d'Obama. Alors qu'il n'a cessé d'affirmer que la puissance ne saurait être la force et que l'unité ne saurait être la ressemblance, les actuels gouvernants d'Israël lui ont répondu par le fracas des armes et par le refus des autres.

En s'opposant à la guerre d'Irak, Obama disait non à la politique de la peur qui en était le principe. « Ayez peur, et nous nous occupons du reste », disent les pouvoirs qui y ont recours pour survivre dans ces temps incertains, inédits et inconnus. Ils grossissent par leurs mensonges et augmentent par leurs actions les menaces contre lesquelles ils veulent enrégimenter leurs sociétés. La prophétie auto-réalisatrice est leur fontaine de jouvence : leurs guerres dominatrices créent, renforcent ou confortent les ennemis qu'ils désignent à la vindicte de leurs citoyens, tant elles ignorent, blessent ou humilient les peuples, les cultures et les régions qui leur ont donné naissance.

Ces défenseurs de la liberté et de la démocratie, qui la piétinent et la contredisent hors de leurs frontières, ne sont pas forcément cyniques : par idéologie ou conformisme, ils peuvent être sincères. Mais le bilan est là, largement illustré par l'aventure irakienne : quand ils pensent protéger, ils mettent en péril ; quand ils pensent se grandir, ils s'abaissent ; quand ils disent vouloir la paix, ils ne font qu'inventer une guerre sans fin ; quand ils barbarisent l'autre, ils finissent par se conduire en barbares – par torturer systématiquement, emprisonner secrètement, tuer aveuglément, oublier le droit international et l'humanité commune qui le fonde, etc., autant de faits aujourd'hui largement documentés.

Sans être la copie conforme de tous les errements de l'administration Bush, « Plomb durci » n'en signifie pas moins la prolongation de cette impasse. À l'image de Bernard Kouchner, vantant à l'Assemblée nationale la « position équilibrée » de la France, équilibre qu'épousait le discours sans grandeur de Jean-Christophe Cambadélis pour le PS, renvoyant dos à dos les protagonistes palestiniens et israéliens, les chancelleries occidentales font comme s'il y avait, dans ce cas d'espèce, deux belligérants à égalité de forces et de responsabilités. Et comme s'il s'agissait d'une énième opération de police israélienne contre le terrorisme palestinien, menée avec précipitation avant l'échéance américaine du 20 janvier. C'est, au choix, une hypocrisie ou un mensonge, dans tous les cas un déni de réalité.

Israël a voulu cette guerre et son armée l'a minutieusement préparée ; son gouvernement a rompu le premier la trêve, qui durait depuis cinq mois, par une action militaire menée le 4 novembre 2008 entre la bande de Gaza et l'Égypte, comme l'a rappelé l'un de nos diplomates les mieux informés ; sa puissance de feu est sans commune mesure avec celle de son adversaire proclamé, comme en témoigne l'ampleur des pertes civiles palestiniennes ; sa violation des règles et conventions internationales, qu'il s'agisse du droit de la guerre en général ou du conflit israélo-palestinien en particulier, est aussi assumée que consciente.

De cette fuite en avant, nous connaissons aujourd'hui le résultat : un ennemi renforcé par le martyre et la résistance, ce Hamas détesté avec lequel on devra donc finir par négocier ; un interlocuteur légitime discrédité auprès de son peuple, cette autorité palestinienne qui aurait pu porter l'idéal démocratique et laïque ; des masses arabes et musulmanes renvoyées des décennies en arrière à une détestation d'Israël où l'antisémitisme s'empresse de prospérer ; un État d'Israël soumis à la réprobation morale des opinions publiques internationales et, sans doute, à des poursuites pour crimes de guerre.

En bonne logique, on ne peut pas d'un côté condamner la guerre d'Irak et, de l'autre, accepter, ne fût-ce qu'en silence, la guerre de Gaza. L'une et l'autre sont désastreuses, y compris du point de vue de leurs responsables : la première pour l'Amérique, comme l'a compris Obama ; la seconde pour Israël, sa sécurité et sa pérennité. Mais, surtout, les raisonnements apparemment rationnels qui y ont conduit sont un désastre intellectuel et moral, où la supériorité proclamée de la civilisation occidentale ouvre le chemin d'une multiforme déflagration mondiale. De ce raisonnement, l'entretien publié par la revue *Les Temps Modernes*[1] avec Ehud Barak, concepteur de la guerre de Gaza, ministre de la Défense et leader du Parti travailliste[2], dévoile sans fard les ressorts.

« Nous ne sommes pas désireux de lancer une invasion à grande échelle dans la bande de Gaza, mais nous

1. Numéro 651, novembre-décembre 2008.

2. Ehud Barak a démissionné du Parti travailliste le 17 janvier 2011. Le jugeant encore trop à gauche, il a annoncé la création d'un nouveau parti, « centriste » et « sioniste ».

n'aurons probablement pas d'autre alternative. Nous ne nous en détournerons pas, même face à un jugement négatif du reste du monde. » C'est ce qu'affirme Ehud Barak dans cette interview recueillie il y a près d'un an, en mars 2008, par Claude Lanzmann, à l'occasion de l'enregistrement d'un bonus au DVD de son film *Tsahal*, preuve s'il en était besoin que la guerre de Gaza était programmée de longue date. Mais l'essentiel est ailleurs, dans la vision de l'autre, le Palestinien, avec lequel Israël cohabite et de la région, l'Orient, où son État-nation a vu le jour en 1948. En substance, que dit Barak ? Qu'Israël ne sera jamais accepté par ses voisins, que ce monde qui l'entoure ou l'accompagne ne sera jamais le sien et que, par conséquent, il lui faudra, sans cesse, faire la guerre pour s'imposer et survivre.

Prenez le temps de juger sur pièces : « Le regard que les Israéliens portent sur eux-mêmes peut être comparable à celui des peuples de l'Europe de l'Ouest et de l'Amérique du Nord. Ils veulent la normalité et sont prêts à en payer le prix. Mais en revanche, nous ne sommes pas prêts à être les victimes des circonstances imposées par notre voisinage. [...] La bonne nouvelle, c'est qu'Israël a été, est, et sera, dans un avenir prévisible, le pays le plus fort dans un rayon de 1 500 kilomètres autour de Jérusalem. [...] Nous sommes de loin les plus forts, militairement et stratégiquement. Et nous sommes conscients de vivre dans la jungle. C'est un voisinage difficile. Rien à voir avec l'Europe de l'Ouest ou l'Amérique du Nord. C'est un voisinage où il n'y a pas de pitié pour les faibles, et pas de deuxième chance pour ceux qui ne savent pas se défendre. Si vous ne vous défendez pas, vous disparaissez. Nous le savons et nous sommes prêts à nous battre. [...] Les gens comprennent de mieux en mieux aujourd'hui combien cette région est dure. Comme je le dis, le Moyen-Orient, c'est le Mid-East, pas le Midwest. Alors nous devons nous tenir fermement debout sur nos deux pieds, les yeux grands ouverts, prêts à tendre la main, si possible la main gauche, pour ouvrir toutes les portes, toutes les fenêtres, à la recherche des opportunités de paix à saisir. Mais les yeux grands ouverts, en regardant la réalité bien en face. Et avec l'autre main, si possible la main droite, l'index posé sur la gâchette, pour pouvoir tirer. À proximité, prêts à tirer si nécessaire pour défendre notre survie. Je crois qu'il est à présent très clair [...] que nous devons trouver un moyen de vivre avec cette réalité, à savoir que les gens autour de nous ne nous aiment pas. Beaucoup d'entre eux rêvent que nous puissions disparaître et retourner aux lieux d'où nous sommes venus. »

La franchise du propos justifie la longueur de la citation. Dans la bouche de Ehud Barak, ce représentant non pas de la droite extrémiste, mais de l'équivalent du Parti socialiste en Israël, s'exprime ici un concentré de pensée coloniale : les indigènes sont foncièrement dangereux et menaçants ; les colons sont un corps étranger à la région qui les accueille ; la violence est au principe des relations entre ces deux populations ; la colonisation incarne un îlot de civilisation face à la jungle qui l'entoure ; le dominé est enfermé dans un essentialisme identitaire, tandis que le dominant s'accorde le bénéfice de l'universalité. Ce n'est pas seulement l'expression d'une vision idéologique de la réalité dont nous savons, d'expérience européenne, à quelles impasses meurtrières elle peut conduire, c'est de plus une vision irréaliste et, partant, irresponsable y compris depuis le lieu où elle s'exprime.

Car ce que propose Ehud Barak, c'est un Israël en guerre perpétuelle, ne cessant de soumettre par la force son voisinage, vivant dans la crainte, l'inquiétude et la peur, avec pour seule garantie de survie sa puissance militaire. Paradoxalement, l'État qui, au lendemain du génocide, symbolisait l'espoir d'une terre où les Juifs puissent enfin vivre en sécurité, deviendrait ainsi le lieu où ils seraient le plus en péril, menacés et agressés. Même si, par le seul pouvoir de la force, Israël survivait ainsi, sa démocratie et son pluralisme y survivraient-ils ? Cet Israël-là ne serait-il pas de plus en plus militarisé, comme il a déjà tendance à l'être dans la composition de son élite politique ? Ainsi, dans le même entretien aux *Temps Modernes*, Ehud Barak s'inquiète de ce qu'Israël a « trop de groupes différents », dit qu'il faut « surveiller les désaccords », évoque le spectre d'une « guerre civile » en Israël et finit par potentiellement exclure de la population israélienne les Arabes qui y sont encore citoyens : « Il y a de très puissantes forces centrifuges qui jouent contre nous : nous avons une importante population, 20 %, de non-Juifs, principalement des Arabes, et certains d'entre eux ressentent de l'empathie ou s'identifient au peuple palestinien. »

Il y a plus alarmant encore : chez Ehud Barak, ce fantasme régressif et mortifère d'une unité qui ne serait pas tissée de différences et de dissonances se conjugue potentiellement à l'échelle du monde. « Nous sommes un avant-poste du monde libre au milieu de cette zone », affirme-t-il encore, s'exprimant comme certains dirigeants de la défunte SFIO durant la guerre d'Algérie. « Nous sommes en première ligne », insiste-t-il, brossant « un triangle de périls » constitué de l'islamisme radical, de la prolifération nucléaire et des États voyous. « Le problème s'étend à tout le globe », poursuit-il encore, ajoutant : « Vos frontières aussi sont poreuses. Certains musulmans vont gagner en puissance, exiger une meilleure expression de leurs droits, et l'Europe devra affronter cela. C'est la fin de l'Europe perçue comme un paradis isolé. Vous allez être confrontés aux mêmes questions. Cela apparaît déjà au Kosovo, aux Pays-Bas, dans le sud de la France, en Angleterre. Et je crois qu'au fond vous le savez. » Dans cette façon de brandir indistinctement des menaces plutôt que de s'interroger intelligemment sur leurs causes, on retrouve tous les ingrédients explosifs de la « guerre contre le terrorisme » décrétée par l'administration Bush et de sa lecture du monde selon le prisme du « choc des civilisations ».

Ses attendus, confirmés par son exécution, en témoignent : la guerre de Gaza n'est pas un simple épisode de plus dans l'interminable conflit israélo-palestinien. C'est la guerre de trop, celle qui marque un tournant sans retour, entre inquiétude et espérance, catastrophe et sursaut : elle peut conduire à l'irréparable si aucun arrêt n'est donné à cette course à l'abîme d'Israël, ou bien elle peut mener à l'improbable si les États-Unis sortent de leur indifférence envers la Palestine. Le temps presse, tant cette persistance dans l'erreur et l'aveuglement crée la réalité qu'elle redoute. Le principal résultat de la longue impéritie américaine au Proche et au Moyen-Orient aura été de conforter des pouvoirs autoritaires et de renforcer leurs oppositions islamistes. Sur l'échec du processus de paix israélo-palestinien, la puissance émergente constituée par la République islamique iranienne, née d'une révolution contre une dictature, a pu augmenter ses marges de manœuvre, entre Hezbollah libanais et Hamas palestinien, tout en prolongeant son alliance avec le régime syrien issu du nationalisme arabe laïque.

Humiliée par Israël, méconnue par les États-Unis, instrumentée par les régimes arabes, la Palestine est ici l'éternelle vaincue, alors même qu'elle pourrait être le levier d'une espérance démocratique dans la région. Par son vécu diasporique comme par son histoire politique, qui l'ont entraîné au-delà de lui-même, le peuple palestinien pose au monde arabe les questions que la plupart de ses gouvernants ou de ses élites ignorent, délaissent ou veulent faire taire. Rapide démonstration en trois exemples, trois auteurs palestiniens, engagés dans le combat national de leur peuple non par repli ou fermeture, mais par souci du monde et de l'humanité.

C'est Samir Kassir, ce Palestinien du Liban, journaliste assassiné à Beyrouth en 2005, publiant, un an avant sa mort, ces *Considérations sur le malheur arabe*[1] où l'on peut lire ceci après qu'il eut rappelé combien l'islamisme politique fut, à ses débuts, l'allié tactique des Américains et des Israéliens : « Car si l'islamisme n'est pas – ou n'est plus – un agent de l'étranger, c'est à l'étranger qu'il donne raison. Justifiant le clash des civilisations, l'assumant même, il est ce qui donne aux partisans de la croisade l'occasion de se croiser et à l'Occident d'employer tous les moyens que lui permet sa capacité technologique pour

1. Actes Sud, 2004.

maintenir sa suprématie sur les Arabes. Et perpétuer leur impuissance. »

C'est Edward Said, ce Palestinien d'Amérique, s'adressant en 1998 aux intellectuels arabes pour leur enjoindre de condamner les négationnistes du génocide européen, en leur lançant cette interpellation : « Pourquoi attendons-nous du monde entier qu'il prenne conscience de nos souffrances si nous ne sommes pas en mesure de prendre conscience de celles des autres, quand bien même il s'agit de nos oppresseurs ? » Et d'ajouter ceci que la guerre de Gaza a sans doute rendu encore plus inaudible aujourd'hui qu'hier : « Israël n'est ni l'Afrique du Sud, ni l'Algérie, ni le Viêtnam. Et, que cela nous plaise ou non, les Juifs ne sont pas des colonialistes ordinaires. Oui, ils ont souffert de l'Holocauste, oui, nombre d'entre eux sont victimes de l'antisémitisme. Non, ces faits ne leur donnent pas le droit de déposséder et de persécuter un peuple qui ne porte aucune responsabilité dans l'histoire de leurs malheurs. »

C'est Elias Sanbar, ce Palestinien de France, aujourd'hui ambassadeur de la Palestine à l'Unesco, se désespérant de la façon dont Israéliens et Américains ont laissé pourrir la promesse d'Oslo en n'ayant de cesse d'affaiblir l'Autorité palestinienne du vivant de Yasser Arafat, ce qui laissa le champ libre au Hamas à Gaza : « En Palestine, déclarait-il en juillet 2007 dans un livre d'entretiens[1], un coup d'État militaire mené par le Hamas à Gaza a brisé un tabou des soixante dernières années, celui de la guerre civile palestinienne. [...] Si cette évolution se confirme, la cause palestinienne risque de subir un recul historique. Plus grave, la Palestine risque, elle, de changer radicalement de « nature ». Pourquoi ? Parce que la pluralité est l'un des traits déterminants de sa personnalité, l'une des preuves majeures de son universalité. La Palestine, telle que nous l'avons connue et défendue, en laquelle nous avons cru, est une terre qui puise sa force non dans ses divisions blindées, sa démographie, sa richesse économique, mais

1. Farouk Mardam-Bey et Elias Sanbar, *Être arabe aujourd'hui*, Babel, 2007.

dans son essence plurielle. Et ce que le coup d'État militaire du Hamas menace aujourd'hui n'est pas tant l'existence de la Palestine – elle vivra –, mais la personnalité qui fut la sienne. Puisqu'elle ne sera plus que d'une seule couleur. »

Ce ne sont là, à travers ces voix singulières, que brefs aperçus des chances que l'irresponsabilité américaine et l'aveuglement israélien n'ont cessé, ces dernières années, de gâcher. Or c'est par une promesse semblable aux idéaux qui ont inspiré ces Palestiniens que Barack Obama s'est imposé dans la course américaine à la présidence : refus d'un choc des civilisations dont le résultat serait une guerre sans fin ; affirmation de la solidarité des malheurs, tant leur concurrence finit par les dissoudre ; défense d'une unité dont le ciment est la pluralité, rejetant par le détour et le secours des différences le vertige d'une domination uniforme et univoque.

On comprendra donc que nous prenions date, en ce lendemain de fête américaine : si la présidence de Barack Obama ne change pas le cours de la politique américaine au Proche-Orient, elle contredira sa promesse initiale à la face du monde. Et ajoutera à la déception la désolation, car elle n'aura pas su enrayer durablement la course au pire dans laquelle nos sociétés ont été entraînées à un rythme accéléré depuis 2001.

21 janvier 2009

7. Sarkozy ou le mépris du monde

Qui arrêtera cette présidence ? À cette question, posée avec entêtement par Mediapart tant ce pouvoir nous semble un cocktail explosif de régression et de prétention, d'archaïsme et d'absolutisme, d'aveuglement et d'affolement, la semaine écoulée apporte une curieuse réponse. La perdition de ce président, ce sera peut-être lui-même, tout simplement. Et la faille de cette présidence, sa propre démesure. À force d'ignorer les limites qui font un pouvoir contenu, équilibré et partagé, la République de Nicolas Sarkozy avance toujours au risque d'elle-même, de ses humeurs et de ses foucades, de ses obsessions et de ses excès. Faute de contrepoint, de bornes ou d'entraves, sa liberté est un laisser-aller où s'égarent l'esprit de responsabilité et la conscience de la fonction. Plus il se renforce, s'aggrave et s'exacerbe, plus ce présidentialisme-là s'isole et s'enferme, perdant le sens des mesures et des réalités, des visions hautes et des paroles élevées.

Comment analyser autrement l'énervement de son entourage depuis que Ségolène Royal s'en est allée porter le fer de la contradiction, du démenti et du pardon à Dakar[1] ? Et quel autre enseignement tirer de la panique

1. Le 6 avril 2009, Ségolène Royal, en voyage au Sénégal, a demandé « pardon » pour le « discours de Dakar » de Nicolas Sarkozy en 2007. S'exprimant au siège du Parti socialiste sénégalais à Dakar, elle visait « des paroles humiliantes qui n'engagent ni la France ni les Français »

qui saisit séides et courtisans depuis que *Libération*[1] a montré ce président tel qu'en lui-même, lors d'un déjeuner avec un groupe de parlementaires ? Un président vantard et orgueilleux, aussi superficiel dans ses analyses qu'il fut péremptoire dans ses jugements envers ses collègues étrangers, de Barack Obama à Angela Merkel en passant par José Luis Zapatero. Tout comme il avait été inconscient et léger lors de ce calamiteux discours de 2007 dans la capitale sénégalaise, à la fois condescendant et paternaliste, empreint de cette bonne conscience qui fait les esprits supérieurs et suffisants.

Notre vie publique est si dominée par cette hyperprésidence que cette double histoire – le discours de Royal, les confidences de Sarkozy – devient l'affaire politique du moment. Ségolène Royal a saisi l'occasion du déjeuner et de ses bavardages pour poursuivre son offensive dakaroise, contestant à Nicolas Sarkozy le droit d'exprimer ainsi la France, toute la France, par l'adresse d'excuses personnelles au Premier ministre espagnol. Entre-temps, l'Élysée avait reçu l'opportun soutien d'une signature de la presse classée à gauche, le fondateur du *Nouvel Observateur*, Jean Daniel, qui, dans une tribune confiée au *Monde*, décerne au chef de l'État un inattendu brevet d'anticolonialisme. Enfin, l'UMP, après avoir accusé Royal de « déshonorer notre pays » (Yves Jégo), s'en prend à la presse qui « abîme l'image de notre pays » (Frédéric Lefebvre), reprochant à *Libération* d'être devenu un vulgaire « tract » d'opposition.

Entre forme et fond, liant indissolublement l'une à l'autre, cet épisode est un révélateur, à la manière d'un fait divers de la vie publique : anecdotique en partie, il n'en

1. Titré « Sarkozy se voit en maître du monde », cet article de *Libération* du 16 avril 2009 montrait le chef de l'État en caricature de lui-même lors d'un déjeuner avec une vingtaine de parlementaires de tous bords. Délivrant bons et mauvais points d'un ton supérieur à propos des autres dirigeants mondiaux, Nicolas Sarkozy y avait notamment déclaré que Barack Obama n'était « pas toujours au niveau de décision et d'efficience ».

éclaire pas moins l'essentiel. Trois questions sont ici imbriquées : la représentation de la France, la compréhension du monde, l'expression de l'opposition.

À entendre ceux qui contestent le discours de Ségolène Royal à Dakar, la France ce serait une personne et une seule, univoque, intouchable, irremplaçable et inamovible : le chef de l'État. Le scandale, ce serait donc que, le 14 avril, dans la capitale du Sénégal, l'ancienne candidate socialiste à l'élection présidentielle ait osé parler au nom de la France, comme si la France, c'était elle aussi, comme si la France, c'était nous, vous, moi – et pas seulement, pas uniquement, pas forcément, pas toujours, pas indéfiniment Nicolas Sarkozy.

Non, la France n'est pas une personne. C'est un pays, un peuple, une histoire. Avec leur diversité, leurs nuances et leurs conflits. Cette prétention à ramener notre nation à une sorte d'individualité, incarnée dans un corps unique, exprimée dans une voix singulière, est au ressort de toutes les idéologies d'exclusion. Vouloir personnaliser la France, c'est potentiellement désigner l'anti-France : simplifier notre complexité en supprimant ce qui contredit, conteste, nuance, divise, oppose.

Cette naturalisation d'un pays en une personne, réduit à un individu unique qui serait seul légitime à l'exprimer, traduit une conception non démocratique de la vie publique. Au-delà de la personnalisation et de la concentration du pouvoir qu'elle épouse, elle fige la démocratie dans un seul moment, celui du scrutin. Car, si le vote majoritaire est un principe incontestable de choix des gouvernants, il ne saurait être un principe permanent de justification de leurs actions une fois élus. Une démocratie véritable est autrement riche que cette fiction majoritaire qui l'épuise dans les urnes.

La diversité de la société n'est pas réductible au moment électoral qui la simplifie ; et les gouvernés ne perdent pas leur pouvoir dès lors que, par leur vote, ils l'ont délégué. L'avocate de la démocratie participative est donc légitime, tout comme vous et moi, à exprimer la France, ses différences, ses nuances. Elle a bien le droit de dire que le précédent discours de Dakar, celui du président de la République, en forme de divagation historique, n'était que sa parole particulière, en aucun cas celle de tous les Français, et certainement pas son mandat électoral. Et cette attitude est non seulement légitime mais nécessaire face à une parole présidentielle qui ignore le « nous » et ne s'exprime qu'en « je ».

Transformant la forteresse présidentielle en bulle narcissique, la pratique sarkozyste du pouvoir est en effet aussi privative qu'autoritaire : plutôt que de nous rassembler avec précaution et respect, elle nous embarque sans demander notre avis dans sa fuite en avant. Au lieu de réunir, elle clive ; au lieu d'écouter, elle s'approprie ; au lieu de créer du consensus, elle cherche le conflit. Pouvoir à la première personne du singulier, cette présidence ressent instinctivement l'altérité comme une adversité. Il lui faut donc l'annexer à tout prix, la séduire ou la soumettre – c'est-à-dire l'effacer. Sa prétendue « ouverture » à gauche, succession de débauchages individuels, l'atteste : il ne s'agit là que de prises de guerre dont l'affichage conquérant s'accompagne d'un grand mépris pour leur famille d'origine et, plus généralement, pour l'opposition, sa légitimité et ses droits.

Ce mépris pour ce qui se refuse à sa puissance ou se dérobe à son influence va de pair avec une grande indifférence à la vérité, voire une facilité pour le mensonge. Que la politique comporte, de toute éternité et sous tous habillages, une part de dissimulation, c'est l'évidence. Mais qu'elle mente avec autant d'aplomb que d'inconscience, sans se soucier du vraisemblable ou du crédible, n'est pas si banal. Et n'est pas sans incidence sur l'image présidentielle à l'étranger, d'autant plus si cette propension au mensonge s'étend aux relations extérieures. On a ainsi trop peu souligné que Nicolas Sarkozy a été pris en flagrant délit de menterie caractérisée par l'administration Bush à propos de la Géorgie, tout comme il fut également pris sur le fait à la manière d'un gamin bonimenteur lors de son dernier voyage africain.

Du discours prononcé par Nicolas Sarkozy en 2007 à Dakar jusqu'à ses jugements à l'emporte-pièce sur ses partenaires internationaux, en passant par son mode d'existence et d'affirmation sur la scène internationale, une même question est posée : quel rapport la France entend-elle nouer avec le monde ? Loin d'être étroitement diplomatique, l'enjeu est fondamental : ainsi que l'ont illustré la catastrophique présidence de George Walker Bush et sa brillante démolition par Barack Hussein Obama, il n'est pas d'avenir pour une grande nation, membre permanent du Conseil de sécurité et prétendant par héritage révolutionnaire à l'universalisme, sans intelligence du monde, de sa diversité et de sa complexité, de ses anciennes fragilités et de ses nouvelles forces.

De ce point de vue, cette présidence est entrée à rebours dans le XXIe siècle. Son agitation dissimule son anachronisme : ses idées sont d'hier et ses repères d'avant-hier. Crispée sur ses héritages et ses préjugés, elle s'est d'emblée barricadée derrière la proclamation gouvernementale d'une « identité nationale », essentialisme illusoire qui ne veut voir que de l'identique et du même en lieu et place du différent et du divers. C'était l'aveu qu'elle entendait mettre à distance de notre petit hexagone toutes les promesses d'un monde en mouvement, déplacement et décentrement, mélanges et relations, interdépendances et multipolarités. Promesses qu'elle diabolise, les assimilant à un désordre menaçant, envahissant ou destructeur, lui donnant le visage de l'étrange et de l'étranger, en somme de l'étranger qui reste étrange et ne cherche pas à ressembler.

Ici, l'idéologie qui l'imprègne rejoint la diplomatie qu'il pratique. Au-delà du personnage, son parler cru traduit sa vision d'une France seule contre tous, comme si le monde était son obstacle plutôt que sa chance, une France toujours dans la construction d'un rapport de forces, s'affirmant dans un bras de fer tournant au bras d'honneur et proclamant d'autant plus son existence que son impuissance est grandissante. De la présidence bien peu communautaire de l'Europe aux rodomontades tricolores d'avant G-20, en passant par la déjà, sinon défunte, du moins aphasique Union pour la Méditerranée, le sarkozysme pratique en quelque sorte une diplomatie souverainiste, celle d'une nation qui s'affronte au monde plutôt que de le construire avec d'autres.

Un monde, qui plus est, qu'il ne comprend pas – et ce fut l'enseignement du discours de Dakar. En campagne, Obama l'a démontré par sa pédagogie collective sur l'histoire américaine : il n'est pas de maîtrise du présent sans lucidité sur le passé. Or ce pouvoir est entravé par une vision idéologique de notre passé, dont témoigna en 2005 l'éphémère loi UMP sur le « bilan positif » de la colonisation, et par son refus d'assumer notre histoire telle qu'elle fut, misérable ou glorieuse, libératrice ou criminelle, qu'illustrent ses refrains dédaigneux contre une supposée « repentance ». N'en déplaise à Jean Daniel, le propos de Nicolas Sarkozy à Dakar fut bien l'héritier des anciennes bonnes consciences coloniales. De ces mêmes bonnes consciences qui, aujourd'hui encore, alimentent cette croyance que des civilisations, des cultures ou des religions sont supérieures à d'autres – et, par conséquent, peuvent être imposées à d'autres, pour leur bien, forcément pour leur bien.

Certes, commençait par dire Nicolas Sarkozy, nous vous avons colonisés, exploités et esclavagisés – et ce fut mal, très mal. Mais, s'empressait-il d'ajouter, nous étions foncièrement bons, nous voulions votre bien-être et nous vous avons légué la meilleure part de nous-mêmes. À vous, maintenant, Africains, d'être à la hauteur de ce passé commun, vous qui vivez ce « drame » que « l'homme africain n'est pas assez entré dans l'histoire ». Ce drame d'un homme foncièrement « paysan » dont l'imaginaire serait cette nature « où tout recommence toujours », imaginaire dans lequel « il n'y a pas assez de place ni pour l'aventure humaine, ni pour l'idée de progrès ». Ce drame qu'en notre siècle, un président de la République française a donc résumé ainsi, rejoignant les vieux clichés racistes sur les nègres bons enfants : « Le problème de l'Afrique, c'est qu'elle vit trop le présent dans la nostalgie du paradis perdu de l'enfance. »

On saura donc gré à Ségolène Royal d'avoir, à Dakar, en notre nom demandé « pardon pour ces paroles humiliantes qui n'auraient jamais dû être prononcées et qui n'engagent pas la France ». Et d'avoir, dans un discours subtil et inspiré, rappelé cette évidence à propos du colonialisme : « Qu'il y ait eu, à cette époque, des hommes et des femmes sincères, cela est sûr. Mais on n'a rien dit quand on n'a dit que cela. Le problème est que la colonisation fut un système. Ce système doit être condamné pour ce qu'il fut : une entreprise systématique d'assujettissement et de spoliation. Les colonisés n'avaient pas le choix. Le travail forcé et le code de l'indigénat étaient la règle. Et le mépris. Et le racisme. Et la violence d'un système qui fit les uns ployés sous le joug des autres. »

Virus contagieux, le présidentialisme corrompt notre débat public : en personnalisant son expression, il fait écran aux idées et aux principes. Peu importe, à la vérité, que la personne de Ségolène Royal exaspère certains comme elle en enthousiasme d'autres, mobilise ici et là tandis qu'elle insupporte ailleurs. La seule question qui vaille tient au contenu de sa prise de position, forme et fond mêlés. Pour ma part, sur cet épisode, je lui donne donc entièrement raison.

Aussi fais-je partie de ces Français qui, après avoir eu honte, pour leur pays, du discours de Sarkozy à Dakar en 2007, ont retrouvé leur fierté avec celui de Royal en 2009. Français qui sont loin d'être tous électeurs ou sympathisants socialistes, tant le sujet, ici, dépasse les appartenances ou sensibilités partisanes. Oui, fier tout comme Ségolène Royal elle-même – dans ce propos non seulement d'une Française née à Dakar mais d'une socialiste qui n'est pas sans connaître l'héritage discutable en ce domaine de sa vieille famille (la SFIO) ni de son propre mentor (François Mitterrand) – s'est dite « fière qu'il y ait eu en France des consciences pour s'insurger et des militants pour se porter aux côtés de ceux qui luttaient pour leur indépendance. Ceux-là défendaient nos valeurs quand la colonisation en était la négation ».

Ces paroles-là honorent la République. Cette République qui, face à Jules Ferry défendant en 1884 « le droit d'aller chez ces barbares, parce que nous avons le devoir de les civiliser » et proclamant même que « les races supérieures ont un droit vis-à-vis des races inférieures », avait eu la voix de Georges Clemenceau, dont voici la réplique sans appel : « Je ne comprends pas que nous n'ayons pas été unanimes à nous lever d'un seul bond pour protester violemment contre vos paroles. Non, il n'y a pas de droit des nations dites supérieures contre les nations inférieures. N'essayons pas de revêtir la violence du nom hypocrite de civilisation. Ce n'est pas le droit, c'en est la négation[1]. »

À cette époque-là, déjà, la France n'avait pas qu'un seul visage, pas qu'un seul discours. Nous avons donc bien le droit de préférer aujourd'hui Royal à Sarkozy, comme hier Clemenceau à Ferry. Sauf à revenir aux monarchies de droit divin, dont le renversement fit nos républiques, jamais la France ne se résumera à l'occupant provisoire de son palais élyséen. Notre histoire nationale, de l'affaire Dreyfus au combat anticolonial, en passant par la France libre et la résistance intérieure, compte mille épisodes où une certaine idée éternelle de la France fut sauvée de ses incarnations institutionnelles momentanées.

S'opposer, c'est bien sûr proposer, mais c'est d'abord cela : ne pas composer, ne pas admettre, ne pas céder. Aucune alternative crédible ne se construira sur l'arrangement avec ce pouvoir tel qu'il s'affirme et s'exprime, sur des compromis douteux ou des rapprochements incestueux. Tous ceux qui, à l'inverse, jugent cette posture excessive, ridicule ou néfaste, sont les mêmes qui pensent que la présidence de Nicolas Sarkozy n'est qu'un épisode éphémère, sans gravité ni conséquence durable, de notre vie politique. Nos lecteurs savent que telle n'est pas notre

1. Cf Gilles Manceron, *1885 : le tournant colonial de la République*, La Découverte, 2007.

analyse, tant la régression nous semble avérée, documentée par nos enquêtes et prouvée par nos révélations.

Ce diagnostic d'une régression démocratique, sociale, éthique, etc., est largement partagé, du centre démocrate à l'extrême gauche, en passant par toutes les nuances intermédiaires, socialistes, communistes, écologistes. Aussi, loin des querelles de chapelles ou des disputes d'appareil, nous importe-t-il d'abord que cette régression soit dévoilée, contestée et, si possible, arrêtée.

19 avril 2009

8. Un débat ? Non, une honte nationale

L'Appel de Mediapart, « Nous ne débattrons pas[1] », est suffisamment explicite pour se passer de commentaires. En revanche, son succès en appelle. Son ampleur, la diversité de ses signataires comme leur croissance ininterrompue

1. Lancé le 2 décembre 2009 avec les signatures de 200 personnalités, allant du gaullisme à l'extrême gauche, en passant par toutes les nuances de cet arc-en-ciel politique, l'Appel de Mediapart « Nous ne débattrons pas » a rapidement recueilli près de 50 000 signatures. En voici le texte :

« Par principe, nous sommes favorables au débat. À sa liberté, à sa pluralité, à son utilité. C'est pourquoi nous refusons le « grand débat sur l'identité nationale » organisé par le pouvoir : parce qu'il n'est ni libre, ni pluraliste, ni utile.

« Il n'est pas libre car c'est le gouvernement qui le met en scène, qui pose les questions et qui contrôle les réponses. Il n'est pas pluraliste car sa formulation réduit d'emblée notre diversité nationale à une identité unique. Il n'est pas utile car cette manœuvre de diversion est une machine de division entre les Français et de stigmatisation envers les étrangers.

« Affaire publique, la nation ne relève pas de l'identité, affaire privée. Accepter que l'État entende définir à notre place ce qui nous appartient, dans la variété de nos itinéraires, de nos expériences et de nos appartenances, c'est ouvrir la porte à l'arbitraire, à l'autoritarisme et à la soumission.

« La République n'a pas d'identité assignée, figée et fermée, mais des principes politiques, vivants et ouverts. C'est parce que nous entendons les défendre que nous refusons un débat qui les discrédite. Nous ne tomberons pas dans ce piège tant nous avons mieux à faire : promouvoir une France de la liberté des opinions, de l'égalité des droits et de la fraternité des peuples. »

en ligne, est un événement qui va au-delà de son propos initial – le refus principiel de cautionner une machine infernale, de division et d'exclusion.

Pour nombre des premiers pétitionnaires qui, de plus, ne sont pas tous dans l'opposition systématique au pouvoir en place, il n'allait pas de soi de proclamer un refus symbolique de débattre alors même que la démocratie suppose la libre discussion et l'entière délibération. S'ils ont franchi ce pas, vaincu leurs réticences et, pour certains, quitté leur silence, c'est qu'ils partagent ce sentiment diffus que, dans cette affaire d'identité nationale, autre chose est en jeu qui nous dépasse et nous requiert : le salut d'une certaine idée de la France et du monde face à un pouvoir qui, l'abaissant et l'humiliant, nous fait honte.

Sans précédent depuis l'élection en 2007 de Nicolas Sarkozy, ce sursaut a pour moteur la compréhension qu'avec ce « grand débat sur l'identité nationale », se donne à voir la nature profonde du régime. Non plus seulement ses apparences et ses tactiques, ses coups ou ses esbroufes, son agitation ou sa personnalisation, mais sa régression essentielle, sa dangerosité véritable. Car cette manœuvre détestable ne se réduit pas à l'évidente fuite en avant d'un pouvoir privé de résultat tangible et confronté à sa propre faillite – quadruple faillite financière, économique, sociale et morale.

Tout en cherchant à masquer cet échec, cette exacerbation du national comme pathologie de l'identité et fantasme de l'autre, comme fixité et fermeture plutôt que comme mouvement et ouverture, dévoile ce qui est politiquement à l'œuvre derrière le personnage présidentiel, les références partagées qui unifient son propre entourage et celui de son Premier ministre, le projet idéologique qui réunit leurs principaux collaborateurs et conseillers.

Ici, deux discours font preuve. Ils ont été pesés, pensés et mûris. L'un a inauguré la séquence « Identité nationale », explicitant la mission confiée à Éric Besson : c'est celui de Nicolas Sarkozy à La Chapelle-en-Vercors, le jeudi 12 novembre 2009. L'autre l'a prolongée, maintenant le cap malgré la polémique croissante : c'est celui de François Fillon, au colloque de l'Institut Montaigne, à Paris, le vendredi 4 décembre 2009. Deux discours, deux moments, deux personnalités, deux fonctions, et, cependant, du président de la République au Premier ministre, le même contenu, les mêmes références et la même intransigeance.

Il faut les lire avec attention, mot à mot, ligne à ligne, afin de prendre l'exacte mesure du retour en arrière que MM. Sarkozy et Fillon veulent imposer à la France. Une régression dont le levier est une insidieuse négation historique, révision mensongère de notre passé aux fins de libérer, honorer et banaliser les idées, les hommes et les époques qui ont incarné le refus des idéaux démocratiques et républicains.

Le discours de Nicolas Sarkozy, d'abord[1]. « Depuis deux cents ans, à part l'expérience sanglante de la Terreur, nul totalitarisme n'a menacé nos libertés. C'est que la culture française est irréductible au totalitarisme » : ne se rendant même pas compte de l'énormité de ce qu'il affirme, le président de la République énonce ce mensonge juste avant d'affirmer qu'en 1989, avec la chute du « Mur de la honte », « les valeurs de la démocratie et de la République triomphaient ».

Pour le coup, c'est la France qui, soudain, a honte. Car, d'une phrase d'une seule, l'actuel chef de l'État vient d'effacer le souvenir de l'État français de Vichy (1940-1944) et des indiscutables crimes du régime incarné par Philippe Pétain – synonyme de dictature personnelle, de terreur policière et de persécution raciale. Lequel régime, on l'oublie trop, issu de la droite extrême plutôt que de l'extrême droite, garda, au grand dam des authentiques fascistes français, trois des symboles nationaux auxquels Nicolas Sarkozy voudrait aujourd'hui, dans le même

1. Le discours de Nicolas Sarkozy peut être consulté en ligne à l'adresse suivante :

http://www.elysee.fr/president/les-actualites/discours/2009/discours-de-m-le-president-de-la-republique.1678.html?search=Chapelle-en-Vercors&xtmc=chapelle_en_vercors&xcr=4

discours en Vercors, réduire l'« honneur d'être français » : le drapeau tricolore comme oriflamme, La Marseillaise comme hymne et le 14 Juillet comme fête. Preuve, s'il en était besoin, que l'espérance républicaine ne s'y résume pas, et forcément les outrepasse.

Cette énormité fut donc prononcée dans un discours dont les trois autres points d'ancrage sont l'affirmation de « la Chrétienté » (avec majuscule) comme identité première de la France, placée pour la forme à équivalence avec les Lumières ; la dénonciation de « l'égalitarisme » comme source du renoncement et de l'abandon national ; enfin, la revendication du rétablissement de l'autorité comme priorité, autorité explicitement identifiée à celles de la police et de l'État, lesquelles institutions sont ici libérées de toute définition contraignante – « la Police », elle aussi avec majuscule, et non pas la police républicaine ; un État sans qualité, et non pas l'État de droit (la justice n'est pas mentionnée).

Ainsi entendue, la France serait, à la fois, une éternité dont « la morale chrétienne » serait le socle ; une distinction dont l'élitisme suppose le refus d'une égalité niveleuse ; et une discipline dont l'observation respectueuse suppose obéissance et cohésion. Une France, n'hésite pas à affirmer en 2009 celui qui la préside, où la République est surtout débitrice de l'Ancien Régime dont elle aurait « accompli le vieux rêve capétien d'une France une et indivisible et d'un État dominant les féodalités ».

La logique de cet énoncé est de désigner ceux qui, pour reprendre précisément les mots de ce discours présidentiel, ne méritent pas l'honneur d'être français ou ne peuvent le devenir car n'adhérant pas « à une forme de civilisation, à des valeurs, à des mœurs » dont les seuls symboles ici énumérés sont les cathédrales, le Mont-Saint-Michel, Notre-Dame de Paris, la cathédrale de Reims et chaque église de village avec son clocher « qui le surplombe depuis dix siècles ».

Ces mauvais sujets sont évidemment étrangers, étrangers voulant nous rejoindre ou déjà parmi nous, étrangers même s'ils sont français d'apparence administrative, immigrés, Français d'ailleurs, Français différents, Français dissidents. C'est bien ce que suggère l'énumération présidentielle qui, par le détour d'une seule mention particulière, celle de la burka, évoque l'islam, confondu avec son extrémisme ultra-minoritaire, et, surtout, nie tout droit légitime à une partie de la population vivant en France, ne la rappelant qu'à des devoirs, devenus la condition de l'accès aux droits.

Ce passage du discours illustre parfaitement à quoi sert cette imposition de la question nationale comme ordre du jour central : à une immense régression sociale, à transformer des droits en privilèges, à remettre en cause l'idée même d'une justice sociale, bref, à renforcer les inégalités et à accroître les injustices. La France, dit Sarkozy, « demande qu'on la respecte. On ne peut pas vouloir bénéficier des droits sans se sentir obligé par les devoirs ». Suivent alors les mentions de la sécurité sociale, des allocations chômage et de la gratuité des études comme trois avantages dont on ne pourrait ni « bénéficier » ni « profiter » si l'on ne se comporte pas en citoyen conforme, obéissant et discipliné, c'est-à-dire toujours prêt à « se demander ce que l'on peut faire pour son pays ».

L'ennemi, dans cette mise en guerre du pays avec lui-même, outre l'étranger immigré ou le Français fidèle à son passé étranger, c'est « l'assisté », dont il va falloir « exiger qu'il fasse tous les efforts » qu'appelle sa déplorable condition, et, bien sûr, tous ces mauvais Français incapables d'aimer suffisamment la France pour vibrer à cette définition sarkozyenne, pourtant d'une stupidité abyssale : « Un Français reconnaît d'instinct une pensée française, une région française et il s'y sent chez lui. »

Loin de nuancer ce nationalisme d'un autre âge, comme l'ont cru des commentaires pressés, le discours[1] de François Fillon à l'École militaire, le 4 décembre 2009, l'a accentué. Revendiquant sa volonté politique de mettre

1. Ce discours est consultable en ligne à l'adresse suivante : http://www.gouvernement.fr/premier-ministre/discours-de-cloture-du-premier-ministre-au-colloque-de-l-institut-montaigne-qu-est-.

« la question nationale » au cœur du débat politique et critiquant vivement ceux qui s'y refusent, le Premier ministre a prononcé cette phrase : « Ce mutisme assumé, je pense qu'il révèle bien des malentendus qu'un siècle de critiques a pu creuser entre les Français et l'idée même de la nation. »

Il s'agit donc bien de revenir un siècle en arrière, de renouer avec le bouillon de culture des idéologies conservatrices de la fin du XIXe et du début du XXe siècle, d'oublier leur responsabilité directe dans les catastrophes meurtrières qui ont ensanglanté l'Europe et de donner finalement tort à ceux qui, à la Libération, des gaullistes aux communistes, imposèrent à une droite conservatrice, défaite et discréditée, sinon la réalité accomplie du moins les valeurs référentielles d'une démocratie libérale et d'une république sociale qu'elle avait toujours eues en horreur.

« Être français, c'est d'abord appartenir à un très vieux pays d'enracinement. » La France de François Fillon, dans le même discours, est par essence une immobilité, une « France des origines » tissée de « lignées anciennes ». C'est pourquoi l'imaginaire de ce nationalisme conservateur est d'abord géographique, fait de paysages éternels, tant il redoute l'histoire imprévisible, ses ruptures, ses mouvements, ses aléas, sa liberté en somme.

Exprimant une peur panique du présent et du mouvement, de l'inattendu et de l'imprévu et, donc, de l'hôte de passage, de l'invité surprise, bref, du surgissement du monde, il a pour mot de passe, de l'antidreyfusard Maurice Barrès au souverainiste François Fillon, l'enracinement. Et pour cible, évidemment, les déracinés, titre du plus connu des bréviaires barrésiens. Les déracinés, autrement dit tous ceux qui témoignent d'identités de relations plutôt que de racines, d'identités en mouvement et en déplacement, faites de liens et d'échanges, de brassages et de mélanges, de rencontres et de partages.

Dès le début du discours du Premier ministre, la référence à Maurice Barrès (1862-1923) est explicite. Évoquant successivement, comme les trois périls qui menacent la France, « une société sans âme, dominée par un individualisme forcené », une Europe « plus technocratique que politique » et « une mondialisation désincarnée qui ferait de nous des pions anonymes », il les résume d'un seul mot, le déracinement : « Les Français ne peuvent souscrire à un tel déracinement. »

Contre ces trois perditions – l'individu, l'Europe et le monde –, il faudrait donc défendre nos racines. Et quelles sont-elles pour François Fillon ? Tout simplement, la chrétienté, la ruralité et l'unicité. Une France qui « tient aux rythmes d'une tradition chrétienne et rurale », une France qui « n'oublie ni ses villages, ni ses coutumes », une France qui, face à la « pluralité », « a su opposer les vertus centralisatrices d'un principe fort ».

Ici, les concessions à la laïcité sont de pure forme, balayées par l'insistance chrétienne : « La France est laïque, mais la France est tout naturellement traversée par un vieil héritage chrétien qui ne saurait être ignoré par les autres religions installées plus récemment sur notre sol. » « Plus récemment » est ici essentiel, affirmation non seulement d'une supériorité faite d'antériorité mais, surtout, d'un devoir de soumission des autres religions et, par extension, des cultures différentes.

« C'est aux étrangers qu'il revient de faire l'effort d'intégrer la France », lit-on quelques phrases plus loin, injonction qui transforme l'espoir de devenir français en épreuve contraignante plutôt qu'en rêve émancipateur : « Être français et vivre en France, c'est une chance mais c'est aussi une charge. » La France de MM. Sarkozy et Fillon n'accueille plus. Au mieux, elle recrute. Dans tous les cas, elle exige. Qu'on s'assimile, qu'on se soumette, qu'on se conforme, qu'on se convertisse, qu'on se noie et qu'on se perde. C'est une France de la ressemblance où la différence n'a pas sa place.

Quant à l'idéalisation de la ruralité, apparemment anachronique dans nos sociétés industrielles, elle résonne comme une citation qui fait sens, formule magique libérant une tradition politique refoulée. Dans son récent discours aux agriculteurs, Nicolas Sarkozy n'avait pas craint d'identifier la Terre, avec majuscule, à une saine identité nationale, comme en écho au fameux « la terre, elle, ne ment pas » du troisième appel du maréchal Pétain, lu le 25 juin 1940. Un appel rédigé par Emmanuel Berl (1892-1976), symbole de ces égarés de la gauche que leur égocentrisme sans boussole amènera à côtoyer Vichy, tout comme l'ancien communiste, socialiste, chevènementiste Max Gallo inspire aujourd'hui cette vision étatique d'une France éternelle fondée par la rencontre de la monarchie et de la chrétienté.

Vision mythologique bien sûr, fort éloignée de l'histoire avérée. Et pourtant vision désormais officielle, au risque international d'un ridicule qui ne tuera pas François Fillon : « Le fait est que, dans la tempête des invasions barbares, il n'y a guère que le petit peuple franc qui ait surnagé. Sans doute parce qu'en contrepoids d'un caractère belliqueux, incontestable, la légitimité et le droit étaient déjà deux obsessions françaises. »

C'est alors que, dans ce discours du Premier ministre, surgit la référence à Jacques Bainville, évoquant Jeanne d'Arc tombant à genoux devant le dauphin. Bainville, ce fidèle de Charles Maurras, cette plume de *L'Action française*, dont les obsèques, le 13 février 1936, furent l'occasion d'une tentative de lynchage de Léon Blum, dont la voiture avait par mégarde croisé le cortège funèbre. Du leader socialiste, Maurras avait écrit : « Voilà un homme à fusiller, mais dans le dos », tandis que, pour son acolyte Léon Daudet, « Blum était le bruit que font douze balles dans la peau d'un traître ». Les processionnaires de l'enterrement de Bainville avaient ces mots-là en tête, et les mirent en pratique.

Soixante-treize ans plus tard, ce lapsus maurrassien dans la bouche d'un chef de gouvernement ne saurait relever de l'inculture. D'autant moins qu'il est cohérent avec l'ensemble des propos qui, du chef de l'État au Premier ministre, dressent le portrait d'une France élue à la grandeur bien avant que la république ou la démocratie ne s'en mêle. Ou, mieux encore, grande malgré la république (réduite ici à la centralité du pouvoir) et malgré la démocratie (amputée ici de l'exigence d'égalité). Une France qui doit « être aimée et servie », dans l'obéissance, la cohésion et la discipline : « Les soixante-cinq millions de Français doivent faire bloc », insiste François Fillon, qui met en garde ceux qui ne voudraient pas en être, ceux qui critiquent, discréditent, voire, dit-il, « débinent constamment notre nation et ses valeurs » – ici, l'emploi d'un verbe familier élargit l'interdit à notre quotidienneté.

De cette Anti-France, M. Fillon dessine clairement les contours en trois mots : « Aujourd'hui, dans nos stades, dans nos cités, parmi nos élites, émerge parfois la tentation de défier la République, en affichant le mépris de ses symboles. » Stades, cités, élites : trois mots qui suggèrent le peuple, les immigrés et les intellectuels.

Évidemment, ces deux discours sont aussi parsemés de précautions ou d'allusions qui en masquent ou en atténuent la cohérence. Mais ce ne sont là que dénégations orwelliennes, mots vides de sens et références privées de signification. L'essentiel est ailleurs : pour la première fois depuis 1944-1945 s'énonce, au sommet de la République, l'idéologie de la droite extrême, celle qui fut au pouvoir avec Philippe Pétain sous Vichy, cette droite à la fois maurrassienne, orléaniste et élitiste qui n'avait jamais admis la démocratie libérale et qui vécut la victoire de l'Allemagne nazie comme sa divine surprise, cette droite que seules la victoire des Alliés et la personnalité de Charles de Gaulle obligèrent à admettre le principe de la République et sa devise de liberté, d'égalité et de fraternité.

La bataille des Lumières n'est donc pas terminée, et elle se joue ici même face à un pouvoir qui leur tourne le dos. C'est parce qu'elle les refusait que la droite extrême d'hier combattait la République sans Dieu. C'est parce qu'elle entend les remettre en cause que la droite extrême d'aujourd'hui veut nous imposer sa nation de Chrétienté.

Qu'est-ce, en effet, que les Lumières sinon l'inverse de ce que rabâchent ces deux discours ? Un appel à l'émancipation du sujet humain des entraves du passé et de la religion, de l'obscurantisme de l'une et des immobilismes de l'autre. Une théorie du droit naturel où l'égalité est au principe des droits de l'homme. Une affirmation de la primauté de l'individu sur la société et de sa liberté comme garantie de l'émancipation. L'égalité, donc : des hommes naturellement égaux en droit, des droits égaux entre individus libres… Et pour l'intellectuel de cette droite extrême que fut Charles Maurras, l'ennemi, c'est justement l'égalité, et son credo l'inégalité – entre individus, entre classes, entre peuples, entre nations, etc.

Si la démocratie est le régime que Maurras abhorre, c'est parce que sa promesse subversive est celle de l'égale valeur politique des individus. La combattre suppose de rétablir des hiérarchies, des différences, des aristocraties, bref, un ordre stable d'inégalités garanti par l'autorité incontestée d'un pouvoir central capable de conjurer cette menace : la vitalité démocratique d'une pluralité d'égaux. C'est d'ailleurs pourquoi l'Église de Maurras est si peu chrétienne et purement d'ordre, à tel point qu'il considère l'Évangile comme un dangereux pamphlet révolutionnaire parce que d'esprit égalitaire.

De Maurras, par exemple, dans *Mes idées politiques* (1937) : « Toutes les fortes crises modernes ont un caractère oriental ; bibliques par leur esprit ou juives par leur personnel. » Où l'on croise le fantasme occidental des désordres orientaux, aujourd'hui ravivé par notre époque de transition et, donc, d'incertitude et de peur.

Critique de l'égalité, éloge de la chrétienté, hommage à la royauté, méfiance de l'étranger, enracinement de la nation, soumission à l'autorité : tous les refrains actuellement mis en musique par le pouvoir ramènent à ces sources idéologiques de la droite extrême d'avant-guerre, jusqu'alors tenues en lisières d'une droite de gouvernement peu ou prou issue du gaullisme.

Telle est la véritable rupture incarnée par Nicolas Sarkozy : la clôture du gaullisme comme s'il ne s'était agi que d'une parenthèse ouverte par un accident historique – la défaite de l'Allemagne nazie et, donc, de la « Révolution nationale » de Vichy qui avait saisi comme une divine surprise l'opportunité offerte par la collaboration avec le IIIe Reich. Les racines du sarkozysme plongent au-delà, retrouvant l'idéologie des droites extrêmes d'avant-guerre pour inventer la cohérence d'un pouvoir qui allie, de façon inédite, souverainisme nationaliste, libéralisme économique et illibéralisme politique.

Le discrédit moral qui, fort légitimement, accompagne le pétainisme nous fait trop souvent oublier l'effrayante normalité et continuité dont le régime de Vichy était porteur. « Dictature pluraliste », selon le mot de l'historien Stanley Hoffmann, il rassemblait autour d'un chef charismatique aussi bien la droite antirépublicaine que la droite technocratique, des catholiques et des libéraux, des traditionalistes et des modernistes, des maurrassiens de droite et des non-conformistes de gauche, etc.

Dans une remarquable synthèse sur cette période, l'historien Jean-Pierre Azéma[1] – signataire de l'Appel de Mediapart – souligne combien l'idéologie vichyssoise est « un syncrétisme français », prenant « le contre-pied des principes de la démocratie libérale et des fondements de la synthèse républicaine : la condamnation définitive de l'individualisme, le refus de l'égalitarisme, un appel au rassemblement national, une pédagogie anti-intellectualiste, la défiance à l'égard de l'industrialisme, le rejet du libéralisme culturel, et enfin l'affirmation d'un nationalisme fermé et ethnocentrique ».

Où l'on retrouve bien des ingrédients de l'offensive idéologique actuelle... Quand Alain Badiou se risqua, dès 2007, à évoquer le pétainisme à propos du sarkozysme, la comparaison pouvait surprendre, voire scandaliser. Désormais, c'est le pouvoir lui-même qui y incite avec ses obsessions et ses références qui, loin d'être sans histoire et sans précédents, ont un parcours et des antécédents – des racines en somme.

« Je ne suis pas en train de dire que les circonstances ressemblent à la défaite de 1940, et que Sarkozy ressemble à Pétain, prenait soin de préciser Badiou dans *De quoi Sarkozy est-il le nom ?*[2]. Pas du tout. Je dis que la subjectivité

1. *La France des années noires*, sous la direction de Jean-Pierre Azéma et François Bédarida, Seuil, 1999, 2 tomes.

2. Lignes, 2007.

de masse qui porte Sarkozy au pouvoir, et soutient son action, trouve ses racines inconscientes, historico-nationales, dans le pétainisme. » Pétainiste, précisait le philosophe, étant entendu ici comme « le transcendantal, en France, des formes étatisées et catastrophiques de la désorientation ».

Le sarkozysme témoigne de la désorientation d'une partie de nos élites politiques, économiques, administratives, face à l'actuel décentrement du monde, au croisement d'une révolution industrielle imprévisible et d'une perte d'emprise de l'Occident. Sa perdition idéologique évoque irrésistiblement le constat dressé à l'été 1940 par un homme que les discours de MM. Sarkozy et Fillon convoquent mais qu'ils trahissent, faute de l'avoir bien lu : le grand historien et futur martyr de la Résistance Marc Bloch (1886-1944), dans *L'Étrange Défaite*[1]. « Français, je vais être contraint, parlant de mon pays, de ne pas en parler qu'en bien », prévenait-il avant de mettre en évidence la responsabilité dans l'affaissement moral de la nation d'une bourgeoisie qui « avait cessé d'être heureuse » et qui, devenue « anxieuse et mécontente, était aussi aigrie ».

L'Appel de Mediapart signifie simplement le refus de cette déchéance. À cette aigreur, remugle de méfiance et de crispation, de faiblesse et de violence, de petitesse et de peur, il oppose une façon très française de vouloir la France qui est toute de refus et de hauteur, d'exigence et de réclamation, d'alerte et d'ambition, de curiosité et de générosité. Car critiquer la France, c'est l'aimer. La vouloir, la réclamer, l'exiger. Et ne pas supporter qu'on la critique, c'est en revanche la déserter. L'ignorer, l'oublier, la délaisser.

Drapés dans l'alibi du national, les conservatismes de tous horizons, les renoncements de tout acabit voudraient une France immobile et éternelle, figée et achevée. La vérité, c'est qu'ils ne l'aiment pas telle qu'elle est. Telle

1. Folio, 1990. Écrit en août 1940, *L'Étrange Défaite* est paru pour la première fois en 1946, aux éditions Franc-Tireur.

qu'elle bouge, évolue, change, se transforme et se modifie dans une fidélité frondeuse à son histoire et à ses promesses, à sa présence au monde et aux autres.

8 décembre 2009

9. La France de Londres

Mesdames et messieurs du tribunal de l'identité nationale, tout journaliste digne de ce nom est un mauvais Français qui s'ignore. Prenez celui-ci. Une vedette reconnue, aucunement un dissident. Sinon un conservateur, du moins un modéré. Pas du tout révolutionnaire, même pas radical. Soucieux de sa bonne réputation, peu porté sur la polémique, d'abord préoccupé des hauts tirages et des fortes audiences garantis par son nom et son talent. Et pourtant...

Parti en reportage, ce Français dans l'âme, convaincu des bienfaits civilisateurs de la Grande Nation, persuadé que la France élève à elle seule la beauté du monde, prétend soudain découvrir l'ordinaire d'un mensonge. Non plus les idéaux de « Liberté, Égalité, Fraternité », mais leur trahison. Non pas la République des droits de l'homme, mais son démenti. Et, du coup, au prétexte de bien faire son travail, il raconte ces fariboles, au risque de nuire au drapeau.

Précieuse pièce à conviction pour les modestes ouvriers de l'identité française que nous sommes, l'ouvrage qui atteste de son entreprise anti-française, de sa malfaisance et de sa turpitude commence par ces lignes : « Voici un livre qui est une mauvaise action. Je n'ai plus le droit de l'ignorer. On me l'a dit. Même, on me l'a redit ». Confirmant l'absence de circonstances atténuantes, cet aveu bravache, mesdames et messieurs du tribunal, ne témoigne-t-il pas d'un entêtement coupable dans le dénigrement antinational ?

Jugez-en, car voici la suite, qui atteste d'une audace sans nom et, sans doute, d'une infiltration par des idées étrangères à l'âme française, d'une incompréhension foncière de cette inimitable « pensée française » dont notre président de la République et notre Premier ministre nous disaient encore récemment que tout Français véritable savait la reconnaître d'instinct.

Écoutez, lisez donc ce renégat : « On m'a également appris différentes autres choses : que j'étais un métis, un Juif, un menteur, un saltimbanque, un bonhomme pas plus haut qu'une pomme, une canaille, un contempteur de l'œuvre française, un grippe-sou, un ramasseur de mégots, un petit persifleur, un voyou, un douteux agent d'affaires, un dingo, un ingrat, un vil feuilletoniste. Et quant au seul homme qui m'ait appelé maître, il désirait m'annoncer que j'étais plutôt chanteur qu'écrivain. »

Trêve de moquerie, car l'affaire, ce poison du supposé débat sur l'identité nationale, n'est pas seulement sérieuse, elle est surtout dangereuse. Ces mots sont les premiers de *Terre d'ébène*[1], le grand reportage d'Albert Londres sur l'Afrique occidentale française, paru en 1929. Un livre en forme de réquisitoire sur la servitude coloniale, le travail forcé, le déni de la justice, l'inégalité instituée, etc. « Tout ce qui porte un flambeau dans les journaux coloniaux est venu me chauffer les pieds », ajoute Londres.

Or, c'est dans le même avant-propos de ce livre qu'on trouve la formule désormais canonique, communément citée par les journalistes pour défendre leur indépendance professionnelle et leur liberté critique – la plume dans la plaie. Rappel qui mérite une citation intégrale : « Je demeure convaincu qu'un journaliste n'est pas un enfant de chœur et que son rôle ne consiste pas à précéder les processions, la main plongée dans une corbeille de pétales de roses. Notre métier n'est pas de faire plaisir, non plus de faire du tort, il est de porter la plume dans la plaie. »

Entêté, Albert Londres y revient dans l'épilogue, élargissant le propos au-delà du journalisme professionnel pour

1. Serpent à plumes, coll. Motifs, 2000.

viser à la responsabilité civique : « Flatter son pays n'est pas le servir, et quand ce pays s'appelle la France, ce genre d'encens n'est pas un hommage, mais une injure. La France, grande personne, a droit à la vérité ». Si vous n'avez rien manqué des récurrentes bessonneries, qui sonnent la perdition morale d'une présidence et d'un gouvernement, vous aurez compris ce que l'autorité d'Albert Londres nous autorise à en dire.

Tout simplement que ce pouvoir injurie la France. Qu'il l'insulte et l'abaisse. Qu'il l'ignore et la malmène. Et qu'au contraire, critiquer la France, c'est l'aimer. La vouloir, la revendiquer, l'exiger. Et ne pas supporter qu'on la critique, c'est, à l'inverse, la déserter. Oui, il y a une façon très française de vouloir la France qui est toute de réclamation, d'inquiétude et d'ambition. Entier, ce désir-là est impétueux. Ses critiques sont d'élévation. Rien à voir avec les refrains du déclin, ces déplorations d'amertume, ces lamentos d'aigreurs. Ceux qui les entonnent disent leur perte de confiance dans leur pays et dans son peuple, au point de rabaisser le premier et de redouter le second.

C'est cela la France de Londres, qu'il s'agisse du nom d'un journaliste (en 1929) ou de l'appellation d'une ville (en 1940) : contre la nécrose nationaliste et identitaire, défendre une certaine idée de ce pays, toute de hauteur et d'exigence, et, par conséquent, d'ouverture à la diversité des mondes et des humanités.

Marianne, 9 décembre 2009

10. Une loi contre la laïcité

Dans la baie de New York, la statue de la Liberté est un cadeau de la France républicaine à la nation américaine. Le cadeau d'un vieux pays qui, pour bien des peuples, incarnait alors la jeunesse du monde pour avoir inventé cette révolution des droits naturels que l'on nomme droits de l'homme et que résume le triptyque « Liberté, Égalité, Fraternité ». C'était à la fin du XIXe siècle, nous voici parvenus au début du XXIe, et, hélas, la France ne s'exporte plus de la même façon, généreuse et bravache, ouverte et émancipatrice.

« Islam and National Identity in France » : tel était l'intitulé du débat organisé, mercredi 27 janvier, à New York, sur la cinquième avenue, par... le consulat de France. Comme si la distance océanique faisait tomber les précautions, notre diplomatie d'outre-Atlantique exportait, par le choix de cet intitulé, la vérité de ce qui fermente très officiellement à Paris. Tandis que le gouvernement répète, contre l'évidence, que le préfectoral grand débat sur l'identité nationale n'entend aucunement désigner l'Islam comme la source de nos problèmes, son consulat américain décidait d'annoncer la couleur.

Le même jour, ce grand quotidien de référence qu'est le *New York Times* ne s'y trompait pas en titrant un éditorial cinglant sur notre actuelle dérive islamophobe, de l'identité nationale au voile intégral, « Les talibans applaudiraient ». « Aucun gain politique ne peut justifier d'attiser la haine », y lit-on, Nicolas Sarkozy étant accusé d'avoir promu un débat « parfois idiot, parfois menaçant ». Et nos confrères américains d'ajouter avec grande lucidité, au vu de notre crise sociale qui s'approfondit de jour en jour, que, s'« il est difficile de créer de l'emploi », il est « facile d'attiser les préjugés anti-musulmans ».

Pour bien en prendre la mesure, il faut parfois regarder son pays de loin. Aussi ce petit détour new-yorkais est-il une bonne introduction à un débat sur le voile intégral. En effet la question du jour n'est pas de savoir si le voile intégral est acceptable ou non : bien sûr qu'il ne l'est pas, bien sûr qu'il symbolise l'oppression de la femme, bien sûr que son imposition est une atteinte à la dignité de la personne humaine, bien sûr qu'il n'a rien à faire ni à voir avec les préceptes de l'Islam, bien sûr qu'il est le produit d'une dérive religieuse sectaire infiniment minoritaire, etc.

Non, la vraie question, la seule qui vaille est tout autre : comment le combat-on, ce voile intégral ? Comment le combat-on efficacement ? Comment le combat-on démocratiquement, c'est-à-dire sans violer les libertés fondamentales, libertés individuelles et principes constitutionnels ? Et la réponse que nous suggère cet étonnant chassé-croisé new-yorkais où notre consulat met l'Islam au centre du débat sur l'identité nationale tandis qu'un journal de qualité nous rappelle l'urgence de la question sociale, c'est que le débat sur le voile intégral, tel qu'il a été lancé et posé, est un dangereux piège.

Alors qu'elle est par essence émancipatrice, la laïcité est ici prise en otage pour une cause qui lui est étrangère, de stigmatisation et de persécution. Dans une confusion générale, où l'on oublie ses principes fondamentaux et originels, elle est embarquée dans une opération qui, en réalité, n'a que faire des femmes et des libertés, mais beaucoup à faire avec la diabolisation d'une religion, l'Islam, et, au-delà, d'une culture, la musulmane, et d'une origine, arabe ou africaine.

Mais il n'est pas besoin de traverser l'Atlantique pour être éclairé à ce propos. « Eu égard au principe de laïcité, il n'appartient pas à l'État de déterminer ce qui relève ou non de la religion » : c'est ce que l'on peut lire dans un avis sur le voile intégral rendu le 21 janvier 2010 par la

Commission nationale consultative des droits de l'homme (CNCDH). À une écrasante majorité (34 pour, 2 contre, 0 abstention), cette instance profondément pluraliste s'est prononcée contre une loi prohibant le port du voile intégral.

C'est un avis authentiquement laïc, dont l'inspiration est fidèle à celle de la loi de 1905, dite de séparation des Églises et de l'État. Il n'est pas inutile d'en rappeler l'esprit : l'État laïque n'est ni hostile ni indifférent aux religions, il leur est simplement étranger, son action relevant de ce monde et d'aucun autre, sans transcendance. C'est bien pourquoi Charles Péguy, ce républicain chrétien, ce dreyfusard catholique, ce libertaire patriote, saluera une loi qui n'avait pas été « un exercice de persécution, de suppression de l'Église par l'État, un essai d'oppression, de domination anticatholique, prétendue anticléricale » et qui, au contraire, « avait révélé un effort sincère de libération mutuelle ».

« L'Église chez elle et l'État chez lui » : ainsi Victor Hugo avait-il résumé dès 1850 l'idéal de la laïcité. Et, de fait, l'article premier de la loi de 1905 énonce : « La République assure la liberté de conscience. Elle garantit le libre exercice des cultes... » Puis l'article 2 complète : « La République ne reconnaît, ne salarie ni ne subventionne aucun culte... ». La laïcité, ce n'est ni un simple principe de tolérance qui justifierait les replis communautaires, ni un combat obsessionnel contre les manifestations du religieux dans l'espace public. Politiquement, la laïcité est libérale, c'est-à-dire soucieuse des libertés individuelles, et notamment du droit au respect à la vie privée et familiale, de la liberté de pensée, de conscience et de religion, de la liberté d'expression et de circulation.

Or il est évident, comme le rappelle l'avis de la CNCDH, qu'une loi prohibant de manière générale et absolue le voile intégral porterait atteinte à ces principes fondamentaux, pourrait être déclarée non constitutionnelle et serait contraire aux engagements internationaux de la France. Cela signifie-t-il qu'on ne pourrait dès lors combattre ce voile d'oppression et d'obscurantisme ? Bien sûr que non.

La CNCDH rappelle les nombreux textes en vigueur, par exemple sur l'élimination de la violence faite aux femmes, qui permettent de mener cette lutte sans tomber dans le piège d'une loi de circonstance et, surtout, d'exception.

Elle souligne de surcroît qu'au regard des nécessités de l'ordre public, toute autorité réglementaire compétente peut d'ores et déjà prendre un acte administratif prohibant le port du voile intégral dans des situations précises et particulières, lorsque l'identification de la personne est nécessaire. Nul besoin d'une loi pour ce faire. En revanche, une loi de prohibition qui ne serait pas limitée dans l'espace et dans le temps, ou par des circonstances particulières, manquerait aux principes d'une société démocratique, « eu égard notamment à la gravité des atteintes aux droits de l'homme qu'elle occasionnerait ».

Marianne, 30 janvier 2010

11. Au pays de l'histoire officielle

On aurait tort d'en rire, tant ces politiques-là sont potentiellement meurtrières. Des politiques qui font le tri entre les hommes. Qui les sélectionnent, les hiérarchisent et les choisissent, en acceptent quelques-uns pour en exclure une majorité, distinguent les bons et les mauvais, ceux que l'on sauve et ceux que l'on rejette. Ainsi des indigènes sous la présidence de Nicolas Sarkozy.

Les bons, ce sont ceux qui sont prêts à mourir pour la France, au sens propre hier quand ils nous servaient de chair à canon, au sens figuré aujourd'hui quand ils acceptent de s'oublier en s'assimilant. Les mauvais, ce sont ceux qui ne renoncent pas à être eux-mêmes, en revendiquant leur indépendance nationale hier, en défendant leur différence dans la France plurielle aujourd'hui.

En 2006, à Cannes, les premiers étaient fêtés. Cinq d'entre eux, sur la scène du Festival, entonnèrent même un inoubliable « C'est nous les Africains qui revenons de loin/ Venant des colonies pour sauver la patrie ». Les acteurs Jamel Debbouze, Roschdy Zem, Samy Naceri, Sami Bouajila et Bernard Blancan fêtaient ainsi leur prix collectif d'interprétation masculine dans le film de Rachid Bouchareb justement intitulé *Indigènes*. Un film qui nous rappelait qu'une bonne moitié des effectifs des Forces françaises libres (FFL) qui, avec la Résistance intérieure, sauvèrent la France de la déchéance pétainiste, venaient en effet des colonies, consentant un sacrifice auquel nombre de Français supposés « de souche » furent alors étrangers.

Quant aux seconds, les mauvais indigènes, voici venu, quatre ans après et à rebours de cette réconciliation cinématographique autour d'un passé commun à la France et à ses anciennes colonies, le temps de leur régler leur compte puisque, depuis 2007, la voie est libre, l'exemple venant d'en haut, de la présidence en ses sommets élyséens. Le problème, c'est que ce sont les mêmes. Tout comme, dans l'histoire réelle, les colonisés qui avaient participé au combat contre le nazisme furent les premiers à espérer que les idéaux pour lesquels ils s'étaient battus leur seraient reconnus enfin, dans leurs propres pays : liberté, égalité, fraternité, tout simplement, sans partage d'origine, de race, de peau, de naissance, de fortune, d'identité.

Avec *Hors la loi* (2010), Rachid Bouchareb raconte en effet la suite d'*Indigènes*, autour de l'histoire de trois frères algériens installés en France. Et le point de départ du film est l'événement qui symbolise l'immense déception des peuples colonisés par la France à l'issue de la Seconde Guerre mondiale : le 8 mai 1945, à Sétif et Guelma, en Algérie, dans le nord-constantinois. En ce jour resté comme la date historique de la victoire des Alliés contre l'Allemagne nazie, le défilé de joie libératrice tourne au drame sanglant : rassemblés en fin de cortège, les nationalistes algériens sont sommés par les représentants de l'ordre colonial de ranger leurs calicots et pancartes ; la manifestation tourne à l'émeute, avec des violences contre la population européenne ; la répression qui suit contre les Algériens est d'une violence inouïe, notamment de bombardements aériens contre les populations civiles, sans proportion avec l'événement déclencheur.

« En vérité, la guerre d'Algérie a commencé le 8 mai 1945 », écrit l'historienne Annie Rey-Goldzeiguer dans l'un des ouvrages de référence sur ces événements, livre qui est aussi l'aboutissement d'une vie puisqu'elle-même était, au moment des faits, jeune étudiante à Alger[1]. On y trouve le décompte précis des pertes européennes : cent deux (ou

1. Annie Rey-Goldzeiguer, *Aux origines de la guerre d'Algérie, 1940-1945*, La Découverte, 2002.

cent trois) tués, cent dix blessés et dix viols. S'agissant des pertes algériennes, pour lesquelles les estimations vont de mille trois cent quarante, chiffre minime donné à l'époque par le gouvernement général de la colonie, à quatre-vingt mille, selon le quotidien algérien *El Moudjahid* en 1985, Annie Rey-Goldzciguer conclut, après une enquête minutieuse : « La seule affirmation possible, c'est que le chiffre dépasse le centuple des pertes européennes [donc plus de dix mille morts parmi les Algériens] et que reste, dans les mémoires de tous, le souvenir d'un massacre qui a marqué cette génération. »

Pour elle-même, écrivait-elle en 2002, ce sera « la ruine de mes illusions » : « Je croyais au monde du contact et à son avenir qui devait être débarrassé du chancre raciste, ouvert à tous les hommes de bonne volonté, capable d'un dynamisme, de l'altérité pacifique, laïque et démocratique. Les chapelets de bombes sur la Petite Kabylie, les bruits sourds des canons de marine, la panique d'être égorgée pour un combat qui n'était pas le mien, cette atmosphère de fin du monde à Alger, tout me prouvait mes erreurs de jugement. Ce Maghreb où j'étais née (en Tunisie) ne pouvait être le mien : je ne pouvais qu'aider ceux qui revendiquaient leur patrie ; en partant, je ne désertais pas un combat perdu d'avance, je me devais d'éclairer ma patrie de naissance, la France, et de mener là-bas un combat nouveau pour l'indépendance de l'Algérie. »

Pour ses contemporains et acteurs, l'histoire telle qu'elle se fait n'est jamais univoque ou uniforme. D'autres auront évidemment gardé d'autres souvenirs des émeutes de Sétif que notre historienne parce qu'ils ont alors fait d'autres choix. Les faits historiques croisent les mémoires humaines, les unes et les autres se confortant ou se confrontant aussi bien, dans tous les cas se complétant. Reste cette vérité indiscutable que les événements algériens du 8 mai 1945 ont pour ressort la question coloniale, ses injustices et ses aveuglements. Si indiscutable qu'elle ne sera pas discutée, dans l'instant, par un autre contemporain, pourtant peu suspect de complicité enthousiaste avec l'indépendantisme algérien, Albert Camus. En 1945, le futur Prix Nobel conclut une série d'articles dans *Combat*[1] sur la crise en Algérie en déplorant l'attitude des autorités face aux revendications nationalistes, portées notamment par Ferhat Abbas, lui-même originaire de Sétif : « On a préféré y répondre par la prison et la répression. C'est une pure et simple stupidité. »

Dans une démocratie authentiquement vivante, la force du cinéma est de s'emparer de ce matériau historique pour donner vie aux mémoires nationales jusque dans leur part obscure, douloureuse et conflictuelle. Comme tout art, le cinéma ne saurait être qu'indiscret et indocile, voire irrespectueux et infidèle. Les États-Unis n'ont cessé d'en faire la démonstration, produisant, jusqu'au cœur de l'industrie hollywoodienne, des films qui affrontent les secrets honteux du pouvoir et la mauvaise conscience de la nation. En ce registre, la France, on le sait trop, n'a cessé, à l'inverse, d'être en retard. Qu'il s'agisse de l'Occupation allemande et de la Collaboration française, de la Commune de Paris et des luttes ouvrières ou de notre longue histoire coloniale, le cinéma tricolore n'a cessé d'être à la peine. Ce ne sont pas les cinéastes qui sont en cause, évidemment, mais une longue torpeur nationale, trop largement partagée. Sait-on, par exemple, que *La Bataille d'Alger*, le film de l'Italien Gillo Pontecorvo, sorti en 1965, est resté pratiquement inédit en France jusqu'en 2004, bien au-delà de sa censure officielle, levée en 1971 ?

Voici donc que, soixante-cinq ans après les faits, l'État français ne supporte pas qu'on évoque les massacres de Sétif. Oui, « l'État français » et non pas la République car, dès que s'impose une histoire officielle, la République véritable disparaît, cette République émancipatrice qu'incarnait par exemple Jules Michelet appelant sa discipline, l'Histoire, à « perdre le respect ». Sans avoir vu le film de Rachid Bouchareb, en compétition à Cannes pour l'Algérie, deux

1. Créé en août 1944, aux premiers jours de la Libération, *Combat* fut le plus notable des quotidiens nationaux issus de la Résistance, ayant repris le nom d'un de ses réseaux. Durant ses toutes premières années, Albert Camus en fut le principal éditorialiste.

députés UMP, Lionnel Luca (Alpes-Maritimes) et Elie Aboud (Hérault), dénoncent un « film anti-français », affirment qu'il s'agit d'une « falsification » historique et s'étonnent que sa production ait pu bénéficier d'aides publiques. Leurs protestations accompagnent les menaces d'un comité proche de l'extrême droite, « Pour la vérité historique – Cannes 2010 », qui sur internet affirme vouloir troubler le Festival. Sa devise ? « Croisade sur la Croisette ».

Or cette campagne a non seulement reçu l'aval d'un ministre du gouvernement mais, de plus, a été mûrie de longue date avec l'appui du Service historique de la Défense (SHD). C'est ce que montrent les documents en possession de Mediapart[1]. Le 15 janvier 2010, Hubert Falco, secrétaire d'État à la Défense et aux Anciens combattants et, par ailleurs, maire de Toulon, écrivait à Lionnel Luca. Répondant au parlementaire qui l'avait sollicité à propos du film *Hors la loi*, sur la foi de déclarations publiques du réalisateur, le secrétaire d'État l'informe qu'il a saisi le SHD « pour analyser le contenu historique du scénario » et que ce dernier « confirme qu'un certain nombre d'erreurs et d'anachronismes en parsème l'écriture ». Suit le feu vert gouvernemental au député protestataire : « Au vu de ces éléments [...], il semble difficile que les pouvoirs publics puissent soutenir un film qui livre de notre histoire une version aussi peu crédible. Je veillerai pour ma part, au nom de la défense de la mémoire qui relève de mes attributions, à ne pas cautionner ce film. »

À lire la note du Service historique de la Défense, produite quatre mois plus tôt puisque datée du 9 septembre 2009, nous découvrons en effet que « la Mémoire » (*sic*) fait partie des attributions de ce secrétariat d'État à la Défense, occupé précédemment par l'ex-socialiste Jean-Marie Bockel. Le général de division Gilles Robert, chef du

1. Provenant du SHD, ces documents sont téléchargeables sur www.mediapart.fr, à l'adresse suivante :

http://www.mediapart.fr/journal/france/300410/la-polemique-sur-le-film-hors-la-loi-au-pays-de-lhistoire-officielle.

SHD, transmet donc à « Madame le Conseiller chargée de la Mémoire » au cabinet du secrétaire d'État son rapport sur le scénario de *Hors la loi*. Sa conclusion est sans appel : « Les erreurs et les anachronismes qui parsèment ce scénario sont si nombreux et si grossiers qu'ils peuvent être relevés par tout historien, ayant un tant soit peu étudié la guerre d'Algérie. [...] Les nombreuses invraisemblances présentes dans le scénario montrent que la rédaction de ce dernier n'a pas été précédée par une étude historique sérieuse. Cette approximation rend ce film de fiction peu crédible. »

Or si ce jugement militaire relève quelques erreurs ou anachronismes, témoignant d'un décalage entre la fiction et la réalité, il commence surtout par proclamer une vérité d'État sur les émeutes de Sétif qui est fort éloignée de la vérité historique. « Le réalisateur, écrit le SHD, veut faire croire au spectateur que le 8 mai 1945 à Sétif des Musulmans ont été massacrés aveuglément par des Européens ; or, ce jour-là, c'est le contraire qui s'est produit. » La note du SHD présente ensuite l'éventuel « massacre de Musulmans par des Européens à Sétif » ayant eu lieu le 9 mai comme une « réaction au massacre d'Européens du 8 ». Pis, elle évoque en termes édulcorés cette « réaction » comme le fait « que les Européens ont agi contre des Musulmans », alors qu'en vérité, la région sera bombardée par l'aviation militaire sur ordre du pouvoir exécutif. On remarquera, au passage, que seuls les Européens auraient été massacrés « aveuglément » et que les Algériens n'existent pas, renvoyés à une unique identité religieuse.

Nos lecteurs et, parmi eux, les historiens professionnels jugeront par eux-mêmes de la cohérence des remarques militaires. Et les spectateurs jugeront bientôt de la pertinence et de la justesse historiques du film de Rachid Bouchareb, les deux notions n'étant pas équivalentes : une œuvre d'art n'a pas forcément besoin d'être juste historiquement, à la manière d'une enquête documentaire, pour interpeller l'histoire de façon pertinente. Mais la question n'est évidemment pas de savoir si le réalisateur s'est trompé sur tel ou tel détail. L'essentiel, qui tient du scandale, est ailleurs : dans ce vertige d'une histoire officielle. D'une histoire contrôlée par l'état-major militaire comme, en URSS, elle l'aurait été par le bureau politique du Parti unique. D'une histoire embastillée, cadenassée et menottée, plus d'un demi-siècle après les faits.

Comment est-il possible qu'en 2010, en France, au-delà du zèle idéologique de MM. Falco et Luca, il puisse se trouver des militaires et des fonctionnaires, des hommes et des femmes supposés servir la République, pour produire de tels documents, les avaliser et les officialiser ? L'offensive commencée il y a cinq ans, avec la loi du 23 février 2005 qui avait voulu imposer l'enseignement des « aspects positifs » de la colonisation, ne se contente pas de continuer : elle est désormais installée au cœur de l'État, avec tous ces rouages qui appellent à la servitude, entre silence et obéissance.

Cette attitude est celle des pouvoirs qui ont peur et, du coup, parient sur la peur, ses violences irrationnelles et ses frayeurs meurtrières. Ils ont peur du passé autant que de l'avenir. Parce que, pour eux, seul compte le contrôle du présent. Un passé édifiant et un avenir radieux : la fiction politique que le sarkozysme n'a aucunement renoncé à imposer au pays finira peut-être comme une farce. Il n'empêche que cette farce trouve son inspiration dans des tragédies qu'il vaudrait mieux apprendre à conjurer.

À la fin de *1984*, roman toujours actuel de George Orwell[1], on trouve cet échange entre Winston, le héros indiscipliné, qui finira par être maté, et O'Brien, celui qui est chargé de le soumettre :

« Il y a un slogan du Parti qui se rapporte à la maîtrise du passé, dit-il. Répétez-le, je vous prie.

– Qui commande le passé commande l'avenir ; qui commande le présent commande le passé, répéta Winston obéissant. [...]

– Où le passé existe-t-il donc, s'il existe ?

– Dans les documents. Il est consigné.

1. George Orwell, *1984*, Folio, Gallimard, 1972.

– Dans les documents. Et… ?

– Dans l'esprit. Dans la mémoire des hommes.

– Dans la mémoire. Très bien. Nous le Parti, nous avons le contrôle de tous les documents et de toutes les mémoires. Nous avons donc le contrôle du passé, n'est-ce pas ?

– Mais comment pouvez-vous empêcher les gens de se souvenir ? cria Winston… »

Ce sera le dernier sursaut de Winston, dès lors torturé et soumis à des décharges d'électricité de plus en plus fortes. « La réalité, finira par lui inculquer O'Brien, n'existe que dans l'esprit du Parti, qui est collectif et immortel. Ce que le Parti tient pour vrai est la vérité. Il est impossible de voir la réalité si on ne regarde avec les yeux du Parti. » Et, ici, le Parti, c'est aussi bien le nom commun de l'État et du Pouvoir. D'un État et d'un Pouvoir qui ne tolèrent aucune dissidence et dissonance.

1984 est une fable, évidemment, une fiction en somme. Irréelle, invraisemblable et anachronique, comme le diraient sans doute les officiers supérieurs du SHD. Mais ce que ce roman dit n'en est pas moins pertinent. Tout simplement que l'État n'a pas à écrire l'Histoire à notre place. Ni au cinéma, ni ailleurs.

30 avril 2010

12. Ce cri de haine sur la Croisette

« Bouchareb, hors de France ! » Ce slogan a été repris en chœur, vendredi 21 mai 2010, lors de la manifestation organisée par l'UMP, à Cannes, contre le film *Hors la loi*, réalisé par le Français Rachid Bouchareb.

Mediapart, parmi les premiers, s'est inquiété, documents inédits à l'appui, de ce qui se jouait derrière la polémique lancée par des parlementaires UMP contre le nouveau film de Rachid Bouchareb, suite d'*Indigènes*, primé à Cannes en 2007. En effet, loin d'une improvisation tenant du mouvement d'humeur, l'opération avait été longuement mûrie, avec des démarches officielles commencées il y a un an auprès du ministère de la Défense.

Les courriers révélés par Mediapart[1] prouvaient l'implication directe du gouvernement, à travers l'un de ses membres, Hubert Falco, mobilisant le Service historique de la défense (SHD) pour nourrir l'offensive du député UMP des Alpes-Maritimes, Lionnel Luca. Quel est donc ce pays si faible qu'il ne peut même plus assumer sa propre histoire ? Il suffit de lire les travaux des historiens français, d'écouter les témoignages recueillis il y a quinze ans par Mehdi Lallaoui ou de visionner le documentaire *L'autre 8 mai 1945* pour connaître, avec ses nuances et ses contradictions, la vérité historique, car il y en a bien une, sur les événements de Sétif.

Cette défense par l'actuel pouvoir présidentiel d'une histoire d'État, mensongère et guerrière, que l'on entend

1. Voir supra, page 323.

imposer à notre passé colonial, au lieu de le regarder tel qu'il fut, ombres et lumières mêlées, n'est pas un épisode anecdotique, porté par quelques nostalgiques. Elle est au ressort de la vision du passé et du monde qui, de longue date, anime cette présidence et dont les mots clefs sont colonisation (positive), immigration (envahissante), islam (dangereux) et assimilation (obligatoire). C'est un passé mythifié et déformé qui est ici convoqué, mais dans l'espoir qu'il soit plein d'à présent, produisant un imaginaire actif.

En ce sens, l'opération contre *Hors la loi* est une illustration concrète de ce que signifiait le supposé débat sur l'identité nationale, lancé fin 2009 et, pour l'instant, en sommeil. Son imaginaire est de guerre et d'exclusion : d'une guerre perdue qu'il faudrait donc, un jour ou l'autre, effacer par une revanche ; d'une exclusion réclamée, pour faire de nouveau le tri entre bons et mauvais Français, Français véritables et Français d'occasion.

Si l'on en doutait, la manifestation organisée à Cannes, vendredi 21 mai au matin, en même temps que *Hors la loi* était projeté à la presse du Festival, en fit la démonstration. Dans une vidéo diffusée par lemonde.fr[1], à partir de 1 minute 38 secondes, on entend distinctement le slogan « Bouchareb, hors de France ! » Serait-il de nationalité algérienne que cela ne changerait rien à la portée symbolique de ce mot d'ordre haineux, mais l'on précisera tout de même que Rachid Bouchareb, né le 1er septembre 1953 à Paris, est un citoyen français et qu'en 2007 il fut fait chevalier de la Légion d'honneur.

Rapportant le même événement sous un angle complémentaire, deux autres vidéos, l'une du *Figaro*[2], l'autre de l'AFP[3], témoignent de ce qui, politiquement, est ici à

1. Consultable en ligne à l'adresse suivante :
http://www.dailymotion.com/video/xde1ui_manifestation-a-cannes-contre-le-fi_news

2. Consultable en ligne à l'adresse suivante :
http://www.youtube.com/watch?v=RrtugqzmvYE&feature=player_embedded

3. Consultable en ligne à l'adresse suivante :
http://www.youtube.com/watch?v=fx7ZyNXYstU

l'œuvre : une tranquille fusion idéologique de la droite et de l'extrême droite, de l'UMP et du Front national. L'UMP Lionnel Luca et la FN Lydia Schénardi y font paisiblement tandem, dans l'ordre UMP-FN pour l'AFP et, inversement, FN-UMP pour *Le Figaro*.

Instrumentalisée sous François Mitterrand, la focalisation autour de la montée du Front national nous a fait oublier l'essentiel que, pourtant, nous enseignait toute notre histoire, de l'affaire Dreyfus aux guerres coloniales, en passant, ô combien, par Vichy : loin d'avoir jamais pu prétendre seule au pouvoir, l'extrême droite a toujours servi de levier pour extrémiser la droite. Et le sarkozysme est en quelque sorte le précipité chimique de cette transgression politique. Il suffit de tendre l'oreille chaque fois que le pouvoir actuel discourt sur la nation, son identité supposée, sa gloire revendiquée, son passé héroïque, pour comprendre qu'avec Nicolas Sarkozy Maurice Barrès a pris sa revanche : « Pour permettre à la conscience d'un pays tel que la France de se dégager, il faut raciner les individus dans la terre et dans les morts » (*La Terre et les Morts*, La Patrie française, 1899). Oui, Maurice Barrès, passé d'un socialisme vague à un nationalisme exacerbé, indéniablement talentueux et néanmoins antidreyfusard antisémite – le talent littéraire n'ayant jamais protégé de la crapulerie politique.

Le problème, c'est qu'à moins de devenir amnésiques ou, ce qui est plus à la portée des pouvoirs, d'imposer un mensonge d'État à la vérité historique, nous savons bien, ou plutôt nous savons encore, nous lisons toujours dans les livres d'histoire et nous continuons d'apprendre à l'école ou à l'université, que ce racinement-là conduit à d'immenses catastrophes et à d'incommensurables charniers. Rien de plus mortifère que cette quête de « mêmeté », selon le néologisme forgé par l'historien Marcel Detienne qui y revient dans un essai[1] mordant dont la confrérie historienne ne sort pas indemne.

1. *L'Identité nationale, une énigme*, Folio Histoire, 2010.

D'où l'enjeu de l'histoire, d'où l'histoire comme enjeu, d'où cette bataille incessante menée par ce pouvoir, depuis 2007, sur le terrain de l'histoire, de sa mise en scène, de son récit édifiant, de ses cimetières et de ses héros, de son contrôle idéologique, de ses musées nationaux à venir, de ses représentations cinématographiques à défendre, etc. Après tout, Patrick Buisson, le premier idéologue du sarkozysme (avant même Henri Guaino), venu de l'extrême droite où il fit ses classes intellectuelles, n'est-il pas directeur général de la chaîne Histoire, canal télévisé vendu par la puissance publique à TF1 et dont la programmation offre une lecture historique clairement droitière, dans ses priorités éditoriales comme par le choix de ses invités ?

Reste ce slogan « Bouchareb, hors de France ! » dont tous ceux qui veulent croire que le pire n'est jamais certain se diront, pour se rassurer, qu'il émaillait un défilé bon enfant d'un petit millier de personnes pas vraiment représentatives des générations futures. Or c'est bien, tout au contraire, cette indifférence ou cette relativisation qui nous alarme. Comment est-il possible, pensable, acceptable que ces mots de haine aient été lancés dans une manifestation organisée par le parti présidentiel sans qu'ils aient suscité de commentaires indignés ou de réactions outragées ? Depuis qu'existe le Festival de Cannes, imaginé sur une idée du ministre du Front populaire Jean Zay et institué après la Libération, depuis que se tient chaque année cet événement où la France est supposée accueillir le monde tout entier, recevoir sa diversité et sa pluralité, honorer ses imaginaires et ses mémoires, a-t-on souvenir d'une manifestation semblable, organisée par le parti au pouvoir pour inviter à l'exclusion ?

Quelle est donc cette défaite qui s'installe, celle-là même qui accompagne le peu d'émoi médiatique autour des profanations de symboles de l'islam de France (rien qu'en 2010, déjà : mosquée à Crépy-en-Valois, cimetières musulmans à Vienne et à Tarascon) ? D'où vient ce profond renoncement qui va de pair avec notre silence insensible face à ce que ressentent toutes celles et tous ceux qui, comme nous, vivent, travaillent et étudient en France, mais qui, désormais, s'y sentent mal, de plus en plus mal, mal reçus, mal accueillis, malmenés, maltraités, parce que leur histoire familiale prend source au Maghreb, parce qu'ils sont de culture musulmane, parce qu'ils pratiquent leur foi en l'islam, parce qu'ils vont à la mosquée ou font leurs prières, parce qu'elles portent un foulard ou un voile ?

Et qu'avons-nous dès lors à dire à tous ces jeunes Français musulmans qui assument et vivent leur foi dans la République et qui se sentent et se vivent de plus en plus stigmatisés, humiliés, discriminés ? Oui, comment nous faire entendre d'eux si nous ne disons rien, si nous ne crions pas, si nous ne nous sentons pas concernés, visés, touchés quand ne serait-ce qu'un seul d'entre eux s'entend dire : « Hors de France ! »

Un cri qui, pourtant, est une injure à la France. Il y a quelques semaines, lors d'une rencontre, non loin de Cannes, autour de Mediapart et de notre livre[1] à la FNAC de Nice, dont l'affluence était en elle-même un signe d'espoir, un employé de l'établissement est venu me saluer. Il n'était plus tout jeune, travaillait à la FNAC depuis pas mal de temps déjà et, surtout, venait du Maroc. Voici ce qu'il m'a dit et qui, je l'avoue, m'a laissé sans voix, les larmes aux yeux : « Ils nous disent : "La France, tu l'aimes ou tu la quittes". Mais, nous, la France, on l'aime. Et c'est elle qui nous quitte… »

23 mai 2010

1. *N'oubliez pas ! Faits et gestes de la présidence Sarkozy*, Mediapart, Don Quichotte éditions, 2010.

13. La course à l'abîme d'Israël

Une flottille désarmée de militants pacifiques a été attaquée, dans les eaux internationales, au petit matin du lundi 31 mai 2010, par des unités de l'armée israélienne. À l'heure où sont écrites ces lignes on ne connaît pas, pour cause de censure militaire israélienne, le décompte exact des victimes (entre une dizaine et une vingtaine de tués selon des médias arabes et israéliens), ni leurs qualités précises (cette équipée rassemblait des militants et des personnalités de plusieurs nationalités).

C'était le neuvième voyage organisé depuis 2008 par Free Gaza, une organisation internationale de solidarité avec la population de la bande de Gaza dont la charte fondatrice affirme qu'elle adhère « aux principes de la non-violence et de la résistance non-violente en mots et en actes, quelles que soient les circonstances ». Son objectif est d'aider moralement et matériellement les Palestiniens de ce minuscule territoire surpeuplé (1,5 million d'habitants sur 360 km^2), victimes du blocus imposé par l'État d'Israël après l'avoir été, fin 2008 et début 2009, d'une guerre excessivement meurtrière (plus de mille trois cents morts dont la moitié de civils).

Illustration d'un terrorisme d'État, qui ne s'embarrasse d'aucun principe de droit ou d'humanité, cet acte de piraterie commis par l'armée israélienne amplifie brutalement le déséquilibre d'un monde ô combien instable. D'Orient en Occident, il nous entraîne soudain au bord du gouffre, vers un abîme aux conséquences imprévisibles. Alliance impensable, réunissant aussi bien le Parti travailliste, membre de l'Internationale socialiste, qu'une extrême droite raciste et fascisante, l'actuel gouvernement de Benjamin Netanyahu est l'inconscience et l'aveuglement incarnés. N'ayant cessé d'en remontrer à l'administration américaine, il embarque de force les alliés historiques de l'État d'Israël dans une surenchère catastrophique, fuite en arrière plutôt qu'en avant. Loin de défendre la sécurité des Israéliens, il ne cesse de la mettre en péril : sourde au monde, cette politique-là est la meilleure alliée de ses pires ennemis, revitalisant l'antisémitisme sous prétexte d'antisionisme.

Il faut dire les choses telles qu'elles sont, sauf à devenir complices du pire : depuis l'échec des accords d'Oslo de 1993, c'est la politique des gouvernants israéliens qui non seulement menace la déjà imparfaite paix du monde mais, de plus, met en péril la sécurité même d'Israël. « La paix du monde se joue en Palestine », avions-nous écrit en janvier 2009, le jour de l'intronisation du président américain Barack Obama, à contre-courant de l'atmosphère optimiste d'un événement américain contemporain de l'agression israélienne contre Gaza. Suscitée par l'apparente indifférence du président élu au drame palestinien, la mise en garde avait pu alors paraître injuste, inconsidérément sévère.

De fait, Barack Obama manifesta par un premier appel au chef de l'Autorité palestinienne, puis par la nomination d'un émissaire pour le Proche-Orient, qu'il n'entendait pas rester inerte. Mais, depuis, la crise économique aidant, avec ses autres priorités, le dossier israélo-palestinien n'a cessé de piétiner, confirmant notre inquiétude première. Comme si le temps était encore un allié, alors qu'il est déjà bien trop tard. Comme s'il n'y avait pas urgence. L'agression meurtrière contre Free Gaza intervient alors même que le président américain, lassé des rebuffades israéliennes, entendait s'impliquer, convoquant à Washington le Premier ministre israélien et le président de l'Autorité palestinienne, Mahmoud Abbas. Et alors que, dans les communautés juives américaines et européennes, avec les appels J Street et J Call, on prend de plus en plus conscience des dangers de l'actuelle politique israélienne.

Plus que jamais donc, la paix du monde se joue au Proche-Orient. Et peut-être se joue-t-elle sans retour selon la façon dont seront gérées les suites de l'événement de la nuit dernière. Si la communauté internationale en général et les États-Unis en particulier ne se saisissent pas de ce drame pour imposer aux dirigeants israéliens ce qu'ils n'ont cessé de refuser, de retarder ou de saboter – soit une paix véritable, durable et profonde, dans la reconnaissance entière des droits du peuple palestinien –, alors nous assisterons impuissants à l'irréparable, dans l'engrenage d'une guerre sans fin qui légitimera les extrémismes et les fondamentalismes de tous bords.

Par son refus de la complexité et de la fragilité du monde, qu'il envisage sous le seul angle des rapports de forces et de domination, l'actuel pouvoir israélien tient aujourd'hui l'allumette qui peut embraser la poudrière internationale. La Turquie d'où est partie la flottille, l'Algérie dont des citoyens auraient été tués, l'Iran qui profite de chacune des provocations israéliennes pour s'imposer en puissance régionale, etc. : au-delà de la réprobation des peuples, l'ébranlement géopolitique est potentiellement explosif.

Sans parler même des principes, du droit, de la justice ou de la morale, c'est l'intérêt pragmatique des Européens comme des Américains, de leur sécurité nationale et de leurs relations internationales, de forcer la main d'Israël, puisqu'il n'est d'autre blocage véritable sur le chemin de la paix que l'entêtement de ses dirigeants. Sinon l'irrationalité guerrière et identitaire l'emportera, revanche de ces tenants d'une guerre des civilisations dont l'élection d'Obama avait signifié le provisoire recul.

Que fait la communauté internationale, sous l'égide de l'ONU, quand l'un de ses États viole inconsidérément et constamment ses règles ? Elle envisage, élabore et décide des sanctions, aussi bien économiques que diplomatiques. Pourquoi, dès lors, y aurait-il une exception, une seule exception ? Ou, plutôt, comment justifier que l'exception israélienne au regard du droit international se poursuive impunément ? Comment éviter un régime de sanctions face à un État qui ne cesse d'être hors du droit international, de violer avec constance les résolutions de l'ONU depuis 1967, de refuser de se plier aux accords de dénucléarisation, de vouloir entraîner ses alliés dans une guerre avec toute la région du monde qui l'entoure, ses États voisins et ses peuples cousins ? Comment ne pas profiter du drame actuel pour lui imposer une conférence internationale qui exige, sous le contrôle des Nations unies, la nécessaire paix israélo-palestinienne, seule garante d'une stabilité plus large du Proche et du Moyen-Orient ?

Plus que jamais, il nous faut espérer que, de la conscience de l'irréparable, puisse aussi naître l'improbable : ce sursaut que l'on n'espérait plus. Il suppose une lucidité courageuse capable d'affronter sans crainte les aveuglements qui, trop longtemps, ont rendu nos partis, nos gouvernements, nos États, l'Europe et les États-Unis, inconscients de l'urgence, indifférents à la cause palestinienne et insoucieux du nœud gordien qu'il faut aujourd'hui trancher. Car l'agression meurtrière contre Free Gaza n'est pas une bavure, l'acte isolé d'unités militaires auxquelles on aurait lâché la bride – et, de fait, le ministre de la Défense israélien, Ehud Barak, l'a totalement assumée et revendiquée. Elle n'est que le énième épisode de ce glissement fatal vers la négation de l'Autre, de ses droits naturels comme de sa commune humanité, qui est au ressort du rapport colonial. Dans cette relation pathogène, où celui qui domine se pense supérieur à celui qu'il a dépossédé, le dominant finit toujours par être aveuglé par son mépris, par devenir prisonnier de sa propre domination. La relation coloniale est un poison infernal, un piège délétère et mortifère qui finit par ravager de l'intérieur ceux qui l'ont mis en mouvement.

Ayant pour légitimité historique lors de sa création l'incommensurable et imprescriptible crime de génocide commis par l'Europe contre les Juifs, l'État d'Israël ne s'en est pas moins construit sur le rejet du peuple palestinien, dont la terre a été conquise et dont la population a été en majorité chassée. Or, loin de se dénouer, cette contradiction n'a cessé de s'aggraver dans un engrenage fatal dont les États arabes alentour ne sont pas les seuls responsables : ce fut d'abord le refus d'un État pluraliste par la formalisation d'un « État juif » alors qu'un cinquième de ses citoyens sont palestiniens, arabes israéliens en somme ; ce fut ensuite la folle aventure de 1967 avec l'occupation des territoires palestiniens de Cisjordanie et Gaza, prélude à l'utopie guerrière d'un « Grand Israël » ; ce fut enfin la poursuite des colonisations, le mitage du territoire palestinien, son enfermement derrière un mur, bref toutes ces initiatives d'un État fort, militairement le plus puissant de la région, et qui, en même temps, ne cessait de démontrer ainsi sa faiblesse, la peur qui l'habitait.

Il suffit de relire les propos de Ehud Barak recueillis en 2008 par Claude Lanzmann, publiés dans *Les Temps Modernes*, que nous citions dans notre adresse à Barack Obama[1], pour constater les ravages profondément barbares de cette mentalité coloniale au cœur d'une conscience apparemment civilisée et cultivée : envisageant un Israël en guerre perpétuelle avec la région qui l'entoure, ce discours faisait de la violence le principe intangible des relations entre Israéliens et Arabes, les premiers incarnant la civilisation face à la jungle qui serait l'ordinaire des seconds. Qualifiant Israël d'« avant-poste du monde libre » face à « un triangle de périls » dont les défis s'étendent « à tout le globe », le travailliste Barak, faisant penser aux socialistes de la SFIO égarés dans l'impasse de l'Algérie française, y déclarait « vivre dans la jungle », dans « un voisinage où il n'y a pas de pitié pour les faibles » et « où les gens autour de nous ne nous aiment pas ».

Terrible aveu d'échec, puisque le lieu où, dans l'utopie sioniste, les Juifs du monde entier devaient se sentir enfin en sécurité, y est défini comme l'environnement le plus hostile et le plus menaçant, cette confession du symbole même de la puissance militaire israélienne n'envisage donc d'autre futur pour Israël que la guerre perpétuelle. Et

1. Voir supra, p. 280 et suiv.

d'autre stratégie présente que d'entraîner tout le monde occidental dans cette folie guerrière, meurtrière et dévastatrice. Tant que les gouvernants israéliens n'affronteront pas de face l'injustice originelle commise envers les Palestiniens, tant qu'ils s'entêteront à la prolonger et à l'accroître, l'histoire piétinera et régressera. S'il ne fait pas cet effort de remise en cause et d'auto-examen, Israël, colonisation sans puissance coloniale, est condamné à se barricader derrière les murs illusoires d'un apartheid qui, par la séparation et l'expulsion, efface non seulement la présence de l'Autre, mais surtout éloigne la peur que nourrit l'inévitable culpabilité à l'égard de ce dernier.

La paix entre ennemis suppose de s'être réciproquement remis en cause. De s'être fait violence en somme. Ce que, sous la direction de Yasser Arafat, le mouvement national palestinien a su faire, en reconnaissant l'État d'Israël et son droit à l'existence, dans des frontières sûres et reconnues. Et ce que, hélas, les dirigeants israéliens se refusent à faire vraiment, laissant leur politique intérieure et leur diplomatie étrangère devenir l'otage des plus extrémistes, ceux-là mêmes qui, idéologiquement, ont armé la main du meurtrier d'Yitzhak Rabin, le Premier ministre, l'ancien général, assassiné par un terroriste juif lors d'un rassemblement pour la paix, à Tel-Aviv, le 4 novembre 1995, un an après le prix Nobel de la paix partagé avec Yasser Arafat.

Dans son éblouissant *Dictionnaire amoureux de la Palestine*[1], l'écrivain Elias Sanbar, ambassadeur palestinien à l'Unesco et traducteur en français du poète Mahmoud Darwich, écrit, à l'entrée « Paix et réconciliation » : « Faire la paix signifie avant tout se faire violence, se vaincre soi-même pour supporter de se retrouver parlant à celui que l'on considère comme l'artisan de son malheur, la source de ses peines. » Rappelant avec franchise l'effort qu'il lui fallut faire lui-même lors des négociations auxquelles il participa, Elias Sanbar ajoute : « Une paix qui ne serait que la fin de la belligérance n'est pas la paix. Incontesta-

1. Plon, 2010.

blement utile pour calmer les belligérants, elle instaurerait un état de choses, une atmosphère propice, parfois indispensable, pour aller plus avant, plus loin. [...] La paix véritable, celle qu'il faut souhaiter, à l'avènement de laquelle il faut travailler, [est] celle de la vraie reconnaissance, celle qui n'aura plus besoin de garanties internationales, ni de suivi, ni de traités de défense commune, celle qui tiendra par la seule adhésion de ses tenants, et qui portera alors le nom de réconciliation. »

Nous en sommes bien loin, et plus près de l'abîme. Mais, contre toute évidence, résignation au pire ou fatalité devant l'adversité, c'est à cette « réconciliation » qu'il faut œuvrer, à ce « stade supérieur de la paix, celui où elle se mue en valeur de civilisation, quand elle ajoute au choix de la raison celui des cœurs ». Et, pour ce faire, aujourd'hui, il n'est d'autre voie que de forcer la main de l'État d'Israël.

31 mai 2010

14. L'Europe égarée

« L'Europe est essentielle à notre avenir, à notre identité et à nos valeurs », déclarait Nicolas Sarkozy, le 31 décembre 2010, lors de ses vœux présidentiels. Or le lendemain, 1er janvier 2011, la Hongrie prenait pour six mois la présidence tournante de l'Union européenne en même temps qu'entrait en vigueur, dans ce pays devenu membre de l'UE en 2004, une loi contre la liberté de l'information digne d'un régime autoritaire.

Depuis mai 2010, une droite extrêmement réactionnaire est au pouvoir à Budapest, avec la Fidesz (Union civique hongroise) dont le leader, Viktor Orban, est redevenu Premier ministre après l'avoir déjà été de 1998 à 2002. Elle n'est pas seulement nationaliste, elle est rétive à la démocratie, et l'assume. Tout en se préparant à succéder à la Belgique à la présidence tournante de l'UE, aux côtés du président du Conseil européen institué par le Traité de Lisbonne, le nouveau gouvernement hongrois vient en effet de faire adopter par le Parlement une loi liberticide qui s'attaque frontalement à la première condition d'une vie démocratique, la liberté de l'information. Consacré à l'actualité hongroise en français, le site hu-lala.org permet de suivre au plus près ce feuilleton.

Votée le 21 décembre 2010, par 256 voix contre 87, cette loi est entrée en application le 1er janvier 2011. Elle place les médias sous le contrôle d'un « Conseil national des médias » dont les cinq membres, y compris la présidente nommée pour neuf ans, appartiennent au parti au pouvoir. Cette autorité pourra, de façon discrétionnaire, exiger des médias qu'ils corrigent des informations qu'elle estimerait ne pas être « équilibrées politiquement » ou « entravant la dignité humaine » – notions dont le contenu n'est pas précisé.

Elle pourra, de plus, leur infliger de lourdes amendes, pouvant aller jusqu'à 200 millions de forints (720 000 euros) pour les télévisions et 25 millions (90 000 euros) pour les journaux ou les sites internet. Certes, les médias visés pourront se pourvoir en justice, mais ils devront au préalable avoir publié les rectifications et acquitté les amendes exigées. Enfin, cette autorité se voit accorder un droit d'intrusion sur la vie interne des rédactions, pouvant exiger qu'on lui soumette articles ou émissions avant leur diffusion et ordonner aux journalistes qu'ils lui dévoilent leurs sources quand leurs informations engagent la sécurité nationale.

Autant dire qu'au moins sur le papier il n'y a plus de liberté de l'information en Hongrie. Certes cette loi n'a pas encore été concrètement appliquée contre un média, mais deux journalistes de la radio publique ont d'ores et déjà été suspendus pour avoir observé une minute de silence à l'antenne en signe de protestation. Désormais, le parti de Viktor Orban contrôle de fait la grande majorité des médias, ayant ajouté avec son retour au pouvoir l'audiovisuel public au petit empire médiatique privé qu'il a construit dans l'opposition, selon des méthodes berlusconiennes. En légalisant, avec cette loi liberticide, un régime de censure digne de la période communiste, il impose d'ores et déjà un climat général d'autocensure, faisant en sorte que les informations dérangeantes et les opinions dissidentes se raréfient ou disparaissent.

Tel est donc le type de gouvernement qui va symboliquement assumer la présidence de l'Union européenne pendant les six mois prochains. L'Europe comme entité politique, « son avenir, son identité et ses valeurs », pour reprendre la formule employée par Nicolas Sarkozy, sera donc incarnée par un courant politique qui y contrevient explicitement. Car le vote hongrois renie les traités européens signés par la Hongrie.

Quels qu'en soient les (grands) défauts et les (graves) insuffisances, la construction européenne s'était imposée à l'origine comme une obligation politique dont l'enjeu, né des leçons de la catastrophe totalitaire, était la démocratie, son approfondissement sur le continent, sa défense et sa promotion. Rupture sans précédent, l'avènement de cette présidence hongroise marque la fin de cette ambition, certes éclipsée depuis longtemps par l'Europe du marché, monétaire et commerciale, mais dont l'égarement durable serait ainsi officialisé, si du moins la Hongrie n'est pas rapidement condamnée et sanctionnée.

Le préambule du Traité sur l'Union européenne, en vigueur depuis le 1er décembre 2009, stipule l'attachement des contractants « aux principes de la liberté, de la démocratie et du respect des droits de l'homme et des libertés fondamentales et de l'État de droit ». Son article 2 répète que l'Union est fondée « sur les valeurs de respect de la dignité humaine, de liberté, de démocratie, d'égalité, de l'État de droit » et ajoute notamment que « ces valeurs sont communes aux États membres dans une société caractérisée par le pluralisme ». Et l'article 11 de la Charte des droits fondamentaux de l'UE énonce que « toute personne a droit à la liberté d'expression. Ce droit comprend la liberté d'opinion et la liberté de recevoir ou de communiquer des informations ou des idées sans qu'il puisse y avoir ingérence d'autorités publiques et sans considération de frontières ». « La liberté des médias et leur pluralisme sont respectés », conclut-il.

Si ces mots ont encore un sens, la Hongrie devrait être sanctionnée, comme le prévoit, selon une procédure hélas fort lourde et bien complexe, l'article 7 du Traité sur l'Union européenne qui recommande la suppression de certains droits, y compris des droits de vote, pour un État membre dont la politique manifesterait « un risque clair de violation grave des valeurs visées à l'article 2 », en l'occurrence celles qui concernent l'État de droit. Si, à l'inverse, rien ne bouge, il faudra alors se résoudre à constater la fin de l'Europe politique puisqu'elle ne s'avérerait même plus capable de défendre ce qui la justifie et la légitime[1]. Le mythe aura vécu : derrière ces apparences que sont les traités, les discours et les proclamations, il n'y aurait donc que la réalité crue des intérêts nationaux et des marchés financiers, l'idéal démocratique n'étant plus dès lors qu'une formule creuse.

Ce sombre scénario n'est pas exclu, à voir le peu de réactions officielles en Europe, à la notable exception de la représentante de l'OSCE (Organisation pour la sécurité et la coopération en Europe) pour la liberté de la presse, Dunja Mijatovic. Tout simplement parce que l'actuel pouvoir hongrois n'est pas dissociable des majorités conservatrices aujourd'hui dominantes en Europe. Fidesz, le parti de Viktor Orban, est membre du Parti populaire européen (PPE), au même titre que l'UMP française. Président en exercice du PPE, l'ex-Premier ministre belge Wilfried Martens vient de « chaudement » féliciter le Premier ministre hongrois pour son accession à la présidence de l'UE, sans un seul mot, sans une seule réserve, fût-elle minime et diplomatique, face à la fuite en avant autoritaire du régime hongrois.

Il n'est pas le seul : à ce jour, lundi 3 janvier, la France officielle n'a émis aucune critique contre la Hongrie[2]. Tout au contraire, la diplomatie du gouvernement Fillon et de la présidence Sarkozy s'est contentée d'un message de compliments, le 31 décembre 2010. « Nous souhaitons à nos partenaires hongrois un plein succès pour leur première présidence du Conseil de l'UE, y lit-on. Nous leur

1. Mi-février 2011, le gouvernement hongrois faisait savoir qu'il allait amender la loi adoptée, afin de se conformer au droit européen. Affaire à suivre donc, tant que ces amendements n'auront pas été adoptés.

2. Le 4 janvier 2011, soit le lendemain de la mise en ligne de cet article, le porte-parole du gouvernement français, François Baroin, condamnait finalement la loi hongroise : « Le dispositif mis en place en Hongrie est très spectaculaire (...), c'est une altération profonde de la liberté de la presse et il est évidemment incontestable que la France, à l'instar des autres pays de l'Union, souhaite une modification de ce texte ». Mais, prononcée au détour d'une interview radiophonique, cette condamnation ni alors ni depuis n'a pris aucune solennité.

renouvelons notre entière confiance dans la volonté et la capacité de la Hongrie à mener à bien cette présidence soigneusement préparée, et à porter, au nom de l'Union, les valeurs qui nous sont communes. Nous sommes persuadés que la Hongrie saura mettre pleinement en œuvre les opportunités du Traité de Lisbonne, en étroite collaboration avec les autres institutions de l'UE concernées, en vue de rendre son action plus efficace et plus visible sur la scène internationale. » Le Parlement hongrois venant de trahir lesdites valeurs et ledit Traité, il faut donc admettre que nous vivons bien dans une époque orwellienne où les mots disent le contraire de ce qu'ils affirment.

Les eurosceptiques diront sans doute que nous découvrons la lune, tandis que les europhiles jugeront peut-être que nous faisons trop de cas d'un petit pays de 10 millions d'habitants, toujours pas converti à l'euro. Aux uns et aux autres nous objecterons que ce désastre hongrois, selon la formule du quotidien berlinois *Die Tageszeitung* (qui y consacre toute sa Une en déclinant dans toutes les langues de l'Union cette phrase : « La liberté de la presse en Hongrie touche à sa fin »), est un double événement : il sanctionne l'épuisement de la dynamique politique de la construction européenne ; il exprime la régression démocratique à l'œuvre sur le continent avec des régimes qui parient sur la peur.

Vingt ans après la chute du mur et de l'URSS (1989-1991), les principes de liberté et de droit brandis face aux pays du socialisme réel sont remisés au magasin des accessoires par ceux-là mêmes qui s'en sont servis et en ont bénéficié. D'argument contre l'adversaire d'hier, la démocratie devient aujourd'hui un encombrement pour des pouvoirs oligarchiques qui entendent consolider définitivement une domination sans partage ni contestation. L'autoritarisme sécuritaire est leur refrain, associé à la dénonciation des désordres médiatiques.

Ils jouent des inquiétudes populaires, de ces peurs – économiques, sociales, culturelles, identitaires, etc. – qui travaillent les peuples européens dans cette époque d'incertitude, de crise durable et de déséquilibre mondial.

Comme ce fut le cas dans les vœux de Nicolas Sarkozy, la notion de protection est leur maître-mot, accompagnée de la désignation des dangers qui la menacent (l'immigré, l'étranger, l'ailleurs, le lointain...). Et le sinistre tour de passe-passe que promeuvent ces nouveaux partis conservateurs, aujourd'hui politiquement dominants en Europe, c'est d'échanger des protections contre les libertés. Ayez peur, et nous nous occupons du reste ! Abandonnez vos droits, et laissez-nous faire !

Politiquement, l'idée européenne est née de la douloureuse conscience du terrible piège que cache cet échange inégal. L'Europe de la première moitié du XXe siècle, celle des libertés assassinées, des guerres monstrueuses et des massacres mondiaux, n'était-elle pas tombée dans cet enfer, avec des peuples – italien et allemand – acceptant la fin des libertés en échange d'une illusoire protection dont le crime et la catastrophe étaient l'ultime vérité ? Si la conscience européenne s'est éveillée, c'était avec cette certitude que seule l'extension, l'approfondissement des libertés pouvait préserver les peuples européens d'une répétition de ces tragédies. Or c'est cette leçon qui, aujourd'hui, s'éloigne sous les coups de boutoir de politiques nationales, qu'il s'agisse de la France en août 2010 avec sa politique de discrimination contre les Roms ou de la Hongrie maintenant avec sa loi contre la liberté de la presse, ce droit fondamental des citoyens à une information indépendante et pluraliste.

De savoir que l'histoire n'est jamais une répétition ne devrait en rien nous rassurer. Cette lucidité devrait au contraire nous inciter à mieux discerner les périls nouveaux, leurs nouveaux atours et leurs nouvelles illusions. Ce n'est pas l'extrême droite qui, aujourd'hui, menace nos libertés, mais une droite extrémisée, reprenant à son compte les thématiques xénophobes et autoritaires, creusant le même sillon de brutalité et d'hystérie politique. De la Hongrie d'Orban à la France de Sarkozy en passant par l'Italie de Berlusconi, chaque pays décline cette évolution avec ses rythmes et ses nuances propres. Et le PPE, qui salue sans réserve l'avènement de la présidence hongroise et que ne choquent pas les alliances de certains de ses membres avec l'extrême droite, est le visage européen de ce basculement.

« Là où croît le péril, croît aussi ce qui sauve », aime à dire l'un de nos sages, Edgar Morin, citant le poète Hölderlin. En 1987, trois ans avant le grand basculement dans le monde unipolaire de l'après-guerre froide, Morin publiait *Penser l'Europe*[1] qui se terminait par un plaidoyer pour la vitalité démocratique, seule garantie d'une politique partagée, discutée et contrôlée. La démocratie, expliquait-il, « ne possède en elle nulle vérité transcendante à son exercice ; sa vérité fondamentale est de ne pas avoir de vérité afin de permettre aux diverses vérités de s'exprimer, se confronter, s'affronter en se respectant, c'est-à-dire en respectant la règle démocratique ». Et Edgar Morin d'ajouter : « La clef de l'idée démocratique est dans sa règle. La règle du jeu démocratique permet à la diversité sociale, culturelle, politique d'être productive à travers ses conflits. C'est ce qui permet aux conflits d'être éventuellement créateurs. »

C'est cette règle démocratique que la Hongrie vient de piétiner, par un crime parlementaire contre la liberté de la presse. Et c'est cette règle que l'Union européenne trahira si elle ne sanctionne pas la politique liberticide de Viktor Orban. « La vie démocratique de l'Europe attend son second souffle. Nous ne sommes pas à l'ère des achèvements, mais à celle des commencements démocratiques », concluait Edgar Morin, prophétique. Nous voici donc à ce rendez-vous qui se joue aussi ici même, en France, en 2011 comme en 2012. Car après tout, s'il faut sauver l'Europe contre elle-même, ses démons et ses dérives, c'est aussi notre affaire, celle du peuple français.

3 janvier 2011

1. Edgar Morin, *Penser l'Europe*, Gallimard, coll. « Au vif du sujet », 1987.

15. Le siècle de Glissant

Édouard Glissant s'en est allé, à Paris, au petit matin du jeudi 3 février 2011, à l'âge de quatre-vingt-deux ans. Né le 21 septembre 1928, à la Martinique, cet immense poète laisse une œuvre incomparable, dont la poétique fut résolument une politique. Porté par les aspirations de la décolonisation, dont il fut un militant actif, il imagina des émancipations véritables qui ne répéteraient pas les anciennes dominations. Hommage au récitant du Tout-Monde et chantre de la Relation qui fut un compagnon de cœur.

« An neg sé en siéc. » Autrement dit, du créole au français : un nègre, c'est un siècle. Placé par Édouard Glissant en exergue de son *Discours antillais* (1981), ce proverbe martiniquais dit l'infinie longue durée charriée par la grande humanité issue du chaudron caraïbe, ce laboratoire de la créolisation du monde. Juste au-dessus, il avait posé une autre citation, attribuée à Charles de Gaulle, à l'occasion d'un voyage en Martinique : « Entre l'Europe et l'Amérique, je ne vois que des poussières. » On imagine les yeux rieurs du poète devant cette trouvaille, ce rapprochement aussi ironique qu'implacable. Les puissants ne sont forts qu'en apparence, tant ils sont faibles parce qu'aveugles : ils n'imaginent pas ces fragilités devenues des forces, ces îles s'imaginant en univers, ces poussières réinventant l'entièreté du monde.

C'est pourtant bien là, dans cette courbe d'archipels où s'inaugura la projection exploratrice et dominatrice de notre Occident européen autour de la Terre, qu'ont été tracées les voies d'une renaissance libératrice, délivrée des pensées de système qui forgent les oppressions et des systèmes de pensée qui fabriquent les soumissions. Oui, là, entre esclavage et marronnage, souffrance et résistance, violence de la traite et invention de la liberté. De ces échappées belles et prometteuses, Édouard Glissant fut le guide inlassable, avec l'acuité du visionnaire et la générosité du conteur.

Son siècle a commencé quand nos empires s'effondraient, au mitan du XXe. Né le 21 septembre 1928 à Bezaudin, dans la commune de Sainte-Marie, en Martinique, sur le flanc volcanique de la Montagne Pelée en son versant océanique, Édouard Glissant est jeune étudiant dans le Paris de l'après-guerre quand il publie ses premiers écrits, œuvres d'emblée matures dont *Les Indes* (1956), ce chant devenu classique, et *La Lézarde* (1958), ce roman de l'émancipation salué par le prix Renaudot. Les avaient précédés ou accompagnés, au début des années 1950, *Un champ d'îles* (1952), *La Terre inquiète* (1954), *Soleil de la conscience* (1956) : toutes les intuitions primordiales sont déjà présentes dans les premiers coups d'éclat de ce poète d'une vingtaine d'années.

« Je devine peut-être qu'il n'y aura plus de culture sans toutes les cultures, plus de civilisation qui puisse être métropole des autres, plus de poète pour ignorer le mouvement de l'Histoire », écrit-il dans *Soleil de la conscience*, premier de ses essais où s'invente un style, qu'il affectionnera sur la fin, en écho et résonance de son œuvre proprement poétique et romanesque. Venu de la Martinique et vivant à Paris, il se dit alors « engagé à une solution française » qu'il résume d'une formule où s'affirme d'emblée son refus entêté des identités closes, fermées aux autres et aveugles aux imprévus, refusant les rencontres improbables et n'acceptant que des itinéraires balisés : savoir cultiver, dit-il, « le regard du fils et la vision de l'Étranger ».

Être à la fois dedans et dehors. Ici et ailleurs. Ici en étant ailleurs. Ailleurs en étant d'ici. Posé sur la frontière et, résolument, passeur de frontières. Telles furent, dès le départ, l'originalité et la puissance de la vision glissantienne. Sa séduction et sa force, sa force de séduction.

Loin de s'achever avec sa mort, le siècle de Glissant ne fait donc que commencer. Car cette ancienne prescience du poète, cette intuition visionnaire du jeune Glissant est l'imaginaire même que réclame notre monde globalisé si, du moins, nous voulons lui éviter la catastrophe annoncée des fuites en avant identitaires, prévaricatrices et guerrières, destructrices de l'homme et de la nature. À la menace d'un monde uniforme, dominé par la marchandise et possédé par la puissance, Glissant opposait son Tout-Monde où les humanités sont multiples, où la diversité est le premier bien commun, où le sentiment de fragilité est la première lucidité et le principe d'incertitude la précieuse boussole.

« L'île suppose d'autres îles », affirmait-il dans *L'Intention poétique* (1969). Démontant avec patience les fantasmes d'identités à racine unique, mortifères et épuisées, qui traversent sous toutes latitudes nos temps de transition, il délivrait le seul message qui puisse efficacement les combattre. Non pas le refus de l'identité, ni des nations, ni des pays, ni même des frontières, mais l'affirmation de cette évidence que nos identités sont toutes de relation. Tissées d'autres apports, nourries de divers mondes, nées d'imprévisibles rencontres. La diversité est notre similitude et l'ailleurs notre richesse. Notre humanité est d'abord une pluralité : nous sommes faits par le monde que nous faisons et que nous frayons, modelés par les lointains qui nous portent et qui nous croisent.

C'est pourquoi Glissant préférait évoquer des humanités au pluriel plutôt qu'une humanité unique, dont le singulier risque toujours de glisser vers l'univoque, la norme dominatrice et la règle uniforme. De la même façon, il revendiquait le mot de créolisation plutôt que celui de métissage, le second concept pouvant offrir le piège d'une identité nouvelle qui ne serait qu'addition de deux autres, alors que le premier suggère un croisement de rencontres et d'échanges auquel non seulement personne n'échappe mais dont tout un chacun est fabriqué.

Inlassablement, de tome en tome, son œuvre des dernières années n'a cessé de proposer cet horizon d'espoir à nos consciences inquiètes. *Poétique de la Relation* (1990, troisième volume de sa Poétique), *Traité du Tout-Monde* (1997, qui prolongeait *Tout-monde*, 1993), *Une nouvelle région du monde* (2006, début d'une *Esthétique* inachevée), *Philosophie de la Relation* (2009, sous-titré *Poésie en étendue*) sont, parmi d'autres, les jalons de cette déclinaison d'une pensée et d'un imaginaire où pourrait se ressourcer un humanisme de fraternité et de solidarité. Exemple, au hasard de son *Traité du Tout-Monde* : « La pensée de l'Un, qui a tant magnifié, a tant dénaturé aussi. Comment consentir à cette pensée, qui transfigure, sans offusquer par là ni détourner le Divers ? Car c'est la diversité qui nous protège et, s'il se trouve, nous perpétue. »

Dans cette insistance, Glissant ne faisait que conjuguer de nouveau ses lucidités précoces, preuve s'il en était besoin qu'elles ne furent jamais prétextes commodes au repli, dans une tour d'ivoire littéraire le mettant à l'abri des urgences du présent. « La politique était le nouveau domaine de la dignité », écrit-il au contraire dans *La Lézarde* à propos de son héros Mathieu – prénom qu'il donnera à son dernier fils. Totalement engagé dans le moment décolonisateur des années 1950, il avait anticipé son approfondissement et son dépassement, à rebours de cette répétition des anciennes dominations que furent des indépendances confisquées, dénis de démocratie et exacerbations des identités.

Signataire en 1960 du Manifeste des 121 pour le droit à l'insoumission face à la guerre d'Algérie, Édouard Glissant est alors l'un des fondateurs du Front antillo-guyanais pour l'autonomie qui sera interdit par le pouvoir gaulliste le 20 juillet 1961. Quand il intervient au congrès parisien qui, en avril, précède cette dissolution, c'est pour imaginer des petits pays dont la liberté témoignerait « pour le contact des cultures dans un monde conquis aux cultures complexes ». Jamais reniés, ses engagements d'alors portent la promesse inaccomplie des indépendances, celle qu'aujourd'hui font renaître les manifestants de Tunis ou du Caire en quête d'une nouvelle libération, démocratique et sociale.

Les poètes suscitent le hasard plutôt que d'y croire. Car c'est en Tunisie, à Carthage, que s'est tenu, en 2005, le dernier grand colloque international autour de Glissant, de sa poétique de la Relation et de son rôle de « passeur de mondes », en sa présence. Et c'est aussi en Tunisie que fut enterré, il y aura bientôt cinquante ans, fin 1961, son ami Frantz Fanon qui, d'une colonie l'autre, avait épousé la cause indépendantiste algérienne. Fanon, son aîné, martiniquais lui aussi, qui, dans ces mêmes années 1950, de guerres coloniales et d'émancipations arrachées, lançait à une Europe oublieuse d'elle-même : « Il ne faut pas essayer de fixer l'homme, puisque son destin est d'être lâché. »

C'était dans *Peau noire, masques blancs* (1952), paru quatre ans avant le premier Congrès international des écrivains et artistes noirs, organisé par la revue *Présence Africaine* à la Sorbonne, en septembre 1956. Fanon et Glissant, le benjamin de l'assemblée, en furent, aux côtés notamment de Léopold Senghor et d'Aimé Césaire. Et Glissant fut aussi du second, tenu à Rome, en 1959. De ces quatre noms qui, sous diverses formes, ont tracé, de l'Afrique à l'Amérique, ce chemin des fiertés reconquises et des humanités reconnues, Édouard Glissant est celui qui fait le lien avec notre époque, ses périls et ses défis.

Pleinement témoin et acteur de cette époque-là, qui fut celle de la « négritude » chantée et revendiquée par et pour toute une humanité, il voyait déjà au-delà. Revendiquant et épousant ce moment nécessaire, il le transformait en même temps, dans une métamorphose qui en sauve l'essentiel. Confiant à Mediapart son hommage posthume à Aimé Césaire, il avait répondu par avance à ceux qui voudraient artificiellement l'opposer à l'auteur du *Cahier d'un retour au pays natal*. Sous l'hommage au grand aîné perce sa propre définition du poète, ou plutôt d'une poésie qui s'avance au risque du monde.

La négritude de Césaire écrivait-il, « est à la fois de réveil de la mémoire et d'appel prémonitoire à une renaissance, elle précède en quelque sorte la floraison des négritudes modernes de la diaspora africaine, en ce sens elle diffère de celle de Senghor qui procède d'une communauté millénaire, dont elle résume la sagesse. La poétique d'Aimé Césaire est de volcans et d'éruptions, elle est déchirée des emmêlements de la conscience, parcourue des flots déhalés de la souffrance nègre, avec parfois une surprenante tendresse d'eau de source, et des boucans de joie et de liesse. Le lecteur français lui reproche parfois un manque de mesure, alors même que c'est une poésie toute de mesure, mais cette mesure-là est la mesure d'une démesure, celle du monde. Le poète est celui qui raccorde les beautés de son héritage aux beautés de son devenir dans le monde ».

Cependant, à la différence de Césaire, Glissant, et c'est une autre de ses fortes singularités, ne s'institutionnalisa pas en politique, fût-elle martiniquaise. « L'écriture n'a pas pour objet de précipiter le politique », rappelait-il dans ses *Entretiens de Baton Rouge*[1], claire introduction à sa pensée, où il défendait « la nécessité poétique d'échapper à la reproduction simplifiée du politique ». Mais, de ce refus, naquit une invention paradoxale où la politique se veut autre et se fait autrement, trouvant son chemin par le détour d'une poésie toujours curieuse du monde et soucieuse du présent, attentive au malheur et généreuse au bonheur.

Nous reste aujourd'hui une œuvre immense dont la collation sera un long chantier, tant Édouard Glissant n'était jamais avare de sa création, ajoutant à ses propres écrits cent préfaces amicales et mille conversations passionnées. Poésie sans cesse, mais aussi sept romans depuis *La Lézarde*, deux pièces de théâtre dont l'inégalable *Monsieur Toussaint* : l'œuvre littéraire proprement dite (aux éditions Gallimard pour l'essentiel) est un archipel sans fin, où les textes se répondent et se prolongent,

1. Gallimard, 2008.

illustrant cette unité de la diversité qu'il professait. Mais jamais la construction entêtée de ce monument de littérature ne fut, chez lui, un obstacle à la disponibilité et, ce qui est encore plus rare, à l'admiration.

Seuls les poètes, aimait-il dire, n'ont pas peur d'admirer. Il l'écrit dans *La Cohée du Lamentin*[1] à propos de son ami italien Antonio Tabucchi : « Le pur besoin d'admirer n'est pas seulement une amorce mais un véritable engagement au change de soi. Le poète qui se doit à son œuvre est toujours épris de la poésie des poètes. Je change, donc j'échange. » Glissant ne se contentait pas de l'écrire : il lui est souvent arrivé de provoquer des événements où divers artistes et créateurs venaient dire leur admiration en lisant des poèmes. Sa dernière œuvre publiée de son vivant fut un hommage aux autres, une vaste anthologie de la poésie du Tout-Monde au titre bachelardien, *La Terre, le Feu, l'Eau et les Vents*[2]. Certes, on y croise surtout des poètes, sans hiérarchie de notoriété, mais aussi des improbables en tous genres, philosophes, politiques, cinéastes, peintres, romanciers...

De cette générosité exigeante, comme le sont toutes les franchises, un écrivain peut témoigner plus que d'autres, Patrick Chamoiseau avec lequel Édouard Glissant entretint une relation féconde. Sans doute ne dirons-nous jamais assez ce que nous devons, en tant que citoyens de ce pays-ci, la France, à leur association en forme d'alerte depuis 2007. De leur réquisitoire contre le ministère de l'identité nationale (*Quand les murs tombent*, 2007) à leur manifeste lors du mouvement social antillais (*Pour les produits de haute nécessité*, 2009) en passant par leur adresse à Barack Obama (*L'intraitable beauté du monde*, 2008), ils furent des premiers à s'élever en dignité face à l'abaissement national de l'actuelle présidence[3].

1. Gallimard, 2005.
2. Éditions Galaade, 2010.
3. Interpellation, adresse et manifeste : ces trois textes sont parus aux éditions Galaade.

Aucun œuvre n'est donnée, surtout quand elle innove, à rebours des certitudes établies. Aussi doit-on à la vérité de dire que celle-ci ne fut pas sans prix. Toujours au-dessus des plaintes, Édouard Glissant n'en laissait rien paraître mais nous savons combien il dut faire seul son chemin. Empêché de toute carrière dans l'enseignement public après la répression du mouvement national antillais, il créa dans les années 1960 son propre établissement privé, l'Institut martiniquais d'études (IME) où s'épanouissait une pédagogie novatrice, tandis qu'il animait une revue, Acoma, qui s'interrompit en 1973. On le retrouve, à la fin des années 1970 au *Courrier de l'Unesco* où, autre hasard bavard, il eut pour successeur le tandem égyptien qui a nom Mahmoud Hussein et que sollicitent les actuels événements du Caire.

C'était, sur le papier, l'âge de la retraite, mais, faute de sage carrière, il lui fallait encore gagner sa vie. C'est ainsi qu'il devint enseignant aux États-Unis, d'abord à l'université d'État de Louisiane, puis à l'université de la ville de New York. On doit à ces années d'enseignement américaines un *Faulkner, Mississippi*[1], superbe étude de ce frère sudiste en écriture dont il aimait citer ce drôle d'aveu : « I am a failed Poet » – un poète échoué, en somme. On leur doit aussi des recueils d'entretiens qui sont autant d'introductions lumineuses à son œuvre, dont le tout dernier *L'Imaginaire des langues*[2], dialogues avec l'universitaire canadienne et québécoise Lise Gauvin, échelonnés de 1991 à 2009.

Ce long détour américain nous l'a peut-être ravi trop tôt. Tombé malade en allant rejoindre New York, au seuil de l'été dernier, Édouard Glissant n'a pas pu vaincre une accumulation de complications médicales, malgré les efforts attentionnés de son épouse, Sylvie, et de ses proches. Mais au moins cette Amérique fut-elle au rendez-vous de son génie quand la France officielle en fut quelque peu oublieuse, à l'exception notable de Dominique de Villepin

1. Stock, 1996.
2. Gallimard, 2010.

qui, Premier ministre, lui avait confié une mission sur les *Mémoires des esclavages*[1].

La proposition qui concluait ce rapport, enterré par le pouvoir sorti des urnes de 2007, est plus que jamais d'actualité : « La grandeur d'un pays ne relève pas d'abord de sa puissance économique ou de ses capacités à se défendre [...] mais de son aptitude et de son audace à proposer le dépassement et l'ouverture d'une nouvelle route planétaire, la Route des solidarités du monde. Elle est plus difficile à baliser que les anciennes Routes de la soie, ou du sel, ou des épices, ou même de l'esclave. Entrons-y pourtant, sans naïveté ni scepticisme. »

« S'en aller ! S'en aller ! Parole de vivant ! » : au moment de l'adieu, comment ne pas penser à ce cri de Saint-John Perse, son double en poésie, né en Guadeloupe, mais du côté de la plantation et de son ordre, alors qu'Édouard Glissant traçait du côté des mornes, refuges des nègres marrons. Ultime hasard convié à cet hommage, le jeune Alexis Léger et futur Perse était surnommé en créole *Ban-moin-lè* – donnez-moi de l'air, de l'espace, du vent. Reposant d'ici quelques jours au cimetière marin du Diamant, face au gros rocher solitaire qui ponctue le sud de la Martinique, Édouard Glissant aura de l'air et de l'espace. Et, surtout, il sera vivant.

Avant de partir, au petit matin du 3 février 2011, Édouard Glissant a en effet eu le temps de dire qu'il avait rêvé qu'on l'élisait ou qu'on le nommait il ne savait plus trop, comme « âme vivante du monde ». Les poètes n'ont pas peur de l'enfance qui est toujours en eux, comme en chacun de nous. De ses spontanéités et de ses désirs. Et de ses visions et de ses lucidités. Car le poète est toujours un voyant, et Glissant l'aura été jusqu'au bout : il a bien sûr raison puisqu'il nous laisse une œuvre vivante qu'il nous revient de laisser grandir.

Durant notre dernière conversation, alors qu'il était alité depuis plusieurs mois déjà, nous avions évoqué ces *Rain Tree*, arbres de pluie ou de vie, comme l'on voudra,

1. Gallimard/La Documentation française, 2007.

qui s'épanouissent en laissant proliférer d'autres plantes, lianes et fougères sur leurs troncs et leurs branches. Oui, vivant comme un arbre, et comme la terre, l'eau et le vent qui lui donnent vie.

3 février 2011

IV

Le peuple réveillé

Le réalisme de l'impossible

Le peuple les inquiétait déjà. Depuis les événements tunisien et égyptien, cette extraordinaire nouvelle d'une révolution démocratique arabe à nos portes, le peuple les affole. Un risque révolutionnaire ? La formule fut de Dominique de Villepin. Une formule à double détente qui, sous couvert d'alarmer par le pronostic d'un grand soir social ébranlant les privilèges, visait en fait la gestion sarkozyste de la crise, sa façon d'ajouter la crise à la crise par son agitation, sa virulence, son égocentrisme, sa brusquerie, son hystérie en somme. Mais la vérité, c'est que cette possibilité révolutionnaire, impossible à pronostiquer tant elle relève de l'imprévu, n'est pas seulement inscrite dans l'inattendu de la crise sociale. Elle fait corps avec la révolution déjà accomplie, comme son envers et son contraire : la révolution de l'argent fou.

Cette folie financière, dont la chronique est aujourd'hui aussi incessante qu'accablante, de stock options en parachutes dorés, de *golden hello* en retraites chapeau, est inséparable de la troisième révolution industrielle dont l'innovation numérique est le moteur. Elle l'accompagne comme d'autres bulles, d'autres spéculations, d'autres banqueroutes accompagnèrent la précédente révolution industrielle, celle de l'électricité, de la fin du XIXe siècle au début du XXe. Il y eut alors les mêmes ressorts d'hypertrophie de la sphère financière, de course à l'argent qui fait de l'argent en dormant, de destruction de valeurs aussi apparemment stables que supposément collectives dans l'espoir insensé de richesses inespérées, aussi réellement instables que misérablement individuelles.

Aussi le problème, celui d'hier comme d'aujourd'hui, n'est pas seulement un dérèglement passager : il oblige à mettre en cause cette maladie récurrente du capitalisme qu'est l'hypertrophie financière. Pas seulement les riches égoïstes, les méchants capitalistes, les injustes inégalités. Mais, plus profondément, le ressort d'une corruption générale des valeurs et des principes, des hommes et de leurs repères, qui a pour nom l'argent. Non pas l'argent en tant que tel, car après tout, sauf à supprimer l'économie monétaire, tout un chacun en a besoin pour vivre. Non pas cette accumulation modeste que signifie faire des économies, car après tout, sauf à supprimer toute ligne d'horizon et toute solidarité entre générations, tout un chacun a également besoin de cette marge d'espoir contre la fatalité des conditions. Non, mais l'argent fou, l'argent pour l'argent, l'argent comme étalon suprême, comme ambition obsédante, comme mesure générale.

Nul hasard si les deux ouvrages qui ont pour titre ce simple mot, *L'Argent*, un roman pour l'un, un essai pour l'autre, enfoncent gaillardement ce clou, avec une verve descriptive ou polémique à faire pâlir d'effroi nos trop riches spéculateurs d'aujourd'hui. Ni Émile Zola ni Charles Péguy, leurs auteurs, pour le premier en 1891, pour le second en 1913, n'étaient de dangereux partageux. Mais, dans le contexte de la précédente révolution industrielle, ils avaient saisi cette course à l'abîme que nous sommes en train de rejouer : faire de l'argent la mesure de toute chose, l'ambition de toute humanité, la fin de tout monde. Ces deux hommes-là ne méprisaient pas l'argent, l'un couvert de succès éditoriaux, l'autre économe jusqu'au centime. En revanche, ils détestaient un monde qui ne bridait plus l'argent, mais l'encensait et le vénérait. Un monde en somme où l'argent n'était plus à sa place, d'utilité et de commodité, mais avait pris la place de toute valeur, de tout principe, de tout repère.

Ce monde-là, pour Zola comme pour Péguy, était un monde forcément corrompu. Tombé en universelle corruption. Parce qu'ayant fait de l'argent seul, de l'argent roi, de l'argent fou, l'unique mesure et l'universel repère, il n'avait plus dès lors de mesure et de repère et, par conséquent, plus de raison. C'était un monde perdu, un monde égaré, un monde courant à sa perte. Un monde qui ne connaissait plus de règles, plus de limites, plus d'interdits, et que Zola n'hésite pas à décrire en bande de malfaiteurs : « Toute une vie de vols effroyables, non plus à main armée, comme les nobles aventuriers de jadis, mais en correct bandit moderne, au clair soleil de la Bourse, dans la poche du pauvre monde crédule, parmi les effondrements et la mort. »

Nul hasard encore si les mêmes Péguy et Zola se retrouvèrent, autour du capitaine innocent, dans cette grande bataille que fut l'affaire Dreyfus. Avec, chez le premier, l'esprit de jeunesse du libertaire qu'il était alors et, chez le second, le zèle de converti du rebelle qu'il était devenu. Une bataille pour la démocratie, son espérance intacte, sa promesse incessante. D'une cause à l'autre, de l'argent fou à la raison d'État également condamnés, l'enchaînement est logique : un monde qui ne serait que d'argent ne serait plus un monde commun, ouvert et partagé, mais un monde privatisé, fermé et divisé. Un monde qui s'oublierait dans l'argent serait un monde perdu pour la démocratie.

En ce sens, question démocratique et question sociale sont intimement liées, conditions l'une de l'autre. Du sentiment d'injustice naît la revendication de droits. Des libertés injuriées naît l'exigence d'égalité. Les surprises tunisienne et égyptienne, dont l'issue est encore incertaine, en furent l'heureux rappel : le réalisme appartient à ceux qui demandent l'impossible.

1. À ces socialistes qui nous désespèrent

Peut-être est-il trop tard, et cette lettre inutile. Je vous ai écoutés depuis dimanche soir 7 juin 2009, après votre échec aux élections européennes : les mêmes mots désolés, les mêmes phrases d'attrition, le même lamento qu'aux soirs de vos échecs de 2002 et de 2007 – ces élections présidentielles supposées imperdables. Mots vides, phrases creuses, refrains artificiels auxquels, depuis le temps, nous ne pouvons plus croire. Car sans doute les retrouverait-on, identiques, aux soirs de vos cinglants revers législatifs de 1986 et de 1993. C'est une vieille manie : les soirées de défaites électorales, vous vous souvenez soudain de vos électeurs. Quand vous les perdez...

Puis vous revenez à vos affaires, sans rien changer de vos habitudes – manœuvres d'appareil, divisions intestines, rivalités personnelles. Avec la conviction tranquille qu'un retour de balancier vous assurera, de nouveau, places, postes, réseaux. Comme si vous étiez définitivement la seule alternance possible à la droite et naturellement les propriétaires des suffrages qui vont avec. Comme si vous n'aviez pas à les reconquérir. Comme s'ils vous revenaient de droit, telles des brebis égarées trouvant forcément le chemin du bercail.

Procès d'intention, direz-vous. Non, simple constat logique : si vous pensiez vraiment le contraire, vous auriez agi autrement depuis 2007, voire depuis 2002. Vous vous seriez ressaisis, vous n'auriez pas privilégié vos détestations plutôt que vos solidarités, vous ne vous seriez pas écharpés comme des chiffonniers, vous n'auriez pas truqué vos propres votes de congrès, vous n'auriez pas offert ce spectacle lamentable à Reims en novembre 2008, vous ne vous seriez pas repliés sur vous-mêmes en ces temps d'urgence sociale et démocratique, bref vous auriez pensé à parler à celles et ceux sans lesquels vous n'êtes politiquement rien, plus rien : vos concitoyens, vos électeurs.

Quel droit ai-je à vous apostropher ainsi ? Justement, celui d'être, comme des millions d'autres Français, l'un de vos électeurs, fidèle et constant. J'ai beau parfois la juger avec sévérité, puisque confronté dans mon travail de journaliste à ses incohérences ou à ses impostures, la gauche reste ma famille, de cœur et d'esprit.

La gauche ? Sans l'idéaliser, je veux dire par là cette conviction élémentaire que, derrière tout désordre, il y a une injustice, quand conservateurs et réactionnaires choisiront l'injustice plutôt que le désordre. Or, depuis votre congrès d'Epinay en 1971, depuis la dynamique unitaire qui a suivi, depuis qu'ainsi vous avez définitivement ravi au Parti communiste la première place, vouloir que la gauche gouverne le pays oblige à voter pour vous, par-delà la diversité des gauches françaises.

Cette responsabilité que vous revendiquez auprès de nous, nous donne donc quelques droits sur vous, et d'abord celui de vous parler franchement. Pour vous dire que les partis sont mortels, qu'aucune étiquette n'est éternelle et que les idéaux n'ont pas d'écurie assignée. Le darwinisme vaut aussi en politique . on vit, on meurt, on se transforme ou on disparaît.

Discréditée par son attitude devant la question coloniale, la SFIO aura vécu, et le Parti socialiste fut plutôt une création par agrégation et rupture que sa succession logique. De 1958 aux années 1970, l'enterrement aura duré près de quinze ans. C'est à peu près le temps qui nous sépare de la fin, en 1995, de l'interminable présidence de François Mitterrand dont, en vérité, vous ne vous êtes toujours pas remis. Et dont, peut-être, vous ne vous remettrez jamais.

Car le résultat électoral du 7 juin 2009 n'est pas un accident, mais une confirmation : celle de votre incapacité collective à vous réinventer un avenir, un projet, une vision. Contrairement aux commentaires convenus, ce n'est pas l'opposition déterminée à Nicolas Sarkozy qui a été sanctionnée dans les urnes, mais votre impuissance à incarner une opposition crédible. Abstentionnistes massifs – dont, pour l'essentiel, la jeunesse et les classes populaires – et électeurs écologistes – dont, notamment, le socle urbain et diplômé de votre électorat – ont sanctionné, par leur absence ou par leur vote, vos divisions, vos faiblesses et vos silences. L'affirmer, ce n'est aucunement diminuer le mérite des listes Europe Écologie qui ont suscité l'adhésion par contraste avec vos manques.

L'unité des différences, l'originalité du projet, le souci du monde et le souffle de démocratie étaient en effet de leur côté, pas du vôtre. Dans un processus longuement mûri et parfaitement maîtrisé, les Verts ont suscité un rassemblement qui les dépassait, du noniste altermondialiste José Bové aux animateurs de la Fondation Hulot. Loin des vieilles recettes, leur projet européen associait le changement écologique et la protection sociale, se voulant carrément un « programme de transition entre deux mondes, entre deux modèles de développement, entre deux civilisations ».

La promotion de deux figures européennes, mariant et dépassant les nationalités, Daniel Cohn-Bendit et Eva Joly, exprimait une particulière intelligence du monde, de son interdépendance, de sa complexité et de sa fragilité. Enfin, l'absence de toute préoccupation présidentielle, associée à une authentique culture parlementaire européenne, insufflait une vitalité démocratique, à l'image de la décontraction et de la simplicité du leader de la campagne.

Pendant que les écologistes travaillaient, vous vous disputiez. Non pas sur les idées, tant les divergences sont au fond minimes entre vous, mais sur les personnes. En 2006, dans un livre d'entretiens[1], je me souviens avoir opposé à votre premier secrétaire d'alors, François Hollande, cette réflexion de Pierre Mendès France : « Choisir un homme sur la seule base de son talent, de ses mérites, de son prestige (ou de son

1. François Hollande, *Devoirs de vérité*, Stock, 2006.

habileté électorale), c'est une abdication de la part du peuple, une renonciation à commander et à contrôler lui-même, c'est une régression par rapport à une évolution que toute l'histoire nous a appris à considérer comme un progrès. »

À trois ans de distance, sa réponse ferait sourire si ce n'était pas pitié : « L'essentiel, c'est le projet politique, et cette leçon-là demeure. Les personnalités comptent, mais ne nous laissons pas emporter par la compétition des personnes. [...] C'est le projet, c'est le contrat, c'est la politique qui crée la dynamique. C'est le collectif qui porte l'individuel. » Vous avez toujours produit d'excellents commentateurs de notre vie politique. Ils ne font pas forcément ses meilleurs rénovateurs.

La sanction électorale dont vous faites l'objet vient de loin. Elle frappe de longues fainéantises et d'anciens renoncements. J'en dénombre au moins quatre. Le présidentialisme d'abord, cette gangrène qui dévitalise la démocratie française : héritiers de François Mitterrand, qui en accrut les travers à rebours de ses engagements, vous n'avez pas su inventer un projet politique qui refonde notre démocratie en limitant, en contrôlant et en équilibrant ce pouvoir exécutif dominateur.

Pis, vous avez même accéléré, sans en débattre publiquement, cette présidentialisation de notre vie publique, dont profite l'actuel pouvoir, en associant le passage au quinquennat et l'inversion du calendrier électoral. Toutes générations confondues, vous êtes ainsi devenus un parti de professionnels, où l'individualisme carriériste l'emporte sur la fraternité militante. À tel point que, dans un paradoxe audacieux, les plus rénovateurs d'entre vous ne voient d'autre moyen de sortir de l'impasse que de trancher au plus vite cet enjeu présidentiel en contournant votre propre parti par des primaires ouvertes à toute la gauche[1].

1. Finalement, telles qu'elles sont envisagées début 2011, les primaires socialistes en vue de l'élection présidentielle de 2012 devaient opposer uniquement des candidats issus du PS. Elles devraient se tenir durant l'été et l'automne 2011, alors que tous les premiers projets, à l'époque où fut écrit cet article (l'été 2009) insistaient pour qu'elles aient lieu de janvier à juin 2011.

Cette campagne européenne l'a prouvé au-delà du raisonnable : votre deuxième renoncement concerne rien de moins que le monde qui nous entoure. En théorie porteur, depuis l'origine, de valeurs et principes universalisables, sans passeports ni frontières, le socialisme est supposé unir l'intelligence internationale au projet national. De fait, l'Europe fut, dans les années 1980, votre affaire avec Jacques Delors, tout comme ce sont deux des vôtres qui dirigent aujourd'hui le Fonds monétaire international et l'Organisation mondiale du commerce.

Or c'est tout le problème, que révèle au grand jour l'actuelle crise économique et qui fut au moteur de votre propre schisme lors du référendum européen de 2005 vous avez accompagné la financiarisation et la bureaucratisation de l'Europe, plutôt qu'incarné sa dynamique démocratique et sociale. L'incapacité des socialistes européens à porter une stratégie, claire et cohérente, de changement lors de ce rendez-vous électoral alors même que le capitalisme traverse une crise historique portait l'échec dans les urnes comme la nuée annonce l'orage.

Troisièmement, vous avez oublié d'être vous-mêmes. D'ordinaire, la droite ne masque pas les intérêts particuliers qu'elle défend : elle les assume, les revendique, les illustre par ses choix économiques, sociaux, fiscaux, sociétaux, etc. Et, sur ce registre, le pouvoir actuel se dissimule moins que d'autres, assumant sans vergogne un mélange sans pareil des intérêts privés et des responsabilités publiques.

Or, à force de vous identifier à l'État par un effet insidieux de ce présidentialisme qui vous éloigne de votre base, vous finissez par oublier les intérêts sociaux qui vous légitiment. Être socialiste, ce devrait signifier porter sans complexe les voix de ceux que l'on entend le moins, qui décident le moins, qui comptent le moins – des ouvriers, des employés, des travailleurs, des salariés. Des classes populaires en somme. De ceux qui subissent le partage inégal des richesses inhérent à l'ordre économique actuel.

Or, il y a à peine un an, révisant votre déclaration de principes, vous en avez ôté la simple mention sous forme de constat que les classes sociales existent, comme si cette affirmation que la politique est aussi l'affrontement d'intérêts sociaux divergents vous semblait dépassée. Pis encore, quand le peuple guadeloupéen a donné l'exemple d'une riposte inventive et fédératrice à la crise, par la mobilisation la plus large et la plus déterminée, vous avez paru prendre peur, redoutant une contagion soudaine en France plutôt que de citer en exemple *Liyannaj Kont Pwofitasyon*. Qui ne voit pourtant, dans les entreprises comme dans les universités, les unes mobilisées dans la dispersion, les autres épuisées par leur solitude, qu'une dynamique rassembleuse, faisant front contre des politiques injustes et régressives, aurait insufflé de l'espoir, l'envie de résister et d'inventer, plutôt que le découragement qui, aujourd'hui, rôde ?

Mais vous ne vous êtes pas seulement éloignés de votre base sociale ; vous avez plus largement ignoré la société civile, sa vitalité associative, son bouillonnement intellectuel, son expertise militante. Quand, enfin, vous vous mettez à réfléchir, colloquer et discuter, voici qu'on retrouve les mêmes figures intellectuelles ou médiatiques qui encombrent les allées gouvernantes depuis bientôt trente ans. Vous ne prenez aucun risque, préférant rester en terrain connu et usé.

C'est votre quatrième renoncement, et peut-être le plus sourdement inquiétant : non seulement vous ne travaillez pas assez votre culture générale, mais surtout vous ne dialoguez plus avec le monde du savoir, vous n'affrontez pas l'audace des idées, vous n'écoutez pas avec humilité ce qu'auraient à vous dire tous ces historiens, sociologues, économistes, mathématiciens, physiciens, biologistes, etc., scientifiques authentiques qui fréquentent laboratoires et bibliothèques plutôt que les allées du pouvoir et de la notoriété.

Il est, de ce point de vue, un souvenir pas si lointain dont l'ironie amère vous accable : Eric Besson, le symbole même du transfuge sans principes, traître à ses électeurs comme à ses convictions, était jusqu'au tout début de 2007 votre secrétaire national aux études. Désormais numéro deux de l'UMP et ministre de l'Identité nationale, ce converti zélé au sarkozysme, dont la dérive n'est sans doute pas achevée, était donc officiellement chargé de vos réflexions, pensées et analyses – c'est tout dire.

Depuis sa survenue, vous faites semblant de traiter l'ouverture, ce débauchage humiliant sans autre loi que l'avidité ou la lassitude, comme un épiphénomène. Ce ne serait, à vous croire, que trajectoires individuelles, quand leur somme nous dit le contraire : aucune de vos sensibilités, aucune de vos histoires, aucun de vos courants n'est épargné. De la mitterrandie à la deuxième gauche, de Jacques Delors à Lionel Jospin, de Michel Rocard à François Hollande, sans oublier SOS Racisme, aucun territoire socialiste n'a su résister en bloc à l'érosion sarkozyste – et ce n'est probablement pas fini[1].

Ce n'est pas seulement affaire de morale politique, bien que la vertu républicaine soit ici malmenée, c'est aussi la note à payer des manquements déjà relevés. Il faut être équitable : ces hommes et ces femmes ont changé de camp sans y voir de rupture. Tout simplement parce que leurs dérives individuelles avaient été précédées par vos dérives collectives. Qu'il s'agisse des institutions, des banlieues, de l'islam, de la sécurité, des libertés, de l'immigration, des privatisations, de la fiscalité, de l'Union européenne, du Proche-Orient, etc., la liste est longue des glissements progressifs par lesquels le socialisme français a perdu en spécificité, en identité et en substance. Comme si vous vous étiez laissés glisser, au fil de vos épisodes gestionnaires, sans prendre la mesure des défis du monde et de l'époque.

Alors, que faire ? La réponse vous appartient, et je n'ai aucune recette en magasin. Je pressens seulement que si vous continuez comme avant, sans sursaut ni vision, vous serez perdus. Jusqu'ici, vous viviez dans le confort de vos fiefs municipaux, départementaux et régionaux. Après tout,

1. Cette énumération souligne la diversité de provenance des personnalités socialistes ayant rallié Nicolas Sarkozy ou ayant composé, voire pactisé, avec sa politique.

vous pouviez digérer l'échec national si vous restiez maîtres des territoires. À un an des élections régionales, l'alarme de ces élections européennes annonce la fin de cette illusion.

Les Verts, que n'obnubile pas la présidentielle, pensent déjà aux régionales, avec la cohérence, le dynamisme et le systématisme qu'ils viennent de prouver. Et ils n'ont aucune raison de se dissoudre dans un front opportun dont vous auriez soudain le souci, après avoir joué en solitaires. Pas plus sans doute que les gauches de la gauche qui préféreront se rapprocher avant de se tourner vers vous. Hier, vous avez dominé et instrumenté la gauche plurielle, plutôt que vous ne l'avez animée et fédérée. Aujourd'hui, vous ne pouvez penser la réanimer artificiellement sur la base de votre propre faiblesse.

Vous êtes donc seuls, face à votre histoire qui est aussi la nôtre. Car ce qui vous arrive, qui nous concerne et nous inquiète, dépasse nos individualités. Un cycle plus que centenaire s'achève, sous les coups de boutoir des crises financière, économique et écologique. À la fin du XIXe siècle, dans le contexte de la première mondialisation et de la deuxième révolution industrielle, la social-démocratie fut une invention européenne, porteuse de trois réponses : l'internationalisme comme souci du monde, le parlementarisme comme projet démocratique, le prolétariat comme levier social. Toutes les familles de la gauche, quels que soient leurs fractures, déchirements et trahisons, sont issues de cette matrice dont les idéaux ont fini par ensemencer toutes nos sociétés, dans leurs pratiques sociales et leurs cultures démocratiques.

Quel en sera l'équivalent à l'heure d'une deuxième globalisation qui décentre le monde, au détriment d'une Europe occidentale qui se crut longtemps maître de sa destinée, et d'une troisième révolution industrielle, qui appelle de nouveaux droits et de nouveaux modèles, d'autres précautions et d'autres protections ?

C'est à cette question qu'il faut répondre par l'invention de nouvelles radicalités démocratiques, sociales et écologiques. Ne manquant pas de penseurs visionnaires, de René Dumont hier jusqu'à Edgar Morin aujourd'hui, les écologistes français s'y attachent avec persévérance hors des sentiers battus. Certaines gauches alternatives aussi, ébranlant les anciens héritages étatiques et les vieux dogmes productivistes, dans une fidélité à une critique libertaire du capitalisme confortée et rajeunie par la crise.

Et c'est aussi ce défi, largement intellectuel avant de se traduire en pratique politique, que l'on retrouve dans la longue marche de Barack Obama, pavée de livres et de discours qui réfléchissent pour agir, qui embrassent large et visent loin. Avant un programme catégoriel, c'est une vision qu'il nous faut où l'espérance de changement se ressource dans l'inquiétude des périls. En somme, un horizon vers lequel avancer. Hélas, rien de tel, pour l'heure, de votre côté.

Oui, hélas, car le temps presse. Jamais les idéaux portés par la gauche n'ont eu autant de pertinence face à la débâcle d'un système injuste, inefficace et destructeur. Et, pourtant, dans presque toute l'Europe, la gauche recule, les conservateurs progressent et l'extrême droite augmente. Quant à la France, l'actuel pouvoir y serait déjà clairement minoritaire, discrédité par ses excès de démagogie et ses abus de pouvoir, s'il n'avait pas, en face de lui, l'opposition la moins inventive, la moins déterminée et la moins rassemblée qui soit. Et c'est un peu, voire beaucoup par votre faute.

Ma sévérité est à la mesure de mon attente. Je ne crois pas à la politique du pire. Les crises ne sont pas forcément salvatrices. Elles peuvent accoucher aussi bien de régressions terribles, avec l'installation durable de pouvoirs orwelliens mâtinés de téléréalité, répétant sans cesse à des peuples anesthésiés et désinformés : ayez peur, ayez bien peur, ayez surtout peur, et laissez-moi m'occuper tout seul du reste. De tout le reste. Et, par-dessus tout, de l'argent et de la puissance, ces deux adversaires éternels de l'espérance progressiste. C'est ce cauchemar qu'il nous faut faire fuir, tous ensemble.

Merci de m'avoir lu jusqu'à la fin. Merci, peut-être, de me répondre. Merci, surtout, d'en tenir compte, qui sait ?

9 juin 2009

2. Une juste colère sociale

Au fait, c'est quoi la gauche ? Sur Mediapart, c'est le feuilleton de l'été, impulsé par les lecteurs eux-mêmes, en réaction à l'appel au suicide collectif lancé par Bernard-Henri Lévy[1]. Ici et là, des intellectuels critiques s'étonnent que la gauche de gouvernement ne cherche guère à connaître leurs réponses à cette question, ne se souvenant de leur existence qu'au moment des périls électoraux. Ailleurs, sous l'impulsion d'un historien résolument jaurésien, Vincent Duclert[2], divers abonnés débattent, hors-les-murs de la vieille maison endormie sise rue de Solférino à Paris, de ce qu'est, de ce que devrait être, de ce que pourrait être et de ce que sera peut-être le socialisme. Or, en écho à ces débats participatifs, voici que la réalité, ces derniers jours, apporte sa propre réponse à la question posée. Une réponse en deux temps, le milliard des traders de BNP Paribas face au désespoir des salariés de Molex, et qui tient en deux mots : la question sociale.

D'un côté, une banque, BNP Paribas, qui, sans gêne aucune, augmente ses provisions d'un milliard d'euros

1. Sous le titre « Le PS doit disparaître », Bernard-Henri Lévy avait donné une interview au *Journal du dimanche* du 19 juillet 2009, où il affirmait notamment, reprenant une formule de Maurice Clavel dans les années 1970 : « Pour vaincre la droite, il faut d'abord briser la gauche ».

2. Spécialiste de l'Affaire Dreyfus, Vincent Duclert a animé les débats qui nous occupent ici avec deux ouvrages : *La France, une identité démocratique* (Seuil, 2008) et *La Gauche devant l'histoire* (Seuil, 2009).

pour mieux récompenser, fin 2009, ses traders, ces employés dont la spéculation est le métier. Dans la foulée, on apprend que l'Autorité des marchés financiers soupçonne deux dirigeants de la Société générale d'avoir bénéficié d'informations privilégiées pour réaliser des gains stupéfiants. Comme l'a expliqué Martine Orange[1], cette arrogance, alors même que le coût social de la crise économique provoquée par les errements d'une finance déréglementée ne cesse de s'alourdir, est une attitude largement partagée au sommet du monde bancaire, parmi cette nouvelle aristocratie financière issue du dévoiement du service de l'État – comme nombre de leurs pairs, Baudoin Prot et Frédéric Oudéa, les dirigeants de BNP Paribas et de la Société générale, sont d'anciens inspecteurs des finances, formés à l'Ena. Mais l'indignation morale est ici de peu de secours. Car ces messieurs servent, avec autant d'avidité que d'opiniâtreté, leurs intérêts, ceux d'une classe sociale, ceux du monde qu'ils enrichissent et qui les a enrichis.

Au jour le jour, la crise que nous traversons, historique à en croire l'ample littérature qu'elle suscite déjà, ne cesse ainsi de donner raison à Karl Marx : fondé sur l'accumulation sans freins et, pour cette raison même, porté à exploiter le travail de l'homme et à détruire les richesses de la nature, le Capital est égoïste par essence. Quand, d'aventure, il lui arrive de céder à la générosité ou au partage, ce n'est que sur la base d'un rapport de forces défavorable, sous la contrainte et dans l'obligation. Ceux qui, pour l'heure, nous gouvernent le savent pertinemment. Et s'ils se sont bien gardés d'accompagner leurs aides faramineuses au secteur bancaire de la moindre disposition contraignante – après tout, la gamme est large, de la repré-

1. Journaliste à Mediapart, Martine Orange avait publié une enquête imparable sur les bonus des traders, montrant que rien n'avait changé dans les mœurs et coutumes du monde financier, une fois passé l'affolement de la crise et engrangées les aides publiques. Cet article est consultable à cette adresse :

http://www.mediapart.fr/journal/france/050809/bonus-des-traders-il-n-y-pas-que-bnp-paribas sentation de l'État dans les conseils d'administration jusqu'à la nationalisation de tout ou partie du crédit –, c'est simplement qu'ils servent les mêmes intérêts sociaux. Leurs cris d'orfraie d'aujourd'hui ne sont que larmes de crocodile : loin de pleurer leur propre imprévoyance, ils se contentent de dissimuler leur consentement à cette hypocrisie.

Pour les uns comme pour les autres, politiciens démagogiques ou financiers affairistes, la crise actuelle, tout à la fois économique, financière et écologique, ne saurait être systémique, sauf à penser non seulement contre eux-mêmes mais contre le capitalisme en tant que tel. Aussi feront-ils tout ce qui leur est possible pour qu'elle ne soit qu'un moment darwinien d'adaptation où l'essentiel est de survivre selon les vieilles recettes de la privatisation des bénéfices et de la socialisation des pertes. Tout en profitant de tous les avantages et protections d'un modèle français qu'ils entendaient démolir systématiquement hier et dont les mécanismes de redistribution limitent aujourd'hui les dégâts, ils n'auront de cesse non seulement de se refaire, mais de retrouver des marges, en utilisant la crise comme levier d'action face à un monde du travail sur la défensive.

L'histoire n'étant jamais écrite, il n'est pas exclu qu'ils y arrivent, et c'est ce qui se joue sur l'autre front, celui qu'ont occupé la semaine passée les Molex en colère. Le drame qui a pour théâtre le site de Villemur-sur-Tarn est exemplaire des ravages d'un capitalisme saisi par la finance, destructeur de richesses collectives par obsession de fortunes privées. Il ne s'agit pas en effet de l'une de ces activités condamnées par l'actuelle révolution industrielle. Tout au contraire, comme il s'en vante sur son site le groupe américain Molex, fondé en 1938, est devenu un dynamique constructeur de composants électroniques qu'il vend avec profit, en tant qu'équipementier, aux industries de la chaîne numérique, de l'automobile aux télécommunications, en passant par l'aéronautique, le médical ou le militaire.

Quand, fin 2008, le groupe annonce son intention de fermer son usine de Haute-Garonne et de licencier ses deux cent quatre-vingt-trois salariés, le comité d'entreprise est donc légitimement fondé à contester cette décision. De fait, le cabinet d'expertise désigné jugera l'entreprise économiquement viable et, de surcroît, estimera qu'elle est une des plus rentables de la division automobile de Molex. La suite est connue : entêtement de la direction américaine, demi-tour d'un mystérieux repreneur, opacité totale des négociations, séquestration brève de cadres dirigeants, incident virulent ou violent, selon les versions, avec un dirigeant du groupe, fermeture brutale de l'usine... Comment ne pas comprendre la colère des salariés concernés, qui mêlent ouvriers, employés, techniciens ? Comment ne pas admettre qu'ils soient révoltés d'être tenus pour une simple variable d'ajustement ? Comment ne pas leur reconnaître le droit d'opposer leur résistance à la violence qui leur est faite ?

Les récents conflits sociaux médiatisés pour leurs événements exceptionnels – séquestrations, bousculades ou dégradations – ne résument certes pas tout le climat social. Pour quelques Continental, New Fabris, Nortel, Sony, Caterpillar, Derichebourg, 3M ou Molex, qui se mobilisent et, parfois, obtiennent satisfaction, combien de milliers de salariés quittent le travail sans rien dire, avec le minimum légal, soit quatre mois de salaire pour vingt ans d'ancienneté, victimes silencieuses d'un été social meurtrier ? Mais, pour autant, ces justes colères ne sont pas marginales, ni dans leur composition – ouvriers, employés, professions intermédiaires : toutes les couches du salariat y sont représentées –, ni dans leur animation – elles s'expriment au cœur du syndicalisme représentatif –, ni dans leur exposition – l'opinion est encline à les comprendre, voire à les soutenir.

Car, face à *L'horreur économique*[1] mise à nu dès 1996 par Viviane Forrester, ces salariés mettent en pratique l'un de nos « droits naturels et imprescriptibles » reconnu, dès

1. Fayard, 1996.

son article 2, par la Déclaration des droits de l'homme de 1789 : le droit de « résistance à l'oppression ». Oui, l'oppression, ici entendue comme une réalité qui ne serait pas discutable, pas contestable, pas réversible : une réalité qu'il faudrait subir parce qu'allant de soi, alors même qu'elle met en péril équilibres et solidarités, égalités, libertés et fraternités. Pour le monde du travail qui en subit le joug, la prétendue loi du marché est du même ordre que la monarchie de droit divin : une puissance extérieure et arbitraire, sur laquelle il n'a aucune emprise et encore moins droit au chapitre. Et la vertu des temps de crise, quand la prospérité ne fait plus écran, c'est de dévoiler combien la violence, symbolique ou matérielle, est au principe de cette domination. Une violence de possédants inquiets, d'autant plus barricadés et repliés qu'ils savent combien leurs avantages ou privilèges sont plus intolérables aujourd'hui qu'hier.

Le paradoxe, et nous en venons ainsi à la gauche, à son identité et à son avenir, c'est qu'en cette trêve aoûtienne, seul le pouvoir sarkozyste semble prendre la mesure de cette alarme pour essayer de la conjurer, prise de conscience dont a témoigné le zèle du nouveau ministre de l'Industrie, Christian Estrosi. Le plus souvent, la gauche, en ses formations parlementaires et en ses directions autorisées, est absente, modérée ou silencieuse, en retrait. Elle paraît déléguer la question sociale, telle qu'elle est vécue dans les entreprises, aux organisations syndicales, comme s'il ne s'agissait pas aussi d'une question politique où se joue sa raison d'être et son enracinement électoral. Ainsi, sur le site officiel du Parti socialiste, lequel parti, avec plus de 23 millions d'euros d'aides publiques annuelles, a tout de même les moyens matériels d'exister pendant l'été, il n'y avait, ce dimanche 9 août encore, aucune information actualisée sur la situation sociale, tandis qu'était toujours indisponible le programme de la prochaine Université d'été à La Rochelle, pourtant ouverte en théorie aux militants.

Des lecteurs bien intentionnés ne manqueront pas d'objecter, en citant l'attitude de tel élu, les déclarations de telle personnalité. Mais il s'agit là de réactions individuelles. Or, par le prisme de son parti électoralement dominant, c'est de la gauche comme dynamique collective, et non pas comme addition d'individualités, que l'on se préoccupe ici : de la gauche comme pôle d'attraction, potentiellement rayonnant et rassembleur, plutôt que comme aire de compétition, repoussante à raison de ses divisions et de sa cacophonie. Or les explications conjoncturelles sont impuissantes à rendre compte de sa paralysie et de son atonie alors même que la crise, ses urgences et ses misères, la réclame. Les causes sont plus structurelles, plus essentielles, plus anciennes. Aussi, après d'autres, voudrais-je soutenir l'hypothèse suivante : si cette gauche-là nous semble muette, entravée et divisée, c'est qu'elle a tout simplement oublié, égaré, voire perdu, ce qui la justifie et la légitime : la défense des intérêts sociaux du monde du travail. Autrement dit des intérêts du groupe social majoritaire dans ce pays.

En 2007 – dernière année disponible à l'Insee, et ces chiffres sont à peu près stables depuis 2003 –, la proportion des actifs occupés parmi l'ensemble de la population au-dessus de quinze ans comptait : 22,8 % d'ouvriers, 29,8 % d'employés et 23,6 % de professions intermédiaires (catégorie qui rassemble techniciens, instituteurs, certains métiers de la santé ou du travail social, etc.). Soit, au total, 76,2 % des actifs occupés. De plus, en 2007 toujours, un salarié sur cinq, soit 5,5 millions de personnes, était un ouvrier ou un employé non qualifié, victime désignée des contrats courts, du temps partiel ou du chômage. La réalité sociale, profonde, massive, de la société française est celle-là, à mille lieues des stock-options. Concrètement, ainsi que le rappelle avec constance l'Observatoire des inégalités, cela signifie par exemple que le salaire maximal de la moitié des salariés à temps complet du secteur privé est de seulement 1 555 euros, tandis que celui de la moitié des fonctionnaires ne dépasse pas 1 923 euros. À l'inverse, les 10 % les plus riches de la population possèdent, à eux seuls, 46 % de la fortune nationale.

Défendre les moins fortunés, les moins protégés, les moins armés, les plus exposés, les plus fragiles : il n'y a pas d'autre levier d'action pour la gauche politique. Pas d'autre boussole. Pas d'autre repère. Pas d'autre fil à plomb. Si, du moins, l'on veut bien ne pas se payer de mots et admettre que la politique, c'est la construction d'un rapport de forces, d'une dynamique de rassemblement, bref d'une forme d'hégémonie, pour reprendre la formulation d'Antonio Gramsci, dont la droite actuellement aux affaires s'est révélée jusqu'ici bon élève. Car, en face, il y a, sans faux-semblants, une classe sociale minoritaire qui assume parfaitement ses visées hégémoniques. Comme le démontrent à satiété les enquêtes de Monique Pinçon-Charlot et Michel Pinçon, nos sociologues de la bourgeoisie[1], elle sait méticuleusement défendre ses intérêts, se rassembler et s'entraider, choisir par avance ses représentants politiques, les financer, les soutenir et les conseiller, en changer sans états d'âme si nécessaire, séduire, recruter et adouber des alliés dans d'autres milieux.

Tandis que le mythe messianique d'un prolétariat prophète s'effondrait sous nos yeux avec l'imposture du socialisme réel, notre classe dominante ne renonçait aucunement à mener sourdement cette lutte de classes dont la gauche officielle désertait non seulement l'exercice mais le principe même. Quand, avec sa prétention habituelle, Alain Minc se présente comme « le dernier marxiste français », il ne dit pas autre chose, se souvenant des classiques de son enfance en milieu communiste, autrement dit le fameux *Manifeste* de Marx et Engels en 1848 : « L'histoire de toute société jusqu'à nos jours, c'est l'histoire de la lutte des classes. » Mais, transfuge assumé, entre agent recruteur et tête chercheuse, il met cette lucidité au service du camp adverse, avec non seulement un immense zèle de converti, mais aussi le même aveuglement qu'en d'autres temps ou d'autres lieux il aurait mis à

1. Michel Pinçon et Monique Pinçon-Charlot, *Sociologie de la bourgeoisie*, La Découverte, 2005.

défendre l'URSS de Staline, identifiée à la cause internationale des prolétaires.

Nous voici au cœur de la difficulté : tandis que la droite y retrouvait une assurance idéologique perdue depuis 1945, l'effondrement de l'imposture soviétique a durablement ébranlé la croyance de la gauche dans la pertinence du social, comme principe d'intelligibilité du réel et comme levier d'action politique. Et, de fait, la question sociale est un prisme réducteur si l'on croit pouvoir en faire l'alpha et l'oméga d'une politique progressiste. Elle n'épuise évidemment pas la question démocratique, celle des droits et des libertés, puisqu'elle fut aussi l'alibi de politiques autoritaires ou totalitaires. Elle épuise encore moins la question environnementale dont, au nom d'un progrès industriel destructeur, elle s'est révélée et se révèle encore, en Chine par exemple, l'adversaire déterminé. Pas plus qu'elle n'épuise les questions internationales, ayant servi d'alibi, ou servant encore, à des politiques d'État nationalistes et chauvines, voire à des pratiques partisanes xénophobes envers des travailleurs d'origine étrangère ou, dans le cas français, issus de notre empire colonial.

Autrement dit, il ne suffit pas de s'acharner à défendre les intérêts des salariés, ouvriers et employés, pour être porteur d'un programme crédible qui associe exigence sociale, ambition démocratique, urgence écologique et solidarité internationale. Mais si la condition n'est pas suffisante, elle reste absolument nécessaire, à la manière d'un préalable, d'un point d'ancrage ou d'un point de départ. Sinon, qu'est-ce que la gauche ? Des valeurs, entend-on dire le plus souvent. Autant dire une gauche introuvable, et qui plus est arrogante et prétentieuse. En quoi, la gauche, dans son expression politique, serait-elle par nature propriétaire de valeurs, autrement dit de principes transcendant les clivages, par exemple humanistes, démocratiques, internationalistes ? En quoi, alors que son histoire avérée témoigne qu'il lui est fréquemment arrivé de les malmener ou de les renier, au grand dam de militants sincères ? Et qu'il y eut, alors, aussi bien des individualités de droite que des minoritaires de gauche pour défendre ces principes bafoués ?

Une gauche réduite à cette abstraction ne s'appartiendrait plus, tout simplement. « Une gauche sans la question sociale, c'est ce qui reste quand on a renoncé à la question de la justice et de l'égalité : une gauche de négation, qui se contente de n'être pas de droite, ou de l'être avec modération », écrit Daniel Bensaïd dans *Un nouveau théologien, B.-H. Lévy*[1], dont le titre est un hommage à Charles Péguy (1873-1914). Alors que Bernard-Henri Lévy mène la danse sur *Ce grand cadavre à la renverse*[2] qu'est selon lui la gauche, il n'est pas inutile de lire ou de relire cette réfutation implacable et trop ignorée, la plus pertinente et la plus rigoureuse à mon sens. On le sait : Bernard-Henri Lévy, qui poursuit l'assaut cette semaine dans *Le Nouvel Observateur*, a emprunté cette image nécrosée du cadavre à Jean-Paul Sartre (1905-1980) qu'il embarque dans sa croisade ainsi qu'une autre figure des heures glorieuses de l'hebdomadaire hier emblématique de la gauche, André Gorz, qui y signait Michel Bosquet.

Le seul problème, c'est que notre pamphlétaire pressé les a si mal lus qu'il commet un contresens. Sartre, grand pourfendeur de la gauche officielle dans les années 1970, et Gorz, auteur des *Adieux au prolétariat*[3], sont conviés à leur corps défendant à la mise à mort du socialisme, de l'idée et du nom, où résonne distinctement la question qu'il s'agirait de congédier définitivement : l'exigence sociale, de justice et d'égalité. Or il suffit de relire l'un et l'autre pour trouver une réplique sans appel à Bernard-Henri Lévy, au nom de cette évidence que, s'il y a une gauche politique et une idée socialiste, c'est tout simplement qu'il y a des conflits de classes, des luttes entre dominants et dominés, capitalistes et travailleurs, propriétaires et salariés. Ironie supplémentaire, la réponse de Sartre se trouve dans une série d'entretiens accordés au *Nouvel*

1. Lignes, 2008.
2. Grasset, 2007
3. Seuil, Coll. Point, 1981.

Observateur, fin 1964 et début 1965, quand la gauche assommée par sa perdition algérienne vivait des débats similaires, Gaston Defferre en « Monsieur X » jouant les Manuel Valls de l'époque.

Voici donc ce qu'affirmait Sartre, au cours de ces entretiens repris dans *Situations, VIII*, recueil paru en 1972[1] et sous-titré *Autour de 68* : « Les vrais défaitistes sont ceux qui nous proposent, comme Defferre, d'achever la gauche sous prétexte de la guérir. Est-ce être pessimiste que constater un état de choses alarmant ? Je vous l'ai dit, je l'ai écrit, je ne suis pas le seul à le penser : la gauche est malade. Mais je crois qu'elle ne peut pas mourir. La gauche n'est pas une « idée généreuse » d'intellectuels. Une société d'exploitation peut s'acharner à vaincre la pensée et les mouvements de gauche, et même, par périodes, les réduire à l'impuissance : elle ne les tuera jamais car c'est elle-même qui les suscite. [...] À longue échéance, une gauche renaîtra, quel que soit le sort de celle que nous connaissons aujourd'hui, parce que l'existence même de la gauche est la manifestation d'un conflit de classes qu'on cherche à masquer mais qui reste une réalité. »

« La gauche se meurt, passons à droite » : par cette formule, Sartre résumait ce qu'il appelait « le réalisme des technocrates » : « Ce qu'il faut refuser, c'est le chantage à l'urgence que nous font les technocrates : « La gauche a peu de chances de se relever rapidement des maladies dont elle souffre. Enterrons-la vite ! » Pourquoi ? Il faut essayer de la sauver, même si cela doit prendre du temps. [...] Qu'on ne vienne pas nous dire aujourd'hui que « tout est foutu » parce qu'une série de circonstances historiques [...] a amené les partis de gauche à leur point de division le plus haut et à leur niveau d'efficacité le plus bas. Cela veut simplement dire qu'il faut se mettre au travail. »

Ce « réalisme des technocrates » n'est évidemment pas sans évoquer nos Gracques d'aujourd'hui qui, sous divers atours, témoignent des régressions et amnésies produites

1. Aux éditions Gallimard.

par la contamination de la gauche ou, plutôt, de ses cercles dirigeants, par l'esprit de l'École nationale d'administration. Qui plus est une Ena qui, à la mise à distance du social par une vision appauvrie du service de l'État, a fini par ajouter la régénération des élites économiques et financières du capitalisme lui-même. Or si la gauche se pense d'emblée comme l'État, un État qui ne tient même plus à distance le capitalisme financier, elle en vient inévitablement à se priver du seul levier dont elle dispose pour exister par elle-même, construire sa propre identité et créer sa propre dynamique : la question sociale.

Quant au regretté André Gorz (1923-2007), on ne saurait trop recommander la lecture de *Capitalisme Socialisme Écologie*[1], recueil de textes souvent parus d'abord en Allemagne lors des débats qui suivirent la chute du Mur de Belin. On y comprend bien que ses *Adieux aux prolétariats* (1980), démontage des visions messianique et prophétique d'une classe ouvrière mythifiée, n'étaient en rien un abandon de la question sociale qu'il plaçait au cœur des enjeux écologiques. Pour ce précurseur de l'écologie politique, si la scène et les acteurs du conflit ont profondément changé, son enjeu reste identique : « Si on conçoit le socialisme comme une forme de société dans laquelle les exigences de la rationalité économique sont subordonnées à des exigences sociétales et culturelles, l'actualité du socialisme doit paraître plus grande que jamais. »

Gorz encore : « Le socialisme est mort tant qu'il se comprenait comme un système tendant à une totale rationalisation scientifique. Par cette prétention, il s'est coupé de tout ancrage dans l'expérience vécue ainsi que de l'aspiration des individus à l'émancipation et à l'autonomie. Mais le socialisme subsistera comme mouvement ou comme horizon historique pour autant que, conformément à sa signification originelle, il se comprend comme aspiration à achever l'émancipation des individus dont la révolution bourgeoise a marqué le commencement et qui

1. Galilée, 1991.

reste à réaliser dans les domaines dans lesquels le capitalisme soumet les hommes et les femmes aux contraintes systémiques, aux rapports de domination et aux aliénations inhérentes au règne de la marchandise. »

Quitte à « Bronzer intello », comme nous le propose, bien loin des urgences sociales, son dernier numéro, *Le Nouvel Observateur*, qui ne manque pas d'archives, ferait œuvre utile en republiant telle interview de Jean-Paul Sartre ou tel article d'André Gorz. Au moins retrouverait-il ainsi sa mémoire, comme devrait s'efforcer de le faire la gauche tout entière.

9 août 2009

3. La faute du procès Clearstream

Quand le peuple renonce à comprendre, c'est qu'il abdique déjà sa souveraineté. Tel est le premier ravage démocratique de l'affaire Clearstream : son apparente opacité qui invite au renoncement civique. Or la vérité, c'est que cette histoire de fous, selon la juste formule de Frédéric Charpier[1], est en réalité une histoire simple, comme je l'ai expliqué récemment dans *Marianne*[2]. C'est l'histoire dérisoire d'un escroc qui veut se refaire à sa sortie de prison en 2002, en prétendant d'abord permettre la capture d'Oussama Ben Laden, puis en inventant « l'affaire des affaires » avec les listings falsifiés. Et c'est l'histoire stupéfiante d'un petit monde des services du renseignement, à la frontière de la politique et de la police, qui, au plus haut niveau de sa hiérarchie, accorde du crédit au faussaire, l'introduisant au cœur du secret d'État et le cautionnant ainsi dans ses inventions.

Telle est l'histoire que l'on a sciemment embrouillée pour semer la confusion afin de servir les intérêts d'une seule des deux cent vingt-huit victimes de la falsification des listings

1. Frédéric Charpier, *Une histoire de fous. Le roman noir de l'affaire Clearstream*, Seuil, 2009.

2. Il s'agit d'une chronique parue dans *Marianne* du 12 septembre 2009 sous le titre « Clearstream : une histoire de bonimenteurs ». Je l'ai reprise sur mon blog de Mediapart, sous le titre « Clearstream : une histoire simple que Sarkozy embrouille ». Elle est consultable à cette adresse :

http://www.mediapart.fr/club/blog/edwy-plenel/200909/clearstream-une-histoire-simple-que-sarkozy-embrouille de la chambre de compensation luxembourgeoise : Nicolas Sarkozy, devenu président de la République non sans l'aide de ce feuilleton dont il s'attacha à préempter le scénario, privatisant à son seul profit quatre ans d'instruction judiciaire. À la chimère des faux listings s'est ajoutée la légende d'un complot villepiniste destiné à abattre le seul Sarkozy, comme si les deux cent vingt-sept autres victimes, personnes physiques ou morales, n'avaient été introduites dans les listings que pour cacher ce dernier, pourtant glissé sous des patronymes inhabituels, ceux de son père.

À l'ouverture du procès, qui commence lundi 21 septembre 2009 au palais de justice de Paris, l'opinion commence à comprendre que cette thèse, qui fut celle d'une instruction menée dans un sens univoque et qui fut martelée par une grande partie des médias, ne tient pas. Elle tient si peu que le procureur de la République, qui assurera lui-même l'accusation devant le tribunal, ne l'assume pas. Après avoir demandé aux juges un complément d'enquête tant il n'était pas convaincu par leur démonstration s'agissant de Dominique de Villepin, Jean-Claude Marin a réellement envisagé de requérir un non-lieu pour l'ancien Premier ministre, avant de finalement se rabattre sur une accusation contradictoire avec celle des juges d'instruction.

Désormais, l'accusation ne reproche à Dominique de Villepin aucun rôle dans la fabrication des faux listings, au point d'estimer que, comme bien d'autres acteurs parmi lesquels l'estimable et intègre juge Renaud Van Ruymbeke, il a cru de bonne foi à leur réalité. Mais elle l'accuse de ne pas avoir prévenu la justice de la falsification, à partir de l'été 2004 quand elle ne faisait plus guère de doute, malgré la publicité imprudente donnée en juillet par l'hebdomadaire *Le Point* à un scandale qui ne tenait pas debout. Or la prise de conscience soudaine, tant l'instruction les a ignorées, qu'il y a bien d'autres parties civiles dans cette affaire – dont je suis – et qu'elles ne rentrent pas dans le cadre préconstruit du scénario sarkozyste, permet de comprendre que ce qui est ici reproché à Villepin peut l'être à toute la chaîne administrative et gouvernementale concernée à l'époque par cette affaire : mi-2004, ils savaient tous, Sarkozy compris, que des faux listings calomnieux circulaient, mais aucun d'entre eux n'a informé la justice comme l'article 40 du code de procédure pénale leur en fait pourtant l'obligation.

Le procès Clearstream n'a donc pas pour seul enjeu l'affrontement entre deux hommes, issus de la même famille politique. L'admettre, ce serait prolonger la privatisation de la justice qui a été la marque de toute cette affaire. Non, le procès Clearstream, la tenue de ses débats, la clarté de ses conclusions ont pour enjeu rien de moins que la démocratie. La démocratie en ce sens qu'elle est une haute idée de la justice, en tant que pilier de la défense des libertés individuelles et collectives. On aurait tort de ne voir dans cette histoire qu'une bataille entre gens du même monde bien loin des questions que se posent celles et ceux qui vivent la crise sociale, ses difficultés et ses souffrances. La cause de la justice se bat souvent sur des terrains imposés par l'adversité. Elle ne choisit pas ses héros, puisqu'elle défend des principes qui les dépassent. Si une figure de la gauche judiciaire comme Henri Leclerc a rejoint, aux côtés d'Olivier Metzner, la défense de Dominique de Villepin, c'est sans doute pour cette raison : parce qu'au-delà de l'individu et de ses fautes, réelles ou supposées, la cause de la justice réclame qu'on fasse fi de certaines préventions partisanes.

Qui pourrait nier, aujourd'hui, que le procès qui s'annonce n'est pas équitable ? L'article 6-1 de la Convention européenne des droits de l'homme dispose que « toute personne a droit à ce que sa cause soit entendue équitablement, publiquement et dans un délai raisonnable, par un tribunal indépendant et impartial ». Tirant les conséquences de cet article et de la jurisprudence de la Cour européenne des droits de l'homme sur l'indépendance des juges, l'équilibre entre les parties et les droits de la défense, un article préliminaire a été placé en tête de notre Code de procédure pénale en 2000 : « La procédure pénale doit être équitable et contradictoire pour préserver l'équilibre des droits des parties. » Or toute la procédure de cette affaire est biaisée par le poids d'une seule partie civile qui, après avoir politiquement instrumentalisé le dossier à des fins électorales, se retrouve aujourd'hui à la présidence de la République, lieu d'un pouvoir écrasant et omnipotent.

Un pouvoir qui pèse institutionnellement sur la justice et une justice dont, à tout le moins, ce pouvoir ne cesse de malmener l'indépendance. Selon l'article 64 de notre Constitution, le président de la République est le « garant de l'indépendance de l'autorité judiciaire ». Dans cette fonction, il est assisté par le Conseil supérieur de la magistrature qu'il préside toujours, la réforme constitutionnelle adoptée en 2008 n'ayant pas encore été traduite en loi organique, et dont il continuera de désigner deux des membres après sa mise en œuvre. De plus, l'article 13 de la Constitution lui confère un pouvoir réglementaire lié à la nomination des magistrats. Enfin, l'article 67 de cette même Constitution lui confère une immunité judiciaire totale durant toute la durée de son mandat. Nous voici donc en présence d'une partie civile dont non seulement tout le poids institutionnel pèse sur le procès, sur le procureur qui va requérir, sur le tribunal qui va juger, mais qui de plus n'est pas un justiciable comme les autres, totalement "inatteignable" derrière son immunité. Il n'est pas besoin d'être juriste averti pour comprendre qu'un jour ou l'autre la Cour européenne des droits de l'homme sanctionnera la France pour avoir laissé faire ce déséquilibre entre les parties qui, à l'évidence, fausse la justice.

À cette inégalité structurelle du procès – si, du moins, la constitution de partie civile du président de la République est maintenue et si elle est déclarée recevable par le tribunal – s'ajoute tout ce qui a précédé, jusqu'aux derniers jours : l'extrême privatisation de la justice dont témoigne cette affaire, au point que la défense du droit y cède la place à une vendetta des personnes. « Si j'attrape le manipulateur de Clearstream, je le pends à un croc de boucher » : jamais démenti depuis qu'il a été révélé par Franz-Olivier Giesbert en 2006[1], ce propos de Nicolas Sarkozy n'est évidemment pas anecdotique. Ministre de la République de 2002 à 2007, président de la République depuis, ce dernier a toujours revendiqué publiquement sa volonté de faire condamner ceux qu'il considère comme les auteurs de l'infraction, au premier rang desquels son rival politique, Dominique de Villepin. Chef de l'État, il a commenté cet été l'affaire judiciaire en cours, aussi bien dans une interview au *Nouvel Observateur* que lors de son voyage officiel au Brésil.

Représentant d'un parquet soumis hiérarchiquement au pouvoir exécutif, le procureur de la République n'a pas hésité à s'exprimer publiquement sur le dossier, le 28 août 2009, sur Europe 1. À charge contre Dominique de Villepin, ses déclarations ne laissent pas d'étonner car elles semblent demander à ce dernier de prouver son innocence quand, en bonne justice, il reviendrait plutôt à l'accusation de prouver sa culpabilité. Le 13 septembre, le secrétaire général de l'Élysée, Claude Guéant, s'est à son tour exprimé publiquement sur cette affaire dans *Le Journal du dimanche*, en apportant du crédit aux dernières versions accusatrices du faussaire Imad Lahoud, lesquelles ont été recueillies dans des conditions discutables, une fois l'instruction terminée, puis cachées à l'ensemble des parties au procès jusqu'à leur dévoilement dans la presse.

Bref, les magistrats qui composent le tribunal sont publiquement sommés d'obéir au désir du pouvoir. Et tous les signaux leur sont envoyés pour les avertir qu'une décision non conforme équivaudrait à entrer en dissidence. Dominique de Villepin fut-il coupable des turpitudes que Nicolas Sarkozy lui prête, aucun démocrate authentique, aucun républicain sincère ne saurait cautionner un tel détournement privatif de la justice, à la fois déni de droit et corruption de l'esprit public.

21 septembre 2009

1. Franz-Olivier Giesbert, *La Tragédie du Président. Scènes de la vie politique 1986-2006*, Flammarion, 2006.

4. La société de fiction en échec

Le jugement rendu, jeudi 28 janvier 2010, dans l'affaire Clearstream n'est pas la victoire d'un homme sur un autre, mais d'un principe sur sa négation. Ce n'est pas la victoire de Dominique de Villepin sur Nicolas Sarkozy, même si, en concluant à l'innocence du premier, il signe la défaite du second, qui n'a cessé de vouloir détourner cette affaire à son profit, au mépris de la séparation des pouvoirs et de l'égalité des armes[1]. Non, c'est, bien plus essentiellement, une victoire des faits sur les fictions, de la vérité des faits sur le mensonge des rumeurs, de la réalité factuelle sur les spéculations intellectuelles.

En ce sens, c'est une victoire de la raison contre la déraison, de la justice contre son détournement, de la démocratie contre sa privatisation. Car rendre la justice, ce n'est pas spéculer ; c'est, d'abord, démontrer. Dire le droit, ce n'est pas croire ; c'est, au préalable, prouver. Sans réalité factuelle, pas de construction juridique. Sans faits, pas de droit. Modèle du genre avec ses trois cent vingt-sept pages extrêmement fouillées, toutes de précaution et de rigueur, le jugement de la onzième chambre du tribunal correctionnel de Paris, présidée par Dominique Pauthe avec, pour assesseurs, Cécile Louis-Loyant et Virginie Tilmont, ne s'en tient justement qu'aux faits, les cernant avec une extrême minutie tels qu'ils ressortent du dossier d'instruction et des audiences du procès.

1. Le parquet ayant fait appel, ce jugement de première instance n'est pas définitif. Le procès en appel devait se tenir en mai 2011.

Or quels sont les faits établis, vérifiés, recoupés, incontestables, dans ce dossier ? D'abord qu'il n'y aurait jamais eu d'affaire Clearstream sans le faussaire Imad Lahoud qui, au final, apparaît bien comme le personnage central ainsi qu'en témoigne l'échelle des peines, sa condamnation étant la plus lourde. Ce n'est pas un exécutant secondaire, mais un premier rôle. Lahoud, dit le tribunal, est « un menteur invétéré, un metteur en scène insatiable et un comploteur infatigable » ; « il s'est révélé un redoutable escroc aux renseignements », mettant « son indéniable intelligence et ses compétences professionnelles indiscutables au service d'un arrivisme certain » ; paraissant « s'être installé dès 2002 dans une activité de faussaire », il est « parvenu à se rendre indispensable et insoupçonnable, voire intouchable » auprès de ses protecteurs, aussi bien dans le monde de l'industrie que dans celui du renseignement.

Ensuite, qu'à ce faussaire il faut ajouter un calomniateur : Jean-Louis Gergorin, « l'initiateur et l'auteur principal des délits de dénonciations calomnieuses ». Sous le choc du décès soudain, début 2003, de son mentor, Jean-Luc Lagardère, « il a agi pour satisfaire des intérêts personnels sous couvert de défense de ceux d'EADS et du groupe Lagardère et des impératifs de sécurité nationale ». « Habité par une intention de nuire en partie sous l'influence pernicieuse et néfaste d'Imad Lahoud », c'est lui, et lui seul, qui « a su instrumentaliser les autorités », mettant « en scène ses démarches, leur donnant une apparence de crédibilité et de légitimité ». Ayant perdu contact avec le réel, obsédé par une vision complotiste du monde, prenant ses fantasmes pour la réalité, il n'avait plus qu'une obsession : « Crédibiliser son combat contre un ennemi chimérique par l'utilisation de données dont il connaissait le caractère mensonger. »

Deux personnages, pas un de plus, pour une seule et même chimère, construite par l'un, diffusée par l'autre. Tout autour, et le jugement n'en ignore aucun, divers protagonistes qui les ont connus ou croisés, qui ont été sollicités ou démarchés, qui furent piégés ou trompés, alléchés ou manipulés, informés et désinformés, imprudents ou curieux, mais dont aucun élément factuel ne permet d'établir qu'ils ont consciemment et activement participé à la falsification et à la calomnie, aux faux et à leur diffusion. Tous, à des degrés divers, seront utilisés comme paravents ou cautions par les deux coupables désignés qui n'ont cessé de les citer, de les mentionner et de les compromettre afin d'échapper à leurs propres responsabilités.

Tous, loin de là, n'étaient pas sur le banc des prévenus, l'instruction ayant fait un tri incohérent, partiel et partial, en ne retenant, outre le journaliste Denis Robert et l'informaticien Florian Bourges, que Dominique de Villepin afin d'étayer sa thèse d'une manipulation ourdie au sommet de l'État. Afin surtout d'affirmer, contre l'évidence même puisque pas moins de 228 personnes physiques ou morales furent victimes de cette calomnie, que la machination n'avait qu'une seule finalité, qu'une cible véritable : Nicolas Sarkozy.

Cette thèse des deux juges d'instruction tenait si peu et se révéla si fragile durant les audiences que l'accusation elle-même se refusera à la soutenir, le procureur de la République ne faisant plus reproche à l'ancien Premier ministre que de son retard à dénoncer la calomnie.

Or la vérité du dossier comme des audiences, confortée par diverses notes administratives minutieusement citées par le tribunal, c'est que, énonce le jugement, « la preuve n'est pas rapportée à l'encontre de Dominique de Villepin tant d'une instruction, donnée en connaissance de cause, de commettre le délit de dénonciation calomnieuse dont il aurait été l'instigateur, que d'une abstention d'empêcher la réitération de la dénonciation qu'il aurait su calomnieuse, susceptible de constituer un acte de complicité ». Autrement dit, il n'y a pas la preuve, dans les milliers de pages du dossier et après plusieurs années d'investigations, que Dominique de Villepin ait pu inspirer ou accompagner la calomnie forgée par Imad Lahoud et promue par Jean-Louis Gergorin.

Ce jugement ruine la légende d'un complot chiraquien, organisé par un introuvable cabinet noir en vue de règlements de comptes, à droite, pour l'élection présidentielle de 2007. La seule manœuvre politique tangible dont ce dossier témoigne depuis 2004 est la pression constante sur la justice et les médias de Nicolas Sarkozy, hyper-partie civile devenue hyper-président notamment par l'exploitation tendancieuse de cette affaire afin de publiquement discréditer son potentiel rival. Quant à la réalité de la calomnie, elle est plus prosaïque que les fictions, hélas, propagées par une partie de notre profession dans sa chronique aveuglément à charge du dossier : deux personnages, pas un de plus, l'un faussaire professionnel, l'autre délirant occasionnel.

Qu'au vu des ravages qu'ils ont provoqués et des dégâts qu'ils ont facilités, le succès de l'entreprise inventée par Imad Lahoud et Jean-Louis Gergorin doive faire réfléchir, c'est l'évidence. Que leur stupéfiante réussite doive nourrir de légitimes inquiétudes sur le fonctionnement des grandes administrations et des grandes entreprises, de l'État et de ceux qui le servent ou l'accompagnent, c'est même une nécessité impérieuse.

Des hautes sphères du renseignement aux élites des cabinets ministériels, en passant par les mondes ministériel du pouvoir et patronal du CAC 40, le cheminement de Lahoud comme la pérégrination de Gergorin mettent en évidence des naïvetés et des crédulités, des absences de précaution et des manques de prudence, des défauts de coordination et de vigilance. Mais cette question, et les audiences du procès l'ont amplement démontré, concerne toute une chaîne ministérielle, administrative, politique, économique, militaire, etc., qui, loin de se réduire au seul Dominique de Villepin, implique nombre d'acteurs du pouvoir actuel.

C'est pourquoi l'appel du parquet, s'il est possible en droit, n'en est pas moins illégitime. Annoncée, le lendemain matin du jugement, sur les ondes d'une radio privée, cette décision du procureur de la République témoigne d'un acharnement politique plutôt que d'un entêtement judiciaire. Car, dans ce procès, l'accusation a obtenu gain de cause sur l'essentiel : d'accord avec elle sur les responsabilités du faussaire et du calomniateur, le tribunal a suivi fidèlement ses réquisitions concernant les deux principaux protagonistes.

Le seul point de divergence concerne la participation, par instruction (thèse des juges d'instruction) ou par abstention (thèse du procureur de la République), de Dominique de Villepin au délit de dénonciation calomnieuse. Faisant droit à tous les arguments de l'accusation, le tribunal les démonte un par un pour établir qu'il ne s'agit là que d'une hypothèse, d'une spéculation ou d'une construction. Que ce n'est pas la réalité avérée. Bref, qu'il n'y a pas de preuve.

Faire appel, c'est donc vouloir à tout prix relancer la légende, redonner corps à la fiction – notamment en influant sur le traitement médiatique de l'affaire Clearstream. C'est persister dans l'attitude qui, déjà, illustra la soumission du parquet au désir présidentiel quand, en 2008, face aux faiblesses du dossier d'instruction, le procureur de la République envisagea de requérir un non-lieu pour Dominique de Villepin, avant de se raviser. Et, surtout, comme l'ont montré les premières déclarations d'Imad Lahoud et de Jean-Louis Gergorin depuis leur condamnation, c'est s'entêter à faire cause commune avec les coupables désignés.

Car telle est la faiblesse, aussi bien juridique que morale, de la position du parquet, désormais seul relais des intérêts de la partie civile présidentielle : pour tenter de faire tenir sa fiction, il lui faut s'appuyer sur les deux bonimenteurs, raconteurs d'histoires, inventeurs de complots et faussaires de la réalité. Sur leurs défausses, sur leurs mensonges.

Cet acharnement contre l'ancien Premier ministre ne saurait laisser indifférent quiconque est attaché à l'État de droit. L'apparence d'un affrontement entre deux hommes fait perdre de vue l'essentiel, qui nous concerne tous : le sort de la justice dans notre pays. L'idée que nous nous en faisons. Les principes que nous y défendons. Car ce que le tribunal a solennellement rappelé, c'est que le doute doit toujours profiter à l'accusé. Et que l'apport de la preuve est à la charge de l'accusation. Ici, s'agissant de Dominique de Villepin, nous dit le tribunal, pas de preuve, que du doute ! Le condamner aurait donc signifié la négation de ces principes fondamentaux, sans lesquels il n'est pas de justice équitable.

Pour l'opposition, dans sa diversité, ignorer cet enjeu, en laissant seul à son sort judiciaire l'ancien Premier ministre au prétexte que c'est un adversaire politique, serait faire preuve non seulement d'une grande mesquinerie partisane, mais d'une immense pauvreté politique. Robert Badinter, cette figure des combats de la gauche sur le terrain du droit qui, pourtant, ne fut jamais tendre avec Jacques Chirac et son entourage, l'a bien compris, et c'est pourquoi il est sorti de sa réserve pour rappeler sa famille à ses propres valeurs. « Cette décision, a-t-il confié au *Monde* du 30 janvier 2010, est une victoire de la justice parce qu'elle témoigne de l'indépendance des juges qui l'ont rendue et aussi parce que les juges ont fondé leur décision sur un principe fondamental du procès pénal, trop oublié parfois : c'est à l'accusation de rapporter la preuve de la culpabilité du prévenu. »

L'affaire Clearstream est une sérieuse alerte, mais ce n'est pas celle qu'on nous raconte depuis des années. Pas celle d'un scandale d'État, d'un cabinet noir ou d'un complot politique. Mais celle d'une fiction l'emportant sur la réalité, d'une légende étouffant les faits, d'une chimère brouillant le réel. Ce n'est pas seulement Dominique de Villepin qui en aura été la victime, mais notre démocratie tout entière. Si une fiction peut si aisément et si longtemps l'emporter, s'imposer dans les médias dominants et devenir un lieu commun journalistique, il y a lieu de s'interroger sur notre métier et de s'inquiéter pour notre pays.

Ailleurs ou hier, des haines se sont installées, des crimes se sont commis, des guerres ont eu lieu parce que des fictions mensongères s'étaient emparées du peuple, portées par ceux qui le dirigent et diffusées par ceux qui l'informent. En ce mois de janvier 2010 où le jugement de première instance de l'affaire Clearstream a été rendu « au nom du peuple français », la revue *Le Débat*[1] publiait un article de l'historien Jacques Baynac intitulé « La société de fiction ».

Prolongeant et approfondissant la réflexion pionnière de Guy Debord dans *La Société du spectacle*[2], il s'y alarme d'une société, la nôtre, où le réel ne serait plus seulement dissous dans la représentation, mais où il serait tout simplement nié par la fiction. Où notre réalité vécue serait désormais effacée, travestie, contrefaite, perdant toute valeur, toute pertinence, toute efficacité. De même que l'économie réelle est minée par la fiction financière, la politique comme bien commun serait ainsi corrompue par la déréalisation.

Cette société de fiction est un monde où l'homme, l'humanité et l'humanisme, n'ont plus leur place. « Dans la société de fiction, écrit Jacques Baynac, la communauté humaine est le marché, l'individu le consommateur, l'être le compte en banque. (...) Dans cette société, la démocratie, gouvernement du peuple par le peuple et pour le peuple, est le gouvernement du peuple par les riches pour les super-riches. (...) L'homme, l'humain réel, est de trop dans la société de fiction. Parce qu'il est réel. L'homme idéal de cette société est un homme sevré de réel et nourri de fictions. »

Si nous savons méditer collectivement l'amère leçon de l'affaire Clearstream, alors, peut-être, éviterons-nous l'installation à demeure de ce cauchemar.

1er février 2010

1. *Le Débat*, n° 157, novembre-décembre 2009.
2. Guy Debord, *La Société du spectacle*, Buchet-Chastel, 1967.

5. Un pouvoir usé, vieilli et fatigué

Usé, vieilli, fatigué... On s'en souvient, ce diagnostic n'a pas réussi à Lionel Jospin, trop sûr de lui dans cet avion qui, le 10 mars 2002, le ramenait de la Réunion. Faisant fi du premier tour, il enterrait déjà Jacques Chirac, son rival à l'élection présidentielle qui approchait : « Il manque d'énergie. Il a vieilli. Il est fatigué. L'exercice du pouvoir l'a usé. Il est d'une grande passivité. »

Or, huit ans après, c'est cette même phrase qui vient à l'esprit à propos de la présidence de Nicolas Sarkozy dont l'agitation verbeuse, désordonnée et à contretemps, ne réussit plus à masquer l'usure, l'impuissance et la lassitude. Avec ce même paradoxe en forme d'alerte destinée à l'opposition de gauche : pour autant, la partie, en 2012, est encore bien loin d'être jouée, encore moins gagnée.

À mi-mandat, la machinerie de la présidence Sarkozy, ce mélange d'omniprésence revendiquée et d'omnipotence assumée, s'est durablement enrayée. La mécanique est grippée, et le mécano lui-même semble déstabilisé ou dépassé. Du toujours énigmatique accident de santé de la fin juillet 2009, qu'aucun bulletin de santé transparent n'est venu éclaircir, aux récentes rumeurs de crise conjugale avec Carla Bruni, largement reprises par la presse internationale, la chronique présidentielle est de nouveau ravalée au rang de fait divers ou de vaudeville, comme elle le fut, fin 2007 et début 2008, lors du premier décrochage avec l'opinion.

La séquence qui s'achève, ce mois de mars 2010, avec les deux tours des élections régionales, met en scène le divorce du pouvoir avec son propre électorat. La droite doute, et ne s'en cache plus. François Fillon, le Premier ministre humilié et malmené, est désormais portraituré en présidentiable, voire en recours. Alain Juppé, symbole de cette chiraquie contre laquelle Nicolas Sarkozy s'est construit, laisse ébruiter une possible candidature en 2012 si, d'aventure, le président sortant renonçait. Michèle Alliot-Marie, maintenue au gouvernement en raison même de sa capacité de nuisance, se délecte de sa popularité parmi les parlementaires UMP au détriment de Brice Hortefeux, le lieutenant fidèle à l'étoile déclinante. Sans compter, évidemment, Dominique de Villepin, qui envisage d'annoncer, dès le lendemain des régionales, la création de son mouvement politique.

Si elle peut espérer en profiter dans les urnes régionales, la gauche n'est pourtant aucunement responsable de cette impopularité croissante, produit d'une décomposition interne plutôt que d'un rapport de forces extérieur. Séduit par son volontarisme affiché, l'électorat de Nicolas Sarkozy n'a pas oublié ses promesses de République irréprochable, de priorités sociales et de rupture avec le passé.

C'est à leur aune que, ces derniers mois, il a jugé, successivement, l'affaire Clearstream, symbole d'une justice pervertie en vendetta privée ; le feuilleton de l'EPAD avec Jean Sarkozy dans le rôle principal, illustration d'un népotisme et d'un clientélisme sans frein ; le supposé débat sur l'identité nationale, pédagogie régressive de la division et de la confusion avec, en prime, l'éloge de la trahison *via* la promotion du zélé ex-socialiste Éric Besson ; l'épisode Henri Proglio, nouveau patron d'EDF un temps maintenu à Veolia, impensable cumul de deux emplois, l'un privé, l'autre public, de deux salaires et de deux retraites, dans des proportions incommensurables pour le commun des salariés ; les cascades de promotions et de nominations qui, de Frédéric Mitterrand à Michel Charasse, font la part belle aux transfuges plutôt qu'aux fidèles, aux prises de guerre selon le fait du prince plutôt qu'à la cohésion et à la cohérence de son propre camp.

En somme, la présidence Sarkozy sème son propre désordre et en recueille inévitablement les fruits empoisonnés. Le poisson pourrit toujours par la tête, dit un vieux proverbe russe, résumant, par le détour d'une inoffensive ironie, la faille des systèmes autocratiques. Quand le maître décroche, les serviteurs dérapent : la campagne des régionales en fut l'illustration vivante.

De la ministre de l'Outre-Mer revendiquant sans honte un favoritisme guadeloupéen à visées électoralistes à l'indigne polémique de basse police contre un candidat socialiste d'origine africaine, sans oublier la récente sortie du chef des sénateurs UMP, Gérard Longuet, en défense du « corps français traditionnel », la droite ne fait ici que renvoyer à la présidence son propre reflet, appliquant sans précaution ses méthodes et dévoilant sans habileté ses préjugés.

Les anciennes recettes, par lesquelles ce pouvoir personnel imposait à l'actualité le carcan de son agenda politique, sont éventées, à force d'usage. En profondeur, le pays ne se laisse plus tromper. La complaisante mise en scène télévisuelle d'une présidence compassionnelle, sur TF1, fin janvier dernier, n'a fait que souligner l'impuissance de Nicolas Sarkozy face à une nation souffrante. Malgré l'imprudente caution des centrales syndicales, le spectacle organisé en février par l'Élysée autour des retraites, diffusant l'angoisse du futur pour masquer l'urgence du présent, s'est lui aussi heurté à la réalité : d'Ikea à Total, divers conflits emblématiques ont alors rappelé l'impératif de l'emploi et des salaires, du pouvoir d'achat et du partage des richesses.

Même l'insécurité, habituel fonds de commerce de cette majorité, lui revient aujourd'hui en boomerang, avec des chiffres témoignant à la fois d'un échec patent (la hausse des agressions) et d'une régression dangereuse (l'explosion des gardes à vue). Et voici que l'agriculture, habituel fond de scène des consensus présidentiels, se transforme en traquenard répétitif : après avoir révélé, en 2008, la violence incontrôlée du personnage (le fameux « Casse-toi, pauv'con ! »), le Salon de l'agriculture aura confirmé, en

2010, son absence de conviction écologique (l'environnement « qui commence à bien faire ») et, par voie de conséquence, l'insincérité du Grenelle sur ce sujet des premiers mois de la présidence dont l'une des mesures phares, la taxe carbone, est aujourd'hui mort-née.

Sous d'autres présidences, la scène internationale permettait de faire un temps diversion. Confronté à une impopularité telle que la gauche fut laminée aux élections législatives de 1993, François Mitterrand avait su retourner à son seul profit la querelle européenne du Traité de Maastricht en 1992. Aucune perspective semblable ne s'offre à Nicolas Sarkozy dont le capital international est fortement dévalué.

Même ceux qui lui concédaient, à tort selon nous, un dynamisme européen durant sa présidence de l'Union, en 2008, ne peuvent que constater aujourd'hui la marche en arrière de l'Europe politique sous les coups de boutoir de diplomaties nationales concurrentes et rivales. Et ce n'est pas l'annonce d'une rencontre fin mars à Washington avec Barack Obama qui suffira à effacer l'impression d'une mise à distance du président français par son homologue américain.

Se prétendant hier maîtresse des événements, cette présidence semble aujourd'hui les subir. Une escapade sans grandeur en Haïti quand il y aurait eu tant à faire et à dire, à donner et à rendre, sur cette terre d'esclavage dont l'insondable malheur fit notre insolente richesse. Une escale sans relief au Rwanda pour une normalisation piteuse quand le souvenir du génocide commis en 1994 par un pouvoir soutenu par la France aurait appelé examen de conscience et remise en cause. Une alliance sans hauteur avec la Russie de MM. Poutine et Medvedev à mille lieues d'une diplomatie des droits de l'homme, au point d'irriter un rallié notable, André Glucksmann. Indignation, il est vrai, tardive et sélective tant ces épisodes récents ne font que confirmer et accentuer ce qu'avaient donné à voir les premiers mois de la présidence, du discours africain de Dakar au séjour parisien de Kadhafi.

Tel est donc, brossé à grands traits, le paysage à l'approche des trois ans de cette présidence : un pouvoir en panne, une opinion en rupture, un pays en crise. De l'ampleur du vote sanction aux élections régionales, les 14 et 21 mars 2010, dépendra l'approfondissement de ce retournement.

Nicolas Sarkozy le sait pertinemment, et c'est bien pourquoi il intervient, contrairement à ses premiers engagements, dans la campagne, afin de mobiliser son électorat traditionnel, en pariant sur une abstention plus défavorable à la gauche. Des scrutins régionaux et de leur impact politique sortira donc la nouvelle donne nationale où s'inscrira la bataille électorale à venir, celle de la présidentielle. Et l'on voit bien déjà l'erreur de perspective qui pourrait être fatale à l'opposition : croire que l'impopularité d'aujourd'hui fera naturellement l'alternance de demain.

L'évocation initiale de la mésaventure de Lionel Jospin en 2002 est déjà une mise en garde : usé, vieilli et fatigué, Jacques Chirac n'en a pas moins bénéficié d'un plébiscite irréel et, depuis, soit huit ans, la droite gouverne le pays sans partage. Sauf événement imprévu, ce pouvoir impopulaire a donc deux atouts dans son jeu : le temps et les institutions. Deux ans, c'est long et, surtout, dans notre présidentialisme si déséquilibré et incontrôlé, l'Élysée est une forteresse inatteignable qui permet de voir venir, de manœuvrer et d'anticiper.

À l'exception de Valéry Giscard d'Estaing en 1981, les présidents sortants ont toujours réussi à se faire réélire. Exception elle-même bavarde : la victoire de François Mitterrand supposait deux dynamiques complémentaires, celle de fortes divisions à droite et celle d'une vague unitaire à gauche.

Autrement dit, l'éventuelle sanction électorale d'une présidence sortante exige que le rassemblement l'emporte à gauche et que la discorde s'installe à droite. L'essentiel de la réponse dépend du Parti socialiste, tant dans son travail sur lui-même que dans sa relation avec les autres gauches. Mais une partie relève aussi du journalisme d'information, dans sa fonction d'évaluation et d'analyse. De ce point de vue, déduire de ses actuelles difficultés que le sarkozysme, « ce n'est rien », comme nous y invite un éditorialiste de France Inter, c'est sans doute contribuer à prolonger cette inconsistance sans prendre la mesure de sa malfaisance.

11 mars 2010

6. Non, Sarkozy, ce n'est pas rien

Et si Sarkozy, ce n'était « rien » ? Et si ce n'était qu'un président « qui nous fait perdre du temps », qu'un « Chirac en sueur », qu'un président « banalement de droite » ? Avec l'art des formules qui pimentent une chronique, notre confrère Thomas Legrand, éditorialiste à France Inter, s'offre actuellement un succès de librairie avec son essai, précisément intitulé *Ce n'est rien*[1].

La panne actuelle du sarkozysme, qui semble avoir de moins en moins prise sur les événements depuis l'été 2009, n'y est pas étrangère : cette thèse surgit au moment même où la présidence patine et s'enlise. À tel point que Nicolas Sarkozy lui-même vient d'évoquer une « pause », comme pour masquer par une pose électoralement calculée son impuissance et son désarroi.

Tout n'est évidemment pas à rejeter dans ce que suggère Legrand. Dans une réflexion ironique et autocritique sur sa fonction médiatique de « sarkroniqueur », il met en garde contre une surévaluation des décisions du pouvoir qui en ferait paradoxalement le jeu, par une sorte de détestation qui ne serait qu'une fascination à rebours. Mettant en évidence les ratés de la machinerie présidentielle, il souligne qu'il y a souvent loin des intentions aux réalisations. En ce sens, il met l'accent sur l'épuisement intrinsèque d'un pouvoir trop réduit à la volonté d'un seul.

L'égotisme débridé de cette présidence autocratique produit aussi une politique de gribouille, tant la fabrication

1. Stock, 2010.

méthodique d'un consensus durable, rationnel et cohérent, lui est étrangère. La concentration du pouvoir est aussi son appauvrissement, et il n'est pas avéré que l'on puisse gouverner efficacement la France depuis ce réduit élyséen où seulement deux fidèles se distinguent, un préfet, Claude Guéant, pour la mise en œuvre et un idéologue, Henri Guaino, pour la mise en musique.

Peut-on, pour autant, déduire de l'inefficacité parfois attestée de la politique menée son innocuité ? L'incompétence serait-elle synonyme d'inconsistance ? Et l'actuelle fragilité du pouvoir signifierait-elle son absence de dangerosité ? Ces questions ne sont pas rhétoriques tant les enquêtes de terrain, reportages et investigations, menés par Mediapart depuis deux ans, montrent l'amère réalité produite par le sarkozysme, les conséquences désastreuses de ses politiques concrètes et pas seulement les intentions dangereuses de ses envolées idéologiques.

Aussi la thèse de Thomas Legrand nous paraît-elle triplement réfutable. Professionnellement d'abord : son « ce n'est rien » conforte l'image d'une corporation journalistique enfermée dans une bulle socialement protectrice, loin du vécu quotidien de la majorité de nos concitoyens qui subissent les conséquences d'une politique plus injuste et plus inégalitaire.

Intellectuellement ensuite : à son objection que, loin d'être indifférent à cette réalité, il plaiderait seulement que Nicolas Sarkozy n'est qu'un président de droite parmi d'autres, sans spécificité ni originalité, on répliquera à Thomas Legrand qu'il suppose l'existence d'une seule et même droite, sans nuances ni contradictions, au point de créditer le sarkozysme de son unification alors même que des désaccords y sont perceptibles, notamment sur les relations internationales ou sur la pratique démocratique.

Politiquement enfin : laissant entendre que, pour cause d'impuissance et d'impopularité du sarkozysme, le pouvoir présidentiel sera bientôt bon à ramasser comme un fruit mûr, la thèse de Thomas Legrand installe la gauche gouvernante dans un confort anesthésiant. Si le sarkozysme ce n'est effectivement rien, elle n'a plus qu'à attendre sans s'interroger plus avant sur ses échecs présidentiels de 1995, 2002 et 2007, sans chercher à comprendre ses propres failles telles que les révèle le débauchage élyséen de plusieurs des siens, bref, sans tirer les leçons aussi bien démocratiques que sociales qui lui permettraient de proposer une alternative véritable et de créer une dynamique unitaire.

Car, à la manière d'un précipité chimique, le sarkozysme est un révélateur. Il accentue, accélère, aggrave tous les maux accumulés dont souffre notre pays, qu'il s'agisse de sa culture démocratique, de sa cohésion sociale ou de sa vision mondiale.

Politiquement, c'est en quelque sorte le portrait de Dorian Gray de notre République, pour reprendre l'image éponyme du roman d'Oscar Wilde[1] : dans l'Angleterre victorienne, un tableau portraiturant un gentleman britannique en dévoile la décrépitude, la corruption et la décadence profondes sous l'apparence sociale, mensongère et hypocrite, des codes, des usages et des habitudes.

Sous la présidence de Nicolas Sarkozy, la République française a perdu en liberté, gagné en inégalité et reculé en fraternité. Au service d'intérêts sociaux minoritaires, ce pouvoir a affaibli l'État démocratique et amoindri l'État social pour renforcer un État pénal et partial, autoritaire et oligarchique, qui n'a cessé de creuser l'écart entre les plus favorisés, qu'il protège sans réserve, et la masse des salariés, qu'il expose au risque, à l'incertitude et à l'insécurité. Pour prendre la mesure de la violence sociale à l'œuvre sous cette présidence, il faut lire et relire le sociologue Robert Castel dont les travaux ont annoncé ce qui, sous nos yeux, s'installe.

Dans *L'Insécurité sociale*[2], il insistait sur la modernité persistante de la promesse révolutionnaire initiale, telle que la formulait alors Saint-Just : « Donner à tous les Français le moyen d'obtenir les premières nécessités de la vie sans

1. Oscar Wilde, *Le Portrait de Dorian Gray*, disponible sur Wikisource. La première édition anglaise est parue en 1891.
2. Seuil, 2003.

dépendre d'autre chose que des lois et sans dépendance mutuelle dans l'État civil. » Ce fut une très longue marche pour que s'installe en France cet État de sécurité sociale, en rupture radicale avec les anciens rapports clientélistes où, comme dans les systèmes mafieux, la protection offerte par les puissants se paye d'une profonde soumission.

« Être protégé du point de vue social dans une société d'individus », poursuivait Castel, c'est « que ces individus disposent, de droit, des conditions sociales minimales de leur indépendance ». « La protection sociale, ajoutait-il, est ainsi la condition de possibilité pour former une société de semblables : un type de formation sociale au sein de laquelle nul n'est exclu parce que chacun dispose des ressources et des droits nécessaires pour entretenir des relations d'interdépendance (et pas seulement de dépendance) avec tous. C'est une définition possible de la citoyenneté sociale. C'est aussi une formulation sociologique de ce qu'en termes politiques, on nomme une démocratie. »

La politique du pouvoir actuel est radicalement inverse, accentuant les dépendances, augmentant les risques, aggravant les insécurités, créant en somme une société d'atomisation plutôt que de solidarité, de dépossession plutôt que d'implication, de hiérarchies plutôt que de semblables.

Certes, ce projet ne date pas de 2007, mais c'est depuis l'élection de Nicolas Sarkozy qu'il est mis en œuvre avec systématisme, constance et détermination. Sans doute trop franc pour être réédité depuis, l'aveu brutal en fut fait au tout début du quinquennat par l'un des idéologues du patronat, Denis Kessler.

« À y regarder de plus près, déclarait-il à propos de la nouvelle présidence, le 4 octobre 2007 au magazine *Challenges*, on constate qu'il y a une profonde unité à ce programme ambitieux. La liste des réformes ? C'est simple, prenez tout ce qui a été mis en place entre 1944 et 1952, sans exception. Elle est là. Il s'agit aujourd'hui de sortir de 1945 et de défaire méthodiquement le programme du Conseil national de la Résistance. » La référence n'est évidemment pas anodine : c'est sur la base du programme du CNR, établi en mars 1944 et commun à toutes les sensibilités, des communistes aux gaullistes, que la double exigence démocratique et sociale a été placée au cœur de notre vie publique.

« La France est une République indivisible, laïque, démocratique et sociale » : cette formulation du Préambule de 1946 fait depuis partie du « bloc de constitutionnalité » supposé tirer notre pays vers plus de radicalité démocratique et plus d'exigence sociale. Une chose est de souligner combien la réalité dément encore cette promesse, autre chose est de vouloir y renoncer en lui tournant le dos.

Prenant la confidence cynique de Denis Kessler pour point de départ, l'association Citoyens résistants d'hier et d'aujourd'hui, avec l'aide de journalistes, parmi lesquels notre consœur de Mediapart Martine Orange, vient de montrer dans *Les Jours heureux*[1] combien la politique actuellement menée tente d'effacer la césure de 1945.

« Toute la politique de Sarkozy, écrit en introduction Jean-Luc Porquet, du *Canard enchaîné*, consiste à détruire cette très originale architecture édifiée à la Libération. (...) Sarkozy, même s'il n'est que le continuateur d'une démolition déjà bien engagée, est le premier à la mettre méthodiquement en œuvre, dans le but affiché de la mener à terme. C'est d'ailleurs bien ce que signifie au fond sa promesse d'une "rupture". » Le propos de cet ouvrage collectif rejoint le diagnostic posé par Mediapart, à l'occasion de la manœuvre présidentielle sur l'identité nationale, d'un pouvoir éloignant la droite de ses repères gaullistes pour renouer avec les idéologies conservatrices qui l'animaient avant 1940.

S'agissant de la critique du sarkozysme, Mediapart, loin d'avoir péché par excès, aura donc été plutôt précurseur, lançant par anticipation des avertissements qui sont aujourd'hui entendus, y compris dans des cercles modérés. Relevant de la même démarche que notre expertise collective de la présidence à mi-mandat[2], le recueil que

1. La Découverte, 2010.
2. *N'oubliez pas ! Faits et gestes de la présidence Sarkozy*, Don Quichotte éditions, 2010.

vient de publier *Terra Nova* ne dit pas autre chose que ce que nous répétons, démontrons et documentons depuis deux ans.

« Antihumanisme, inégalités, hyperprésidence : le sarkozysme, y écrit Olivier Ferrand, le président de cette fondation proche du PS, attaque de front l'identité politique du pays, la fraternité, la solidarité, les libertés publiques, pour y intégrer les valeurs néoconservatrices qui lui sont historiquement étrangères. » « Le sarkozysme, insiste-t-il encore dans cette présentation des dix-sept contributions de *L'État pyromane*[1], n'est pas un pragmatisme dérivant vers le centre de l'échiquier politique. C'est tout l'inverse : une idéologie de rupture néoconservatrice. (...) Désormais, la droite est à l'offensive. Elle a longtemps hésité sous Jacques Chirac. C'est fini. Nicolas Sarkozy a été le premier, en France, à revendiquer "la rupture", "le changement" : la fin du pacte social historique. »

Consacré à « L'État de Nicolas Sarkozy », le tout dernier numéro de la revue *Esprit*[2] va dans le même sens puisque l'on y lit que « le projet politique de Nicolas Sarkozy vise une profonde transformation de l'État-providence construit à la Libération et durant les trente glorieuses ». Aggravant encore le diagnostic, la philosophe Myriam Revault d'Allonnes y affirme que « l'exercice du pouvoir sarkozyste est un processus de "dé-démocratisation" ». Dans une mutation où l'économique entend s'imposer définitivement au politique, « l'État, explique-t-elle, est transformé en État managérial et le sujet façonné en sujet entrepreneurial : il ne s'agit pas d'une évolution interne de la démocratie libérale, d'une logique portée à son paroxysme ou à son point extrême, mais d'une rupture qui remet en question les fondements mêmes de l'existence démocratique ».

Nous voici bien loin du « ce n'est rien ». Peu importe que ces lucidités nouvelles ne créditent guère ceux, et notamment Mediapart, qui l'ont compris et dit plus tôt : ces susceptibilités n'ont pas lieu d'être, tant ces analyses

1. Éditions Delavilla, 2010.
2. « L'État de Nicolas Sarkozy », *Esprit*, n° 3-4, mars-avril 2010.

partagées et convergentes sont bienvenues. Pour l'immédiat, elles légitiment une sanction électorale massive du pouvoir en place. Pour demain, elles soulignent, à la manière du portrait délabré de Dorian Gray, l'immense chantier qui attend la gauche si elle veut non seulement l'emporter en 2012, mais surtout retrouver l'esprit du programme du CNR et ses jours heureux.

13 mars 2010

7. Quand la France s'impatiente

Le pronostic définitif est au journalisme politique ce que la voyance pourrait être à la science : par accident, une intuition pertinente ; plus communément, une vaste fumisterie. Prenez cet exemple célèbre : « Ce qui caractérise actuellement notre vie publique, c'est l'ennui. » Il y a quarante-deux ans, presque jour pour jour, un éditorialiste réputé diagnostiquait ainsi l'état moral d'un pays qui, quelques semaines plus tard, loin de s'ennuyer, allait s'agiter au-delà du raisonnable, connaissant en Mai 1968 la plus longue et la plus vaste grève de son histoire.

Pourtant « Quand la France s'ennuie... », cet article de Pierre Viansson-Ponté (1920-1979) paru à la une du *Monde* daté 15 mars 1968, est resté comme l'annonce prophétique des événements de Mai. Or, à première lecture, ce grand journaliste, qui disait aimer la politique « comme d'autres le théâtre », est loin de pressentir cet événement inattendu, cocktail explosif de radicalités démocratiques, d'exigences sociales et d'engagements internationalistes. Viansson-Ponté le sent si peu qu'une semaine avant la naissance du fameux Mouvement du 22 mars, dont Daniel Cohn-Bendit sera la figure de proue, il moque ces étudiants français qui « se préoccupent de savoir si les filles de Nanterre et d'Antony pourront accéder librement aux chambres de garçons, conception malgré tout limitée des droits de l'homme ».

Apparemment paradoxale, la durable postérité de cet article n'en est pas moins légitime. Car Viansson-Ponté y illustre parfaitement le nécessaire pari de l'analyse politique, quand elle échappe au conformisme ambiant. Entre constat et intuition, sentiment de l'instant et perception du mouvement, elle prend son risque. En l'occurrence, la prophétie annonciatrice était à la fin de l'article quand l'auteur, délaissant sa description d'une France en « état de mélancolie », proposait sa propre médication pour ce pays dépressif.

« On ne construit rien sans enthousiasme, écrivait-il. Le vrai but de la politique n'est pas d'administrer le moins mal possible le bien commun, de réaliser quelques progrès ou au moins de ne pas les empêcher, d'exprimer en lois et décrets l'évolution inévitable. Au niveau le plus élevé, il est de conduire un peuple, de lui ouvrir des horizons, de susciter des élans, même s'il doit y avoir un peu de bousculade, des réactions imprudentes. » « L'ardeur et l'imagination sont aussi nécessaires que le bien-être et l'expansion », concluait Pierre Viansson-Ponté, en ces temps lointains de pleine croissance et de nouvelle consommation.

C'est évidemment à ces mots-là, de parti pris journalistique, que l'étincelle étudiante, embrasant la scène ouvrière, fit écho, leur donnant a posteriori une portée visionnaire. Des mots dont l'exigence d'audace et d'invention entre curieusement en résonance avec l'état de ce même pays, en 2010. Pas plus que Viansson hier, nous ne savons aujourd'hui ce que sera et ce que fera la France demain. Mais nous savons bien qu'elle souffre et s'impatiente, ce que le tournant politique des élections régionales a confirmé au-delà de tous les pronostics. Et nous savons, de surcroît, que cette France-là a le sentiment qu'on ne l'entend pas, qu'on ne l'entend plus, qu'on l'oublie ou qu'on l'ignore.

Usé, vieilli et fatigué, avions-nous écrit, avant le premier tour des régionales, à propos de ce pouvoir, tout en persistant à juger sa politique malfaisante. La sanction des urnes a confirmé ce diagnostic, bien au-delà des prévisions sondagières : en capilotade, la majorité présidentielle obtient le plus bas score de la droite sous la Ve République. Avec, selon le décompte du ministère de l'Intérieur, 7 496 897 voix lors du second tour des régionales, ses listes ne recueillent les suffrages que de 17 % des quelque 43 millions d'électeurs inscrits.

Ce désaveu de l'hyperprésidence et de son principal protagoniste est tellement cinglant qu'il éclipse l'indéniable succès de la gauche. Confortée par le gain d'une région métropolitaine, la Corse, que relativise la perte outre-mer de la Réunion et de la Guyane, la gauche ne semble pas rassurée pour autant. Traumatisé d'avoir, par le passé, crié victoire trop tôt et se rappelant l'euphorie sans lendemain des régionales de 2004, le Parti socialiste prend avec précaution et prudence cette forte poussée électorale en sa faveur. Pour n'avoir pas vraiment joué la carte de la rénovation – à l'exception tardive et, du coup, maladroite du Languedoc –, il sait bien qu'avec ses alliés d'Europe-Écologie et du Front de gauche, il profite d'un vote-rejet plutôt qu'il ne bénéficie d'un vote-adhésion.

La rupture plébiscitée lors de la présidentielle revient aujourd'hui comme un boomerang : c'est le pays qui, en profondeur, entre en rupture avec cette présidence et la politique, fond et forme mêlés, qu'elle incarne nationalement. Progressant d'un tour à l'autre dans les régions où il pouvait se maintenir, le vote Front national retrouve sa fonction protestataire. Non seulement le hold-up électoral de 2007 n'avait pas d'avenir, mais de plus il n'a fait que rendre légitimes des idées néfastes, ce que les apprentis sorciers de l'identité nationale n'ont fait qu'aggraver fin 2009 et début 2010.

Outre cette dissidence du vote pour une extrême droite que des commentateurs pressés ou naïfs croyaient définitivement congédiée par le sarkozysme, le niveau historique atteint par l'abstention est l'autre indice, et peut-être le plus décisif, de cette rupture entre une majorité de Français et la politique qu'ils subissent. Avec un taux d'abstention de 49 % au second tour, précédé d'un 53,6 % au premier, les régionales de 2010 battent tous les records de non-participation : ce taux ne fut que de 37,7 % au premier tour et de 34,3 % au second lors des régionales de 2004 ; il était de 44,6 % aux régionales (à un seul tour) de 1998, de 31,3 % à celles de 1992 et de 21,8 % à celles de 1986.

Une droite au plus bas, une extrême droite en hausse et une abstention record, à laquelle il faudrait ajouter un taux élevé de votes blancs et nuls (4,56 % des votants au second tour) : telles sont les données décisives d'un scrutin qui promeut la gauche sans pour autant l'adouber. Confirmant ce tableau d'un pays insatisfait et impatient, un dernier enseignement du second tour prouve que le PS aurait bien tort, en effet, de se bercer d'illusions.

Dans les trois triangulaires où, outre la droite, il affrontait une liste d'un de ses alliés, naturels ou potentiels, ceux-ci ont fortement progressé du premier au second tour, démontrant ainsi la relative inefficacité du vote utile. En Limousin, le Front de gauche obtient 19,1 % des voix, contre 13,1 % au premier tour. En Bretagne, Europe-Écologie passe de 12,2 % le 14 mars à 17,37 % des suffrages le 21 mars. Et en Aquitaine, le Modem progresse jusqu'à 15,65 % au second tour, contre 10,4 % au premier.

Ce n'est certes pas la première alerte : il y eut l'impensable 21 avril de la gauche en 2002, suivi en 2004, selon le mot de François Fillon, d'un « 21 avril à l'envers » pour la droite, et enfin cette présidentielle de 2007 théoriquement imperdable pour la gauche après ses défaites de 1995 et 2002, gagnée par un apôtre de la « rupture » pourtant venu du cœur du système politicien et affairiste.

Tous ces aléas électoraux expriment la sourde instabilité d'un pays profondément insatisfait de ceux qui le gouvernent. Cette France qui s'impatiente déjoue régulièrement tous les plans de ceux qui entendent la diriger. En dépression ou en sécession, dans tous les cas, elle leur échappe.

« Une société qui se fragmente », « fatiguée psychiquement », « un fossé creusé entre le citoyen et l'État », « des exigences démocratiques nouvelles », « en situation de grande fragilité sociale », « la France des invisibles », etc. : le cri d'alarme lancé en début d'année par le médiateur de la République, Jean-Paul Delevoye, résumé ici en quelques formules tirées d'un de ses entretiens, a donc trouvé sa traduction électorale. Mise à plat d'une société duale dont se sentent exclus une majorité de citoyens, son dernier rapport n'hésite pas à constater que « la loi n'apparaît plus comme le bouclier du plus faible contre le plus fort, mais comme une nouvelle arme aux mains du plus fort pour asseoir sa domination contre le plus faible ».

Imagine-t-on réquisitoire plus sévère contre une République ? Et condamnation plus évidente de celui qui la préside ? « J'estime à 15 millions le nombre de personnes pour lesquelles les fins de mois se jouent à 50 ou 150 euros près », ajoutait Jean-Paul Delevoye, « frappé par la cohabitation de deux sociétés : l'une, officielle, que nous connaissons tous ; l'autre plus souterraine qui vit d'aides, de travail au noir et de réseaux. » Et ce médiateur aussi lucide que peu porté aux subversions, puisque ancien ministre de Jacques Chirac, de s'inquiéter vraiment : « Politiquement, cela peut mal tourner. »

« Le moment, expliquait-il en février dernier, est difficile pour les politiques : la distanciation par rapport à eux a rarement été aussi forte, en même temps il y a une très forte attente de réponses politiques. Cela traduit une inadéquation de l'offre et de la demande. D'un côté, trop de gestion des émotions collectives, le plus souvent médiatisées ; de l'autre, pas assez de construction d'une vision collective. » Où l'on retrouve « l'ardeur et l'imagination » réclamées par Pierre Viansson-Ponté pour « une petite France presque réduite à l'Hexagone, qui n'est pas vraiment malheureuse ni vraiment prospère, en paix avec tout le monde, sans grande prise sur les événements mondiaux ».

La France s'impatiente devant un spectacle politique qui n'est pas à sa hauteur : à la hauteur de ce qu'elle subit et de ce qu'elle ressent, à la hauteur de ses inquiétudes et de ses espérances. À l'épreuve d'une crise historique – économique, industrielle, financière, écologique, démocratique, culturelle, géopolitique –, la présidence Sarkozy se révèle un contresens : non pas sa résolution et son dépassement, mais son accentuation et son approfondissement. Qu'ils aient voté contre ou se soient abstenus, une majorité de Français ont compris que ce pouvoir avait fait le choix de prolonger et d'aggraver les politiques qui sont au moteur des difficultés vécues par le plus grand nombre. Et c'est ici que l'alternative est attendue – ce sur quoi elle achoppera ou réussira.

L'actuelle crise sociale, économique et écologique est une leçon de choses : elle démontre que les politiques ultralibérales imposées depuis les années 1980 n'ont fait qu'accentuer les déséquilibres, les inégalités et les risques. « There is no alternative », disait hier l'arrogante Margaret Thatcher, surnommée dès lors « Mrs Tina », de même que François Fillon répète aujourd'hui « La réforme, la réforme, la réforme ! » comme si ce mot était un sésame libérateur indépendamment des politiques concrètes qu'il recouvre.

L'absence d'alternative a conduit à diverses catastrophes financières et aventures guerrières, tandis que les réformes ont été menées au détriment du travail et au profit du capital. De 75 % au milieu des années 1970, la part des salaires dans la valeur ajoutée des entreprises françaises est tombée à 66 % au milieu des années 1980, et elle n'en a plus bougé depuis. La France du XXIe siècle retrouve les injustices dramatiques de la Belle Époque, quand l'État social était encore à conquérir.

Jamais en effet, depuis le début des années 1900, les écarts de revenus n'ont été aussi grands : de 1 à 20 dans les années 1960 et 1970, les échelles de revenus dévoilent en 2009 un gouffre qui va de 1 à 230. La crise de 2008 se surajoute à deux décennies de recul des sécurités sociales, de privatisation des services publics et de précarisation durable du salariat. En 2009, la France a connu sa pire récession depuis 1945, marquée par la destruction nette de 412 000 postes de travail. Et cette même année, les salaires n'ont augmenté que de 1,1 % hors inflation, un niveau historiquement très bas.

Tel est le défi que doit désormais relever l'opposition : face à un pouvoir qui n'entend pas changer de trajectoire – l'insistance sur la réforme des retraites est de ce point de vue explicite –, comment inventer une alternative socialement rassembleuse et démocratiquement dynamique ? Entre le fond et la forme, la question recouvre autant un enjeu d'invention programmatique que d'innovation militante.

Sur le premier point, Laurent Mauduit a rappelé combien la gauche gouvernante s'était laissé séduire par les sirènes économiquement libérales, dont les chants se sont aussi traduits en carrières rémunératrices pour nombre des siens, passés du service public à l'intérêt privé[1]. Qu'il s'agisse de la contestation d'un présidentialisme sans contrôle, de la réhabilitation d'un État social ou de la promotion d'une diplomatie indépendante des États-Unis, le PS ne pourra s'imposer qu'à condition de révisions franches de son propre passé. Sinon, à l'instar de ses propres divisions en 2005 lors du référendum européen, ses alliances à gauche ne seront ni solides ni crédibles.

Mais un programme, aussi bon ou audacieux soit-il, n'a jamais suffi à créer une dynamique électorale. Quant au choix d'un candidat, aussi convaincant ou habile soit-il, l'épreuve de l'hyperprésidence sarkozyste après le chagrin du renoncement mitterrandiste permet de l'exclure comme condition suffisante. C'est donc ici qu'intervient une question de méthode, largement ignorée non seulement durant ces élections régionales, mais depuis que Nicolas Sarkozy préside le pays.

Jouant la modestie dans la victoire, la gauche affirme maintenant vouloir se mettre au travail, en vue de 2012. Le PS évoque son calendrier interne et ses conventions sur le projet. Son principal allié, Europe-Écologie, entend, par la voix de Daniel Cohn-Bendit, subvertir le parti des Verts, en vue de changer de logiciel via une « coopérative politique ». Au passage, il piétine quelque peu les plates-bandes socialistes où était déjà labellisé un réseau militant baptisé « Coopol ». Derrière tous ces échafaudages programmatiques et ces manœuvres d'appareil, se dessine évidemment la

1. « Et si on rêvait à nouveau de changer la vie ? », Mediapart, 21 mars 2010. Ce parti pris de Laurent Mauduit est consultable en ligne à l'adresse suivante :

http://www.mediapart.fr/journal/france/210310/et-si-revait-nouveau-de-changer-la-vie.

perspective des primaires ouvertes à toute la gauche pour lesquelles les candidatures surabondent déjà.

Chacun, et c'est compréhensible, s'en retourne donc vers sa formation et son calendrier. Comme si le temps n'était pas avare. Comme si les deux ans qui nous séparent de 2012 n'étaient qu'une immense partition sur laquelle il suffisait d'écrire ses notes et de faire ses gammes. Comme si, surtout, cette France qui s'impatiente pouvait attendre.

Pour la convaincre et l'entraîner, il faudra plus qu'un accord d'union entre appareils politiques un lendemain soir d'élections. Plus que le spectacle des rivalités individuelles et des désaccords intellectuels. Plus que les conventions de réflexion ou les coopératives d'invention. Car la politique est d'abord tissée de rapports de forces concrets, construisant des solidarités contagieuses et diffusant des pédagogies actives.

Depuis trois ans, à l'exception d'un référendum populaire réussi sur la privatisation de La Poste et d'une réunion publique contre la taxation des accidentés du travail, la gauche a oublié cet impératif élémentaire : résister aujourd'hui pour gouverner demain. Autrement dit, se rassembler sur des questions concrètes afin de parler au pays tout entier, et non plus seulement aux siens. Créer des dynamiques, forger des unions, bref, promouvoir et illustrer le « tous ensemble » scandé dans ses meetings.

Si elle ne s'en donne pas les moyens, dans l'union la plus large et la plus forte, elle laissera le champ libre à un pouvoir qui, pour se refaire, ne manque ni d'entêtement aveugle ni d'atouts institutionnels. Un pouvoir qui pariera sur la crise et ses divisions, exploitera les violences et alimentera les tensions. Une présidence qui jouera sur la peur.

22 mars 2010

8. L'affaire Bettencourt, révélateur national

L'affaire Bettencourt, devenue l'affaire Woerth et cachant une affaire Sarkozy, est un révélateur de l'état de la France : de ses inégalités et de ses injustices sociales, de ses déséquilibres institutionnels et de ses régressions démocratiques, des abus d'un pouvoir présidentiel sans contrôle. Illustrant l'utilité démocratique d'une presse libre, elle souligne tout ce qui n'est plus supportable et tout ce qui devrait changer, demain. C'est pourquoi elle a, dès nos premières informations du 16 juin 2010[1], suscité cette passion publique qui est au ressort des vitalités républicaines : une haute curiosité, tissée de vertu politique, d'exigence sociale et d'espérance démocratique.

Quand une « affaire » née de révélations journalistiques se transforme en feuilleton médiatique, ceux dont elle ébranle les habitudes et les conforts, voire les compromissions, finissent toujours par entonner le refrain des diversions : n'y aurait-il pas des sujets plus importants, plus graves, plus décisifs ? Au sommet de l'État, la tentation existe même d'organiser et d'exploiter ces diversions, en se saisissant du tout-venant de l'actualité,

1. L'article de Fabrice Arfi et Fabrice Lhomme qui a lancé, au seuil de l'été 2010, l'affaire Bettencourt a été mis en ligne sur Mediapart le 16 juin 2010, sous le titre « Sarkozy, Woerth, fraude fiscale : les secrets volés de l'affaire Bettencourt ». Sous leur direction, Mediapart a réuni dans un livre, enrichi de contributions inédites, l'ensemble de notre travail collectif sur l'affaire Bettencourt : *L'affaire Bettencourt. Un scandale d'État*, Don Quichotte éditions, 2010.

hier l'insécurité à Grenoble ou Saint-Aignan, aujourd'hui le terrorisme après l'annonce de la mort d'un otage français au Sahel. La parade ne manque pas d'arguments : pendant que les révélations de l'affaire Bettencourt s'égrènent, la planète continue de tourner, avec ses crises, ses menaces et ses misères – dont Mediapart continue, bien sûr, de rendre compte dans la mesure de ses moyens.

Mais le souci du monde ne saurait être l'alibi de l'aveuglement sur soi. Si l'affaire Bettencourt a, d'emblée, connu un tel impact dans l'opinion publique, c'est parce qu'elle est un révélateur national. Loin de se situer aux marges des grandes questions de l'heure, sociales et démocratiques pour l'essentiel, elle les renouvelle magistralement en mettant à nu des réalités qui dévoilent les impostures et les mensonges d'un tout petit monde oligarchique qui, par la faveur du pouvoir dont il abuse, s'approprie la richesse nationale à l'insu de ce plus grand nombre qui se nomme le peuple. Il y a une exceptionnelle pédagogie politique de l'affaire Bettencourt, et c'est bien pourquoi, en haut lieu, on a voulu et on ne cesse de vouloir l'étouffer afin de la classer sans suite.

Six semaines après le début du feuilleton et alors qu'il connaît deux moments symboliques, avec les auditions policières de Liliane Bettencourt puis d'Éric Woerth, cet effet de révélation peut être résumé en sept vérités, développées ci-après.

L'utilité d'une presse libre

« Un diseur de vérité insolent et fiable » : c'est ainsi que Stieg Larsson définit *Millénium*, ce magazine d'investigation qui donne son titre à sa trilogie dont le héros est un journaliste indocile, enquêteur aussi entêté que franc-tireur, Mikael Blomkvist. L'immense succès qu'a rencontré, notamment en France grâce à Actes Sud, cette saga suédoise est un fait d'époque[1]. À travers l'acharnement de

1. Les trois tomes de *Millénium*, l'œuvre de Stieg Larsson (1954-2004), sont parus aux éditions Actes Sud en 2006 et 2007.

Blomkvist à dévoiler l'envers du monde des puissants et des arrogants, celui où l'argent-roi est la seule valeur reconnue, c'est un idéal, à la fois démocratique et professionnel, qui est mis en scène : une presse indépendante et un journalisme d'enquête.

À Mediapart, comme dans d'autres médias libres de toute soumission politique ou financière, nous ne sommes pas des héros, encore moins de fiction, mais cet idéal n'en est pas moins le nôtre. Et c'est un très vieil héritage. Loin d'un romantisme romanesque, on le retrouve dans l'austérité ascétique d'un Charles Péguy (1873-1914) qui inspira le fondateur du *Monde*, Hubert Beuve-Méry (1902-1989). « Dire la vérité, toute la vérité, rien que la vérité, dire bêtement la vérité bête, ennuyeusement la vérité ennuyeuse, tristement la vérité triste » : le programme est annoncé en ouverture du premier numéro des *Cahiers de la Quinzaine*, le 5 janvier 1900, sans concession : « Taire la vérité, n'est-ce pas déjà mentir ? », ajoute Péguy.

Cette rigueur professionnelle recouvre une exigence démocratique. Elle nourrit la quête incessante de l'événement comme moment fondateur et rassembleur. Non pas de l'actualité répétitive et superficielle mais de la nouvelle créatrice parce que révélatrice. De la nouvelle qui instaure une rupture par sa force d'étonnement et de dévoilement. Une nouvelle qui oblige à affronter de face ce que l'on ne voyait pas ou ce que l'on ne voulait pas voir. Il y a ainsi une vertu de l'événement quand il n'est pas subi passivement, mais quand, tout au contraire, il est créé activement, animé collectivement et partagé largement.

Née d'un accident imprévisible – les enregistrements clandestins réalisés par Pascal Bonnefoy, maître d'hôtel inquiet pour sa patronne et pour lui-même –, l'affaire Bettencourt relève de ce registre. Son surgissement grâce à Mediapart, désormais validé jusqu'en appel par la justice, illustre l'absolue nécessité démocratique d'une presse libre, sans entraves ni censures. Car il peut arriver, hélas, que la nouvelle indocile et dérangeante ne surgisse pas, étouffée ou déviée, écrasée ou tronquée. Ce n'est pas seulement affaire de pressions ou de menaces, mais, plus essentiellement, de faiblesse ou de fragilité de l'écosystème démocratique de l'information. Notre culture professionnelle, sa vitalité et ses audaces, dépendent d'un climat où entrent en jeu aussi bien la structure de l'entreprise, l'esprit d'indépendance ou de soumission de ses responsables, sa distance ou sa proximité avec des univers étrangers au journalisme.

S'il fallait une nouvelle démonstration de la nécessité de refonder la liberté de l'information en France, selon le programme énoncé dans notre Appel de la Colline de 2008 avec Reporters sans frontières[1] et dans notre Manifeste de 2009, *Combat pour une presse libre*[2], l'affaire Bettencourt nous l'assène.

Le scandale de l'inégalité sociale

Peut-être faudrait-il, pour les contraindre à vraiment prendre la mesure des réalités sociales, obliger nos gouvernants à changer d'unité monétaire. S'ils animaient encore les matinales de France Inter, Stéphane Guillon ou Didier Porte auraient ainsi pu proposer que l'on ne compte plus désormais en milliard d'euros mais en « Banier », puisqu'il semble entendu que François-Marie Banier, par son seul talent courtisan, a bénéficié des largesses de Liliane Bettencourt pour un montant avoisinant le milliard. Dès lors, les 40 milliards de déficit des retraites, ce chiffre sur lequel le gouvernement a construit sa stratégie de la peur devant le futur, ne vaudraient plus que 40 « Banier », somme soudain à portée humaine d'une politique vigoureusement sociale.

Ce n'est certes qu'une image plaisante, mais elle illustre ce que chacun d'entre nous a instinctivement compris dès le début de ce feuilleton : qu'il mettait à découvert un

1. L'Appel de la Colline a été lancé par Mediapart et RSF le 24 novembre 2008. Il énonce les neuf principes d'une refondation du droit à l'information en France, en élargissant ses assises démocratiques.

2. *Combat pour une presse libre. Le Manifeste de Mediapart*, Galaade, 2009.

monde où l'argent était à la fois la mesure de toute chose et, en même temps, avait perdu tout sens de la mesure. Un monde où les millions circulent de la main à la main et par-dessus les frontières, sans autre règle que l'entre-soi. Il suffirait en somme d'en être – milieu, coterie réseau, cour, classe : les dénominations ne manquent pas – pour bénéficier de largesses et de commodités interdites au commun des citoyens : faire intervenir la présidence de la République dans une affaire judiciaire privée, ne pas subir les curiosités des services fiscaux, violer impunément la loi la plus commune, obtenir d'immenses facilités bancaires, vouloir se faire offrir un yacht comme d'autres une boîte de chocolats.

Rien de neuf, dira-t-on, sous le soleil de la fortune. Mais une chose est de le supputer, autre chose de l'apprendre, sans détour. Surtout, ce qui surprend, dans ces conversations feutrées dont l'argent est l'obsession récurrente, c'est le sentiment d'impunité, ce « pas vu, pas pris » en toute bonne conscience. N'importe quel patron de PME, ouvrier/employé salarié, jeune en quête d'emploi ou chômeur en fin de droits, qui sait d'expérience combien la loi, ses règlements et son administration ne manquent pas de se rappeler à lui, ne peut qu'être stupéfait de découvrir un univers pour qui la loi commune est quantité négligeable, une loi dès lors faite pour être contournée ou, mieux, oubliée, inappliquée, absente, comme mise en congé ou en sommeil.

Née de la sourde révolte d'une domesticité soudain indignée, cette histoire éclaire d'une lumière crue l'injustice qui accompagne l'inégalité sociale. Sous la froideur statistique, c'est un immense fossé qui mine notre société et corrompt ses principes. Comment ne pas rapporter les montants faramineux qu'égrène l'affaire Bettencourt avec nos écarts de revenus passés de 1 à 20 dans les années 1970 pour atteindre de 1 à 230 en 2009, avec ce salaire mensuel maximal de 1 555 euros pour la moitié des salariés à temps complet du privé, ou avec ces 10 % les plus riches de la population qui possèdent à eux seuls 46 % de la fortune nationale ?

Ce n'est pas l'argent en soi, le fait d'en avoir et d'en profiter, qui est ici en cause – posture qui serait une tartufferie. C'est, plus essentiellement, le règne de l'argent et ses effets dévastateurs qui sont mis à nu, cette réalité sociale qui le promeut en valeur de toutes choses et de tout homme, cet univers marchand où l'argent, de simple instrument, est devenu – Charles Péguy encore – « maître sans limitation ni mesure ». Où l'argent, en somme, n'est plus un moyen, mais une fin, la seule fin que l'homme se propose et, en ce sens, la fin de l'homme.

De ce monde-là, Nicolas Sarkozy s'est voulu le propagandiste zélé et intéressé. Si certains doutaient encore qu'ainsi la France faisait fausse route, l'affaire Bettencourt aide à les convaincre qu'il est temps de revenir à l'exigence, constitutionnelle depuis 1945 d'une République sociale.

La corruption de la République par l'argent

Au printemps 1992, alors que les socialistes gouvernaient le pays, majoritaires depuis quatre ans à l'Assemblée nationale et occupant la présidence depuis onze ans avec François Mitterrand, paraissait le livre d'un professeur de science politique dont le contenu, fort peu polémique, était démenti par le titre, au ton accusateur : *La Corruption de la République*[1]. Yves Mény s'y livrait à un constat clinique, constat repris à son compte par Pierre Bérégovoy qui, devenu Premier ministre, s'engagera devant le Parlement à éradiquer ce qu'il n'hésitait pas à appeler, en effet, « la corruption ». L'ouvrage se déclinait en quatre parties dont les intitulés explicites donnent un avant-goût : « 1. Les conflits d'intérêts ou l'art de les contourner, 2. Fonctions publiques, intérêts privés, 3. De l'arrangement à la corruption, 4. Corruption des règles, corruption des mœurs ».

Du cumul de fonctions ministérielles au budget avec celles de trésorier national du parti majoritaire jusqu'à l'emploi de la femme dudit ministre par le gestionnaire de

1. Fayard, 1992.

la troisième fortune française, en passant par des services rendus, des décorations remises, des nominations opportunes, des missions confiées, des circulations monétaires, des enveloppes amicales, des soupçons de trafic d'influence ou de prise illégale d'intérêt, sans parler de conflits d'intérêts flagrants et répétés : l'affaire Bettencourt pourrait se raconter avec les mêmes formulations que celles des chapitres du livre de référence du professeur Mény. Comme si, dix-huit ans après, tout était à refaire, à redire et à reconstruire. Comme si, en matière de morale publique, la France n'avait plus guère de leçon à donner aux autres nations, notamment l'italienne, tandis qu'Yves Mény s'en était allé dispenser son savoir à l'Institut européen de Florence.

Les enregistrements clandestins du majordome comme le témoignage réitéré de la comptable des Bettencourt, sans oublier les documents qui les confortent au gré de l'enquête policière, nous font entrevoir l'envers du monde officiel, ses arrière-cuisines, grands arrangements et petites combines. Soudain le rapprochement entre le « Premier Cercle » de donateurs fortunés de l'UMP, animé par le trésorier Éric Woerth, et le fameux bouclier fiscal avantageant les mêmes fortunés, promu par le ministre Éric Woerth, nous permet d'appréhender ce qu'est, socialement, un service rendu : une politique du donnant-donnant où les intérêts de classe s'affirment sans honte, tandis que les clientèles se recrutent sans gêne.

« C'est bien souvent lorsque la société française se trouve plongée dans une période critique que les scandales éclatent, tels des symptômes récurrents du mal de vivre républicain », écrit un autre universitaire, Jean Garrigues, dans *Les Scandales de la République*[1], où il montre qu'au ressort des indignations populaires face au spectacle de la corruption ou de l'affairisme, on trouve toujours la même réalité soudain mise à nu : « Le goût de l'argent, la confusion des genres, le mélange des intérêts. » Loin d'être malsaine, la curiosité qu'ils suscitent recouvre le souhait,

1. Nouveau Monde, 2010.

parfois sinon souvent déçu, d'un sursaut qui élève et relève la République.

De ce point de vue, la droite qui, aujourd'hui, gouverne et préside est à mille lieues de celui qui lui a donné droit de cité républicaine, en la sauvant de la débâcle vichyste où cette famille politique s'était majoritairement discréditée, Charles de Gaulle. Au *Dictionnaire De Gaulle*[1], on trouve une entrée « Argent » qui rappelle combien le fondateur de la Ve République ne confondait pas les caisses de l'État et son portefeuille personnel. « Les possédants sont possédés par ce qu'ils possèdent », a-t-il écrit un jour, vantant, en bon disciple de Péguy, « l'honneur d'être pauvre » qu'incarnait la figure de Jeanne d'Arc. « Je me suis trouvé en face de l'ennemi vrai que j'ai eu pendant toute ma vie et qui est l'Argent », aurait-il dit, selon André Malraux, après sa défaite au référendum d'avril 1969 qui l'amena à quitter le pouvoir.

Ce rappel ne vaut certes pas quitus pour toute la politique gaullienne, dont la grève générale de mai 1968 montra, a contrario, quels intérêts économiques elle avait coutume de servir en priorité. Mais il dessine cette exigence de vertu républicaine autour de laquelle tout un peuple, dans sa diversité, peut se retrouver et fraterniser.

Le détournement du financement des partis

Surgie grâce à l'affaire Bettencourt, la question du financement des partis politiques est l'illustration évidente de l'utilité démocratique de nos révélations. En tirant, grâce aux enregistrements, le fil de trois chèques signés en mars dernier par Liliane Bettencourt à la demande de Patrice de Maistre – l'un au profit de Valérie Pécresse, le deuxième en faveur d'Éric Woerth et le troisième destiné à Nicolas Sarkozy lui-même –, nous avons mis au jour cette myriade de « partis de poche » qui, pour l'essentiel à droite et à l'instigation de l'UMP, permettent de contourner la loi sur le financement public de la vie politique.

1. Robert Laffont, 2006.

Il n'est pas indifférent de rappeler que cette loi, ébauchée à partir de 1988 et complétée depuis, est née de précédentes révélations journalistiques, concernant à l'époque le financement illicite du Parti socialiste. Un consensus s'est alors fait sur une idée simple : la politique a un coût et, afin d'éviter qu'il soit l'alibi de la corruption, la meilleure solution est d'assurer son financement public, grâce à nos impôts. Ce sont ainsi près de 75 millions d'euros qui sont versés chaque année aux partis politiques, sans compter les dispositions assurant sous condition de seuils et de plafonds le remboursement des frais de campagne ainsi que la possibilité encadrée de dons individuels à un parti (7 500 euros par an) et à un candidat (4 600 euros par candidat).

Un tel effort de la nation en faveur des partis et de leurs élus, par ailleurs rémunérés, rend non seulement inadmissible, mais de plus incompréhensible l'existence d'autres moyens de financement. Leur légalité affirmée n'empêche pas que ces « partis de poche », pompes à finances sans militant destinées aux seuls intérêts de carrière de l'élu qui les contrôle, sont une évidente combine. On est surpris d'apprendre que la commission chargée de contrôler tout cela s'en est émue, mais en vain et sans aucune publicité. On est encore plus surpris quand on découvre que le président de la République lui-même, pourtant porté au pouvoir par un parti qui bénéficie de la plus grosse part des financements publics et des plus importantes donations privées, profite d'un micro-parti toujours en activité financière et basé à Neuilly-sur-Seine, dont la présidence et la trésorerie sont assurées par deux ministres en place, dont celui de l'Intérieur.

Mais il y a pire encore : la circulation de sommes en espèces, destinées à l'UMP et/ou à ses responsables. Le témoignage détaillé, non seulement de l'ex-comptable des Bettencourt, Claire Thibout, mais aussi ceux d'autres employés de maison, qui confirment son sérieux et sa crédibilité, ainsi que leur recoupement avec les agendas des protagonistes, accréditent fortement sinon la matérialité – seul un juge d'instruction indépendant pourrait l'établir formellement –, du moins le soupçon solide d'un financement illicite du parti majoritaire et, surtout, de la campagne présidentielle de son candidat, Nicolas Sarkozy. La fable des relations distantes entre le gestionnaire de fortune de Mme Bettencourt et le trésorier de l'UMP Éric Woerth ne tient plus. Outre une surprenante remise de Légion d'honneur, alors que l'épouse du ministre venait de devenir l'employée du gestionnaire, leurs rendez-vous, plus nombreux et plus fréquents qu'ils ne le prétendaient, ont été établis, avant comme après 2007, tandis qu'ont été confirmés les retraits d'espèces à des dates clefs de la campagne présidentielle sur divers comptes bancaires français de Liliane Bettencourt.

Serait-il possible que la France ait élu un président de la République dont les comptes de campagne étaient insincères, sinon mensongers ? Serait-il pensable que des sommes d'argent liquide provenant de l'évasion et de la fraude fiscales aient contribué à cette campagne ? Et si tel était le cas, comment expliquer ce besoin d'espèces non déclarées alors que, justement, la France bénéficie désormais d'une législation assurant, sur nos deniers de citoyens imposables, le financement de la vie politique ?

Où l'on comprend, là encore grâce à l'affaire Bettencourt, que les instances de contrôle, de surveillance et de sanction sont de peu de poids face à un pouvoir présidentiel qui, une fois conquis, offre à son bénéficiaire une exceptionnelle protection.

L'injustice de la politique fiscale

Habitués du journalisme d'enquête, sous plusieurs présidences, certains des animateurs de Mediapart savent d'expérience que l'administration fiscale sait d'ordinaire veiller au grain. Loin d'y voir une inquisition, ils jugent ces réflexes de contrôle plutôt rassurants : tout comme le syndicaliste actif a tout intérêt à être un ouvrier irréprochable, le journaliste fouineur doit veiller à ne pas faire, accepter ou tolérer pour lui-même ce que, demain ou après-demain, ses révélations reprocheront à d'autres.

Aussi découvrir, à la faveur de l'affaire Bettencourt, non seulement l'ampleur de l'évasion fiscale de la troisième fortune de France – dont on peut, légitimement, supposer qu'elle n'est peut-être pas une exception en cette matière et en ces milieux –, mais que cette même fortune n'a jamais fait l'objet en douze ans de la curiosité particulière des services fiscaux ne laisse pas de surprendre. Mettant en évidence une fraude fiscale portant sur près de 80 millions d'euros – sans compter l'île d'Arros à l'évaluation incertaine, entre 500 millions ou 1 milliard selon les versions les plus généreuses, plus vraisemblablement entre 50 et 100 millions selon des estimations plus fiables –, les premières informations de Mediapart ont été complétées par notre révélation des montants reçus par Liliane Bettencourt au titre du bouclier fiscal.

Ainsi, non contente d'être si peu surveillée par le fisc, Mme Bettencourt en fut l'heureuse bénéficiaire, à hauteur d'environ 100 millions depuis 2007. Le premier, Mediapart a fait un calcul accablant qui confirme, s'il en était besoin, que la France de Nicolas Sarkozy est un havre fiscal pour les plus fortunés, alors même que classes moyennes et supérieures sont sérieusement mises à contribution. Le taux d'imposition de Liliane Bettencourt est en effet ridiculement bas par rapport à ses revenus et à sa fortune : seulement 20 % des premiers (avant restitution du bouclier fiscal) et 0,17 % de son patrimoine. Que tout cela soit légal ne change rien à l'affaire : c'est une politique d'inégalité construite et d'injustice affirmée qui, à travers cet exemple flagrant, montre sa brutalité sociale.

Depuis, nous avons démontré que cette fiscalité favorable aux grandes fortunes est au ressort d'une politique irresponsable qui, loin de contribuer à la croissance économique, a appauvri la France. Si cette orientation n'avait pas été prise il y a une décennie et accélérée depuis 2007, les comptes de la nation ne seraient pas dans le même état de déficit. Près de 80 milliards d'euros – 77,7 exactement – se sont évaporés dans cette manne fiscale depuis dix ans. Cette irresponsabilité a pourtant sa logique interne : la défense d'intérêts particuliers, ceux d'une couche sociale privilégiée, plutôt que celle de l'intérêt général.

L'affaire Bettencourt souligne l'urgence d'une refondation fiscale qui remette la République sur ses bases, celle d'une loi commune au bénéfice de tous, au lieu qu'elle se laisse gangrener par le service des privilèges d'une minorité.

La menace d'une justice d'exception

Imagine-t-on qu'un magistrat cité dans une procédure puisse lui-même mener l'enquête sur ce dossier ? Puisse en somme être juge et partie et, ainsi, rester le seul maître de l'avenir judiciaire d'une affaire qui pourrait le mettre en cause ? C'est pourtant ce qui se passe dans notre feuilleton où Philippe Courroye, procureur de Nanterre, s'arroge toutes les prérogatives de l'enquêteur alors même qu'il est l'un des protagonistes des enregistrements clandestins. On y apprend en effet qu'il a fait cause commune avec la présidence de la République pour soutenir Liliane Bettencourt contre sa fille Françoise, dans le différend familial qui les oppose à propos de François-Marie Banier.

De tous les aspects de l'affaire Bettencourt, le sort fait à la justice est le plus immédiatement scandaleux. Refus de toute information judiciaire, multiplication des enquêtes préliminaires, perquisitions et auditions selon son seul bon vouloir, fuite de procès-verbaux vers l'Élysée, agenda judiciaire calé sur l'agenda médiatique des contre-attaques présidentielles, acharnement sur le personnel de maison des Bettencourt à l'origine du scandale tandis que d'infinies précautions sont prises vis-à-vis des personnalités concernées, etc. : le procureur de la République de Nanterre est à l'évidence chargé de trouver une sortie judiciaire qui soit, en même temps, une issue politique pour le pouvoir.

Comment pourrait-il en être autrement ? Soumis hiérarchiquement au pouvoir exécutif et, dans le cas d'espèce, proche du président de la République lui-même, Philippe Courroye n'est pas un magistrat indépendant. À tel point qu'il fut nommé à Nanterre (en mars 2007, à la fin de la présidence Chirac) contre l'avis négatif du Conseil supérieur de la magistrature (CSM), instance consultative plutôt modérée. Il incarne la mise en œuvre d'une justice sans juge d'instruction, où le parquet maîtrise seul l'élucidation des faits qui seront ensuite directement soumis à un tribunal. Le zèle certain qu'il y apporte mêle le carriérisme et la conviction, dans un conflit ouvert avec les juges du siège de son ressort que symbolise sa guerre contre Isabelle Prévost-Desprez, présidente de la chambre financière du tribunal de Nanterre (Hauts-de-Seine).

Le 21 janvier 2010, lors de l'audience solennelle de rentrée, des magistrats en robe n'hésitèrent pas à quitter la salle au moment même où le procureur Courroye intervenait. Dehors, ils ont lu une motion adoptée en assemblée générale convoquée au sein du tribunal. « Par son action personnelle, explique cette protestation, en dénonçant des faits inexacts ou des faits non vérifiés résultant de rumeurs, M. Courroye a en réalité cherché à faire pression sur un magistrat [...] et, à travers lui, sur l'ensemble des magistrats du siège qui seraient tentés de prendre des décisions non conformes aux attentes supposées du pouvoir politique. » Ce seul rappel, indépendamment du conflit d'intérêts (sa mention dans les enregistrements) et de la nécessité d'une enquête indépendante (sans liens de soumission au pouvoir), aurait dû justifier le dépaysement de l'affaire par souci d'une justice sereine et équitable.

La justice d'exception qu'incarne Philippe Courroye dans l'affaire Bettencourt n'est pas sans rapport avec les révélations qui l'ont provoquée. Car ce sont les faits qui dérangent, et ce sont ces faits qu'il faut discréditer, relativiser ou étouffer. « Faire valider par le tribunal des procédures cousues main par le parquet » : c'est en ces termes qu'Isabelle Prévost-Desprez, dans son livre récent, *Une juge à abattre*[1], décrit ce « laboratoire de la justice de demain » qu'est le tribunal de Nanterre situé dans un département qualifié de « duché présidentiel », à la fois

1. Fayard, 2010.

fief électoral de Nicolas Sarkozy, territoire le plus riche de France et siège social de nombre de grandes entreprises. Des caractéristiques que bien des magistrats spécialisés dans les dossiers financiers mettent en rapport avec la faible productivité du parquet de Nanterre en ces matières.

Pour la juge Prévost-Desprez, qui fut la collègue de Philippe Courroye quand il était juge d'instruction, il n'y a pas de mystère : là encore, c'est l'argent-roi qui mène bataille. « Je franchis le pas, écrit-elle au début de son ouvrage, pour dire que le pouvoir de l'argent a fini par vaincre la justice. Pour raconter comment la partie a été perdue par ceux qui croient au droit en s'opposant à l'arbitraire et à l'injustice. Pour témoigner de cette défaite qui a vu les puissants obtenir l'impunité qu'ils réclament depuis longtemps. »

L'enjeu immédiat de l'affaire Bettencourt est de savoir si elle confirmera cette défaite annoncée ou si, à l'inverse, elle marquera le début d'une reconquête par la justice de son indépendance, grâce au soutien de l'opinion publique.

La responsabilité du président de la République

Née de l'affaire Bettencourt, l'affaire Woerth n'est qu'un paravent : elle cache l'affaire Sarkozy. C'est d'abord en tant que trésorier national de l'UMP, poste qu'il occupait jusqu'à ces dernières semaines, qu'Éric Woerth s'est trouvé entretenir des relations de proximité avec l'entourage de Liliane Bettencourt, mise à contribution pour les campagnes du parti présidentiel. Et l'on imagine mal ce trésorier ne rendre aucun compte au candidat de 2007, élu depuis président et probable futur candidat en 2012. Aussi le carré formé autour du ministre du Travail aux premiers jours de l'affaire, comme si son « honnêteté » personnelle était en cause, ne doit pas faire illusion : c'est le général Sarkozy qu'il fallait à tout prix protéger, quitte à transformer le soldat Woerth en opportun bouclier.

Si l'on en doutait, la confirmation a été apportée par l'affolement indescriptible de l'entourage présidentiel après la mise en ligne, sur Mediapart, le 6 juillet 2010, du témoignage de l'ex-comptable des Bettencourt qui évoquait le financement passé de personnalités de droite, dont Nicolas Sarkozy, et surtout le versement de sommes en espèces pour la campagne présidentielle de 2007. L'insigne campagne de diffamation orchestrée depuis l'Élysée contre notre journal en ligne – « des méthodes fascistes » évoquant « les années trente » – témoignait, par sa virulence, d'une grande panique. Grossière dans son expression, cette contre-attaque fut aussi peu regardante dans ses méthodes comme en témoigne l'épisode du procès-verbal tronqué de l'ex-comptable anonymement repris sur le site du *Figaro* à l'insu de sa rédaction.

En fait, le président de la République est ès qualités concerné depuis le début par les révélations de l'affaire Bettencourt. Il l'est d'abord à propos de la bonne marche de la justice puisque les enregistrements attestent les interventions directes de son conseiller pour les affaires de justice, Patrick Ouart, depuis passé au privé, dans le dossier judiciaire qui oppose Liliane Bettencourt à sa fille. De plus, ces interventions, qui auront des conséquences sur l'attitude du procureur Courroye et qui témoignent à l'évidence d'un déséquilibre des armes défavorable à l'une des parties, font suite à deux rendez-vous à l'Élysée où Nicolas Sarkozy lui-même a reçu Liliane Bettencourt accompagnée de Patrice de Maistre et, une autre fois, ce dernier hors la présence de la milliardaire.

Faut-il rappeler qu'en vertu de l'article 64 de la Constitution « le président de la République est garant de l'indépendance de l'autorité judiciaire » ? Son implication personnelle et l'intervention de son conseiller dans un différend judiciaire familial sont-elles compatibles avec cette responsabilité ? Le sont-elles quand, de plus, les enregistrements prouvent, et cela n'a pas été contredit, qu'il a lui-même bénéficié, en mars dernier, d'un chèque de Liliane Bettencourt d'un montant de 7 500 euros dont on se refuse à nous dire, preuves à l'appui, s'il était destiné à l'UMP ou au « parti de poche » neuilléen de Nicolas Sarkozy qui, malgré son élection, n'a toujours pas été mis en sommeil ?

Ces faits-là – l'intervention judiciaire, le chèque reçu –, qui ne sont pas contestés, prendraient évidemment une tout autre ampleur s'il se confirmait que la campagne du candidat Sarkozy en 2007 a bénéficié d'importants financements illicites – versés en espèces et non déclarés dans les comptes de campagne – issus des largesses de Mme Bettencourt, via son gestionnaire de fortune, Patrice de Maistre, décoré depuis de la Légion d'honneur. Loin de faire taire cette hypothèse, l'acharnement à éviter toute enquête indépendante d'un ou plusieurs juges d'instruction lui donne quelque consistance. Car, s'il n'y a rien à cacher, pourquoi ne pas laisser travailler la justice non seulement en toute liberté, mais avec plus de pouvoir, de compétence et de rigueur que n'en offre le cadre contraint des enquêtes préliminaires ?

Du préfet Guéant au procureur Courroye, en passant par ses fidèles relais policiers, le président de la République s'approprie l'État, ses services et ses fonctionnaires, pour se protéger d'une affaire qui, potentiellement, le met en cause. Nicolas Sarkozy n'est certes pas le premier à bénéficier de ce déséquilibre institutionnel qui, en sus des immunités conférées par leur irresponsabilité et leur inviolabilité pénales, préserve nos présidents de toute contestation autre qu'électorale en les mettant à l'abri du bunker élyséen. Mais, héritier des dérives de ses prédécesseurs, il les a accentuées et confortées en construisant une hyperprésidence encore plus déséquilibrée que les précédentes, notamment par l'affaiblissement de ces deux piliers démocratiques que sont une justice indépendante et une information libre.

Comment ne pas comprendre, dès lors, que sa majorité et son gouvernement mettent si peu d'empressement à proposer la loi organique qui définira les modalités d'application de l'article 68 de la Constitution ? Legs ironique, en février 2007, des tout derniers mois de la présidence de Jacques Chirac, ce nouvel article remplit un vide constitutionnel puisque, jusqu'alors, il n'existait pas de procédure politique de destitution d'un président de la République française qui aurait manqué à ses devoirs.

Désormais, la Constitution énonce donc : « Le président de la République ne peut être destitué qu'en cas de manquement à ses devoirs manifestement incompatible avec l'exercice de son mandat. La destitution est prononcée par le Parlement constitué en Haute Cour. » Reste que les conditions d'application sont renvoyées à une loi organique et qu'après une proposition des sénateurs socialistes, en octobre 2009, celle-ci a été renvoyée *sine die*.

« Le président de la République veille au respect de la Constitution. Il assure, par son arbitrage, le fonctionnement régulier des pouvoirs publics ainsi que la continuité de l'État », énonce l'article 5 qui définit son rôle institutionnel. Quant à l'article 1 de la Constitution, il précise que la France est une République « démocratique et sociale » et qu'elle « assure l'égalité devant la loi de tous les citoyens sans distinction ». Si le pouvoir réussit à la faire taire judiciairement ou à la faire oublier politiquement, l'affaire Bettencourt restera comme une leçon de choses civique permettant à chaque citoyen de mesurer la distance qui sépare notre ordinaire politique des grands principes républicains.

À l'inverse, si l'affaire Bettencourt réussit à prospérer judiciairement et politiquement, elle pourrait être la scène inaugurale d'une refondation où la devise républicaine reprendrait force et vie : liberté, égalité, fraternité[1].

27 juillet 2010

1. À l'automne 2010, après un accord de réconciliation conclu entre Liliane Bettencourt et sa fille Françoise sur la partie privée du différend, les divers dossiers d'instruction judiciaire ont été dépaysés dans le ressort du tribunal de Bordeaux. Début 2011, quelques investigations avaient été menées par les juges d'instruction désignés, notamment auprès de l'ancien ministre Éric Woerth et de l'ancien conseiller pour la justice de Nicolas Sarkozy, Patrick Ouart. À ce stade, il était encore impossible de conclure définitivement à un enterrement ou à une relance judiciaire de l'affaire Bettencourt.

9. Un président hors la loi

La diversion xénophobe organisée par le pouvoir pour tenter de faire oublier le feuilleton Bettencourt est un tournant du quinquennat : désormais, Nicolas Sarkozy est un président hors la loi. La fonction que le suffrage populaire lui a confiée en 2007 lui impose de veiller au respect d'une Constitution qui « assure l'égalité devant la loi de tous les citoyens sans distinction d'origine ». Par son discours de Grenoble visant les personnes « d'origine étrangère », il a donc violé la loi fondamentale et, par conséquent, manqué aux devoirs de sa charge. Cet événement ne saurait être traité à la légère par les républicains et les démocrates, de quelque bord qu'ils soient : il oblige au sursaut le plus large et le plus solennel.

Président de la République française depuis 2007, Nicolas Sarkozy occupe une fonction qui ne lui appartient pas. Il n'a pas été élu pour satisfaire son bon plaisir ou son libre arbitre, mais pour remplir un rôle constitutionnel dont il n'a pas le droit de s'écarter, sauf à renier son mandat. « La souveraineté nationale appartient au peuple », énonce l'article 3 de notre Constitution qui ajoute : « Aucune section du peuple ni aucun individu ne peut s'en attribuer l'exercice. » Quant à l'individu que l'expression d'un suffrage « universel, égal et secret » a placé à l'Élysée, sa marge de manœuvre est précisément définie par l'article 5 : « Le président de la République veille au respect de la Constitution. Il assure, par son arbitrage, le fonctionnement régulier des pouvoirs publics ainsi que la continuité de l'État. »

Il suffit donc de relire la loi fondamentale, sur laquelle repose notre État de droit – ou ce qui en reste –, pour prendre la mesure de la rupture survenue le 30 juillet, à Grenoble, au détour du discours de Nicolas Sarkozy : la France a dorénavant pour président un délinquant constitutionnel, un président devenu hors la loi. Car le premier article de la Constitution, dont la place éminente dit bien l'importance, ne se contente pas de définir la France comme « une République indivisible, laïque, démocratique et sociale » – ces deux derniers adjectifs étant trop souvent oubliés. Cet article ajoute immédiatement : « Elle assure l'égalité devant la loi de tous les citoyens sans distinction d'origine, de race ou de religion. Elle respecte toutes les croyances. »

De plus, le préambule qui précède et, donc, ouvre la Constitution souligne que « le peuple français proclame solennellement son attachement aux Droits de l'homme et aux principes de la souveraineté nationale » tels qu'ils ressortent non seulement de la Déclaration de 1789 mais du préambule de la Constitution de 1946, issue du combat contre le nazisme et le pétainisme. Lequel préambule proclame que « tout être humain, sans distinction de race, de religion ni de croyance, possède des droits inaliénables et sacrés ».

Nul besoin d'être un constitutionnaliste chevronné pour comprendre que Nicolas Sarkozy a commis une faute contre la nation, la république et le peuple tels qu'ils sont définis par notre loi fondamentale. Par l'affirmation que « la nationalité doit pouvoir être retirée à toute personne d'origine étrangère qui aurait volontairement porté atteinte à la vie d'un fonctionnaire de police, d'un militaire de la gendarmerie ou de toute autre personne dépositaire de l'autorité publique », le chef de l'État a publiquement proposé d'instaurer deux catégories de Français et de ruiner le principe d'égalité devant la loi, en créant une nationalité conditionnelle pour les Français d'origine étrangère.

Peu importent les précautions ou les ajustements ultérieurs, ces mots sont à eux seuls une rupture avec la Constitution que, plus que tout autre, le président doit respecter. Ils le sont sur le fond, mais aussi dans la forme puisque cette transgression a été préparée à la manière d'un coup d'État, dans le secret de l'Élysée et sans consultation du gouvernement, par un tout petit cercle de conseillers autour du seul secrétaire général de la présidence. À mille lieues donc de ce « fonctionnement régulier des pouvoirs publics » que le président de la République est constitutionnellement chargé d'assurer.

Ce n'est évidemment pas le premier abus de pouvoir de cette présidence, mais c'est le premier qui s'en prend au fondement même de la souveraineté : le peuple. Le peuple, c'est-à-dire tous les citoyens qui le composent, tous ces Français égaux devant la loi quels que soient leur passé et leurs ancêtres, tous ces individus dont la somme fait une nation républicaine parce qu'assemblée sans distinction d'origine. Ce peuple-là préexiste au président qu'il a momentanément élu, et il n'est pas au pouvoir de ce dernier d'en changer la composition, ne serait-ce qu'en pensée.

Système présidentiel s'il en est, la démocratie américaine n'interdit-elle pas explicitement, dans son quatorzième amendement, de faire ou d'appliquer « des lois qui restreindraient les privilèges ou les immunités des citoyens des États-Unis » ? Instauré en 1868, ce verrou américain est né de la guerre de Sécession qui mit fin à l'esclavage des Noirs, tout comme le refus constitutionnel de distinguer entre Français selon l'origine est né de la guerre de Libération qui, en Europe, mit fin aux persécutions contre les Juifs et les Tsiganes.

Ces précisions historiques disent la gravité de l'enjeu. En faisant de la déchéance nationale le pivot de son discours sécuritaire, Nicolas Sarkozy a officialisé la xénophobie et le racisme comme ressorts de sa pédagogie politique. Proclamer que des Français peuvent être exclus de la communauté nationale au nom de leur « origine étrangère », c'est consacrer l'étranger comme figure du danger, de la délinquance et de la déviance. C'est affirmer que la France abriterait un peuple innocent, sain et pur que contamineraient des populations allogènes, extérieures ou différentes.

C'est encourager des persécutions de tous ordres contre les Français qui, dans l'ordinaire des préjugés contemporains, font figure d'étrangers, c'est-à-dire tous nos compatriotes issus des immigrations coloniale ou postcoloniale, arabes ou noirs, de culture ou de confession musulmane. Que cette ignominie soit aussi une diversion politicienne, celle d'un pouvoir discrédité, ne saurait autoriser à la relativiser : si un crime a bien été commis contre la République, son histoire, ses principes et ses valeurs, on ne comprendrait pas qu'il ne soit pas dénoncé sans répit et sanctionné sans pitié.

« Français ou voyou, il faut choisir », a tranquillement déclaré, lundi 9 août 2010, Christian Estrosi dont on peine à croire qu'il est ministre de l'Industrie, activité qui a l'étranger pour horizon commercial, et maire de Nice, ville devenue française il y a seulement cent cinquante ans. Les arguties sécuritaires, manipulations statistiques et généralisations ethniques n'ont ici d'autre finalité que d'installer dans les esprits cette croyance idéologique : le Français d'origine étrangère est un criminel en puissance qui menace la véritable identité française. Or ce n'est là que l'énoncé sommaire du credo raciste, du racisme comme idéologie, terreau de politiques criminelles dans notre modernité.

Nous n'en sommes certes pas là. Mais nous nous sommes un peu trop habitués. Habitués à relativiser, à nuancer, à laisser dire et faire. À permettre ainsi que ce poison s'installe et se diffuse comme s'il s'agissait d'un argument rationnel ou d'un constat factuel. À nous taire, au lieu de nous dresser, massivement et fermement, pour dire, à l'adresse de ces personnes qui nous représentent (élus) ou qui nous administrent (ministres), qu'ils profèrent des bêtises doublées d'infamies.

Aurions-nous oublié que Brice Hortefeux, toujours ministre de l'Intérieur et proche compagnon de Nicolas Sarkozy, est sous le coup d'une récente condamnation pour injure raciale par le tribunal correctionnel de Paris, précisément pour avoir présenté « négativement du seul fait de leur origine les personnes d'origine arabe » ? Et que loin de démissionner, voire simplement de s'excuser, il a fait appel du jugement, assumant sans réserve des propos qui exprimaient l'ordinaire des préjugés racistes ?

Ils assument ce qu'ils disent et ils savent ce qu'ils font. C'est ainsi le même Brice Hortefeux qui entend étendre la déchéance de nationalité aux cas d'excision ou de polygamie, annonce dont chacun aura compris qu'elle vise explicitement une religion, l'islam, fût-ce en ses versions obscurantistes. En imposant la déchéance nationale comme urgence politique, Nicolas Sarkozy savait fort bien qu'il convoquait un imaginaire d'exclusion, de tri et de sélection, où xénophobie et racisme s'entretiennent et s'épanouissent.

À peine renversée la République et instauré l'État français, les 10 et 11 juillet 1940, le premier geste du régime de Vichy fut de promulguer, le 16 juillet, une loi « relative à la procédure de déchéance de la qualité de Français ». Dans la foulée, le 17 juillet, les naturalisés furent exclus de toute la fonction publique, puis, successivement, dès l'année 1940, des professions suivantes : médecins, dentistes, pharmaciens, avocats, vétérinaires, architectes. Le 22 juillet, une nouvelle « loi » – en fait, l'acte autoritaire d'un pouvoir dictatorial, le maréchal Pétain exerçant seul le pouvoir législatif – instaura une procédure expéditive de révision des naturalisations. Enfin, le 23 juillet 1940, était promulguée la « loi relative à la déchéance de la nationalité à l'égard des Français qui ont quitté la France », dont furent notamment victimes Charles de Gaulle et Pierre Mendès France.

Le premier statut des Juifs suivit, mais plus tard, le 3 octobre 1940. En moins de deux semaines d'existence, le régime de Vichy n'eut donc qu'une obsession, avant d'accompagner de son propre chef l'extermination d'hommes, de femmes et d'enfants à raison de leur origine : la déchéance nationale, son extension et son application. Ainsi, nous savons, d'expérience nationale douloureuse, tout comme d'autres peuples, que le tri entre nationaux n'est pas sans relation avec la sélection entre humains. Non pas, évidemment, qu'il y ait une commune mesure entre les deux opérations, ni forcément enchaînement inévitable. Mais, de l'une à l'autre, laisser faire la première, c'est rendre possible la seconde.

Élargie et renforcée, la déchéance nationale devient une pathologie du droit de la nationalité : elle ouvre une brèche dans laquelle peuvent s'engouffrer les fantasmes de communauté nationale épurée, avec des hiérarchies d'appartenance et de loyauté. Sauf à créer des apatrides, humains exclus des cités humaines, la déchéance ne saurait concerner que des doubles nationaux, ayant à leur disposition une nation de secours. Mais la volontaire généralité du propos présidentiel sur « toute personne d'origine étrangère » montre bien que ce pouvoir joue sciemment avec le feu, au mépris du droit international. Et qu'une fois le pas franchi, il peut s'agir de tout autre chose : d'une exclusion à raison d'une origine – fantasmée ou objective, culturelle, ethnique ou religieuse – bien plus encore que d'une autre nationalité.

L'engrenage tient de l'évidence. C'est bien pourquoi nos récentes Républiques, que l'on se gardera pourtant d'idéaliser sur ce terrain de la nationalité, n'en ont pas moins tenu à distance la déchéance nationale, exclusion exceptionnelle, voire rarissime. Quand, entre 1940 et 1944, sous Vichy, il y eut 15 154 dénaturalisations dont une majorité de Français juifs, pour un peu moins de 2 000 naturalisations d'adultes, la IIIe République n'appliqua que 16 déchéances entre 1927 et 1940 pour 261 000 naturalisations d'adultes. Rappelant que, depuis la fin des années 1950, la déchéance pour déloyauté, dont est passible tout Français qui possède une nationalité étrangère, « est tombée en désuétude », l'historien Patrick Weil souligne que la déchéance nationale est aujourd'hui « dormante », ne concernant qu'un ou deux cas par an. « Elle représente, ajoute-t-il dans *Qu'est-ce qu'un Français ?*[1], une sorte d'arme de dissuasion, un article 16 de notre droit de la nationalité. »

1. Folio, 2004.

Ces comparaisons sont instructives : tout comme la bombe atomique ou l'état d'exception, la déchéance nationale est faite pour ne pas servir. Elle est en quelque sorte l'impensé violent et autoritaire de notre droit de la nationalité. Un reliquat du passé, notamment de la guerre froide. De fait, la plupart des vieilles démocraties ne l'ont gardée en réserve que pour des situations extrêmement rares et sortant de l'ordinaire, touchant à l'espionnage entre nations. Vouloir l'actualiser et l'étendre, jusqu'à viser les comportements culturels jugés déviants de certains Français, c'est donc ressusciter une idéologie de l'exclusion et de la purification, celle-là même contre laquelle se sont reconstruites nos démocraties européennes depuis 1945.

Quelles que soient ses suites concrètes, cette transgression politique libère une violence qui n'est pas seulement symbolique. Le pacte social qui soude une nation autour d'un peuple souverain, communauté d'hommes libres assemblés librement, est rompu depuis le sommet de l'État. Un discours de guerre civile, agressant une partie de la population, toujours la même, tient lieu de parole officielle. L'État de droit et les libertés fondamentales sont allègrement piétinés, ainsi que l'illustre la proposition délirante du député UMP Éric Ciotti d'emprisonner les parents d'enfants délinquants. Tout comme est monstrueuse l'invention juridique du ministre de l'Intérieur Brice Hortefeux, qualifiant de « présumé coupable » Liès Hebbadj, ce Nantais cyniquement promu symbole du Français « d'origine étrangère » qu'il faudrait déchoir de sa nationalité.

On aurait tort de se rassurer en pensant qu'il ne s'agit là que de paroles : ces mots produisent forcément des actes, tant cette hystérie verbale est un appel à la violence. En ce sens, le crime contre la République se double d'une provocation contre la nation, son unité et sa concorde. Quand un président renie lui-même les devoirs de sa charge, peut-on faire comme si la fonction était dissociable de celui qui l'occupe ? Peut-on continuer à jouer le jeu politique comme avant, alors même que ce pouvoir montre, chaque jour, qu'il ne respecte aucune règle du jeu préétablie ? La gauche peut-elle continuer à répondre sur le terrain de l'efficacité sécuritaire comme s'il s'agissait d'un débat rationnel, entre gens partageant les mêmes valeurs ? Et ce qui reste de gaullistes sincères peuvent-ils accompagner, ne serait-ce que par leur appartenance à l'UMP, une politique qui renie l'héritage de la Résistance ?

L'énormité de la transgression présidentielle a suscité d'opportunes réactions et des protestations bienvenues. Mais l'on sent pourtant comme une retenue, voire un embarras. Craignant le piège d'une polémique estivale loin des urgences sociales et ne voulant pas paraître en retrait sur le terrain sécuritaire, la gauche se veut d'abord responsable et raisonnable. Du coup, elle ne solennise pas sa protestation, renvoyant Nicolas Sarkozy à l'agitation excessive qui l'anime. D'autres voudraient croire qu'il ne s'agit là que des « erreurs » d'une présidence qui vaudrait mieux que cette surenchère démagogique, accélérée par son affolement panique après l'affaire Bettencourt.

C'est se tromper doublement, dans l'analyse comme dans la perspective. Alliage de xénophobie et de violence, la politique de la peur est, depuis l'origine, au ressort du sarkozysme, de sa marche vers la présidence comme de sa gestion du pouvoir. En 2005, les mots incendiaires – notamment le « kärcher » d'Argenteuil – du ministre de l'Intérieur précédèrent l'incendie des banlieues, provoqué par sa gestion à la fois mensongère et guerrière du drame de Clichy-sous-Bois. En 2007, la tirade islamophobe du candidat à la présidence, où polygamie, excision et mouton égorgé dans la baignoire étaient amalgamés pour dessiner une menace musulmane, précéda l'annonce d'un ministère de l'immigration et de l'identité nationale, énoncé explicite du danger de corruption de la seconde par la première. En 2009 enfin, rattrapé à mi-mandat par sa triple faillite économique, sociale et morale, le président élu en 2007 persistait en lançant l'offensive aujourd'hui relancée sur l'identité nationale, campagne dont les référents idéologiques sont clairement ceux de la droite extrême de l'entre-deux-guerres.

Cette constance, frisant l'entêtement, montre bien que les diversions politiciennes n'excluent pas les convictions politiques. Et, de fait, qu'est-ce que la promotion de la xénophobie et la diffusion du racisme, au cœur des discours et des actes officiels, sinon une diversion à l'usage des classes populaires par rapport aux réalités sociales qu'elles endurent ? Vieille et dangereuse recette où la guerre des pauvres fait la paix des riches ; où le plus grand nombre est renvoyé aux peurs et aux haines tandis qu'une infime minorité s'enferme dans une citadelle de confort et d'indifférence.

De ce point de vue, la cohérence du sarkozysme se retrouve aussi dans sa façon de dire et de faire : une pédagogie, à la fois verbale et gestuelle, de la violence ; la mise en scène d'un pouvoir dont la force brute serait la légitimité permanente, la tension le ressort essentiel et la brutalité la tentation récurrente. L'imaginaire de cette présidence est policier, d'une police sans limites ni freins, colonisant l'État, ses préfectures et ses discours, ses administrations et ses lois. Ce qu'elle installe, avec détermination, c'est un État de guerre intérieure, un État policier de guerre sociale qui entretient l'affrontement entre les opprimés et les dominés en les dressant les uns contre les autres par l'exacerbation des hiérarchies d'origine et d'appartenance.

Rencontre entre des institutions déséquilibrées, sans contre-pouvoirs substantiels, et un personnage transgressif, sans conscience des limites de son désir, cette présidence nous oblige au sursaut, entre courage et audace. Pas demain ou après-demain, dans la tranquillité illusoire des urnes de 2012. Mais maintenant, tout de suite, dans la réalité concrète d'un rassemblement républicain. Tous ceux qui tergiversent ou calculent, conseillent de patienter ou d'attendre, n'auront à leur disposition que leur impuissance et leur solitude quand la violence présidentielle aura fait son effet, diffusé la peur et réveillé les haines, faute d'avoir été d'emblée enrayée par une force nouvelle, aussi unie que déterminée, aussi rassemblée que convaincue.

L'événement de Grenoble le prouve, si l'on en doutait encore : à la différence de ses prédécesseurs, qu'ils fussent de gauche ou de droite, ce président-là est prêt à tout pour sauver ses intérêts, y compris à la perdition de la République, de ses valeurs et de ses principes. En manquant aux devoirs de sa fonction, Nicolas Sarkozy a créé une situation d'exception qui appelle une réaction de hauteur et de conviction, sans petitesse ni sectarisme, une protestation à la fois solennelle et rigoureuse, un front du refus unitaire et pacifique. Comme le serait n'importe quel délinquant inconscient, le président de la République doit être rappelé à la loi, à cette loi fondamentale qu'il a piétinée. Et c'est au peuple souverain qu'il revient de le faire par la force de son insurrection civique.

11 août 2010

10. Faire échec à un pouvoir dangereux

Ce pouvoir est prêt à tout pour durer, y compris à exploiter la menace terroriste pour s'imposer au pays. Des Roms expulsés aux attentats annoncés, la folle accélération de l'agenda présidentiel depuis qu'a surgi l'affaire Bettencourt est une alerte définitive pour tous les opposants à une présidence qui renie notre République démocratique et sociale. Ce n'est pas en 2012 qu'ils ont rendez-vous avec le pays mais maintenant : seule la mise en échec aujourd'hui de ce pouvoir incendiaire, grâce à une mobilisation massive de la société, peut garantir un sursaut électoral demain.

Sinon, le pire n'est pas exclu. Car nous n'avons peut-être encore rien vu. Peut-être qu'il ne suffit plus à cette présidence d'avoir appauvri la nation au profit de ses clientèles oligarchiques et d'avoir privatisé la République jusqu'en ses menées policières. Peut-être qu'il lui faut maintenant aller encore plus loin dans la transgression, la fuite en avant et la perte de repères, pour cette simple raison que son imposture et son échec sont devenus trop visibles. Peut-être qu'elle compte désormais sur la violence des événements pour légitimer durablement sa propre violence politique et sociale, ancrer dans la réalité cette pédagogie hystérique qui est sa marque de fabrique, traduire en actes définitifs son incessante brutalisation de la société. Peut-être qu'elle attend, tout simplement, un attentat.

Oui, un attentat. Ou, tout au moins, son ombre et sa crainte – et mieux vaudrait, évidemment, que ce ne soit que cela. Car l'horloge du sarkozysme est devenue une machine infernale qui n'annonce que tensions et violences, exacerbations et virulences, peurs et craintes. Nous eûmes donc, en quelques jours à peine, la contre-réforme des retraites imposée à la hussarde en même temps que de nouvelles régressions de l'État de droit, notamment pour les étrangers ; une opposition parlementaire brutalement privée de parole, démunie et désemparée, en son lieu d'expression naturel, l'Assemblée nationale ; la presse espionnée dans son travail légitime d'information du public alors même que la justice reste en partie entravée dans l'affaire Bettencourt ; les confédérations syndicales et partenaires sociaux ignorés et humiliés malgré leur unanime protestation ; l'Europe transformée en bouc émissaire d'un nationalisme xénophobe initié par l'État français, à l'encontre d'un peuple européen, les Roms, hier victime du génocide, tout comme le fut le peuple juif ; la magistrature accablée et dépréciée au grand dam de la garde des Sceaux par un ministre de l'Intérieur lui-même condamné pour injure raciale, etc.

Et voici maintenant que débarque la menace terroriste dont on imagine aisément qu'elle est une invite à clore les querelles, oublier les différends et taire les revendications. La séquence offerte la semaine passée par ce pouvoir hors de ses gonds a été si folle qu'on n'a pas immédiatement prêté attention au surgissement de ce nouveau refrain, entonné crescendo par les zélotes de cette présidence. Que l'on s'entende bien : il n'est pas exclu que cette menace soit bien réelle et nous n'osons croire qu'on puisse, en haut lieu, l'exagérer. Mais ce qui est inhabituel, c'est sa mise en scène, organisée et planifiée, autour de quelques acteurs du premier cercle présidentiel. En ces matières, il n'est pas fréquent d'entendre un pouvoir diffuser alarme, inquiétude et angoisse parmi ses administrés au lieu de les rassurer par sa sereine détermination. De plus, le recours fréquent de cettc présidence aux diversions insécuritaires, illustré cet été par le discours de Grenoble et par la chasse aux

Roms, autorise que l'on interroge cette brusque médiatisation d'une montée des périls.

Le samedi 11 septembre 2010 – la date ne doit évidemment rien au hasard –, Bernard Squarcini, patron de la Direction centrale du renseignement intérieur (DCRI), était autorisé à accorder un grand entretien au *Journal du dimanche*, pour y assener un seul message, alarmiste : « La menace n'a jamais été aussi grande », le policier de confiance du président de la République n'hésitant pas à confier son inquiétude pour « les semaines ou les mois » à venir. Cinq jours plus tard, le jeudi 16 septembre, Brice Hortefeux, le ministre de l'Intérieur dont il dépend, se saisissait d'une fausse alerte à la tour Eiffel pour organiser sur place une conférence de presse, avec le même message, le tic-tac de la bombe à retardement s'étant entre-temps emballé : « La menace s'est réellement renforcée ces derniers jours et ces dernières heures. » Deux jours encore, et le samedi 18 septembre, dans l'édition du week-end du *Monde*, M. Squarcini passait à son tour du futur au présent : « La France est sous le coup d'une menace terroriste majeure », ce que confirmait son ministre, le lundi 20 septembre : « La menace est réelle, notre vigilance est renforcée. »

Il y a la menace et il y a son usage : le terrorisme islamiste est une réalité, laquelle peut appeler des traitements et des ripostes différents, voire opposés. Depuis l'aventure américaine de l'administration Bush, nous sommes prévenus : il est des remèdes pires que les maux qu'ils prétendent guérir. Des remèdes qui aggravent les périls, accentuent les tensions, affaiblissent les démocraties et fragilisent leurs sociétés. Exploitant les attentats du 11 septembre 2001 comme une occasion divine, fondée sur un mensonge d'État (les armes de destruction massive), ouverte par une atteinte aux libertés fondamentales (le Patriot Act), légitimant la pratique de la torture et reniant le droit international (avec Guantanamo pour symbole), entraînant l'invasion d'un pays souverain (l'Irak), cette fuite en avant guerrière pèse toujours sur l'état du monde et entrave lourdement la présidence

Obama. Le débat américain lui a donné un nom : une « politique de la peur » (*politics of fear*) qui exploite la menace qu'elle prétend conjurer, qui l'alimente au lieu de la juguler, qui entretient des dangers extérieurs dont elle fait les meilleurs alliés de sa politique intérieure, autoritaire et répressive.

Dans l'actuel cas français, le pouvoir sarkozyste n'a cessé de jouer avec le feu de la planète au lieu de chercher, sinon à l'éteindre, du moins à l'apaiser. Symbolisée par le discours présidentiel de Dakar dès 2007, son abyssale incompréhension de la diversité et de la complexité d'un monde global et interdépendant n'a cessé de se traduire par une diplomatie aussi imprévoyante qu'inconstante, prétentieuse qu'irresponsable, agressive qu'inconséquente. Rien pour s'attaquer aux causes de la violence et assécher le terreau du terrorisme, notamment dans un Sahel misérable dont le riche sous-sol est exploité par des entreprises françaises. Tout, en revanche, pour diaboliser l'islam en plaçant son extrémisme ultra-minoritaire au centre du débat public et des urgences politiques, comme l'illustre l'adoption, le 14 septembre, d'une loi interdisant le voile intégral dans l'espace public. Sans parler, évidemment, du maintien de l'engagement militaire français dans le bourbier afghan, du faible engagement politique sur le dossier israélo-palestinien et, en revanche, du fort engagement en forme de surenchère verbale sur le dossier iranien.

Mediapart l'a très tôt documenté, sonnant l'alarme à contre-courant, mais c'est aujourd'hui un constat largement partagé : rencontre d'institutions dangereuses, en raison de leur déséquilibre consubstantiel favorable au pouvoir personnel, et d'un personnage excessif, refusant toute limite à son désir de puissance, cette présidence est dangereuse. Comme l'avait montré le précédent des émeutes de 2005, quand Nicolas Sarkozy était ministre de l'Intérieur, elle est capable d'appeler la violence pour s'en servir comme d'un levier. Pompier incendiaire, elle carbure à la prophétie auto-réalisatrice : favorisant les menaces qu'elle brandit, suscitant la violence qu'elle réprime, enflammant les haines qu'elle exploite. De ce constat découle une conclusion logique : il faut l'arrêter maintenant. L'empêcher, l'entraver, la bloquer. L'obliger à reculer, la contraindre à faiblir. Sinon rien n'est exclu, et certainement pas le pire.

Si l'on joue les Cassandre, c'est par réalisme. L'opposition de gauche, notamment socialiste, croit qu'elle a le temps. Qu'il lui suffit d'attendre patiemment 2012 pendant que journalistes indépendants, magistrats courageux et syndicalistes déterminés font le travail à sa place. Car, après tout, le discrédit du pouvoir dans l'opinion n'est guère de son fait, tant elle n'est pas encore en ordre de marche, ni rassemblée sur un programme, ni unie autour d'un leader, ni toujours déterminée dans l'action immédiate. Pivot inévitable de cette opposition, le Parti socialiste croit que le temps est son allié, alors que c'est celui du pouvoir qui, loin de gouverner avec efficacité, est déjà entré en campagne, avec brutalité. Du coup, la gauche joue la montre, quand il parie sur l'urgence. Elle feuillette tranquillement le calendrier, alors qu'il ne cesse d'imposer son agenda. Elle se berce de fictions sondagières, tandis qu'il travaille le pays réel.

Car, pendant que la gauche de gouvernement prend son temps, tout son temps, supputant les désirs présidentiels des uns et des autres, s'enfermant dans les délais tardifs des primaires socialistes, pariant sur la victoire en 2012 comme s'il s'agissait d'un placement boursier, le pire s'installe, mine la société, ruine ses solidarités, la divise et la démoralise. En profondeur, le pays le sait et le sent. Dans la diversité de ses sensibilités politiques et de ses conditions sociales, le peuple comprend l'inédit et la gravité de la situation. S'il en fallait un seul exemple, le sursaut chrétien du mois d'août l'a fourni : « De quel prix faisons-nous payer nos sécurités ? », ont demandé évêques et pasteurs qui voyaient bien qu'une frontière symbolique, inscrite depuis 1945, tombait sous nos yeux, entre le soupçon jeté par le président lui-même à Grenoble sur les Français « d'origine étrangère » et la stigmatisation officialisée par des circulaires administratives (« en priorité les Roms ») d'une collectivité humaine, de personnes, enfants et adultes mêlés, à raison de leur seule origine, de leur seule naissance.

Mais ce profond sursaut, illustré par les mobilisations démocratiques et sociales des 4 et 7 septembre, est encore comme un grand corps empoté, un vaste corps sans tête ni direction, un mouvement qui ne sait où il va, faute d'avoir le sentiment que les forces politiques concernées sont déterminées à agir, toutes ensemble, sans divisions ni sectarismes, dès maintenant. Tandis que ce pouvoir ne s'interdit rien, l'opposition hésite, soupèse et tergiverse. De la justice aux médias, des questions sociales aux sujets démocratiques, de la corruption des principes républicains à la rupture des solidarités européennes, la politique de cette présidence est pourtant devenue une incessante pédagogie de la violence. Or on ne fait pas cesser cette violence, et les dégâts concrets qu'elle provoque, en se mettant à l'abri. Pas plus qu'on ne saurait parier sur son épuisement, tandis qu'elle accumule les ravages. Seul un rapport de forces peut faire reculer cette violence politique, cette politique violente. Seule une détermination massive, unie, générale et profonde, aussi forte que paisible, aussi puissante que tranquille, peut en imposer à ce pouvoir qui n'est fort que de la faiblesse de ses oppositions et qui ne cesse de projeter ses propres peurs sur la France.

Attendre, ne penser qu'au coup d'après en calculant ses intérêts électoraux, c'est prendre le risque qu'un point de non-retour ne soit atteint, dans une régression démocratique et sociale qui ferait de la France, bien plus que de l'Italie berlusconienne, le laboratoire où s'invente une nouvelle forme de pouvoir, alliant oligarchie économique, autoritarisme politique et fiction idéologique. Découvrant dans les années 1830 la démocratie dans son atelier américain[1], Alexis de Tocqueville n'avait pas exclu l'avènement d'un despotisme nouveau, à l'abri des apparences démocratiques : une « tyrannie douce », supposait-il, exercée par « un pouvoir immense et tutélaire » qui « ne

1. Cf. Alexis de Tocqueville, *De la démocratie en Amérique*, publié en deux livres en 1835 et en 1840. Disponible sur Wikisource.

détruit point, [mais] empêche de naître ». « Il ne tyrannise point, poursuivait-il, il gêne, il comprime, il énerve, il éteint, il hébète, et il réduit enfin chaque nation à n'être plus qu'un troupeau d'animaux timides et industrieux, dont le gouvernement est le berger. » Et de conclure : « Dans ce système, les citoyens sortent un moment de la dépendance pour indiquer leur maître, et y rentrent. »

Or, c'est en pensant à « cette tyrannie douce dont parlait Tocqueville » que le seul homme d'État français à avoir toujours réfuté notre présidentialisme délétère expliquait ceci, qui résume le rendez-vous que notre société a, aujourd'hui même, avec son exigence démocratique : « La démocratie, c'est beaucoup plus que la pratique des élections et le gouvernement de la majorité : c'est un type de mœurs, de vertu, de scrupule, de sens civique, de respect de l'adversaire ; c'est un code moral. » Dans les années 1970, Pierre Mendès France lançait cette mise en garde dans une critique de « la personnalisation du pouvoir », celle-là même qui, en contaminant avec François Mitterrand la gauche socialiste, allait affaiblir la République. Il en appelait à ce « jour où le peuple prend conscience de son droit et des voies qui lui sont ouvertes, où il choisit les bases nouvelles de son existence », ce jour-là, rappelait-il, « il les impose partout ».

En d'autres termes, résister, c'est aussi inventer. Protester, c'est aussi créer. La réponse au sarkozysme ne viendra pas d'en haut, de tel appareil politique ou de tel candidat miraculeux : elle est d'abord notre affaire, dans l'expression concrète de ce qui n'est plus tolérable, de ce qui est insupportable. Car, à l'inverse, insistait Mendès France, « choisir un homme, fût-il le meilleur, au lieu de choisir une politique, c'est abdiquer. Encourager la nation à croire que tout sera résolu par un homme, sans qu'elle intervienne elle-même, sans qu'elle choisisse et décide, c'est donner aux mauvais politiciens une chance inespérée, c'est les protéger de la seule puissance susceptible de les faire reculer, celle d'un peuple qui a opté entre les solutions et les propositions et qui entend les faire respecter et se faire respecter ».

Le temps est venu d'honorer cette lucidité trop oubliée, de faire vivre au présent cette espérance passée. L'ambition énoncée par Pierre Mendès France est un retour aux sources des authentiques radicalités républicaines, celles qui ont permis, par les luttes, les mobilisations et les combats, d'inventer une République démocratique et sociale. Or nous savons bien, notamment tous ceux qui ont vécu les espoirs puis les chagrins de la gauche à la fin du siècle passé, que si nous en sommes arrivés là, obligés d'assister au spectacle de notre déchéance républicaine, c'est parce que cette exigence fut délaissée au profit des compromis carriéristes et des corruptions sociales, de la quête des places et du souci des postes, dans le sacrifice des idéaux aux intérêts. Oui, il est vraiment temps que, dans sa diversité qui peut rallier bien au-delà de la seule gauche partisane, l'opposition politique nous montre qu'elle est déterminée à défendre dès aujourd'hui nos idéaux sans calculer ses intérêts pour demain.

Mais il est surtout temps que la société, c'est-à-dire nous tous, chacun à la mesure de ses moyens, à sa place et à sa façon, que la société donc s'empare de ses droits, de son droit à avoir des droits, de son droit à faire valoir le droit. Et notamment de ce droit fondamental du peuple souverain énoncé par l'actuelle Constitution, via la Déclaration des droits de l'homme de 1789 qui, en son article 2, rappelle que ces droits naturels sont « la liberté, la propriété, la sûreté et la résistance à l'oppression ». Et si le droit de résister à l'oppression est énoncé en dernier, c'est évidemment parce qu'il garantit les premiers[1]. Ici, le précédent historique de la Résistance au nazisme ne saurait faire écran, empêchant toute invocation de ce droit à la résistance dans le contexte actuel, évidemment sans commune mesure. Bien au contraire, Condorcet, dont on ne saurait faire un révolutionnaire extrémiste mais plutôt un républicain conséquent, fut invité, en février 1793, à définir ce droit de résistance à l'oppression : « Il y a

1. Cf. « Le droit de résistance à l'oppression », *Le Genre humain*, n° 44, novembre 2005, Seuil.

oppression, expliquait-il, lorsqu'une loi viole les droits naturels, civils et politiques qu'elle doit garantir. Il y a oppression lorsque la loi est violée par les fonctionnaires publics dans son application à des faits individuels. Il y a oppression lorsque des actes arbitraires violent les droits des citoyens contre l'expression de la loi. »

Il suffit de suivre l'actualité, et désormais, c'est un fait heureux, pas seulement sur Mediapart, pour constater que nous y sommes. À des droits et des lois violés ainsi qu'à des lois qui violent les droits. Et si nous y sommes, notre devoir est de résister, tous ensemble, maintenant.

22 septembre 2010

11. L'heure du peuple

Où va la France ? Nul ne le sait, et les journalistes pas plus que les acteurs de l'actuel mouvement social. C'est une histoire non écrite qui s'invente au jour le jour, de rendez-vous en rendez-vous, de manifestations en grèves. Le pays se sent confusément au seuil de l'imprévu et de l'inattendu, pour le meilleur ou pour le pire, entre extension et reflux, surprise, accident ou épuisement. Depuis les premiers défilés du 4 et du 7 septembre 2010, chacun sent bien que nous vivons l'un de ces moments où le peuple, dans sa diversité d'âge et de condition, entend faire valoir ses droits légitimes contre une légalité illusoire.

La démocratie est de son côté, sur l'asphalte des rues, dans les établissements scolaires ou dans les lieux de travail. Car la démocratie véritable suppose sa présence active. Elle n'est pas ce silence forcé auquel on voudrait le contraindre cinq ans durant, en le laissant seulement choisir, d'élection en élection présidentielle, un maître intouchable avant de l'obliger à retourner en servitude. En tentant de dérégler l'agenda que voudrait lui imposer autoritairement le pouvoir, le peuple défend donc bien plus que ses droits acquis. Il dit, tout simplement, qu'on ne décide pas de son sort sans le consulter. Qu'on ne modifie pas ses conditions de vie sans l'écouter. Qu'on ne lui impose pas des priorités dont il ne veut pas.

C'est ainsi toute la société qui gronde, consciente de l'enjeu symbolique de la bataille des retraites. Sera-t-elle abaissée et humiliée par un pouvoir arrogant qui diffuse peur et défiance, insécurités et divisions, pour mieux imposer les intérêts d'une minorité oligarchique ? Ou bien sera-t-elle relevée et rehaussée par sa propre volonté rassemblée, retrouvant confiance en elle-même afin d'imposer les exigences du plus grand nombre contre les privilèges de quelques-uns ? Deux interrogations qui n'excluent pas un troisième scénario : une société apparemment défaite mais secrètement victorieuse, offrant à ce pouvoir aveugle une victoire à la Pyrrhus tandis qu'elle entrerait durablement et profondément en dissidence, patiemment et paisiblement réfractaire.

Entre ces incertitudes, c'est le temps qui fera la décision. Non pas le temps comme durée ou impatience, mais le temps comme maîtrise et exigence. Trois temporalités s'affrontent ici. Celle du pouvoir d'aujourd'hui, cette hyperprésidence césariste dont le temps est celui de l'urgence : que sa volonté passe, à tout prix, au plus vite, fût-ce en force et avec violence. Celle du pouvoir de remplacement, cette opposition socialiste dont le temps est celui de l'attente : que rendez-vous soit pris avec elle pour 2012, sans précipitation ni radicalisation, en lui faisant crédit sans compter. Celle, enfin, de ce peuple qui manifeste et proteste avec constance, dont le temps est plus essentiellement celui de la vie, de la vie vécue, de la vie sensible, de la vie partagée : que ses vies concrètes, au travail, à l'école et en famille, entre générations, entre voisins et entre collègues, soient défendues, protégées et améliorées ici et maintenant. Ce peuple-là sait bien qu'il ne doit compter que sur lui-même : ce qu'il réussira à prendre ou à sauver le garantira bien plus que des promesses lointaines et, d'expérience vécue, souvent illusoires.

Le rêve de tout pouvoir, et encore plus d'un pouvoir sans partage comme celui que nous impose notre présidentialisme déséquilibré, est d'être l'horloger de la société. De l'identité nationale aux discours insécuritaires, en passant par la xénophobie d'État et par la contre-réforme des retraites, l'habileté de Nicolas Sarkozy a toujours le même ressort : nous imposer son agenda partisan, entre idéologie conservatrice et intérêts de classe.

Or c'est cette horloge que dérègle l'actuel mouvement social, en cherchant à imposer son propre temps discordant, imprévisible et dissident. Polysémique et pluraliste, il se rassemble autour des retraites, non seulement par intérêt matériel bien compris, mais aussi par intelligence du moment : c'est en refusant par principe un agenda imposé par le pouvoir qu'on déréglera sa machine à produire plus d'injustice, de domination et de soumission

Confusément, sans porte-parole unique ni direction politique, le peuple tente d'imposer d'autres priorités, d'autres nécessités. Le réalisme est de son côté, tandis que la fiction est l'arme du pouvoir. Il a compris que ce dernier entend faire payer la note de la crise par les plus modestes. Il sait que le gouvernement préfère tailler dans les dépenses sociales plutôt que taxer les richesses financières. Il sent que les raisonnements budgétaires, entre déficits et dettes, masquent une politique socialement injuste sous leur expertise obscure et verbeuse. Sans avoir entendu l'aveu candide du milliardaire américain Warren Buffett à CNN en mai 2005, il se doute déjà que c'est bien cela qui se joue : « Il y a une guerre des classes, c'est un fait, mais c'est ma classe, la classe des riches, qui mène cette guerre, et nous sommes en train de la gagner. »

Nul hasard évidemment si cette citation se trouve en exergue du livre récent des sociologues Michel Pinçon et Monique Pinçon-Charlot, *Le Président des riches*[1]. Nul hasard non plus si, au tout début de la présidence de Nicolas Sarkozy, l'un des porte-voix du patronat, Denis Kessler, doté d'un franc cynisme, lâchait un aveu semblable, créditant le nouveau régime de vouloir « défaire méthodiquement le programme du Conseil national de la Résistance » et, au fond, prendre ainsi une revanche historique sur le Front populaire de 1936 dont les idéaux inaccomplis inspirèrent nombre des réformes de 1945. Nul hasard enfin si, dans un lapsus à répétition, le patron des députés UMP, Jean-François Copé, a régulièrement exprimé sa crainte d'une France saisie par « une tentation

1. Zones, 2010.

de la nuit du 4 août dont il faut se débarrasser » (en 2009), voire d'une « ambiance malsaine de nuit du 4 août » (en juin 2010). Oui, cette nuit du 4 août 1789 qui pourtant marque le début de la fin de l'Ancien Régime avec l'abolition des privilèges. Ils ne se cachent donc pas de craindre pour leurs privilèges. Et s'ils ont peur du peuple, c'est parce qu'il n'est pas dupe de leurs intentions.

Car, toutes générations confondues, il sait que l'affaire des retraites n'est pas une question comptable mais un enjeu de société. En prétendant, contre toute rationalité économique, qu'il n'y aurait qu'une seule solution pour préserver les pensions, celle de contraindre les salariés à travailler et à cotiser plus longtemps, le pouvoir n'entend pas défendre nos retraites mais attaquer nos sécurités. Autrement dit nous mettre en insécurité, fragilité et dépendance.

À l'inverse, le sociologue Robert Castel, meilleur analyste de nos sécurités sociales, n'a cessé de rappeler que la protection sociale est la condition d'une démocratie réelle, d'une démocratie d'égaux, sans privilégiés justement : « La protection sociale est la condition de possibilité pour former une société de semblables : un type de formation sociale au sein de laquelle nul n'est exclu parce que chacun dispose des ressources et des droits nécessaires pour entretenir des relations d'interdépendance (et pas seulement de dépendance) avec tous. C'est une définition possible de la citoyenneté sociale. C'est aussi une formulation sociologique de ce qu'en termes politiques on nomme une démocratie »[1].

Comme la lettre volée de la nouvelle d'Edgar Poe, placée en évidence sur la cheminée, la vérité de la situation n'échappe qu'à ceux qui se laissent aveugler. Et c'est bien là le message du mouvement social : ne plus se laisser avoir, ne plus se laisser faire, ne plus se laisser tromper. D'où cette méfiance récurrente envers les médias dominants, au risque de confondre les journalistes avec leurs employeurs, tant leur responsabilité est grande dans ce

1. *L'Insécurité sociale*, Seuil, 2003.

moment particulier. Car ils ont le pouvoir de nommer les choses et, par conséquent, de nous tromper en les parant d'atours mensongers, très loin du réel et tout près de l'idéologie. Réforme ou contre-réforme ? Discours sécuritaire ou propos incendiaires ? Identité nationale ou pédagogie xénophobe ? Dans la filiation de George Orwell, l'auteur de *1984* qui avait démasqué la novlangue des dominations modernes, le collectif « Les mots sont importants » met en garde, à juste titre, contre ces lieux communs du langage médiatique où se donne à voir une « euphémisation de la violence des dominants » associée à une « hyperbolisation de la violence des dominé-e-s ».

« L'euphémisation consiste, étymologiquement, à positiver du négatif, rappellent ses initiateurs, Sylvie Tissot et Pierre Tevanian. Dans la sphère politique, elle consiste à essentiellement occulter, minimiser, relativiser et justifier une violence »[1]. Ainsi ne parlera-t-on que de réforme, de modernisation, d'assouplissement, etc., quand le droit du travail est affaibli, la protection sociale réduite et tel service public privatisé. À l'inverse, la révolte de ceux qui subissent ces mesures sera qualifiée de conservatisme, de corporatisme et de crispation, voire de provocation.

Les éditoriaux des médias dominants sont actuellement encombrés de ces raisonnements automatiques qui font fi des expertises syndicales ou associatives, vulgate dont le dernier exemple en date fut offert par l'actuel directeur du *Monde*[2]. « There is no alternative », avait l'habitude de dire Margaret Thatcher pour justifier sa contre-réforme néolibérale, ce qui lui valut chez ses opposants le surnom de Mrs Tina. « Avec le temps, les Français se rendront compte

1. *Les mots sont importants 2000-2010*, Libertalia, 2010.

2. Dans un éditorial du 15 octobre 2010, Éric Fottorino, directeur du *Monde* à l'époque, reprochait seulement à Nicolas Sarkozy « un déficit d'explication » dans la réforme des retraites et critiquait les « idées fausses de l'opposition socialiste », son « attitude résolument passéiste » et son « impasse empreinte de démagogie », symbolisée par « l'engagement "totémique" d'un retour aux soixante ans pour l'âge légal de départ à la retraite ».

qu'il n'y avait pas d'autre solution que de faire cette réforme », a encore redit, en bon adepte de cette pensée unique qui refuse la libre discussion, Raymond Soubie, le conseiller social de l'Élysée, dimanche 24 octobre sur Europe 1. Il n'y a pas d'autre solution, ne cessent de répéter après l'ancienne Premier ministre conservateur britannique (de 1979 à 1990), dont la politique fut un désastre social, tous ses équivalents français, adhérents tacites de ce « cercle de la raison » qui unit droite et gauche supposées gestionnaires... dans leur irrationalité et leur irresponsabilité.

Car, entre-temps, une démonstration cinglante est survenue avec cette troisième crise historique du capitalisme dont nous sommes loin d'être sortis, aussi ample et profonde que celles de 1857 et de 1929. Le bilan de ces politiques sans alternative, ou plutôt niant toute alternative, est là : des richesses dilapidées, des inégalités accrues, un chômage en hausse, des sociétés affaiblies, des peuples inquiets, des pays désindustrialisés, des économies fragilisées. Au grand dam des excellents « économistes atterrés », qui refusent de tourner la page de cette démonstration radicale toujours inaudible dans les discours dominants, Mrs Tina est donc de retour, en version tricolore. Elle l'est en fait depuis le début de ce feuilleton des retraites, depuis qu'au printemps dernier le piège d'un agenda présidentiel aussi soudain qu'impatient s'est refermé sur des directions syndicales trop consentantes et sur une opposition socialiste trop complaisante.

En effet, en quoi les retraites étaient-elles l'urgence du moment ? Pourquoi fallait-il, toutes autres affaires cessantes, sur un dossier si complexe, trancher si vite, dans un calendrier si serré qui présageait de l'humiliation finale du Parlement via la censure de fait de l'opposition ? Comment en est-on venu à imposer à tout un pays de débattre d'un futur incertain – le fameux « trou » des retraites – sans aucunement discuter d'un présent évident – le chômage et la crise ?

Ce que la protestation actuelle s'efforce de nous faire comprendre, c'est que l'agenda présidentiel des retraites était en lui-même un piège. D'emblée, la méthode choisie fut celle de la revanche symbolique contre les syndicats et la gauche, plutôt que celle d'une recherche du compromis ou du consensus. Dans ses procédés (ce calendrier en forme de déclaration de guerre), comme dans ses objectifs (cet isolement d'un dossier pourtant indissociable de celui de l'emploi), cette offensive tenait du calcul partisan plutôt que de la responsabilité politique.

Car ce sont bien les emplois qui font les retraites et ce sont bien les actifs qui financent les pensions. Comment cette évidence a-t-elle pu disparaître à ce point du débat public alors que la France connaît un taux de non-emploi des moins de vingt-cinq ans qui bat des records en Europe ? Pourquoi ne pas avoir fait des mesures pour l'emploi des jeunes un préalable à toute discussion sur l'avenir des retraites ? Autrement dit, ce que rappelle le mouvement social aux directions syndicales comme à l'opposition parlementaire, c'est que, pour porter une alternative crédible, il faut d'abord être capable de promouvoir un agenda différent de celui du pouvoir, d'imposer dans la société un raisonnement qui ne soit pas pris au piège des préjugés gouvernementaux.

Aujourd'hui, l'emploi devrait être la question centrale d'une République authentiquement sociale. Le nombre des inscrits au Pôle emploi a augmenté de 1,1 million entre juillet 2008 et juillet 2010. Avec 4,6 millions d'inscrits, soit un actif sur six, le record enregistré il y a treize ans, en 1997, est battu. Les inscrits au Pôle emploi qui n'ont pas travaillé du tout étaient 2,7 millions en juillet dernier, soit un actif sur dix. Quant au nombre de chômeurs de longue durée, il ne cesse de croître, atteignant plus de 1,4 million, soit un actif sur vingt. Les plus touchés sont les ouvriers, mais les employés ont vu leur nombre de chômeurs augmenter d'un quart en deux ans, tandis que les jeunes de quinze à vingt-quatre ans sont évidemment les premières victimes de la crise.

À cette priorité de l'emploi, que l'offensive sur les retraites avait pour objet de reléguer au second plan, s'ajoute la question de la répartition des richesses, spectaculairement illustrée par l'affaire Bettencourt, durant l'été. Liliane Bettencourt gagne 550 euros par minute sans rien faire tandis que la moitié des salariés du pays gagnent moins de 1 500 euros par mois. Toute la machinerie idéologique mise en œuvre voudrait faire porter aux travailleurs la responsabilité des déficits publics et, ainsi, évacuer toute interrogation sur une politique immensément favorable, depuis dix ans, aux plus fortunés. Tandis que le poids des dépenses publiques dans le PIB français restait stable (de 52 % en 1985 à 53 % en 2008), en revanche les politiques de réduction d'impôt mises en œuvre n'ont cessé d'appauvrir l'État, dans des montants astronomiques confirmés par le député UMP Gilles Carrez et détaillés par Mediapart[1].

Tandis qu'ainsi certains s'enrichissent en dormant, sans faire grossir la richesse collective, le travail des Français restait parmi l'un des plus productifs au monde en 2009, seulement devancé par l'Irlande et le Danemark, comme le rappelle le dossier d'octobre 2010 d'*Alternatives économiques*, consacré à juste titre au chômage. Selon les calculs du mensuel, chaque Français qui occupe un emploi a produit l'an dernier 5 % de richesses de plus qu'un Américain, 19 % de plus qu'un Italien, 21 % de plus qu'un Allemand et 28 % de plus qu'un Britannique. La France cumule donc ce paradoxe d'être à la fois l'un des pays où ceux qui ont un emploi produisent le plus de richesses et où le nombre de demandeurs d'emploi est le plus élevé. C'est aussi, contrairement aux fredaines officielles, l'un des pays fiscalement les plus favorables aux plus fortunés dont le taux d'épargne est un des plus élevés au monde.

Partage des richesses, partage du travail, relance plutôt qu'austérité, confiance au lieu de défiance, solidarité

1. Sur Mediapart, dans un article du 25 juillet 2010, Laurent Mauduit décortiquait divers rapports officiels mettant en évidence « ces dix années de cadeaux fiscaux qui ont ruiné la France ». Cet article est consultable à l'adresse suivante :

http://www.mediapart.fr/journal/france/210710/ces-dix-annees-de-cadeaux-fiscaux-qui-ont-ruine-la-france contre inégalité : les quelques données ci-dessus rappelées suffisent à indiquer d'autres priorités, d'autres raisonnements, d'autres solutions que celles aujourd'hui imposées au pays par le pouvoir. Dans un ouvrage très pédagogique, *L'Enjeu des retraites*[1], le chercheur Bernard Friot les détaille minutieusement, déconstruisant avec méthode tout l'argumentaire des prétendus réformateurs.

« Pourquoi ne sauve-t-on pas les retraites de la même manière qu'on a sauvé les banques ? demande-t-il ingénument. On vient de sauver les banques en leur donnant de l'argent, beaucoup d'argent d'ailleurs, tandis que, pour « sauver » les retraites, depuis vingt ans, on ne fait que leur ôter de l'argent, principalement par le gel du taux des cotisations patronales. N'est-ce pas étrange ? (...) Sauver par la saignée : Molière nous a appris à nous méfier de ces dangereux médecins et de leurs prétendus remèdes. D'autant plus qu'il y a trente ans que cette thérapeutique dure et que nous voyons bien que ces sauvetages ne sauvent que les actionnaires. »

Ce livre met à nu l'irrationalité de la réforme et, surtout, combien elle fait l'impasse sur les retraités eux-mêmes, leur rôle dans la société, leur contribution à la solidarité, leur rapport au travail. Sur Mediapart, Mathieu Magnaudeix a tôt détaillé[2] les cinq grandes injustices d'une réforme qui taxe beaucoup le travail, très peu le capital ; qui occulte les inégalités d'espérances de vie ; qui pénalise les femmes et les plus modestes ; qui risque d'aggraver les conditions de travail ; et qui, enfin, fait un tri arbitraire entre les pénibilités.

Il faut sans doute y ajouter le déni de la retraite elle-même comme réussite sociale, épanouissement d'activités choisies, occasion d'entraides intergénérationnelles,

1. La Dispute, 2010.

2. « Retraites : les cinq injustices de la réforme », un article du 7 septembre 2010, par Mathieu Magnaudeix, consultable sur Mediapart à l'adresse suivante :

http://www.mediapart.fr/journal/economie/060910/retraites-les-cinq-injustices-de-la-reforme invention d'une seconde vie libérée d'anciennes servitudes et contraintes, don à la collectivité de son temps libre, engagement dans le tissu associatif, etc.

On prête à la ministre de l'Économie, Christine Lagarde, ce cri du cœur pour justifier l'obligation de rechercher un emploi faite désormais aux chômeurs de plus de cinquante-sept ans : « Mais, enfin, on n'est pas fichu à cinquante-sept ans ! » Comme s'il fallait être fichu, abîmé, blessé, épuisé, pas loin du cercueil, pour avoir droit à la retraite et, ainsi, bénéficier de cette seconde vie qui, l'allongement de l'espérance de vie aidant, ne signifie aucunement un retrait de la société ! Sans doute inconsciente, cette morgue sociale exprime l'impensé profond de l'offensive gouvernementale : en culpabilisant ainsi ceux qui n'ont d'autre richesse que leur travail, une vie de travail dont la retraite est l'une des récompenses, c'est en fait notre droit d'avoir des droits que met en cause ce pouvoir.

Sa contre-réforme tourne le dos à la philosophie du « droit naturel » qui, depuis le dix-huitième siècle, a nourri l'espérance démocratique et sociale : cette idée que l'homme a naturellement des droits, tout simplement parce qu'il est homme et que « les hommes naissent et demeurent libres et égaux en droits » (Article 1 de la Déclaration des droits de l'homme de 1789). Des droits donc, droit au travail, droit à la santé, droit à l'éducation, droit au repos, droit au logement, droit à la libre circulation, droit d'expression et d'opinion, etc. Des droits naturels, pas des droits conditionnels.

Dans la diversité de ses situations, le peuple qui s'ébranle a compris cet enjeu. On se tromperait en effet et, notamment, l'on ne comprendrait rien à l'irruption de cet acteur improbable qu'est le mouvement lycéen, si l'on voulait réduire l'actuelle protestation dont les retraites sont le point de ralliement à cette seule question. C'est une protestation bien plus vaste et profonde qui s'exprime, venue de tous les secteurs touchés par les dégâts des régressions en cours : non seulement l'éducation, mais aussi la santé, la justice, l'habitat, les territoires, l'immigration, les services publics, le transport, les équipements collectifs, etc. Partout, les revendications sont latentes tant les conditions de travail se sont dégradées. Partout, des colères rentrées cherchent l'occasion de s'affirmer. Partout, des humiliations accumulées espèrent leur revanche.

Pour l'opposition socialiste, qui prétend succéder à ce pouvoir d'ici un an et demi, ce paysage devrait être réjouissant. Or, loin de se saisir de cette opportunité, on sent la majorité du Parti socialiste prudente, voire méfiante. Certes, elle accompagne le mouvement, mais s'abrite derrière les directions syndicales alors même qu'elles sont elles-mêmes impuissantes à faire céder le pouvoir et à trouver une issue à la crise. Laissant les mobilisations se succéder sans chercher à leur offrir une perspective politique, le PS s'est empressé de mettre en garde contre la radicalisation et, à la vérité, renvoie le présent au futur : l'élection présidentielle de 2012.

Son attentisme est à la fois de conviction et d'opportunité : parti d'élus et non plus de masse, il s'alarme spontanément au spectacle de la rue manifestante, dans la mesure où elle est imprévisible et incontrôlable ; parti converti au présidentialisme bonapartiste, il a renvoyé à ses « primaires » de l'été 2011 l'arbitrage de ses compétitions internes. En d'autres termes, tout cela vient trop tôt et il n'est pas encore prêt. À tel point que sa première secrétaire se comporte plus en syndic de la diversité socialiste qu'en leader d'une opposition de gauche rassemblée. À tel point, de plus, qu'au bout de trois ans et demi de présidence sarkozyste, cet inévitable parti central ou charnière de la gauche qu'est le PS n'a jamais cherché à réunir ou organiser un front commun unitaire des oppositions politiques.

Le PS prend ainsi le risque de se comporter avec une mentalité de propriétaire, comme si le pouvoir allait lui revenir naturellement sans qu'il fasse d'effort sur lui-même et auprès de la société. Il attend, et espère que le peuple voudra bien attendre avec lui, au point de lui demander d'arbitrer ses rivalités intestines en ouvrant largement le collège électoral du choix de son candidat. Mais c'est un pari discutable de croire que ledit peuple n'a pas de mémoire. De mémoire immédiate, d'abord : le moment venu, il se souviendra de ceux qui se seront vraiment opposés, sans relâche ni compromis, sans hésitation ni précautions, à cette hyperprésidence. De mémoire longue, ensuite : d'instinct, il sait bien que cette exacerbation de la crise démocratique française dont le sarkozysme est à la fois l'instrument et le produit a une histoire, dont les gouvernants socialistes d'hier sont aussi comptables. Bref, le peuple n'est pas incapable de faire lui-même l'inventaire, et notamment parmi ceux qui, justement n'auront pas fait leur propre travail d'inventaire.

L'aile gauche du PS n'est certes pas insensible à ces arguments, et l'on sent qu'elle tente, ces jours-ci, d'ébranler sa lourde machine partisane. À l'opposé, le discours le plus symptomatique du conservatisme socialiste est aujourd'hui tenu par François Hollande qui, en ces temps de protestation sociale, a bizarrement fait de l'anti-sarkozysme sa cible politique favorite. L'ancien premier secrétaire du PS lors des deux dernières défaites présidentielles, celles de 2002 et de 2007, n'a de cesse de fustiger cette « paresse » ou cette « facilité » que serait l'anti-sarkozysme, posture, ajoutait-il le 26 septembre 2010 sur RTL, « à la portée du premier venu ».

Pourtant, c'est ne pas voir, ou plutôt se refuser à voir, que l'anti-sarkozysme populaire n'est pas une négation, mais une exigence. Que, loin d'exprimer seulement un refus, il affirme le désir de réponses radicalement nouvelles, et non plus la répétition de recettes éculées. La critique active, par la société elle-même, de cette présidence met la barre haut, qu'il s'agisse des pratiques démocratiques (un présidentialisme sans contrôle), des questions sociales (une politique de classe) ou des sujets internationaux (le refus du monde).

Or, à l'exception des questions fiscales dont François Hollande est un spécialiste indéniable, on attend toujours, dans ces trois domaines, les propositions concrètes des socialistes marquant une véritable rupture avec non seulement ce que nous subissons depuis 2007, mais aussi avec ce que nous avons vécu depuis que le PS revendique « une culture de gouvernement » qui, dans les faits, a souvent signifié sinon sa conversion à l'ordre existant, du moins son accommodement ou son arrangement avec le monde tel qu'il va, injuste et inégal.

Grand corps sans tête, le mouvement social actuel est confusément animé par l'espoir d'une opposition déterminée, témoignant d'une altérité véritable avec l'oligarchie sociale qui, aujourd'hui, prétend régenter notre République. Car ce que nous donne à voir cette présidence, dans toutes ses pratiques comme dans tous les domaines, c'est la confiscation du bien commun par une minorité qui. au croisement des mondes financiers et politiques, se croit au-dessus du peuple, plus compétente que lui, plus experte et plus clairvoyante, plus à même de choisir à sa place son avenir et de le conduire là où, sans doute, il ne voudrait pas aller. S'ils ont peur du peuple. c'est parce qu'au fond ils n'aiment pas la démocratie, ce régime où n'importe qui peut prétendre s'exprimer, voter, se faire élire, voire gouverner, sans privilège de fortune, de naissance ou de diplôme. Tel est le scandale démocratique qu'ils veulent conjurer, en instituant durablement les nouveaux privilèges d'une oligarchie de la possession, de l'avoir et du pouvoir.

L'heure du peuple, c'est donc le temps de la démocratie. D'une démocratie vivante et réjouissante, inventive et curieuse, égalitaire et solidaire. D'une démocratie qui n'attend pas.

20 octobre 2010

12. L'espoir tunisien secoue la France

Une révolution est donc en cours en Tunisie. Son issue reste incertaine : si le dictateur Ben Ali est parti à l'étranger, vendredi 14 janvier 2011, signant son crime par sa fuite, son système est toujours en place. C'est une révolution de palais qui tente d'enrayer la révolte populaire. De fait, la transition est assurée par des fidèles du pouvoir déchu, d'abord son Premier ministre, Mohamed Ghannouchi, puis le président du Parlement, Foued Mebazaa, nommé samedi 15 janvier président de la République par intérim.

Rien ne garantit encore ce processus véritablement démocratique qu'ont réclamé les partis d'opposition lors d'une conférence de presse à Paris, avec amnistie générale, abrogation des lois liberticides et organisation d'élections libres. De plus, nombre de leurs dirigeants, dont Moncef Marzouki du Congrès pour la République ou ceux du parti islamiste Ennahda, ne sont pas encore rentrés de leur exil forcé à l'étranger. Quant aux clientèles du régime, elles ne se laisseront pas faire, comme l'ont montré leurs récentes exactions : n'estime-t-on pas à cent mille les employés du ministère de l'Intérieur (soit près d'un Tunisien sur cent) et à un million (soit près d'un Tunisien sur dix) les membres du parti de fait unique au pouvoir, le RCD ?

Mais l'ampleur de la révolution de Jasmin est d'ores et déjà incommensurable. Par son courage, le peuple tunisien vient de montrer aux habitants du monde arabo-musulman, du Maghreb au Machrek, qu'il n'y a pas de fatalité à la servitude et que des régimes apparemment inébranlables peuvent s'effondrer sous le poids de leurs injustices et de leurs impostures. Les Égyptiens, par exemple, qui supportent l'indétrônable Hosni Moubarak depuis plus de trente ans – il fut « élu » pour la première fois le 14 octobre 1981, et réélu en 1987, 1993, 1999 et 2005 avec des scores souvent supérieurs à 80 % –, ne peuvent que méditer l'audace de la rue tunisienne qui met fin à plus de vingt-trois ans de présidence Ben Ali – il avait déposé pour sénilité son mentor Habib Bourguiba (1903-2000) le 7 novembre 1987.

Or tous ces pouvoirs plus ou moins autoritaires, qui désespèrent les espoirs de la rue arabe et donnent ce visage d'immobilisme politique à la région, sont soutenus par les puissances occidentales, activement ou silencieusement. La menace islamiste est leur caution et leur alibi. Caution de leur existence intouchable : retournant à leur profit l'idéologie du choc des civilisations, ils se posent en rempart contre l'extrémisme musulman. Alibi de leurs crimes impunis : partenaires de la ténébreuse guerre antiterroriste, ils y trouvent des excuses pour leurs violations des droits et leurs vols des richesses. La vérité est pourtant qu'ils ont enfanté cet islam politique, non seulement en trahissant leurs promesses initiales mais, souvent, en étant les premiers à utiliser l'arme religieuse pour mater, par le passé, les contestations sociales et démocratiques qui les ébranlaient.

Telle est la radicale nouveauté introduite par l'insurrection tunisienne : le retour au premier plan de la question démocratique et de la question sociale, indissociables. Qu'il s'agisse de l'Afrique du Nord ou du Proche-Orient, c'est le surgissement d'un message d'espoir après tant de décennies dominées par la régression religieuse, les replis identitaires et les affrontements sectaires. Se battre pour la liberté et l'égalité, pour le droit de s'exprimer et le droit de travailler, pour le droit d'avoir des droits tout simplement, c'est échapper aux identités immuables et aux communautés fermées. C'est chercher et inventer ce qui rapproche et rassemble, au lieu d'exacerber ce qui divise et ce qui éloigne. C'est en somme construire ensemble un avenir politique dont l'exclusion et l'intolérance ne seraient plus les normes. Un avenir où la raison l'emporterait sur la croyance.

Sous réserve qu'elle ne soit pas défaite ou trahie demain, la révolution tunisienne vient de rompre à la face du monde ce cercle infernal du « malheur arabe », décrit peu avant son assassinat en 2005 à Beyrouth par notre confrère Samir Kassir[1]. En portant haut l'exigence sociale et la revendication démocratique, elle fait tomber les masques des acteurs de l'affrontement binaire entre extrémismes religieux et dictatures laïques, ce jeu de dupes si dramatique et tragique pour les peuples concernés. « Si l'islamisme n'est pas – ou n'est plus – un agent de l'étranger, écrivait Kassir, c'est à l'étranger qu'il donne raison. Justifiant le clash des civilisations, l'assumant même, il est ce qui donne aux partisans de la croisade l'occasion de se croiser et à l'Occident d'employer tous les moyens que lui permet sa capacité technologique pour maintenir sa suprématie sur les Arabes. Et perpétuer leur impuissance. »

En secouant ce fardeau d'impuissance où se terrait la servitude volontaire, le peuple tunisien est sorti de ce piège où l'on enferme les peuples du monde arabe, leur vitalité et leur jeunesse, ne leur laissant le choix qu'entre des libertés perdues contre la religion ou des libertés perdues à cause de la religion, sacrifiées pour s'en protéger ou piétinées pour y succomber. Ce faisant, il en a brusquement révélé l'imposture. En s'effondrant tel un personnage de carton-pâte dans sa fuite peu glorieuse, le président Zine el-Abidine Ben Ali, ce rempart de l'Occident laïc contre un Orient islamique, est allé se réfugier en Arabie Saoudite, ce foyer de l'intégrisme musulman moderne issu d'une dissidence sectaire, le wahhabisme, promue par la manne pétrolière.

La révolution de Jasmin est aussi un impitoyable révélateur pour la France qui, jusqu'en 1956 et depuis 1881, fut

1. Samir Kassir, *Considérations sur le malheur arabe*, Actes Sud/ Sindbad, 2004.

en Tunisie la puissance coloniale. Le peuple français découvre soudain que ses dirigeants, non contents de mener des politiques socialement injustes et de privatiser à leur seul profit l'exercice du pouvoir, le trompent sur l'état du monde. Il comprend avec étonnement qu'ils mentent, par intérêt ou par aveuglement, en politique étrangère comme en politique intérieure. Leur cécité stupéfiante sur la crise tunisienne, au point de ne pas prendre la juste mesure des événements en cours, montre qu'ils n'entrevoient peuples et nations, cultures et religions, défis géopolitiques et enjeux diplomatiques qu'à travers des lunettes déformantes, voilées par l'idéologie et mensongères sur la réalité. Celles d'un conflit, qu'ils fantasment ou qu'ils alimentent, avec un Orient réduit à sa caricature islamiste.

C'est ainsi qu'en 2009, même les alliés occidentaux de la France avaient été surpris par les déclarations intempestives de Nicolas Sarkozy au lendemain de l'élection présidentielle iranienne. Il avait été le seul à dénoncer d'emblée « l'ampleur de la fraude » alors que les Britanniques se contentaient d'émettre de « sérieux doutes » sur les résultats et les Américains de se dire « très troublés » par la répression. On avait ainsi pu entendre le président français, depuis le Gabon où il enterrait ce contre-exemple de vertu démocratique que fut Omar Bongo, vanter « la rue iranienne, les jeunes, les femmes qui disent "On veut la liberté, on veut s'exprimer" ». Si la rue tunisienne n'a pas eu droit à cet hommage, c'est évidemment parce que sa révolte dérangeait les préjugés idéologiques qui animent cette présidence : l'une, en Iran, bousculait un pouvoir islamique ; l'autre, en Tunisie, conteste une présidence laïque. Et, du coup, les principes sont à géométrie variable.

Tout internaute peut désormais contempler, jusqu'au ridicule, le désastre sinon pour l'intelligence, du moins pour la lucidité que produit cette grille de lecture, aussi étroite pour l'esprit que trompeuse sur la réalité. C'est sur le réseau social Facebook (ainsi que sur le blog d'ereclus à Mediapart), et cela se nomme « Ben Ali Wall of Shame », autrement dit le mur de la honte. Une ironique vidéo y résume, en extraits sonores, ce soutien apporté jusqu'à la dernière heure à la dictature de Ben Ali par la majorité de droite au pouvoir depuis 2002. Pas question, cette fois, de « donner des leçons » ni de « juger de l'extérieur », mais en revanche hommage à ce président « mal jugé », défenseur des vrais droits de l'homme selon Jacques Chirac et bien loin d'incarner « une dictature univoque », selon la curieuse expression de l'actuel ministre de la Culture, Frédéric Mitterrand, dont on attend encore la définition d'une « dictature non univoque ».

Sur ce mur qui nous fait honte, on réécoute aussi la ministre des Affaires étrangères, Michèle Alliot-Marie, proposer, il y a à peine quelques jours, comme seule preuve de solidarité avec le peuple tunisien, « le savoir-faire reconnu dans le monde entier de nos forces de sécurité ». On réentend enfin Nicolas Sarkozy, en 2008, affirmer lors d'un voyage officiel en Tunisie que « l'espace des libertés progresse » et que « ce sont des signes encourageants ». « Certains sont bien sévères avec la Tunisie, qui développe sur bien des points l'ouverture et la tolérance », avait ajouté le président français. Les « bien sévères », en l'occurrence, ne sont autres que toutes les organisations internationales de défense des droits de l'homme, de Human Rights Watch à Amnesty International, en passant par la FIDH.

Mais la droite n'a pas l'exclusivité de cet aveuglement, largement partagé au sein de la gauche socialiste. François Mitterrand eut aussi son compliment pour le régime tunisien, notamment en 1991, tandis que l'actuel maire de Paris, Bertrand Delanoë, tente aujourd'hui de faire oublier ses déclarations inconsidérées, en mars 2010, sur « la bonne voie » tunisienne. Après tout, le Rassemblement constitutionnel démocratique (RCD), le parti quasi unique créé par Ben Ali, n'est-il pas toujours membre de l'Internationale socialiste[1], au même titre que le PS français ? Comme l'est d'ailleurs le Front populaire ivoirien (FPI) de Laurent Gbagbo, soutenu dans son actuelle volonté de s'accrocher au

1. Depuis, sous la pression des événements, le parti du dictateur tunisien Ben Ali, tout comme celui du président égyptien Hosni Moubarak, ont été retirés de l'Internationale socialiste.

pouvoir malgré sa défaite électorale par un ancien ministre socialiste des Affaires étrangères, Roland Dumas.

Ce rapprochement entre deux contextes fort différents, le tunisien et l'ivoirien, souligne l'autre dimension de l'aveuglement français, au-delà de l'obsession du rempart laïc face à l'islamisme – utilisée également en Côte d'Ivoire contre le rival de Gbagbo, Alassane Ouattara, qui est de confession musulmane. Qu'il s'agisse de ses débats intérieurs ou de sa politique extérieure, la France, telle que l'expriment la majorité de ses élites gouvernementales, de droite ou de gauche, n'est toujours pas entrée dans une relation véritablement postcoloniale avec les anciens territoires dont la possession lui a fait croire, jusqu'au mitan du siècle passé, qu'elle était une « très grande France » sur laquelle le soleil ne se couchait jamais. Le traumatisme d'une décolonisation si peu maîtrisée qu'elle devint une sorte de guerre civile, enfantant entre 1958 et 1962 des institutions dignes d'un État d'exception, pèse toujours sur sa relation au monde, ses impasses, ses imprévoyances et ses impuissances.

Le soutien aveugle à la dictature orwellienne de Ben Ali, aux apparences de civilité et aux réalités de violence, n'est qu'un nouvel épisode de cet entêtement qui produisit aussi bien les longues corruptions de la Françafrique que ce « Notre ami le roi[1] » marocain que fut Hassan II, ce despote criminel, sans oublier la solidarité tacite avec les « éradicateurs » du pouvoir militaire algérien qui surent utiliser la guerre contre l'islamisme pour prolonger leur domination rapace. Dans le même mouvement, cette France officielle ne cesse d'instrumentaliser politiquement la question immigrée à l'intérieur des frontières de l'Hexagone, tout en restant incapable d'envisager un avenir authentiquement démocratique pour les pays dont ils proviennent.

Dans les deux cas, les peuples sont exclus, comme si les populations anciennement colonisées ne devaient toujours pas être bénéficiaires de cette libre invention que l'on nomme, depuis les Lumières européennes, le droit naturel :

1. Cf. Gilles Perrault, *Notre ami le roi*, Gallimard, coll. « Au vif du sujet », 1990.

le droit d'avoir des droits parce que l'on est né homme ou femme. Le droit de les réclamer et de les défendre. Le droit de les créer aussi. Assignés, en France, à une exigence d'assimilation, vieux mythe colonial où l'Autre (l'indigène hier, l'immigré aujourd'hui) est sommé de s'oublier et de s'effacer pour être accepté, ces populations sont ainsi renvoyées au sein de leur pays, par cet aveuglement de nos propres gouvernants, à une exigence de soumission, où la liberté n'est tolérée qu'à la condition du conformisme et du suivisme, donc, là encore, de l'oubli de soi.

C'est l'autre message français de la révolte tunisienne : l'appel à ce que la France se réveille définitivement de cette longue torpeur qui, de bilan positif de la colonisation en débat sur l'identité nationale, l'entraîne en arrière dans une régression pathologique, loin du monde tel qu'il se réinvente et se décentre, mais au plus près des traumatismes de cette histoire non assumée et non dépassée que fut une décolonisation tragique et tardive.

Ce n'est certes qu'une victime collatérale, mais, au détour de la crise tunisienne, on tombe inévitablement sur l'une de ces nombreuses embûches qui paveront le chemin présidentiel de Dominique Strauss-Kahn, s'il est d'aventure candidat aux primaires socialistes. En faisant le choix de déserter, au lendemain de l'élection en 2007 de Nicolas Sarkozy, la vie politique nationale pour le Fonds monétaire international (FMI), l'ancien ministre socialiste de l'économie a pris le risque d'un héritage difficilement compatible avec une alternative crédible à l'ordre politique, économique et social dominant tel qu'il est incarné par l'actuelle majorité présidentielle.

Dans son rôle de directeur général du FMI, Dominique Strauss-Kahn a fait l'éloge du modèle économique tunisien[1], sans un mot public pour sa dimension politique.

1. En visite officielle en Tunisie le 18 novembre 2008, Dominique Strauss-Kahn, après avoir été décoré par le président Ben Ali, prononce un discours où il le félicite pour la pertinence de ses choix économiques, évoquant « une politique saine » et pronostiquant « une forte croissance en Tunisie ».

Son propos était en cela conforme aux rapports de son institution, dont la vision des ressorts d'une saine croissance économique est très éloignée de l'insistance du Nobel d'économie Amartya Sen sur le développement humain, toutes ces conditions non quantifiables qui tirent une société vers un horizon d'espoir et d'invention.

De cette novlangue économique, sourde aux exigences démocratiques et saturée de notions financières, on trouvera un modèle dans le plus récent rapport du FMI (août 2010) sur la Tunisie, créditée d'avoir « bien surmonté la crise mondiale, qu'elle a abordée avec des fondamentaux solides qui sont en grande partie le résultat des politiques prudentes du passé ». Pourtant, même l'OCDE, peu suspecte de subversion, s'était sentie obligée, en 2007, de souligner que, « malgré quelques signes d'ouverture », « le pays affiche de faibles performances en matière de gouvernance politique et de libertés d'expression ». Il est vrai que cette réserve se concluait sur le constat cynique d'un troc qu'auraient accepté « la majorité des Tunisiens », où « le manque de libertés politiques (serait) le prix à payer pour la stabilité et le développement économique et social ».

Il est toujours risqué de parler à la place des peuples qui, du coup, comme les volcans, se réveillent sans qu'on y prenne garde. Du bon élève tunisien au mauvais garnement grec, le FMI sera donc pour Dominique Strauss-Kahn un handicap durable, tant la culture de cette institution est extérieure aux légitimités démocratiques et populaires. Cette culture de l'expertise, verticale et lointaine, sans assise ni ancrage, rend en effet aveugle aux réalités économiques les plus prosaïques telles qu'elles sont vécues par les populations. Il n'était pas difficile, du moins pour un économiste non soumis aux exigences des marchés, de voir l'économie tunisienne sous un autre jour, celui de la corruption, du clientélisme et de l'endettement.

Par exemple, *La Force de l'obéissance*[1], livre de Béatrice Hibou sous-titré *Économie politique de la répression en Tunisie* et fruit d'une longue enquête de terrain, dévoilait

1. La Découverte, 2006.

en 2006 l'envers du soi-disant miracle économique. La pratique généralisée de la corruption et des illégalismes y produit, écrivait-elle, « un travail subtil de normalisation sous les traits de la participation obligatoire à un système d'échanges, de privilèges, de passe-droits ». Une « économie de l'endettement », aussi bien pour les ménages que pour les entreprises, y crée une fiction économique dont la face cachée est la fraude fiscale et la combine permanente, le clientélisme le plus sommaire régnant en maître sur l'apparente modernisation.

De cette réalité ignorée par les rapports du FMI, les télégrammes secrets américains dévoilés par WikiLeaks témoignent abruptement, avec une franchise peu diplomatique. « La famille élargie du président Ben Ali est fréquemment présentée comme le carrefour de la corruption en Tunisie », lit-on dans celui du 23 juin 2008 intitulé « Corruption en Tunisie : tout ce qui est à vous est à moi ». « Souvent qualifiée de quasi-mafia, une vague allusion à "la Famille" suffit à indiquer de laquelle vous voulez parler, poursuit ce câble envoyé au département d'État par l'ambassade de Tunis. Il semble que la moitié de la communauté tunisienne des affaires peut se targuer d'être liée aux Ben Ali par un mariage, et nombre de ces relations ont su profiter à plein de leurs connexions familiales. »

En partie traduit par *Le Monde*, ce long télégramme contient une description détaillée du pillage des richesses tunisiennes par le clan Trabelsi – la belle-famille de Ben Ali. Un second télégramme plus récent, de même provenance et du 16 juin 2009, ajoute d'autres détails dont l'un, s'il était confirmé, serait embarrassant pour la France. Sous l'intertitre « The French Connection ? » il suggère, mais sans apporter de preuves, qu'un ambassadeur de France, récemment en poste à Tunis, aurait été plutôt celui de Ben Ali auprès de Nicolas Sarkozy que l'inverse, en échange de quoi il aurait été bénéficiaire d'une villa enregistrée au nom de sa fille et située non loin de la résidence présidentielle.

Sans doute ces assertions et ces rumeurs trouveront-elles enfin leurs vérifications ou leurs démentis si la révolution de Jasmin enfante d'une justice indépendante et d'une presse libre. Peut-être aura-t-on alors le fin mot sur une histoire largement traitée par Mediapart à ses débuts, et d'ailleurs reprise dans les télégrammes américains, du vol d'un yacht de luxe dans le port corse de Bonifacio commandité par deux neveux de l'ex-président tunisien dont l'un, Imed, est mort après avoir été poignardé, dans la journée confuse du vendredi 14 janvier. Les révolutions ont aussi cet intérêt qu'elles ouvrent les boîtes à secrets et mettent à nu les misérables ressorts des oppressions.

Certes l'espoir tunisien est fragile, et la prudence de mise. La solidarité aussi, sinon surtout, tant ce qui se joue en Tunisie nous concerne au premier chef. De la même manière que les divers outre-mers, ces buttes-témoins de notre histoire coloniale, sont une chance pour inventer une relation au monde qui ne soit pas de repli, de crispation et d'uniformisation – de peur, en somme –, l'avenir de la France se joue dans la nouvelle interdépendance qu'elle saura susciter et construire avec les peuples du Maghreb, dont sont issus nombre de nos compatriotes. C'est donc de nous aussi qu'il s'agit, sur l'autre rive de la Méditerranée.

Par son audace, le peuple tunisien nous secoue de notre langueur et nous montre l'exemple. Après tout, n'est-ce pas lui qui vient de traduire en pratique l'appel de Stéphane Hessel, cet *Indignez-vous !*[1] qui approche du million d'exemplaires ? Tandis que blasés et installés, toutes ces « âmes habituées » comme aimait dire Charles Péguy (1873-1914), ironisaient sur ce manifeste, ses supposées naïvetés et ses prétendues généralités, les manifestants tunisiens avec leurs nombreux martyrs en illustraient le message aussi concret que pertinent.

« La pire des attitudes est l'indifférence, dire "Je n'y peux rien, je me débrouille", écrit Hessel. En vous comportant ainsi, vous perdez l'une des composantes essentielles qui fait l'humain. Une des composantes indispensables : la faculté d'indignation et l'engagement qui en

1. Indigène éditions, 2010.

est la conséquence. » En s'appuyant sur sa fidélité aux idéaux de la Résistance pour combattre l'égoïsme des possédants, prisonniers de leurs peurs, ce diplomate, qui fut d'ailleurs en poste en Algérie dans les années 1960, retrouve cette exigence vitale portée, dès le XVIe siècle, par Étienne de la Boétie (1530-1563) avec son *Discours de la servitude volontaire*.

« Le motif de base de la Résistance était l'indignation », rappelle Hessel, c'est-à-dire ce simple refus de l'insupportable et de l'injustifiable, ce refus immédiat qui vaut programme futur par la dynamique qu'il crée et suscite. « Je désirerais seulement qu'on me fît comprendre, s'interrogeait déjà La Boétie, comment il se peut que tant d'hommes, tant de villes, tant de nations supportent quelquefois tout d'un Tyran seul, qui n'a de puissance que celle qu'on lui donne, qui n'a pouvoir de leur nuire qu'autant qu'ils veulent bien l'endurer. » La réponse apportée par le peuple tunisien montre qu'avant de se refermer sur l'humanité comme une fatalité, l'avenir dépend d'abord de nous, de chacun de nous.

Telle est la clef du succès de Stéphane Hessel : ce message de responsabilité qui nous invite à ne plus subir, dans l'accommodement silencieux ou dans l'isolement solitaire. Se référant à Jean-Paul Sartre (1905-1980), dont il avait suivi les traces à l'École normale supérieure en 1939, il rappelle le cœur de sa philosophie que l'on nomma « existentialisme » : « Vous êtes responsables en tant qu'individus. » « C'était un message libertaire, commente Hessel. La responsabilité de l'homme qui ne peut s'en remettre ni à un pouvoir ni à un dieu. Au contraire, il faut s'engager au nom de sa responsabilité de personne humaine. »

Ceux qui ont reproché à *Indignez-vous !* de ne contenir aucun programme clef en main, alors même que ses idéaux d'une « République démocratique et sociale » sont plus que jamais d'actualité, contournent son message essentiel parce qu'il les dérange et les inquiète. Ils ont senti cette menace qu'ils aimeraient conjurer, celle où l'avenir s'invente sans programme préétabli par la dynamique autonome d'hommes et de femmes libres, d'individus librement associés et librement révoltés. Celle où la société s'auto-organise par en bas, sans plus attendre qu'on lui dise d'en haut quelle direction suivre.

Mohamed Bouazizi n'avait pas de programme ni de parti. Mais il s'est indigné, jusqu'à y perdre la vie. Et de ce sacrifice est née une révolution. Premier martyr de la révolte tunisienne, ce jeune diplômé chômeur de vingt-six ans s'est immolé, le 17 décembre 2010, devant la sous-préfecture de Sidi Bouzid parce que les autorités l'empêchaient de vendre ses fruits et légumes faute d'autorisation. Il fallut ce cri de désespoir pour secouer la résignation qui, sous toutes les latitudes, tient trop souvent lieu de réalisme politique.

« Créer, c'est résister. Résister, c'est créer » : ce sont les dernières lignes de *Indignez-vous !* et elles valent bien des programmes électoraux : l'avenir dépend de chacun de nous et sera d'abord ce que nous saurons en faire. Qui sait si, d'une rive à l'autre de la Méditerranée, cette révolution de Jasmin ne nous donnerait pas le goût, ici même, d'un sursaut démocratique aussi libre que l'est cette autre fleur, printanière et rougeoyante, à l'éclat indocile et sauvage, le coquelicot ?

16 janvier 2011

13. Le « 89 » du monde arabe

De Tunisie en Égypte, sans oublier tous les pays du monde arabe et, plus largement, du monde musulman, qui vibrent en écho, nous sommes désormais devant un événement pur dont on ne saurait prévoir les rebondissements. Qu'il soit imprévisible est justement sa vertu première : il ébranle ce qui apparaissait inébranlable, il bouscule ce qui était immobile, il déstabilise ce qui semblait immuable.

Or, c'est bien cela que, dans l'histoire, on nomme une révolution : non pas ce que l'on prévoit ou que l'on maîtrise, mais ce qui survient sans avertir et qui invente son chemin, sans programme, parti ou leader préétablis. Une révolution véritable n'est pas le coup de force de quelque avant-garde autoproclamée, préfiguration des dominations de remplacement : elle se joue et s'invente, à la manière d'un pari pascalien, sans autre garantie que l'espérance.

Qu'elle réussisse ou bien qu'elle échoue, qu'elle soit écrasée ou confisquée, c'est donc une autre affaire dont le temps n'est pas seul maître, tant les autres peuples du monde en sont aussi acteurs, selon qu'ils seront indifférents ou solidaires, ne serait-ce qu'à travers l'attitude de leurs gouvernements sur laquelle ils peuvent peser.

Aussi la nécessaire prudence ne saurait exclure, chez l'observateur, l'empathie, entre enthousiasme et inquiétude, bref, cette curiosité généreuse pour des événements qui offrent une chance inespérée de secouer un double carcan : celui qui, d'un côté, enfermait les peuples arabes dans le malheur et l'oppression, le déni de la justice et du droit, et qui, de l'autre, emmurait le reste du monde dans la peur des désordres extrémistes nés de ces souffrances, menaces qui servaient d'alibi à l'infinie prolongation des injustices et des inégalités, symbolisée par le funeste sort fait au peuple palestinien.

« Là où croît le péril, croît aussi ce qui sauve », n'a cessé de répéter, citant un poème de Friedrich Hölderlin (1770-1843), Edgar Morin dans sa quête d'une voie humaine nous permettant d'échapper aux catastrophes, tragédies et misères qui, produits de nos irresponsabilités et de nos inconsciences, s'accumulent à l'horizon. Souci de l'événement en train de se faire, bouleversant les certitudes et inventant l'impossible, la sociologie du présent qu'il a toujours défendue dans ses travaux rejoint sa réflexion philosophique sur « le surgissement de l'inattendu et l'apparition de l'improbable » comme « principe d'espérance ». Nous voici donc devant l'inattendu et l'improbable, comme le furent tous les grands tournants de l'histoire mondiale avant que les historiens ne viennent nous en expliquer la lente maturation.

Face à cette révolte pacifique d'une rue arabe qui ne s'est d'ailleurs pas exprimée qu'en Tunisie ou en Égypte, mais aussi, entre autres, en Jordanie ou au Yémen, un souvenir s'impose spontanément : celui de cet événement improbable et inattendu que fut la chute du Mur de Berlin en 1989, à la fin de l'année où, en France, nous commémorions le bicentenaire de notre première révolution démocratique, celle de 1789, également imprévisible pour ses contemporains et improbable dans ses conséquences universelles. Mais l'on se souvient aussi que 1989 fut l'année de l'écrasement du Printemps de Pékin, rappel que ces surgissements révolutionnaires ne sont jamais joués dès le départ. Il leur faut, pour réussir à renverser l'ordre existant, d'autres ingrédients que la seule force protestataire de manifestants pacifiques : ces contradictions accumulées qui, en haut, rendent intenable la poursuite d'une domination devenue, en bas, insupportable.

C'est en ce sens que la comparaison avec le 1989 démocratique de l'Europe de l'Est n'est pas sans pertinence. De fait, elle a été reprise ces jours-ci par plusieurs observateurs cités dans la presse britannique, notamment Fawaz Gerges de la London School of Economics qui évoque un « Berlin du monde arabe » (« Arab world's Berlin moment »). La première similitude est géopolitique : de même que l'effondrement du bloc soviétique fut une onde de choc continentale, traversant tous les pays d'Europe de l'Est, le monde arabe offre une évidente unité culturelle et linguistique qui facilite et accélère la propagation des audaces et des exemplarités. Dans sa grande diversité et pluralité, entre ses nations comme à l'intérieur de celles-ci, cette aire a toujours été traversée, du Machrek ou Maghreb, par des sourdes résonances ou des vagues immenses, tissant des liens politiques ou créant des causes communes.

Mais la nouveauté, c'est que, cette fois, les pouvoirs institués, États et Partis, ou États-Partis, n'en sont plus maîtres. Les pacifiques révolution tunisienne et insurrection égyptienne illustrent ce qu'avait déjà montré la révolte iranienne de 2009, au lendemain d'élections présidentielles contestées : avec la révolution numérique, ses médias sans frontières et ses réseaux sociaux, l'information redevient une arme populaire, produite et relayée par les citoyens eux-mêmes. Elle n'est plus confisquée, mais reconquise et réappropriée. D'où cette peur panique du pouvoir égyptien qui l'a amené à couper les réseaux Internet, les téléphones mobiles, les satellites télévisuels… En vain. Car, comme nous l'avait prouvé le feuilleton WikiLeaks[1], l'information numérique finit toujours par circuler, et d'autant plus quand elle n'est pas enfermée dans une seule langue.

La deuxième résonance avec le 1989 européen est institutionnelle : tout comme le basculement de 1989-1991 chute du Mur, suivie deux ans plus tard de la fin de l'URSS) fut facilité par la décomposition interne des régimes communistes, la révolution tunisienne qui a fait

1. Cf. Edwy Plenel, *En défense d'Internet et de WikiLeaks*, Mediapart, 2011. Ce livre électronique est offert aux abonnés de Mediapart et téléchargeable à l'adresse suivante :

http://blogs.mediapart.fr/edition/media/article/040211/en-defense-dinternet-et-de-wikileaks-un-livre-telecharger fuir Ben Ali et la révolte égyptienne qui demande le départ de Moubarak ont pour clefs les contradictions qui minent et divisent ces pouvoirs autoritaires. À Tunis, le refus de l'armée de faire corps avec le dictateur, tout comme la lassitude d'une bourgeoisie entravée par le népotisme et la corruption, ont accompagné la pression de la rue. Attitude des forces armées, divisions des classes dirigeantes : les mêmes questions sont aujourd'hui posées en Égypte face à un régime essoufflé, usé, vieilli et fatigué, qui ne doit sa survie qu'au grand jeu proche-oriental des États-Unis et de leurs alliés.

Qu'en haut, on ne puisse plus tenir, et qu'en bas on n'en puisse plus de subir : les révolutions n'ont pas d'autre recette. Loin des schémas complotistes ou insurrectionnels, il faut, pour qu'elles surviennent, toujours sans crier gare et sans chef d'orchestre, que le pouvoir soit de plus en plus réduit à son essence oligarchique, dépossédant l'immense majorité du peuple, la société, dans sa large majorité, se sentant exclue ou opprimée, humiliée ou dédaignée. Or ce semble bien être ce scénario qui s'installe de nouveau en Égypte : après que le peuple, et surtout son immense jeunesse, eut fait le premier pas, voici que l'armée faisait connaître sa sympathie, tout comme la bourgeoisie d'affaires. Tandis que le plus international des Égyptiens, l'acteur Omar Sharif, déclarait au monde entier sa sympathie pour les manifestants, les militaires faisaient savoir qu'ils jugeaient leurs revendications légitimes et le milliardaire des télécoms Samih Sawiris sortait de sa réserve pour revendiquer « la démocratie voulue par tous ».

Rien n'est joué, évidemment. Mais serait-ce une raison pour ne pas jouer, justement ? Pour ne pas faire le pari de l'événement ? Pour ne pas accompagner de notre solidarité aussi active qu'entière les manifestants du Caire, comme hier ceux de Tunis ? Car cet événement dont nous ne connaissons pas l'aboutissement est d'ores et déjà incommensurable. Ainsi donc, dans l'épicentre du malheur mondial, de ses impasses et de ses impuissances, de ses menaces et de ses périls, les peuples osent se réveiller. Et leurs mots ne sont pas de haine, tout comme leurs armes ne sont pas de terreur. « Liberté » et « Fraternité » sont deux mots fréquemment scandés dans les défilés égyptiens tandis qu'on y a vu le peuple lui-même s'auto-organiser pour éviter les violences, les troubles et les provocations.

De Tunisie en Égypte, ni extrémisme, ni violence, ni terrorisme, mais des idéaux spontanément démocratiques, de liberté politique et de justice sociale. Comment ne pas être enthousiasmé par ce soudain appel d'air dans une région dont la chronique, depuis des décennies, n'est qu'une succession de drames et d'horreurs, théâtre de guerres à répétition et territoire des ressentiments accumulés ?

Et comment, dès lors, ne pas être choqué, dans nos contrées, par le spectacle des sceptiques du jour qui prolongent le cynisme d'hier ? Alors que l'événement commence à peine, on les entend déjà jouer les Cassandre, et brandir le péril islamiste en guise de défense de l'ordre ancien. Au nom d'un danger hypothétique, il faudrait donc toujours choisir l'injustice ? Accepter le déni de droit, le mépris des peuples, le déséquilibre du monde ? Caricaturalement illustrée dans la région par les actuels gouvernants d'Israël et relayée par tous les tenants d'un illusoire choc des civilisations que les événements actuels viennent démentir, cette attitude est une forme d'aveu. À l'apparent désordre des peuples quand ils se réveillent, les conservateurs, de toute époque et de toute latitude, ont toujours préféré l'injustice, sa perpétuation et son renforcement, cette injustice qui, pourtant, est à la source de ces colères qu'ils redoutent. Imprévoyants et irresponsables, ils sont incapables d'admettre la bonne nouvelle démocratique parce qu'elle menace de renverser l'échafaudage idéologique qui recouvre l'illégitimité des oppressions, inégalités et injustices dont ils sont les bénéficiaires.

Pour conjurer cette révolution démocratique qui s'annonce et s'avance, voire pour la tuer dans l'œuf s'ils le peuvent, il faut à tout prix qu'ils la renferment dans des cadres anciens, cette grille de lecture mensongère du monde qui leur tenait lieu de lucidité. Auraient-ils oublié combien cette diabolisation de l'islam, succédant à celle du communisme, nous a entraînés dans la catastrophe présente dont le 11 Septembre, la guerre en Afghanistan et l'invasion de l'Irak sont les étapes meurtrières ? Face à la révolution iranienne de 1979 contre la dictature du Shah, révolution populaire dont la crispation religieuse n'était pas jouée d'avance, qu'ont-ils fait sinon soutenir, encourager et armer ce rempart laïque que devait être l'Irak de Saddam Hussein, cette dictature qui fut l'alliée de l'Occident dans une guerre sauvage avec l'Iran qui, évidemment, y fit le jeu des extrémistes portés par l'enjeu militaire ?

Et ce sont les mêmes apprentis sorciers qui, en Afghanistan, dans ces mêmes années 1980, armaient parallèlement un islam intégriste, violent et sectaire, pour affaiblir l'Union soviétique, forgeant ainsi cet Al-Qaida devenu le cauchemar des musulmans et l'épouvantail des Occidentaux ! C'est à ces politiques de gribouille, inconséquentes et aveugles, suscitant sans cesse les dangers qu'elles prétendent combattre, que l'éveil démocratique du monde arabe nous donne l'espoir d'échapper enfin. C'est un retour au réel qui nous sort des fictions politiques, non seulement là-bas mais ici même, tant le préjugé islamophobe a diffusé son venin, dans l'oubli de ce que nos sociétés laïcisées doivent elles-mêmes à leurs longues durées religieuses. Ainsi de ce mot « islamiste », mot de vrac et de désordre, qui confond plutôt qu'il ne comprend.

Pourquoi donc, dans la transition démocratique du monde arabe, n'y aurait-il pas place pour des familles politiques se réclamant de la religion dominante, tout comme ce fut, et c'est toujours le cas des démocrates chrétiens en Europe ? Pourquoi admettrions-nous par chez nous un christianisme social, auquel la gauche doit beaucoup, et refuserions-nous toute dimension progressiste à des engagements démocratiques et sociaux qui s'accompagnent d'une conviction religieuse musulmane ?

Proches du parti AKP actuellement au pouvoir en Turquie après tant d'années de régime militaire ou militarisé, les Frères musulmans égyptiens, dont le réseau d'entraide sociale pallie les déficiences de l'État, ne sont en rien assimilables aux terroristes d'Al-Qaida, pas plus qu'ils ne sont identifiables au régime iranien et à ses relais régionaux, Hezbollah et Hamas. Et, au nom de quoi, s'ils s'engagent à respecter une constitution démocratique, son pluralisme politique et ses droits fondamentaux, faudrait-il exclure du jeu politique une famille qui exprime une partie de la réalité partisane égyptienne, qui plus est violemment réprimée et persécutée, tout comme le furent les islamistes tunisiens ?

On objectera, et à juste titre, l'idéologie conservatrice que véhiculent ces partis religieux, qu'il s'agisse des libertés individuelles, des droits des femmes et, évidemment, de la laïcité dans l'espace public. Mais ce défi, qui relève du combat politique, serait-il un argument pour refuser la démocratie, pleine et entière, aux peuples concernés ?

Fallait-il, par exemple, au début des années 1980, souhaiter la répression du syndicat Solidarnosc en Pologne parce que d'immenses prières catholiques se tenaient sous son égide dans les chantiers navals de Gdansk ? Fallait-il espérer le maintien du glacis soviétique sur l'Europe de l'Est parce que son effondrement risquait, et ce fut bien le cas, de libérer des forces conservatrices, réactionnaires et religieuses ? Parce que les démocraties européennes sont aujourd'hui aux prises avec des partis xénophobes, racistes, autoritaires, faudrait-il regretter d'avoir hier soutenu les dissidents de l'Est et combattu pour que l'idéologie socialiste ne soit plus l'alibi de régimes totalitaires ?

Il n'est pire aveugle que celui qui ne veut pas voir. Ne pas voir le neuf qui, de Tunis au Caire, émerge, s'ébroue et s'élance, c'est vouloir nous maintenir dans la nuit d'un vieux monde qui, d'aveuglement en ignorance, court à sa perte. D'un monde de divisions entre un Orient et un Occident arbitrairement essentialisés et aussi fantasmés l'un que l'autre, alors qu'il importe de faire advenir un monde de relations entre peuples, nations, cultures, religions, continents, bref entre toutes les humanités, dans leur diversité et leur unité. Paix, prospérité et stabilité sont au bout de ce chemin-là, plutôt que de l'autre que nous empruntons, en pure perte depuis tant d'années. La récente tribune de Mohamed el-Baradei dans *Newsweek* illustre cet esprit de responsabilité qui anime tous les tenants d'une révolution démocratique arabe, alors que l'irresponsabilité est du côté de ceux qui s'en alarment.

Le prix Nobel de la paix 2005 y répond de façon lumineuse à tous ceux qui dénient aux peuples de la région leur droit à la démocratie en prétendant que « la seule alternative possible dans le monde arabe, c'est d'un côté les régimes autoritaires et de l'autre les djihadistes islamiques ». Ce n'est pas de la realpolitik, leur répond-il, mais de l'irresponsabilité réelle. « Alors que les manifestations s'enchaînaient dans les rues d'Égypte après le renvoi du dictateur tunisien, poursuit l'opposant égyptien, j'ai entendu la secrétaire d'État Hillary Clinton faire part de son opinion selon laquelle le gouvernement égyptien était "stable" et "à la recherche de façons de répondre aux légitimes besoins et intérêts du peuple égyptien". J'étais sidéré – et perplexe. Que voulait-elle dire par stable, et à quel prix ? Est-ce la stabilité découlant de vingt-neuf ans d'état "d'urgence", d'un président jouissant d'un pouvoir impérial depuis trente ans, d'un parlement qui ressemble à une plaisanterie, d'un pouvoir judiciaire qui n'est pas indépendant ? Est-ce là ce que vous appelez la stabilité ? Je suis certain que non. Et je suis certain que ce ne sont pas les règles que vous appliquez aux autres pays. [...] Vous avez renforcé (l')opinion selon laquelle, quand il s'agit de vos amis, il y a deux poids, deux mesures, et que vous vous rangez aux côtés d'un régime autoritaire du seul fait que vous estimez qu'il représente vos intérêts. »

Inaudible tant notre époque est affolée, une petite cohorte de chercheurs, de sociologues, d'anthropologues, de démographes, d'historiens, etc., ne cessait de nous expliquer que les peuples arabes, loin de vivre une grande régression, traversaient une difficile transition vers notre modernité commune – ce que Youssef Courbage et Emmanuel Todd nommèrent en 2007 *Le rendez-vous des civilisations*[1]. Les rues tunisiennes et égyptiennes, que d'autres relaieront peut-être, leur donnent aujourd'hui raison, reprenant le vieux flambeau des insurrections démocratiques, celui-là même qui, depuis 1789, nous a entraînés vers nos républiques, aujourd'hui lasses et usées parce que malmenées et confisquées.

Ce flambeau appartient à tous les peuples et, dans le monde arabe, avait déjà été brandi, il y aura bientôt six ans. C'était le printemps libanais, ce Printemps du Cèdre dont le porte-voix fut un journaliste qui avait aussi la nationalité française et qui le paiera de sa vie, Samir Kassir (1960-2005). En 2004, ainsi que nous le rappelions en saluant l'espoir tunisien, il avait appelé le monde arabe à cesser de se complaire dans son malheur et à quitter sa nostalgie d'une grandeur perdue[2]. Quelques mois plus tard, il crut voir son rêve se réaliser au spectacle des rues de Beyrouth soulevées contre le protectorat syrien sur le pays. On le sait, ce fut un échec. Un échec qui, toutefois, portait cette promesse des vaincus dont le sacrifice n'aura pas été vain. Après l'assassinat, le 2 juin 2005, de Samir Kassir, ses éditoriaux du grand quotidien *An-Nahar* furent rassemblés par son ami Farouk Mardam-Bey sous le titre *Liban : un printemps inachevé*[3]. Un refrain les habite : sa conviction que le printemps de Beyrouth était condamné à rester inachevé tant qu'il ne se muerait pas en un printemps arabe.

C'était ce qu'il avait espéré, comme en témoigne un article du 4 mars 2005, précisément titré « Beyrouth, le printemps des Arabes ». « Beyrouth, ces jours-ci, est redevenue un symbole dans le monde arabe, écrivait alors Samir Kassir. Soudain, et alors que personne ne s'y attendait, elle a pris une dimension régionale, s'adressant aux autres peuples arabes pour leur dire : Regardez-moi, je me

1. Youssef Courbage et Emmanuel Todd, *Le Rendez-vous des civilisations*, Seuil, coll. « La République des idées », 2007.

2. Samir Kassir, *Considérations sur le malheur arabe*, Actes Sud/ Sindbad, 2004.

3. Samir Kassir, *Liban : un printemps inachevé*, Actes Sud/ Sindbad, 2006.

suis redressée, je n'ai plus peur ! J'ai vaincu la loi du silence et ses gardiens ! J'ai défié la vermine et le despotisme ! Me voilà pour vous annoncer, à vous les Arabes, que le renouveau est possible ! » Et notre confrère de décrire cette surprise avec des mots utilisés aujourd'hui face aux surprises tunisienne et égyptienne, ainsi de présenter ses excuses à « ces jeunes si souvent critiqués pour leur apolitisme et leur goût prononcé pour les plaisirs futiles » ou de résumer l'unité créée par ces manifestations entre gens de toutes confessions et de toutes catégories sociales : « Ce qui les unit est la revendication d'une vie libre. C'est une bonne nouvelle pour les peuples arabes. »

Samir Kassir n'est plus parmi nous pour s'en réjouir, mais sa bonne nouvelle est de retour, vraiment. Et c'est une bonne nouvelle pour le monde tout entier. Sans doute la meilleure depuis bien longtemps. Un printemps en hiver. Un printemps arabe qui, peut-être, en annonce d'autres, ailleurs.

2 février 2011

Résister, c'est créer

À la toute fin de ses *Thèses sur le concept d'histoire*, Walter Benjamin rappelle une vieille sagesse qui devrait toujours nous inspirer. On le sait, ce texte prophétique résonne encore comme un signal d'alarme : écrit en 1940, dans les semaines qui précèdent le suicide de l'auteur au passage de la frontière franco-espagnole, quand il était minuit dans le siècle, il nous enseigne durablement que la pire barbarie peut surgir de la plus haute culture. Du moins, si nous laissons aller l'histoire comme si elle ne dépendait pas de nous.

Cette lucidité douloureuse s'appuyait donc sur la remémoration d'un ancien savoir, aux sources du judaïsme et, partant, des monothéismes. Benjamin se souvient que, dans l'Ancien Testament, il est interdit aux juifs de prédire l'avenir, « car en lui, ajoute-t-il, chaque seconde était la porte étroite par laquelle pouvait passer le Messie ». En version laïcisée, le Messie est la figure de l'événement : de l'inattendu et de l'imprévu, du surgissement demain de ce qui nous paraît improbable aujourd'hui, de l'incroyable et de l'impensable.

Le journalisme d'information, comme chronique ouverte de l'histoire immédiate, tout comme les politiques d'émancipation, comme invention réaliste de l'impossible, ne devrait jamais oublier cette mise en garde. Carrefour mouvant de possibilités, entre impasses et avenues, fourvoiements et dégagements, emballements et encombrements, l'histoire n'est jamais écrite. Et vouloir la figer à l'avance, en fermant son horizon par un pronostic définitif, c'est se préparer à la subir plutôt que s'apprêter à l'inventer.

Ainsi en va-t-il de notre France, et de ce que lui a fait subir ce pouvoir en perdition dont Nicolas Sarkozy fut autant le symptôme que le symbole. Il est certes possible que cette présidence finisse par s'effondrer sur elle-même, à la manière d'un château de cartes qui, dans sa chute, révèle sa fragilité consubstantielle. Depuis l'été 2009, nombre d'indices vont dans ce sens, alimentant un doute tenace dans les rangs de la droite. Et la démonstration fut plus rapide que prévu.

Prématurément usé, vieilli et fatigué, selon les mots malchanceux de Jospin à propos de Chirac en 2002 et, soudainement, devenus pertinents à propos de cette présidence énervée et agitée, le sarkozysme est d'abord victime de lui-même. Son aveuglement narcissique est une incompétence pratique. Plus occupé de sa personne que de l'intérêt général, il étale clientélisme et népotisme, privatisation du public et publicisation du privé, avidité et inefficacité. Pendant ce temps-là, le monde tourne, s'emballe et se transforme – et la France, sous Nicolas Sarkozy, s'en isole et s'en détache, à la manière d'un astre mort.

En ce sens, sa violence symbolique, en actes comme en paroles, exprime sa faiblesse intime, tant le fossé est immense entre les défis du moment et les capacités de celui qui, en notre nom, devrait les affronter. Seule l'illusion créée par une politique devenue spectacle et fiction a pu créditer ce pouvoir d'une compétence qu'il n'a jamais eue, un mouvement incessant lui donnant l'apparence d'une efficacité. Issu de la part d'ombre la plus ténébreuse du gaullisme, ce dont aura témoigné en 2010 son soutien appuyé à l'ancien ministre Charles Pasqua, poursuivi devant la Cour de justice de la République, le sarkozysme n'est qu'un tout petit monde dont la réussite est le fruit des renoncements, des naïvetés ou des faiblesses de ses adversaires, à droite comme à gauche.

Ce seul rappel suffit à mettre en doute un avenir déjà écrit. Si, en effet, les mêmes croient les jeux déjà faits, s'apprêtant à recueillir le pouvoir en 2012 à la manière d'un fruit mûr, ils se trompent sévèrement. Ou plutôt ils pêchent par imprudence et inconscience. Car ce pouvoir sait qu'il subit un rejet passif, plutôt qu'une dynamique active. Ce n'est pas l'opposition qui, pour l'heure, le fait reculer, mais ce sont ses propres fragilités qui le déstabilisent. Aussi a-t-il le temps de se refaire, à l'abri de ce bunker institutionnel qu'est le palais de l'Élysée. Et nous savons, d'ores et déjà, comment il occupera ce temps : en jouant sur la peur, en faisant de la peur son seul programme, peur de l'autre et de l'âge, peur du présent et peur du futur. Entre burqa et retraites, sans oublier chaque fait divers sanglant, sa stratégie fut de diversion et de division : imposer un agenda à mille lieues des préoccupations immédiates de nos concitoyens, tout en brandissant des thématiques supposées embarrasser la gauche.

C'est pourquoi la seule bonne question n'est pas de savoir si cette présidence est déjà finie, mais comment, en s'opposant avec autant d'unité que de détermination à sa politique, nous ferons en sorte qu'elle se termine vraiment. Un bulletin de vote n'y suffira pas – ce livre s'est efforcé de le rappeler – tant le sarkozysme résulte d'abandons, renoncements et reniements dont il n'a pas le monopole, loin de là. Aussi nous faudra-t-il forcer le destin. « Créer, c'est résister. Résister, c'est créer » : ce sont les derniers mots du livre de Stéphane Hessel, *Indignez-vous !* Ils sont tirés d'un précédent manifeste, lancé par les vétérans des mouvements de Résistance et des forces combattantes de la France libre, le 8 mars 2004, à l'occasion du soixantième anniversaire du Programme du Conseil national de la Résistance (CNR). Époques et situations sont différentes. Mais qui ne voit combien les impasses actuelles réclament une insurrection démocratique ?

Si ce jour survient, nous remercierons Nicolas Sarkozy. Demain, après-demain, qui sait, nous lui saurons gré d'avoir sorti la France de sa torpeur présidentialiste et de nous avoir fait comprendre, par l'absurde, combien la personnalisation et la concentration du pouvoir entraînaient le déclin de la démocratie. En livrant l'Élysée à un personnage qui, selon ses humeurs, abaisse ou hystérise la fonction présidentielle, la malmène ou l'affole, une majorité de Français, celle-là même qui aujourd'hui se rend compte de sa méprise, nous a involontairement ouvert les yeux. Si nous en avions douté ou si nous l'avions oublié, nous savons, de nouveau, que ces institutions, celles de la Ve République, sont dangereuses, fondamentalement excessives, potentiellement violentes.

Nous n'en aurons donc pas fini avec ce Président de trop si nous nous contentons de le remplacer par un autre. En 2012, ou avant si, inspiré par des vents méditerranéens, le peuple en décide ainsi dans sa sagesse imprévisible, nous n'avons pas rendez-vous avec un homme, quel qu'il soit. Mais avec nous-mêmes, comme communauté de citoyens libres et responsables. Avec l'idée, le désir, la volonté que nous en avons.

Pour être entendues, les alarmes se doivent d'être répétées, tout comme les nouvelles que le crieur de journaux lance en boucle. Victor Hugo donc, de nouveau, dans *Napoléon le Petit* : « La notion du bien et du mal est insoluble au suffrage universel. Il n'est pas donné à un scrutin de faire que le faux soit le vrai et que l'injuste soit le juste. On ne met pas la conscience humaine aux voix. »

Et d'ajouter : « Comprenez-vous maintenant ? »

TABLE

Le crieur de journaux 9

Du journalisme comme chien de garde, 13, *Vertus de l'antisarkozysme*, 16, *Vices du présidentialisme*, 17

Prologue
L'étrange n'est pas toujours
en pays étranger 21

D'une élection l'autre 23
1. « La France, tu l'aimes ou tu la quittes ! » 27
2. Cette défiance démocratique 33
3. À quand une nouvelle République ? 37
4. La grande loterie du bonapartisme 43
5. Ce que l'échec apprend à la gauche 49
6. Les nouveautés de l'hyperprésidence 55
7. Un désastre tôt annoncé 61

I. Le journalisme défié 65

Le refus de la servitude 67
1. Le journalisme au défi du sarkozysme 71
2. Au pays du journalisme de gouvernement 75
3. L'affaire « Charlie Hebdo » ou la caricature
de l'époque 81
4. La vérité des faits contre la folie des opinions . . . 89
5. Lettre ouverte aux États généraux
de la presse écrite 101
6. D'urgence, défendre la liberté de la presse 107

7. Liberté de l'information
et sursaut démocratique 113

II. La République bafouée 119

La conviction démocratique 121
1. Dire non à ce coup d'État permanent 125
2. La République n'est pas une courtisane 133
3. La Légion d'honneur de Monsieur Courbet 137
4. Carla à l'Élysée, la République privatisée 141
5. Contre les oligarques, l'exigence démocratique .. 145
6. L'offense faite à la République 151
7. Déjà trois coups d'État à froid 155
8. L'Élysée contre la démocratie 163
9. Au royaume du secret défense 171
10. L'assaut contre nos libertés 181
11. L'affaire Coupat nous concerne tous 189
12. Pour un second Serment du Jeu de paume 203
13. La corruption de l'esprit public 211

III. La nation humiliée 221

Le souci du monde 223
1. D'outre-mer, l'antidote au sarkozysme 227
2. Fausse grandeur, vrai déclin 233
3. Cette guerre afghane n'est pas la nôtre 239
4. Leçons françaises d'une surprise américaine 251
5. Un pitre qui ne fait pas rire 261
6. Palestine, où se joue la paix du monde 275
7. Sarkozy ou le mépris du monde 287
8. Un débat ? Non, une honte nationale 297
9. La France de Londres 311
10. Une loi contre la laïcité 315
11. Au pays de l'histoire officielle 319
12. Ce cri de haine sur la Croisette 327
13. La course à l'abîme d'Israël 333
14. L'Europe égarée 341
15. Le siècle de Glissant 349

IV. Le peuple réveillé 359

Le réalisme de l'impossible 361
1. À ces socialistes qui nous désespèrent 365
2. Une juste colère sociale 375
3. La faute du procès Clearstream 387
4. La société de fiction en échec 393
5. Un pouvoir usé, vieilli et fatigué 401
6. Non, Sarkozy, ce n'est pas rien 407
7. Quand la France s'impatiente 415
8. L'affaire Bettencourt, révélateur national 423
9. Un président hors la loi 441
10. Faire échec à un pouvoir dangereux 451
11. L'heure du peuple 461
12. L'espoir tunisien secoue la France 475
13. Le « 89 » du monde arabe 487

Résister, c'est créer 497

Du même auteur

La République inachevée, Payot, 1985 ; Biblio, 1999.
La Part d'ombre, Stock, 1992 ; « Folio Actuel », 1994.
Un temps de chien, Stock, 1994 ; « Folio Actuel », 1996.
Les Mots volés, Stock, 1997 ; « Folio Actuel », 1999.
L'Épreuve, Stock, 1999.
Secrets de jeunesse, Stock, 2001 ; « Folio », 2003.
La Découverte du monde, Stock, 2002 ; « Folio », 2004.
Le Journaliste et le Président, Stock, 2006.
Procès, Stock, 2006 ; « Folio », 2007.
Combat pour une presse libre, Galaade, 2009.

Recueils

L'Effet Le Pen (en coll.), La Découverte-Le Monde, 1984.
Mourir à Ouvéa (en coll.), La Découverte-Le Monde, 1988.
Voyage avec Colomb, Le Monde éditions, 1991.
La République menacée (en coll.), Le Monde éditions, 1992.
Chroniques marranes, Stock, 2007.

Entretiens

Jean-Pierre Mignard et Emmanuel Tordjman, *L'Affaire Clichy*, Stock, 2006.
François Hollande, *Devoirs de vérité*, Stock, 2006.
Faut-il croire les journalistes ?, collectif, Mordicus, 2009.

Contributions

François Maspero et les paysages humains, À plus d'un titre/La Fosse aux ours, 2009.
Rosa, la vie, Lettres de Rosa Luxemburg, choisies et traduites par Anouk Grinberg, Éditions de l'Atelier, 2009.
La rédaction de Mediapart, *N'oubliez pas ! Faits et gestes de la présidence Sarkozy*, Don Quichotte, 2010.
La rédaction de Mediapart, *L'Affaire Bettencourt. Un scandale d'État*, Don Quichotte, 2010.

RÉALISATION : NORD COMPO À VILLENEUVE-D'ASCQ
IMPRESSION : CPI FIRMIN-DIDOT AU MESNIL-SUR L'ESTRÉE
DÉPÔT LÉGAL : MARS 2011. N° 104705-2 (104990)
IMPRIMÉ EN FRANCE